大学潜规则

——谁能优先进入美国顶尖大学

〔美〕丹尼尔·金 著

张丽华 张弛 译

创于1897 商务印书馆 The Commercial Press

图书在版编目(CIP)数据

大学潜规则：谁能优先进入美国顶尖大学/（美）金
著；张丽华，张弛译. —北京：商务印书馆，2013
（2020.7重印）
ISBN 978－7－100－09169－5

Ⅰ.①大… Ⅱ.①金…②张…③张… Ⅲ.①高等学
校—招生—概况—美国 Ⅳ.①G649.712

中国版本图书馆 CIP 数据核字(2012)第 101699 号

大学潜规则
——谁能优先进入美国顶尖大学

〔美〕丹尼尔·金 著

张丽华 张 弛 译

商 务 印 书 馆 出 版
（北京工府井大街36号 邮政编码100710）
商 务 印 书 馆 发 行
北京艺辉伊航图文有限公司印刷
ISBN 978－7－100－09169－5

2013 年 5 月第 1 版 开本787×1092 1/16
2020 年 7 月北京第 2 次印刷 印张 28

定价：69.90元

目　录

波士顿查尔斯河畔的贝聿铭设计的约翰·汉考克大厦已成为波士顿的标志性建筑

关于学业成绩的按语

由于大学招生办公室相当重视申请者的 SAT 成绩，因此本书亦照此办理。披露学生 SAT 考试成绩（以及他们的高中成绩和班级排名）的目的，并不是让那些低于他们所就读大学标准的人难堪，而是为了证明大学在录取当中，对于校友及其他受他们欢迎的群体子女的偏好程度。但凡有可能，本书所采用的 SAT 分数都得到了除学生本人以外的文件或信息来源的确认。

有关 SAT 分数是否是评估大学申请者和预测未来成就的有用方法的争论由来已久，本书对此争论不持任何立场。如果像一些批评者声称的那样，SAT 在文化上本就偏向白人和富有的学生，那么，那些有特权的申请者在 SAT 分数低于标准的情况下还能被精英大学录取，就意味着存在比表面看起来的不公平更大的不公平了。

本书所涉及的许多大学申请者就读的私立高中，并不对自己的学生进行正式排名。但不少预科学校却将平均成绩最好的学生（通常是 20% 以上的学生）纳入一个名为"优等生协会"（Cum Laude Society）的组织，这个组织大致相当于美国国家高中荣誉生会（National Honor Society）。因此，本书多次将是否入选"优等生协会"作为衡量大学申请者是否在其所在预科班级位列前五的一个标志。

导　言　田纳西的招生圆舞曲

亚历克西斯·德·托克维尔（Alexis de Tocqueville）在他1835年的经典研究著作《美国的民主》（*Democracy in America*）中断言，美国永远不会有世袭制。他写道：这个雏形的民主社会不具有欧洲"长子继承"的传统（父母把所有财产留给长子），美国人的家族财产被平均分给了每一个继承人。久而久之，财产便会逐渐化为乌有。

然而，这位伟大的法国历史学家却低估了美国上层社会的狡黠。正是依靠这种狡黠，他们中的大多数得以一代接一代地扩展自己的财富和权势。历史证明，美国的上层社会并不需要"长子继承"，他们发明了一种保证自身地位世代相传的间接途径，这便是大学招生。

人们普遍认为，一流大学都是包含向上层社会流动和机会均等等内容的美国梦的积极推动者，但事实却大相径庭。低收入家庭的学生能进入一流大学的为数不多，与此相对的是，几乎所有的一流大学都向权贵家庭的子女大开方便之门，为他们将来在政界和商界成为领袖人物做好铺垫。

尽管没有"长子继承"的传统，作为前参议院多数党主席比尔·弗里斯特（Bill Frist）和前副总统艾尔伯特·戈尔（Albert Gore）的长子，小威廉·哈里森·弗里斯特（William Harrison Frist Jr.）和艾尔伯特·戈尔三世（Albert Gore III）却都继承了一笔价值不菲的财产：他们都轻而易举地进入美国最优秀的大学读书。尽管两人的父亲是政敌，但他们却有诸多相同之处：都继承了父辈显赫的姓氏，也继承了随之而来的由公众期望和舆论监督造成的压力；老家都在田纳西州，都选择在华盛顿特区专为权贵子女开办的学费昂贵的私立中学读书；身体都非常健壮，都曾在所读学校的橄榄球队里打四分位；两人都是中等生，对参加派对的兴趣远远超过对作业的兴趣；他们都更喜欢与球队的朋友们厮混，而不是与学者相处。至于他们的品行，少年时的艾尔伯特·戈尔三世曾违反校规，按照常理仅此一项就会影响到他进入一流大学。然而，他们俩却都先于其他几千名出色的申请人而被全美最优秀的大学提前录取。弗里斯特进入了普林斯顿大学，戈尔进入了哈佛大学。这两所大学分别是他们申请的唯一学校，也分别是他们各自父亲的母校。

两位田纳西州的青年，迈着华尔兹舞步闲庭信步般地进入了常青藤大学的校园。他们凭借的不是自己的资质，而是父辈的声誉。普林斯顿大学录取哈里森，不是因为他们看中了这个年轻人的潜力，而是因为他的家庭捐赠了

▲　美丽的查尔斯河流经哈佛、麻省理工两所令无数学子魂牵梦绕的一流高校

几百万美元，藉此巨款学校修建了一座新的学生活动中心；当然，还因为他的父亲既是政界名人，也是该校的前董事会成员。事实上，普林斯顿大学的招生人员在评估哈里森的申请材料时，将他排到了一个很靠后的位置。与此相同，艾尔伯特在2000年秋季申请哈佛大学时，这所美国最著名的大学当然也不会将自己的校友以及前监事会成员的儿子拒之门外，毕竟戈尔当年仅差佛罗里达州几百张充满争议的选票未能当选总统入主白宫。

然而，两名年轻人被两所著名学府录取后，却都没有什么出色的表现。哈里森在普林斯顿大学最广为人知的事情，是他加入了以酗酒胡闹闻名的社交俱乐部。他们两人都曾因为使用违禁药品而被拘捕。他们对名校的精英教育似乎并不珍惜，原因可能是他们的入学资格不是通过自身努力获得，而是其他人当作他们与生俱来的权利赠送给他们的。

哈里森的高中及大学同学布兰登·帕里（Brandon Parry）说："对于哈里森能否进得了普林斯顿，我认为没人怀疑过。"

常青藤大学对比尔·弗里斯特和艾尔伯特·戈尔儿子的青睐，暴露出一流大学不愿承认的一个事实：金钱和关系在日益侵蚀高校的招生工作，这既毁坏了学校自身的信誉，同时也降低了它们在美国民主体系中的价值。

1997年，哈佛大学招生部门资深官员戴维·伊万斯（David Evans）在一篇题为《纯粹择优录取的缺陷》的文章中 [1]，如此描述大学所希望看到的录取过程：头发灰白的智者们将持不同观点、有不同背景的才华横溢的新生汇集到一起。他认为，一流大学之所以常常放弃诸如名列榜首、SAT 满分之类的优秀人才，反而招收条件并不突出的学生，是因为相比"严格基于分数的评价体系"而言，对申请者个人素质进行主观性评估的评价体系更加优越。对此，伊万斯打了一个比方：一所大学好比一个管弦乐团，需要的不仅仅是小提琴手。大学应该是一个"（多种人才的）共生整体"（symbiotic whole）。在这里，"诗人可以同科学家侃侃而谈，保守主义哲学家可以与自由分子进

---

① 原文所有注释均集中在本书"注释"部分。为便于中文读者查阅，译者将原文以页码与句首文字配合标注的方式修改为序号方式。

行论战"。

这个颇具吸引力的比喻，极大地影响了公众对大学招生过程的观感，同时对几乎所有描述这一过程的书籍和报刊文章产生了深远的影响。它为基于主观臆断的录取决定找到了一个非常方便的借口。当被问及为何拒收一个学生时，大学可以这样回答：这个学生从书面材料上看起来很不错，可是他（她）并不适合我们的学生群体。这个看似公平实则变数很大的招生程序也让申请人数量激增，每年都有成千上万成绩优异的高中毕业生抱着微乎其微的希望，申请全美最挑剔的大学，希望自己正是这些大学所需要的人选。为了增加他们的成功系数，他们的父母们想方设法地出资为子女请家教，参加备考班和课外活动，或者送孩子上昂贵的私立学校。

但这样的大学招生方式，正如那个管弦乐团的比喻一样，根本就是自欺欺人。事实上，为了成功地汇集不同的音乐家，乐团都是通过"盲试音"来挑选每种乐器最优秀的演奏家，以消除任何偏袒的可能性。设想一下：假如纽约交响乐团也采用哈佛、耶鲁、斯坦福等学校的招生规则，它就可能拒绝一名技艺精湛的顶级小提琴家，转而录用一名水准欠佳的二流演奏员，仅仅因为后者的父亲曾经是乐团演奏员或著名演员，或曾经为乐团的排练场所提供过赞助（或者孩子一旦入选他就会这样做），或掌管着联邦艺术资金的分配权。

如同哈里森·弗里斯特和艾尔伯特·戈尔三世一样，每年有数以千计有钱有关系的权贵子女轻而易举地进入到一流大学。他们不是凭借自身的优秀条件或所谓的多元化因素，而是得益于特权优先。特权优先并不只在两个申请人旗鼓相当的情况下才起作用，它往往容许一个学业平平的学生轻易越过另一个成绩优秀者而进入常青藤大学，哪怕后者的 SAT 成绩比前者高几百分。对特权优先的不公正性，诸如《如何进入大学校门》之类的书籍、"大学之夜"组织者以及高校的行政人员都予以不同程度的低估或否认。然而，正是这种优先使得权贵子女占去了名牌大学如此多的录取名额。大学针对来自中产阶级和工薪阶层家庭的成绩优异学生的招生缺口，甚至比它们自己承认的还要大。

特权优先没有党派之分和政见之别，受益者包括来自不同政治背景和文化背景的权贵：有民主党人也有共和党人，有"平权措施"①（Affirmative Action）的支持者也有其反对者，有好莱坞的左派明星也有右派大亨，有老牌富翁也有当今新贵……。特权优先无视这些上层社会下一代们的才情和学业成绩，为他们进入名校大开方便之门。不仅如此，这些名校有不少校友在华尔街、财富500强公司、各大媒体、国会和司法界占据着举足轻重的地位，所以一旦进入这些名校，这些权贵子女往往会自然而然地加入一些极为排外的社交团体，如美食俱乐部、兄弟会、秘密协会等。在这些社交圈里，他们有很多机会结识颇有影响力的校友（包括未来的雇主）。普林斯顿大学常青藤美食俱乐部的新近成员中，就包括了布什总统的侄女、2004年民主党副总统竞选人约翰·爱德华兹（John Edwards）的女儿、参议员杰伊·洛克菲勒（Jay Rockefeller）的儿子等[2]。

▲ 美丽的普林斯顿大学

---

① 又称平权法案，美国政府20世纪60年代中期以来实施的针对非洲裔及其他少数民族的补偿性计划。——译者注

本书揭示了美国100多所高校（大多是私立大学）偏向权贵家庭学生的招生双重标准。它们的录取率一般低于50%，特权优先发挥着通往成功之路的门径作用。在录取过程中，权贵家庭的学生乘坐的是"头等舱"，他们甚至可以与招生部门负责人面对面交谈；后者往往公开录取他们，或通过延迟录取、校际转学和"特殊"身份录取等非主流路径，将他们悄悄录取进来。像错过申请日期、酒后驾车之类的事情，对一般申请人可能意味着"灭顶之灾"，但如果发生在他们身上，不过是可以原谅的小事一桩而已。

许多一流大学喜欢自我吹嘘"无资金需求"（need-blind），说自己会给录取学生提供充足的助学金，使他们不会因学费问题上不起学。当然，这并不意味着它们会对财富视而不见（wealth-blind）。事实上，这些名校从私立高中招收学生的比例很高，甚至有一些学校像杜克大学已故校长特里·桑福德（Terry Sanford）那样，要求招生人员专门追寻富家子弟。这不仅仅是出于对学校短期捐款数额的考虑，更主要的是担心如果招收太多来自低收入家庭的学生，将来的校友群体会日渐贫穷，从而使捐赠减少，学校财政滑坡。

近年来，尽管录取竞争越来越激烈，各名校依然扩大了对校友子女的优先录取。几乎所有一流高校的资金筹措办公室都列有一张"发展项目"名单，将那些仰仗父母为学校捐赠或有可能捐赠巨款的学生排在录取名单的前面。即使他们的高中成绩垫底，或者SAT成绩比那些被拒收的申请人还要低300~400分，也常常会被录取。在大学校长身边，一般都有一位得力助手，如杜克大学的乔尔·弗莱什曼（Joel Fleishman）、布朗大学已故的戴维·祖科尼（David Zucconi）等，无论他们的公开头衔是什么，其职责都是报答重要捐赠人以及本校校友，这种报答就包括帮助他们的子女入学。

高校也同样青睐名人子女，因为他们能够帮助学校提升知名度，如好莱坞的知名经纪人迈克尔·奥维茨（Michael Ovitz）、著名作家戴维·哈泼斯坦（David Halberstam）、《纽约时报》前发行人阿瑟·奥克斯·苏兹贝格（Arthur Ochs Sulzberger）等等，都属于名人之列。

与此同时，高校还通过录取时给予照顾以及减免学费等方式，来稳定本校的骨干教师队伍。人们普遍认为，高校特招运动员政策有利于少数族裔和低收入家庭的学生，事实上恰好相反。受惠学生更多的来自富裕的白人家庭，因为学校并没有把优先录取名额分给篮球、橄榄球和田径之类少数族裔学生通常参加的运动项目，而是给了划船、壁球、骑马、滑雪、击剑、高尔夫球之类的项目，在康奈尔大学和弗吉尼亚大学甚至还有马球。这些运动项目主要由高收入白人家庭从事。而联邦政府颁布的有关性别平等的《教育修正案第九章》，进一步要求大学在这些运动项目上增设女队，使参加这类运动的白人女生也同样可以享受优先录取和奖学金优待政策，更增加了社会的不平等。

这些林林总总的大学招生优惠加在一起，无疑便成了针对富裕白人所采取的"平权措施"。就此而言，这些照顾措施倒真应成为有关"平权措施"的辩论内容之一。

对于少数族裔优先，我跟大多数美国人一样怀着复杂的心情。为来自贫困单亲家庭的孩子和毕业于城区高中的少数族裔学生降低录取标准，人们不会有非议。但是，如果这个少数族裔的学生来自中上层家庭、毕业于私立学校呢？或者一个西班牙裔学生的少数族裔背景，只是因为他的银行家或外交家父亲碰巧让他生在了拉丁美洲呢[3]？所以，不管你是"平权措施"的支持者还是反对者，都应当在一定的环境下具体分析问题。这一点很重要。"平权措施"是否像保守派所批评的那样，在大学录取过程中给非洲裔、西班牙裔、印第安人等少数族裔学生更多的优惠，对更为优秀的白人学生极不公平呢？事实正好相反。受益于"平权措施"的白人学生远远超过少数族裔学生的数量。进入一流大学的学生中，至少有1/3（文理学院在一半以上）享受了各种优先录取的待遇。显而易见的是，在少数族裔学生仅占大学生总量10%~15%的情况下，富裕家庭的白人学生事实上成为受优待群体的主体～，这其中包括：特招运动员（10%~25%）、校友子弟（10%~25%）、发展项目（2%~5%）、名人和政客子女（1%~2%）、教师子女（1%~3%）。部分学生还享受了多重优惠，如既作为校友子弟又作为运动员而获得的双重优待。

上述估计也许还略嫌保守。加州大学伯克利分校校长罗伯特·伯金诺（Robert Birgeneau）告诉我，他曾经计算过一所常青藤大学（他不愿透露这

▲　加州大学伯克利分校

所学校的名字）面向"常规学生"招生的比例，得出的结论令人惊讶：没有任何背景的学生所要争取的录取名额，仅占全部名额的40%。伯金诺补充说，常青藤大学还会常常少报因校友关系入学的学生人数，如将校友的孙辈不计入校友子女，尽管真实情况往往是校友们成为祖父母后会给大学捐赠更多的钱，也因此更能左右大学的招生。

对逢迎权贵，高校管理者常常如此辩解：那些受到优待的学生都"合格"，"完成大学学业没问题"。但用高校招生部门的话来讲，这样的说法只意味着一名学生人致能够毕业。申请名校的绝大部分学生都是符合（或超过）这一条件的，然而只有一小部分会被录取。鉴于90%的名校学生最终都能毕业，因此招生时所谓的"合格"，意味着仅仅满足了最低标准，与招收最佳人选的招生目的相去甚远。

在外部压力很大、实在难以搪塞的情况下，一些高校管理者声称，他们需要通过照顾权贵子女来达到与其他学校竞争的目的，他们需要修建实验室、音乐厅，需要为教师薪资和学生奖学金募集资金。他们辩称说，如果一所大学不想疏远那些有钱的校友和其他可以为学校提供捐助的家长，就必须录取他们的子女，哪怕是以降低录取标准为代价。但是，人们为高校捐款的原因很多，并不全是急功近利。仅仅因为无利可图，那些慷慨的善举就会日趋减少吗？全美最好的私立大学加州理工学院并不通过降低招生标准来募集资金，但它所募集到的经费却非常充足。

小艾尔伯特·戈尔是哈佛大学1969届毕业生。从1987年起，他一直是哈佛大学校监事会的成员，直到1993年成为比尔·克林顿的竞选伙伴后才离任。监事会的职责是维护学校的学术水准，但是其成员甚至前成员一直享受着一项与他们职责相悖的非正式福利，这就是该校的招生部门会在必要时为他们的子女入学网开一面。

从1991~2001年，戈尔的4个子女先后进入哈佛校园，打破了该校在招生中10:1的考录比。当被问及这一"成功"范例时，一位前哈佛校方官员告诉我说，是戈尔子女的"出色"引起了学校监事会的注意。这位官员说："戈尔属于活跃的校友，除了在参议院与其他议员一起支持过资助大学基础科学研究的提案之外，他从未利用自己的职位为哈佛大学提供政治上的帮助。但是他为哈佛做了很多义务工作：他是一名监事，同时也是一位环境项目的强有力支持者。"对这一说法，戈尔的发言人拒绝做出任何评论。

戈尔副总统的3个女儿均是非常出色的学生，没有人对她们进入哈佛持有异议，但她们那位6岁时从一次车祸中死里逃生的小弟弟却另当别论。戈尔夫妇曾将他们的幼子送入选址在国家天主教大教堂的预科学校——圣奥尔本斯学校（St. Albans School）。这所学校颇受权贵家庭青睐，如古根汉姆家族和洛克菲勒家族都把他们的孩子送进这所学校。圣奥尔本斯学校注重培养品学兼优的学生。每天早上，小学部校长都站在校门口与学生握手问好，并不时对学生的握手动作加以点评，比如要求学生"握得再用力点"。该校对学生的违规行为从不包庇。1996年，在学校的一次舞会上，就读8年级的艾尔伯特·戈尔三世因在"主教花园"（牧师休息场所）吸食大麻，被学校停学[4]。出于对学校的不满，戈尔夫妇将儿子转学到希德威尔友好中学（Sidwell Friends）。这是一所公谊会教派学校，也是切尔西·克林顿（Chelsea Clinton）的母校。在进入12年级前的那个夏天，艾尔伯特又因超速驾车（在限速55英里的路段驾驶速度达到近100英里），再一次被学校处罚。

像圣奥尔本斯学校和其他一些高中一样，希德威尔友好中学并不对学生成绩进行正式排名。小戈尔的同学以及熟悉他的人这样形容他：聪明但不用功。他的一个同学告诉我："希德威尔是个竞争激烈的地方，我并不觉得艾尔伯特在学业上出类拔萃。虽然他很聪明，但大家不会认为他就是进哈佛的料。他同届的同学中，出色的不在少数，他并不在最耀眼的前10之列。"

他的另一位同学说："艾尔伯特是一个非常聪明的学生，但说到用功嘛，他并不比其他同学更用功一些。他的学业成绩也许算不上最好，可人们常常说看人要看潜力。我希望哈佛看中的是他的潜力。"

艾尔伯特的3个姐姐同时还接到了普林斯顿大学的录取通知书。与她们不同的是，艾尔伯特并没有申请这所大学。他于2000年秋季向哈佛大学提出申请，当时他的父亲已成为民主党的总统候选人。哈佛校方一定满心以为艾尔伯特已经过了调皮捣蛋的年龄，应该循规蹈矩了。可惜事与愿违。

艾尔伯特在2001年入学。2002年9月因在一个军事基地附近酒后驾车而被处罚；2003年又因携带大麻而被起诉，并在同意接受滥用违禁药物的行为矫正辅导后才了结此案。除了在大一时作为新生参加过大三年级的橄榄球赛外，艾尔伯特在哈佛大学一直很低调。2005年毕业时，他的名字甚至没有被列入参加毕业典礼的名册[5]。

不久前，前耶鲁大学校长本诺·施密特（Benno Schmidt）曾告诉我，名校"高高在上，似云中漫步"，"它们对现实社会所发生的事情一无所知"。"像耶鲁这样的名校，与美国1/3甚至更多的以招收穷困学生为主的高中之间，存在着非常严重的脱节现象。名校中的一些人的确也想改变这种不公平现状，少数人甚至想挽起袖子大干一场。但更多的人对此却茫然不知。"

这种严重的脱节现象暴露了美国高等教育与其自诩的"多元化目标"极

不相符的事实。在名校追求的各种多元化目标中，社会经济背景的多元化最容易被放弃，低收入家庭学生的利益往往被牺牲。学校转而从其他方面取得平衡。如通过特招来自富裕家庭的女运动员，达到《教育修正案第九章》所规定的性别多元化要求；通过招收中产阶级的黑人和西班牙裔学生，来实现种族多元化的目标；通过招收来自欧洲和中东的达官贵人家庭的学生，来达到国际多元化的目的。

在当今社会，贫困家庭孩子可能获得的机会比过去少得多，高等教育制度对此负有一定责任。在近年来学费飞涨的情况下，州立大学和社区学院等公共教育机构仍努力为工薪阶层子女拓展就业机会，但私立大学就是另外一回事了。一方面，它们作为享受着免税政策、靠纳税人的钱补助的非营利机构，得到了联邦政府上亿美元的经费支持和研究拨款；另一方面，它们却基本上推卸了为社会发现和培养英才的责任和使命。相反地，它们还致力于帮助美国建立一种世袭制度。在过去的25年里，美国社会上层与下层的收入差距日益扩大。曾经作为美国特色的自下而上的社会流动，正变得如街角的电话亭一般稀少[6]。这个国家正由笔者所谓的"世家体制"（legacy establishment）治理着。乔治·W.布什总统，民主党最近的两位总统候选人以及最高法院4/9的法官，他们要么本人是当初作为校友子弟进入名校的，要么子女是通过这样的途径进入名校的，要么二者兼而有之。尽管民意测验显示，大多数美国人都反对校友子弟优先的录取惯例，但这个富有权势的阶层总能击退公众对他们赖以生存的优先制度的挑战。

"越来越多的事例表明，精英理念在美国遇到了麻烦。"2005年1月出版的《经济学家》特刊报道说，"收入的不平等已经达到自19世纪80年代'镀金时代'以来从未有过的水平，社会流动却没有以收入扩大的相同速度增加。……美国有固化成为欧洲式等级社会的危险。……放眼纵览当今的美国社会，无论在好莱坞还是在华尔街的狭窄空间，在纳什维尔的录音室还是麻省剑桥的木板房，你都可以亲眼看到那些精英们不遗余力地设法使自己的权势代代相传。美国越来越像当年的大英帝国：家族势力滋生蔓延，社交圈子重重叠叠，排外心理增强，掌握文化塑造权的决策层与广大普通百姓之间的鸿沟日益加深。"[7]

　　当然，并不是所有这些不平等现象都应归罪于高等教育。不过，与不那么富裕的美国家庭相比，富人们已经享有了那么多优势：他们更长寿、更健康，享受着更多的旅行乐趣，观赏过更多的文化景观，他们就读于最好的小学和中学……。正因如此，大学在录取中才更不应该对那些不合格的富家子弟网开一面。

　　事实上，"特权优先"导致富家子弟将来自中产阶级和工薪阶层家庭的优秀学生挤出名校大门，由此造成极大的不平等。据调查，在全美顶尖的院校里，只有3%~11%的学生来自最低收入层的家庭[8]。亚裔美国人受到的影响也相当大，有不少人因为某种非正式的、所谓配额限制的制度而被名校拒之门外。而他们很多是移民身份，或是家中的首个大学生。

　　"特权优先"伤害的不仅仅是那些直接受到影响的学生，美国国家本身也深受其害。天才得不到发挥，平庸之辈大行其道。人不尽其才，势必削弱国家的竞争实力。如果选民对2004年的两位总统候选人都不满意的话，尽可去责怪耶鲁大学。布什总统和马萨诸塞州参议员约翰·克里（John Kerry）都是因为出身名门，而被耶鲁大学通过照顾校友子弟录取的。两个人都表现平平[9]，均加入过耶鲁的秘密社团"骷髅会"。正是在这个社团里，他们为自己将来立足社会建立起了非常重要的人际关系网。不仅如此，他们各自都将自己的一个女儿送进了耶鲁，以延续家族的传统。也许在将来的某次竞选中，人们将目睹凡妮莎·克里（Vanessa Kerry）与芭芭拉·皮尔斯·布什（Barbara Pierce Bush），或哈里森·弗里斯特与艾尔伯特·戈尔三世一争高下的情形。

　　当年，在圣奥尔本斯学校上学的红发少年哈里森·弗里斯特，为人友善谦和，他父亲曾是该校的董事会成员。圣奥尔本斯学校不给学生排名次，但与希德威尔友好中学不同的是，它保留着一本优等生名册[10]。校方发言人称，哈里森没被列入该名册，说明他从未进入年级前5名。对此，他的家人拒绝发表评论。

▲ 耶鲁大学以收藏古籍善本著称的 Beinecke 图书馆

"我一直感到非常气愤和嫉妒。"一位被常青藤大学拒绝的圣奥尔本斯毕业生说，"很多同学被哈佛和耶鲁录取，并不是因为他们高中平均成绩达到 4.0 分（满分——译者）或者 SAT 考了满分，而是因为他们的父亲和学校招生部门负责人有关系，或者是因为他们拥有一个显赫的姓氏。哈里森是个不错的家伙，但他并不在年级前 20% 的优等生之列。他不是个读书人，更像一名运动员，一个周末派对的狂热爱好者。"

在年级里名列前茅，通常是常青藤大学录取的必备条件。比如说，普林斯顿大学 90% 的新生都在原来的高中年级排名前 10。2001 年秋，当哈里森向普林斯顿大学递交提前录取申请时，招生部门的工作人员吃惊不小：他的高中平均成绩和考试成绩都低于普林斯顿的要求。按照普林斯顿 1（最佳）~5（最差）的学业水平评分制，他只得了 5 分；非学业水平评分则得了 3~4 分，说明他在校级课外活动中具有一定的领导才能，但并未达到州一级和全国的水平。

像这样的申请人通常会被普林斯顿拒之门外，可是比尔·弗里斯特的儿子却是个例外。不久后成为共和党领袖的弗里斯特参议员，是普林斯顿大学的校友、前理事会成员，曾因为学校争取科研经费做出重大贡献而接受过母校的嘉奖。更值得一提的是他的家族。参议员的父亲曾创办"美国医院有限公司"（Hospital Corp. of America），是全美最大的赢利医院集团的所有人。1997年，这个家族向普林斯顿大学捐赠2500万美元，用于整修原来的物理大楼，后来这幢大楼被更名为弗里斯特学生中心（Frist Campus Center）[11]。弗里斯特参议员对高校招生中通过"平权措施"照顾少数族裔的做法持反对态度[12]，但显然他对自己的长子受到优先待遇却并无异议。难怪新上任的普林斯顿大学校长雪莉·蒂尔曼（Shirley Tilghman）告诫招生部门的人员说，录取哈里森应属于下不为例的特例。

除哈里森之外，圣奥尔本斯学校还有4位毕业生向普林斯顿大学提出了提前录取申请，他们的学业成绩都比哈里森更优秀。可能是出于对拒绝任何一位都会引起公愤的担心，普林斯顿大学录取了另外的全部4位学生。这种遮掩策略在高校招生圈被美其名曰为"酌情"，言下之意是：为了能按惯例录取一名并不合格的学生，就必须将该校所有排名在他前面的学生全部录取，以避免家长、教师和辅导教师的质疑。因此，2002年从圣奥尔本斯学校毕业并进入普林斯顿大学的学生，是有史以来最多的，可谓空前绝后。而由于大学招生是一个此消彼长的游戏，那一年其他中学被普林斯顿录取的人数自然就减少了。一位知情者将这一年的情形称为"弗里斯特效应"。

雪莉·麦肯娜（Sherrie McKenna）在2000~2005年间一直担任圣奥尔本斯学校的大学（入学）申请咨询负责人。她说，当得知本校5位申请学生都被普林斯顿大学录取时，她"和大家一样感到惊奇"，但她并不认为其他4名学生被录取是哈里森"提携"的结果。"当看到录取名单时，我就想，普林斯顿怎么可能拒绝这其中的任何一位呢？这4名同学，两位是年级最优秀的，另外两位也非常优秀而且是作为运动员特招的，哈里森则是世家优先的受益者。"

普林斯顿大学也曾是杰米·李（Jamie Lee）的首选学校。杰米没有听从高中辅导教师关于填报安全系数较大的学校以防万一的忠告，而是填报了普林斯顿大学以及另外6所全美录取比例最低的名校：哈佛、耶鲁、斯坦福、哥伦比亚、达特茅斯和麻省理工。在申请信里，杰米写道："深思熟虑但又充满自信地去接受最大的挑战，冒最大的风险，但求成功！"杰米的座右铭是"不鸣则已，一鸣惊人"。他的申请信，以及他对大学的选择，都体现了这种勇往直前的精神。

杰米的"骄傲自大"是有理由的。他高大帅气，一头黑发，讲一口纯正的英国英语，颇具贵族气质。他含蓄幽默，非常出众。他的父亲是英国人，母亲是中国人，出生在香港，在伦敦长大。他的智商高达"天才级"的162，老师们对他的才华常惊叹不已。2003年，他随父母移民定居到康涅狄格州的格林尼治，很快便在格林尼治高中（一所优质的公立中学）崭露头角。在没有参加过备考班的情况下，他首次参加 PSAT 和 SAT 考试便取得了骄人的成绩：他的 PSAT 和 SAT 考试以及 SAT（2）中的两门单科成绩均为满分，SAT（2）的第三门即写作得了780分，离满分仅差20分！

杰米不仅是标准化考试的高手，在解决问题方面也表现出相当的独创性。2005年，他荣获"格林尼治高中奖"，这一奖项是奖励那些"在数学方面表现出创新力，采用非寻常的方式去解答问题，得出意想不到答案"的毕业班学生。他还在乐曲创作和机械设计上表现出很强的创造力。该校学生弦乐队演奏过他创作的名为"三段舞蹈"的曲子，同时他还是该乐队的大提琴手。除此之外，他曾设计制作过一个能自动开启的木箱，用来储存 CD 唱片。

"他喜欢持不同意见，与人唱反调。"杰米11年级的拉丁语老师卡米尔·福斯科（Camille Fusco）说，"他喜欢独立思考，有自己的独到见解。回答问题时，他总是故意提出我并不想听到的观点。但因为他能够出色阐明任何观点，所以总能自圆其说。"

杰米饶有兴致地迎接着一个又一个的智力挑战。在参加化学科目的大学先修课程多项选择题终考前，任课老师别出心裁地告诉同学们，如果能够把考卷中60个题目全部答错，这门课的成绩也可记为 A+。从逻辑上讲，全部答错与全部答对是同样困难的，因为如果不知道哪些选择是正确的，自然也不可能知道哪些选择是错误的。这位老师每年都用这一招来考验学生的能力与勇气，然而还没有任何学生敢于冒险。杰米已经取得了这门课平均为 A 的成绩，满可以轻而易举地按照传统方式取得优秀的终考成绩，但他却不愿放弃冒险的诱惑。遗憾的是，由于粗心他选对了一道题，最后仅得1分（满分为60分）。这个分数拉低了他这门课的最终成绩，只得到了 A- 。

但在申请大学的过程中，杰米却没能做到"一鸣惊人"。杰米来自英国。在那里，像剑桥和牛津这样的名牌大学，已不再询问申请人的父母是否本校校友，因此他根本没有想到美国大学"特权优先"的厉害。与那些住在市郊的富裕同学不同，杰米并不是校友子弟，也不是特招运动员，更不属于"发展项目"申请人。杰米的家境其实还不错，他父亲是财经顾问，但他家没有富裕到能够为大学献上大礼的程度。他们租住在非富人聚集区的一套单元房里。用大学招生界的行话来说，他"没有背景"（unhooked）。就像圣母大学负责招生的副教务长丹尼尔·萨拉西诺（Daniel Saracino）最近跟我讲的那样：名牌大学为有关系的学生保留了很多名额，以至于"穷小子要想靠自己的本事进入名校，就得有非凡的本领"。

由于有来自母亲的一半血缘，杰米又属于高校另眼相看的一个族裔：亚裔美国人。进入名校的亚裔学生的 SAT 分数通常远远高于包括白人学生在内的其他族裔。那些在大学申请中备受挫折的亚裔学生，通常会把自己所有非满分的考试成绩称作"亚裔不及格"成绩。而杰米在数学和音乐方面的特长也正好符合人们的族裔偏见。在多元化时代，名校不愿录取有数学和音乐才华的亚裔学生，因为它们害怕录取太多来自同一族裔、具有相同兴趣的学生，会使"（多种人才的）共生整体"失去平衡。杰米告诉我："其实我明白，亚裔学生多少是有点受歧视的。"

出于各种各样的原因，杰米申请的7所名校都没有录取他，他的老师、朋友和家人为此感到震惊。他的拉丁语老师福斯科说："我真的感到很吃惊，他竟然无学可上！我还认为他是上哈佛的人选呢！"杰米的英语文学老师布丽吉德·巴里（Brigid Barry）说："真不敢相信！他毫无疑问是一个出类拔萃的学生。"她还说，在教大学预科班英语的 8 年时间里，她见过很多比杰米逊色的学生都被名校录取了。

我是在2005年5月了解到杰米的处境的。当时，我收到了他父亲蒂姆·李发来的一封电子邮件。这封邮件的主题栏赫然写着"才华超群的高中毕业生被大学拒之门外"，邮件概述了杰米的学业成绩以及被7所大学拒绝的恼人消息。杰米于2004年秋季向普林斯顿大学提出提前录取申请，但这所早前录取了哈里森·弗里斯特的大学，先将杰米推迟到春季考虑，之后又拒绝了他。哈佛大学、斯坦福大学和麻省理工学院也同样拒绝了他。哥伦比亚大学和达特茅斯学院则将他列入候补名单。最终，哥伦比亚没有录取他。至于达特茅斯呢，尽管它为候补名单上的1200名学生留出了招生名额，但它却提醒这些学生，"最后录取的人数会非常有限"。

杰米的父亲和高中辅导教师致电上述学校询问，得到的解释都不能令人满意。据蒂姆·李说，哈佛大学的招生负责人玛琳·麦格拉·路易斯（Marlyn McGrath Lewis）告诉他，杰米无疑是一名优秀的学生，但在申请哈佛的学生当中，比杰米音乐造诣更为出色的已有不少。事后我问玛琳，哈佛是否因为杰米的一半亚洲血统而对他更挑剔，她拒绝回应这个问题，只是说哈佛"招

▲ 哈佛、麻省理工众多名校云集的波士顿公共图书馆

收亚裔学生由来已久"。麻省理工学院则告诉杰米的高中辅导教师，杰米没有表现出足够的领导才能。杰米认为这个结论有失公平，因为他11年级才转学到格林尼治高中，没有在那里待足四年，而且他需要在"美国历史"之类的课程上额外下功夫，以赶上其他同学。

被7所学校拒绝后，杰米打算给自己放1年假，集中精力写作和搞音乐创作，但最终他却实现了"常青藤之梦"。之所以能够有这样一个不错的结局，是因为他使用了秘密武器——利用社会舆论。高校招生部门不愿得罪捐赠人和校友，同样也不愿被舆论指指点点，尤其是像《华尔街日报》这样的全国性大报。我曾经为该报撰写过一系列有关高校招生的文章。在征得杰米父亲的同意后，我与杰米申请的几所大学取得联系，询问它们为什么要放弃如此优秀的申请人，同时指出它们"歧视亚裔"的问题。在我给达特茅斯学院招生部主任卡尔·弗斯滕伯格（Karl Furstenberg）发去电子邮件6天后[13]，他写信通知杰米，说学校可以为他提供"仅有几个名额"中的一个。此后有一篇报道证实，所谓2005级"仅有的几个名额"实际上是22个[14]。杰米的好运气实属罕见，全美每年都有数以千计的优秀学生被名校拒之门外，原因只是他们"没有背景"。

哈里森·弗里斯特在普林斯顿大学一直躲避公众视线。2005年春季，为抗议他的父亲弗里斯特参议员提出的终止大法官提名辩论会的计划，普林斯顿大学学生民主党人举行了抗议"弗里斯特参议员阻扰议事"活动。在这次活动中，他更是努力避开人们的视线。但作为弗里斯特的儿子，他仍然不负众望地加入了该校雄辩俱乐部（bicker club）。在这个俱乐部里，他可以近距离接触到校友、未来的雇主以及普林斯顿的所有社交精英。仅凭请柬，他可以光临普林斯顿繁华大街上的5家美食俱乐部中的任何一家。谁不想与弗里斯特家族拉上关系呢？！他还可以选择加入他父亲曾加入的南方上流社会风格的"村舍俱乐部"（Cottage Club）或者"世袭常青藤"（aristocratic Ivy），他的3位圣奥尔本斯学校的校友都加入了该俱乐部，其中包括布兰登·帕里。

▲ 秋色中的普林斯顿校园

　　布兰登告诉我，常青藤成员拥有获得金融企业高薪职位的直接通道，而且是像古德曼—赛克斯投资银行、麦肯锡管理咨询公司等这样的巨头企业。2005年2月，布兰登参加了古德曼—赛克斯投资银行为实习生举办的招聘会。令他印象最深刻的是，有8位普林斯顿的校友在古德曼担任分析师。布兰登说，这8个人中有7位曾是常青藤俱乐部的成员。"我当时就想，'这倒像是常青藤的同学会'，真是挺奇妙的。"

　　然而，哈里森没有选择像常青藤或者村舍这样的俱乐部。他选择了普林斯顿大学俱乐部里最活跃的社团——"老虎客栈"（Tiger Inn）。该俱乐部设在一座英国都铎王朝风格的豪宅里，内有花饰玻璃的窗户、豪华的壁炉、游泳池、扑克牌桌等，以整蛊新人的入会仪式和疯狂派对而闻名。每当仪式或派对结束的第二天早上，路人总会看到一两个大啤酒空桶扔在前院的灌木丛中。这个俱乐部也是普林斯顿大学最晚接收女生入会的美食俱乐部。直到1991年，美国最高法院拒绝受理其诉讼后，才不得不接收女会员[15]。据"老虎客栈"的网页描述，俱乐部是一个"集休闲、好友谈天、学习、玩牌、打台球、与友共享杯中物（也许这才是最重要的）于一体的所在"。

2005年5月一个阳光明媚的下午，普林斯顿大三学生及"老虎客栈"会长蒂莫西·普鲁加尔（Timothy Prugar）指着草坪上晒日光浴的学生，告诉我说："我们的会员中有平均成绩4分的人，也有成绩不太理想的。"他说，"老虎客栈"整蛊新人已成为旧俗，现在入会过程包含"一些让人放松的游戏，在这种状态下新人可以尽显优秀的一面"。他还说，哈里森·弗里斯特"是一个低调的人"，"出身权贵家庭并不意味着他们就享有特权。特权是一种精神状态"。

醉酒也是一种精神状态。哈里森的同学布兰登·帕里告诉我，哈里森不仅是"老虎客栈"的会员，同时也是另一个以纵酒闻名的社团的成员。布兰登说："我个人认为，这就是大学。假如这时候不纵酒狂欢，更待何时呢?！"

2004年5月的一天，凌晨1:35，在"老虎客栈"附近的普洛斯佩克特大道上，警察拦住了哈里森和另一位大二学生的车。哈里森没有通过平衡能力测试，并被查出血液中酒精含量超标。他对"醉酒驾车"以及其他指控表示认罪，受到罚款以及吊销驾照7个月的处罚[16]。

2004年5月24日下午，在哥伦比亚大学老图书馆辉煌的大厅里，校长李·伯林克尔（Lee Bollinger）给普利策奖获得者颁奖。他逐一读出他们的名字，念颁奖辞，与他们握手，颁发证书和1万美金的支票。但并不对他们另加评论。

▲　辉煌的哥伦比亚大学图书馆

轮到我时，校长却念了一大段颁奖辞，赞扬我写的那些揭露大学招生中照顾校友及捐赠人子弟的文章。可是，当我坐回到家人和《华尔街日报》同事中时，他却随口说了一句："都是没有的事！"

他脱口而出的这句话，引起观众席中媒体名人们的尴尬笑声。他们中不乏希望为自己子女赢得常青藤大学录取名额的家长。我不能肯定李是否是在开玩笑，类似的否认我从很多大学官员那里听到过无数次。我清楚地知道，在当今这个鲜有秘密的社会里，美国上层社会中所剩不多的忌讳之一，就是谈论（或描写）大学招生中的幕后操作。在普利策奖授奖仪式前的招待会上，一位来宾责怪我不该批评这个影响广泛的"小事"，她说她倒想知道我写了这些文章之后，还怎么能够期望我11岁的儿子今后可以进入名校学习。

从小到大，我一直相信美国是一个精英社会，高校招生是崇尚优秀的。我父母均为国外移民，通过教育实现了自下而上的社会流动。他们凭借自己的智慧获得了博士学位，并成为马萨诸塞大学的终身教授。我自己从公立高中毕业后，只申请了两所大学：哈佛大学和康奈尔大学，均被录取。（比我更优秀的姐姐当时已经是哈佛大学的学生。但这对于我可能并无好处，因为哈佛声称不会对学生的兄弟姐妹作任何优先考虑。）

那时候，没有背景的学生进入常青藤大学更加容易一些。1974年我上哈佛时，申请哈佛大学的有11166人，录取人数为1600人；2005年，申请人数翻了一倍多，达到22797人，录取的人数却几乎不变。虽然申请人数在急剧增长，哈佛和其他名校却依然为某些特权群体预留名额，因此其他申请人被录取的机会被缩减得非常厉害。以我当年的条件（SAT1410分，高中成绩名列前茅，修过一门大学预科班课程），现在根本进不了哈佛，除非我是校友子弟，或被列入了发展项目，或是特招运动员、本校教师子女或少数族裔之类。

2002年12月的一天，作为《华尔街日报》的教育记者，我开始调查高校招生中优先录取的问题。直到这时，我才意识到情况发生如此大的变化。我的上司告诫我说，不要错过"25年来教育界最大的故事"。他指的是美国最高法院同意受理挑战密歇根大学"平权措施"的两项法律诉讼。当时，我绞尽脑汁想找出一个全新的报道角度，可他却闷闷不乐地说："所有角度都被人用过了。"

▲ 笔者工作生活的波士顿

　　然而不久后，我发现了一个"金矿"。状告密歇根大学以少数族裔优先而拒绝录取白人学生的原告之一帕特里克·哈马切尔（Patrick Hamacher），他自己就是作为校友子弟（其母亲是该校校友）被录取的。他提出诉讼的主要理由是，密歇根大学招收了一些条件比他差的少数族裔学生，这对他不公平。但如果按此逻辑，学校因他是校友子弟而优先录取，却拒绝条件比他好的同学，也同样是不公平的。

　　在有关校友子弟被优先录取的文章发表后，我又了解到优先录取捐赠人子弟的情况。据我调查，杜克大学每年至少会录取100名来自富裕家庭的学生或拥有各种社会关系的非校友子弟。随着对大学招生问题调查的逐渐深入，我了解到许多金钱凌驾于优秀之上的事例，这些都是那些不满现状的大学招生部门人员和高中辅导教师告诉我的。我感到惊奇的是，校友和捐赠人的子弟也常常会毫不忌讳地跟我谈起他们的经历，被名校录取后的复杂心情，或只因家境好就挤占优秀学生入学名额的内疚之情。

最终，我一共撰写了4篇有关名校招生特权优先的文章，都被刊登在报纸头版。这一系列报道引来了无数读者的电子邮件，或褒或贬。之后，《纽约时报》《华盛顿邮报》和其他媒体也都做了追踪报道。2003年6月，最高法院最终以微弱优势裁定维持"平权措施"。当时，克莱伦斯·托马斯（Clarence Thomas）法官对此表达了自己的不同意见[17]。他暗示，全国公众对于世家优先的关注可能影响到了最高法院的裁决。几个月后，爱德华·肯尼迪参议员（他本人即是世家优先的受益者）提出建议，敦促联邦政府检视世家优先录取的问题。

一些名校的官员开始不再回我电话。斯坦福大学和位于马萨诸塞州格罗顿的格罗顿中学（Groton School）反应最激烈。这所名牌大学与这所私立预科中学拥有同一个身份显赫的董事会成员——得克萨斯石油巨头罗伯特·巴斯。1991年，巴斯向斯坦福大学捐赠2500万美元[18]。在揭露特权优先如何左右格罗顿中学1998届毕业生大学招生结果的文章里，我曾报道巴斯的女儿玛格丽特是该校9名斯坦福大学申请人中唯一被录取的学生，尽管她的平时成绩和考试成绩都远远低于其他未被录取的8名同学中的7位。她的同学、韩裔美国人亨利·朴（Henry Park）的SAT成绩比她高340分，但斯坦福却对他不屑一顾。

甚至在那篇文章见报前，格罗顿中学聘请的律师就已经开始不断地向《华尔街日报》投诉了。他们指控说，我试图联系巴斯家族以听取他们陈述的行为，侵犯了巴斯家族的隐私。斯坦福大学负责公关的副校长戈登·厄尔（Gordon Earle）则致信正在评奖的普利策奖理事会，谴责我的文章"蓄意误导公众，违背了最起码的职业道德"。他指责我对时任斯坦福大学本科生招生部主任罗宾·马姆雷特（Robin Mamlet）的言论"断章取义"。真实的情况是，当我问到斯坦福是否对捐赠人子弟入学给予优先考虑时，她回答说："我当然会考虑斯坦福历史上所接受的慷慨捐赠，但必须指出的是，我们也拒绝过很多家境很富有的学生，甚至是那些最慷慨捐赠者的子女。"既然名牌大学向来否认"富人优先"的传统，用他们的话来说是"没有的事"，而且斯坦福的录取率是30%，我和我的编辑就觉得没有必要特别强调斯坦福拒绝了很多富家子弟的入学申请。因受版面限制，我就只引用了马姆雷特的前半句话。

在我开始着手写作本书时，格罗顿中学拒绝让我使用他们的图书馆。该校校长理查德·康门斯（Richard Commons）写了两份致校友的信件，请求他们不要与我合作[19]。但他的努力适得其反。每次在他致信校友后，都会有好几位校友主动与我联系，为我提供帮助。

《华尔街日报》一些富裕的订报人，把我所写的一系列新闻调查文章当作了如何申请名校的指南。文章发表后，一位高科技大亨与他的太太与我取得联系，说他们的女儿正在申请大学，考虑到她的学业成绩一般，她所就读的高中辅导教师建议她申请一所二流的大学，但是她父母锁定的目标却是常青藤大学。他们问我，应该拿出多少钱来才能让他们梦想成真？

我并没有告诉他们一个数目。相反，我委婉地劝他们不要花钱为自己的女儿购买一流大学的入学资格。那时我所能想到的，就是像杰米·李那样的优秀学生，会因为大学要为富人们的女儿保留名额而遭受被拒绝的命运。

注 释：

[1] David L. Evans, "The Pitfalls of a Pure Meritocracy", *Contempora Magazine,* July 31,1997, p. 32.

[2] 原普林斯顿大学校内俱乐部联盟主席 J. W. 维克多（J.W. Victor）确认，劳伦·布什（Lauren Bush）和凯特琳·爱德华兹（Caitlin Edwards）都曾是常青藤俱乐部的成员。贾斯汀·洛克菲勒是在一次访谈中透露自己曾是常青藤俱乐部会员的。

[3] 参见 Daniel Golden and Charles Forelle, "Just How Far Does Diversity Go？" *Wall Street Journal,* June 26, 2003. p. A6, 该文叙述了一名出生在巴拿马的犹太学生，是如何以西班牙裔背景满足招生条件从而达到被法学院录取目的的。

［4］Bill Turque, *Inventing Al Gore*（Boston：Houghton Mifflin, 2000），pp. 304-5. 笔者在一次访谈中确认，吸大麻事件发生的地点是在主教花园。

［5］原戈尔副总统的发言人乔希·切温（Josh Cherwin）告诉我，艾尔伯特三世确实毕业了，哈佛大学有时会在其家人的要求下在毕业典礼名册中略去某些毕业生的名字。

［6］参见有关经济分层研究的综述性文章：Stephen J. McNamee and Robert K. Miller Jr., *The Meritocracy Myth*（Lanham. Md.：Rowman & Littlefield Publishers, 2004），pp. 52-65.

［7］*The Economist,* January 1, 2005, pp. 22-23.

［8］关于3%，参见 Anthony P. Carnevale and Stephen J. Rose, "Socioeconomic Status, Race/Ethnicity, and Selective College Admissions," in Richard D. Kahlenberg, ed., *America's Untapped Resource: Low-Income students in Higher Education*（New York：Century Foundation Press, 2004），Table 3.1, p. 106. 关于11%，参见 William G. Bowen, Martin A. Kurzweil, and Eugene M. Tobin, *Equity and Excellence in American Higher Education*（Charlottesville：University of Virginia Press, 2005），pp. 98-99. 鲍温及其同事还得出以下结论：名校中只有3%的学生"既是家族中的首个大学生，同时又来自低收入家庭"。

［9］关于布什的学习成绩，参见 Jerome Karabel, "The Legacy of Legacies," *New York Times,* September 13, 2004, p. 23. 关于克里的学习成绩，参见 Michael Kranish, "Kerry, Bush Grades Nearly Identical," *Boston Globe,* June 8. 2005, p.1.

［10］本书中有关圣奥尔本斯中学毕业生优等生的信息，均由时任该校公关部主任的戴维·贝克尔（David Baker）提供。

［11］"学校举行弗里斯特中心正式落成典礼"（"Celebration Marks Official Dedication of Frist Center," *Princeton Weekly Bulletin,* November 6, 2000）。

［12］"弗里斯特在有关密西根大学问题上与布什意见一致"（"Frist Shares

Bush Position on University of Michigan," *Associated Press*, January 17, 2003）。

［13］弗斯滕伯格既没有搭理那封电子邮件，也没有回复我之后发去的另一封邮件，我的后一封邮件是想询问他，是否是笔者的干预才使得杰米被达特茅斯录取。

［14］Anne Marie Chaker, "Bad News for Waitlisted students," *Wall Street Journal,* June 16, 2005, p. D1.

［15］Lee Williams, "She Took It to the 'Street,'" www.dailyprincetonian.com, February 28, 2000.

［16］Certification of Disposition, *State of New Jersey v. William Harrison Frist Jr.,* Princeton Borough Municipal Court, July 12, 2004.

［17］*Barbara Grutter v. Lee Bollinger,* Supreme Court of the United States, No. 02-241. 参见其中托马斯法官有关世家优先源头的论述："该传统的形成大多基于这样的事实，即精英教育机构是在利用所谓的世家优先"，以及相应的脚注。

［18］"$25-Million Bass Gift Applauds Stanford Contributions to Mankind," *Stanford News Service,* June 13,1991.

［19］2004年9月，康门斯警告格罗顿中学的校友"此书可能会以不利于格罗顿中学的方式披露一些信息"。在他于2005年3月22日发出的第二封给"格罗顿大家庭成员"的信里，抱怨笔者"擅自联系了格罗顿中学的多名校友"，索要"数份《格罗顿中学季刊》专刊号的复印件"，因为该期刊登载了有关优秀成绩奖励情况，以及格罗顿中学毕业生就读大学去向的信息。

哈佛校园附近的查尔斯河

第一章

如何从 Z 名单跳到 A 名单

——哈佛对豪捐客的回报

　　2005年4月8日，一个不太寒冷的初春傍晚，一群互不相识的公司总裁、律师、石油大王、财务经理、高薪顾问以及名门后裔，从他们下榻的查尔斯饭店或哈佛酒店信步走过哈佛园。熙熙攘攘的人群中，几乎没有黑人或西班牙裔人的身影。头发灰白的男士们身着考究的灰色西装，除个别人需要助步器外，大都脸色红润、步履矫健，拥有哈佛划船队或网球队运动员般的体魄；女士们则围着丝质围巾，下穿笔挺的黑色长裤。他们从一扇没有标志的大门鱼贯而入，来到安能伯格大厅（Annenberg Hall）。哈佛没有对外公布这

▲ 美丽的查尔斯河流经令人魂牵梦绕的哈佛、麻省理工两所高校

次聚会，也没有邀请媒体到场[1]。

安能伯格大厅是哈佛的新生食堂，平常颇为素朴，现在却点缀着一簇簇郁金香和连翘花。嘉宾们尽情享用着鸡尾酒、葡萄酒以及嫩牛肉、蟹饼和芦笋尖等美味佳肴，与哈佛校长劳伦斯·萨默斯（Lawrence Summers）相谈甚欢。几位来宾正兴致勃勃地与他聊着"速食布丁俱乐部"（Hasty Pudding Club）最近的演出。这个俱乐部是哈佛学生戏剧协会，每年春季都要排演一部由男生异装出演的音乐滑稽剧。

随后，围坐在阳台上的一支学生乐队，开始演奏乐曲《哈佛万人》(Ten Thousand Men of Havard)，客人们纷纷落座享用他们的烛光晚餐。在酒精的作用下，人群的情绪逐渐高涨，他们不时用掌声打断萨默斯的餐后演讲。其间唯一的一个例外是：当萨默斯简单介绍了自己的倡议，即通过让来自年收入低于4万美元家庭的学生免费接受哈佛教育而提高这类学生的入学率时，他显然希望人们能够报以热烈的掌声，但他却没有等来。我猜想这种尴尬的沉默似乎传达了一种讯息，甚至可能是一种威胁：如果哈佛通过拒录我们的孩子来为更多低收入学生腾出位子的话，我们就再不会给哈佛数以百万计地捐款了。

这次晚宴揭开了哈佛大学学校资源委员会（COUR，简称"校资会"——译者）2005年度会议的序幕。这个委员会可能是高校中最富裕的咨询团体。鲜为人知的是，它不是一般意义上的委员会，它的职责中不包括制订哈佛的政策或提供咨询，但萨默斯校长和他的前任们都需要它的支持。它的成员囊括了哈佛最大的捐赠人，正是他们构成了学校募捐工作的主要经济支柱。2005年，他们的捐款总额达到255亿美元，居全美第一，比位居第二的耶鲁大学多出100亿。

哈佛持续5年（1994~1999）的"26亿美元筹资活动"，使得学校资源委员会的会费在过去15年里涨了3倍。资金主要来源于那些数额超过几百万美元的大礼包。1991年，在学校资源委员会会刊[2]的创刊寄语中，委员会主席小罗伯特·G.斯通（Robert G. Stone Jr.）写道："作为学校资源委员会的成员，我们期望您能够在未来的筹资活动中发挥引领作用。"2004 年，委员会精心挑选了 424 名成员，其中包括《福布斯》全美富豪榜前 400 名中的 10 人，如微软总裁史蒂文·鲍尔默（Steven Ballmer，2005 年净资产为 140 亿美元）、石油大王罗伯特·巴斯（Robert Bass，30 亿美元）和银行家戴维·洛克菲勒（David Rockefeller，25 亿美元）等。学校资源委员会成员大多是哈佛本科毕业或研究生毕业的校友。不过也有例外。比如巴斯，他的母校是哈佛的劲敌耶鲁大学，而后他又在斯坦福大学商学院就读过。

捐赠人必须捐出或计划捐款 100 万美元以上，才能获得学校资源委员会成员的资格。也有人捐款没有达到这个数额，但他们有能力代表学校向富裕校友或商界伙伴筹款，因此也被吸收为成员。学校资源委员会内部还有一个由 73 名成员组成的核心圈子——执行委员会，其成员的捐赠额或筹资额至少在 500 万美元以上甚至更高。

哈佛大学对资源委员会成员表达感激之情的方式，不仅仅是提供免费晚餐和赠送会刊那么简单。举办年会时，学校会邀请最著名的教授为委员们举办各种讲座，如纳米技术、长寿科学等等。学校的运动设施、研究中心、助学金、奖学金等，也往往以捐赠人的名字命名。

当然，哈佛对豪捐者最有价值的回报，是在录取时给予他们的子弟以大幅优惠。哈佛操纵着一个缺乏利益冲突制衡的筛选录取机制，为富裕学生和有背景关系的学生大开方便之门。尽管哈佛坚决否认出售录取名额，但笔者通过调查，发现了诸多类似事例，如某学生被录取前后的短时间内，其父母会向哈佛捐赠一笔巨款，这至少从表面上看来是一场交易。最引人注目的例子是，一位与哈佛素无关系的颇有政治背景的新泽西房地产商，向哈佛捐赠了 250 万美元。几个月后，他的长子、一个低于哈佛标准的学生被录取了。

哈佛的本科录取率不到 1/10，超过一半的 SAT 满分者的入学申请会被哈佛拒绝。在入学的新生中，有 9/10 的学生在各自的高中是位列前 10 的优等生；哈佛的研究生院和专业学院普遍以高标准自居，如哈佛大学法学院的录取率仅为 11%。

但哈佛主要捐赠人子弟的录取率就高多了。在查询《名人录》词条、哈佛校友录和其他资料后，我发现，进入《名人录》的424名学校资源委员会成员中，有218人（即一半以上）至少有一个子弟在哈佛就读[3]。不少成员还不止一个子弟是哈佛学生。在过去几年里，学校资源委员会成员的子弟被哈佛录取的总人数至少在336人以上[4]。其中，将近300人是本科生，剩下的大多进入了法学院和商学院。这为他们提供了进入美国权势阶层的通道。

据笔者推算，至少有80位学校资源委员会的成员没有子弟，或子弟尚未达到上大学的年龄。其余的340名成员中的336位，他们的子弟都进入了哈佛。而如果其中每名成员都只有1个孩子的话，这个比率就高得惊人了。美国已婚家庭一般有1~2个孩子，富有家庭的生育数量一般低于平均数。而且，一些成员的子弟并不申请哈佛。由此，笔者得出了一个比较保守的结论：一多半来自主要捐赠人家庭的申请人都被哈佛欣然接收了。

▲ 哈佛大学

由于能够轻松进入哈佛大学，那些孩子不仅得到了智力方面的提升，更获得了含金量颇高的学历，结识了很有能量的朋友和未来的配偶，由此巩固了他们各自家庭在美国社会中的尊贵地位。2002年，学校资源委员会成员、投资银行家拉尔夫·赫尔蒙德（Ralph Hellmond）在四十周年同学会上，向其他同学炫耀道："去年我家终于完成了'帽子戏法'，真是三喜临门啊！我的小女儿莫根嫁给了她的哈佛同学约翰·斯坦福（John Stafford）。这样，不仅我的3个女儿都是从哈佛毕业的，而且还都找到了一位哈佛毕业的如意女婿。"[5]

学校资源委员会执行委员会成员、RJR纳贝斯克公司原副主席小詹姆斯·O.

韦尔奇（James O.Welch Jr.）是哈佛的校友，曾为哈佛赞助过一个计算机科学专业的教授席位。在哈佛大学学校资源委员会成员中，他是校友子弟录取率最高的一位。他的 6 个儿子都毕业于哈佛。韦尔奇本人拒绝对此发表评论。同样地，对于芬恩·M. W. 卡斯帕森（Finn M. W. Caspersen）的慷慨捐赠，哈佛大学也在录取工作中给予了回馈，将他的孩子们悉数录取到了哈佛大学法学院。由于喜欢招收富豪校友的子弟，哈佛法学院在影片《律政俏佳人》（*Legally Blonde*）中还因此遭到嘲讽。这部于 2001 年上映的热门喜剧片中有一个情节，女主角（由瑞茜·威瑟斯彭饰演）从一位同学那里获知：她那位颇有心机的前男友沃纳·亨廷顿三世在申请哈佛时，最初只是被列入候补名单，他父亲不得不出面给学校打了电话。

卡斯帕森是哈佛大学法学院的校友，学校资源委员会执行委员会成员，曾任消费金融巨头——佳益公司（Beneficial Corp.）的董事长兼执行总裁①。佳益公司的主营业务是对低信用的消费者发放高息贷款。卡斯帕森夫妇曾赞助过哈佛法学院多个教授席位，并向其图书馆捐款。哈佛法学院珍本藏书室就是以他们夫妇的名字命名的。如今经营着一家私营投资公司的卡斯帕森，负责哈佛大学法学院一项标的达 4 亿美元的筹款项目。这个项目已于 2003 年启动[6]。卡斯帕森家的 4 个孩子，小芬恩·卡斯帕森（他也是哈佛大学的本科毕业生）、艾历克、塞缪尔和安德鲁均被哈佛法学院录取。卡斯帕森家族也拒绝对此发表评论。

曾长期参与法学院招生工作的戴维·R. 霍维茨（David R. Herwitz）教授告诉我，卡斯帕森的孩子们都很优秀，"完全符合招生要求"。他还说："任何学院尤其是一所历史悠久的学院，多少有些像一个大家庭。假如那些上过这所学院而后又为它做过很多贡献的人，最终却被告知：你的孩子非常接近我们的录取标准，但还不足以让我们录取他！你能想象这样的情形吗？这个世界岂不是疯了？！"

---

① 美国金融危机爆发后，2009 年 9 月 7 日，芬恩·卡斯帕森（Finn M. W. Caspersen）被发现在美国罗得岛州韦斯特利（Westerly）自己开枪击中头部身亡，终年 67 岁。——译者

毫无疑问，有些学校资源委员会成员的子弟是极为出色的哈佛人选，即使没有背景他们也可能会被录取。但对于另一些子弟而言，特权优先的存在让他们低于哈佛标准的考试分数和平时成绩变得不那么重要了。这些自身条件勉强却很幸运的学子，如同很多因"平权措施"入学的少数族裔学生一样，常常会背上自我怀疑的心理包袱。他们会质疑自己，是否真的值得被哈佛录取。

大多数学校资源委员会成员的子弟都是根据世家优先原则被哈佛录取的，哈佛也承认，学校在招生时会给予校友子弟一点优先考虑。哈佛每年会招收校友子弟申请人中的1/3，这个录取率是其总录取率的将近4倍，校友子弟占到了学生总人数的13%。哈佛大学招生与经济资助部负责人威廉·菲茨西蒙斯（William Fitzsimmons）是学校资源委员会会议的常客。他告诉我说，他亲自审阅了所有校友子弟的入学申请材料，被录取的校友子弟的SAT平均成绩只比学校平均成绩低1~2分而已，世家优先原则只适用于两个学生不相上下时的情形。我问他如何看待这个与学生才学几无关系的政策时，这位哈佛1967届毕业生辩解说，校友们"自愿为学校贡献大量的时间和精力。他们帮学校招生，筹资解决学生的学费，参加哈佛俱乐部在各地的活动，帮助全面推动学校的发展"。他还说，"校友们往往为校园生活带来了一种特别的忠诚和热情，让学校气氛大为不同，……使哈佛校园成了更加快乐的地方"。所以，"当他们的孩子申请哈佛时，我们会更加审慎地审阅他们的申请材料，并在录取过程中给予他们一点点'小优待'"。

忠诚效力也好，义务工作也罢，哈佛世家优先的最大原因却还是金钱。校友捐赠决定哈佛的资金数额，校友的慷慨程度决定其子弟能够享受到世家优先的程度。在我们的调查中，学校资源委员会成员子弟高于1/2的录取率，说明这些人享受到的不仅仅是菲茨西蒙斯教授形容的"在不相上下的情况下"的优先权，也证实了1991年戴维·凯伦（David Karen）得出的调查结论：如果哈佛校友子弟在申请入学的同时也申请助学金的话，那么他们便享受不到"世家优先"。也就是说，如果哈佛校友希望自己的子弟得到"照顾"，他们就必须是银行家、律师或牙医，而不是社工人员、教师或牧师。

凯伦教授告诉我："我的解释是，如果你不能利用哈佛的文凭为自己谋到一份丰厚的收入从而轻松支付子女学费的话，那么哈佛也不太可能两次犯下同样的错误。"

学校资源委员会成员的子弟在入学申请中享受到的优惠绝对不只是"1~2分"的 SAT 分数。20 世纪 90 年代中期，哈佛校友、学校资源委员会成员、波士顿投资商克雷格·L.巴尔（Craig L. Burr）至少向母校捐款 100 万美元。他的儿子马修·巴尔（Mathew Burr）在 1998 年申请进入哈佛。马修在格罗顿中学名列年级第 4，但是他的 SAT 分数却仅有 1240 分。3/4 的哈佛学生都在该项考试上取得过 1380 分甚至更高的成绩，新生的 SAT 平均成绩达到了 1470 分。马修同时还申请了另外一所大学威廉学院，但该校却没有录取他。

"我只是没有考好。"马修告诉我。在大学申请信中，他提到他的家庭在肯尼亚的一次狩猎旅行。这就像是一种暗语，向申请信的读者（即招生人员）暗示他的家庭拥有的财富。他说，他所在的格罗顿中学的辅导老师很明确地告诉过他，他的家庭关系对他将来被哈佛录取会很"有帮助"。

克雷格·巴尔对我说，他对哈佛的捐赠与儿子被哈佛录取"绝对没有关系"。"马修的成绩出众，他根本不需要任何帮助。"他说。

"我符合哈佛的入学资格，"马修说，"但同时，世家优先的做法也帮了我的忙。当然，我个人并不认为世家优先对于想上大学的人而言是一个公平的标准。但对我来说，也只能顺其自然了。"

跟马修一样，杰西卡·佐夫纳斯（Jessica Zofnass）的高中成绩非常优秀，但 SAT 分数（1410 分）却低于哈佛的平均分。杰西卡于 2004 年进入哈佛，她的妹妹丽贝卡随后于 2005 年入校。她们的父亲和祖父都就读于哈佛，所以她们是两代哈佛校友的后代。她们的父亲保罗·佐夫纳斯（Paul Zofnass）是学校资源委员会成员，曾出资设立环境研究领域的奖学金。"我当然知道我进入哈佛靠的不是 SAT 分数，"杰西卡告诉我，"但同时我也希望，自己不仅仅是依靠世家优先政策才进入哈佛的。我希望是因为我在乔特高中（即位于康涅狄格州沃灵福德的预科学校——乔特罗丝玛丽霍尔中学）时的各方面良好表现。我曾任多支体育运动队的队长，还曾是法语俱乐部的主席。"

"我当然很高兴自己能来哈佛，但同时又觉得，如果那些已经享受富足和优越生活的人还要得到额外的优惠，这个世界也太不公平了！我感到左右为难。如果我是来自一个普通家庭的话，我也会对世家优先政策感到愤愤不平的。"

保罗·佐夫纳斯是环保企业的财经顾问。2003~2004年间，他先后向哈佛捐赠了25万和50万美元[7]，并称自己还"非常有把握"从他的哈佛同学中筹集到更多资金。当时他的女儿杰西卡是高中毕业班的学生。他为女儿辩解道："杰西卡很明显具有进入哈佛的条件，但我也知道有不少丝毫不比我女儿逊色的学生未能进入哈佛。为什么呢？只能说我起了一点点作用吧！假如我与哈佛素无往来，杰西卡也很可能会进入哈佛，但对此我不敢确定。"

一名哈佛本科生、也是哈佛学校资源委员会成员的儿子告诉我说，他以中等成绩从高中毕业，SAT考了1300多分。他承认说，"以哈佛的标准这并不是一个好成绩"。他的父亲、一位哈佛校友，在20世纪90年代哈佛大学筹资活动期间向学校捐赠了100多万美元，又在他成为哈佛新生时追加捐赠了

▲　热闹的哈佛场

50万美元，但这位学生依然说对自己能够就读哈佛问心无愧。

"世家优先肯定是一个因素，但我并不觉得其他人就比我更有资格来到这里。"他说，"我并不感到内疚。我认识的很多哈佛学生都非常非常聪明，但他们却整天无所事事。我很勤奋，也很有潜力，考试成绩略低于别人也不应该妨碍我成功的机会、影响我的人生！"他说父亲捐款是出于对这所名校的热爱，并不是为了使他能够被哈佛录取。

大多数上层社会的校友子女上的都是私立高中。在那里，他们有机会参加各种贵族式的消遣运动，诸如壁球、划船和帆板等。由于这些体育运动的参加者大都是富裕的白人学生，因此由参加这些运动带来的大学录取时的优待政策，是大多数公立学校和城区学生享受不到的。学校资源委员会成员的子女们只要能在这些体育项目中略微显出一些才能，就能给哈佛教练留下印象，加上不错的家族背景，他们的名字便会出现在由教练向招生部门递交的特招名单中。

弗兰西丝·凯辛（Frances Cashin）不仅追随她的父亲、学校资源委员会执行委员小理查德·凯辛（Richard Cashin Jr.）踏入了哈佛校园，而且也进入了哈佛划船队。曾是哈佛划船队优秀队员、美国国奥队队员的小理查德·凯辛是一家投资公司的合伙人，他的太太也是哈佛毕业生和学校资源委员会成员。夫妇俩为哈佛慷慨捐赠的款项包括20世纪90年代筹资活动期间的100万美元和2004年的500万美元[8]。弗兰西丝作为第五代哈佛校友的子女，SAT成绩为1440分，略低于哈佛的平均成绩。她在马萨诸塞州西部的私立学校迪尔费德中学（Deerfield Academy）读书时，成绩曾排在年级25名以后。她是高中女子划船队的队员，但并不是各高校教练特别看重的选手。她说，其他学校之所以没有挑选她，是因为他们觉得她肯定会去哈佛的。

弗兰西丝告诉我，在迪尔费德中学读11年级时，父亲为她安排了与哈佛招生部主任菲茨西蒙斯的见面。这位主任并不正式面试申请哈佛的学生，但每年都会非正式地与至少100名申请人交谈，其中大多是像弗兰西丝这样的重要校友子弟。她趁夏令营的午餐时间与菲茨西蒙斯主任交谈了近半个小时。当时她参加了一个划船夏令营，正在查尔斯河训练。弗兰西丝告诉我说，是哈佛男子划船队教练哈里·帕克尔（Harry Parker，她父亲的良师益友）和女子划船队教练利兹·奥利瑞（Liz O'Leary，她父亲在国奥队时的队友）一起向哈佛划船队推荐了她。2003年她进入哈佛，2004~2005年期间成为该校女子划船队第二代表队队员。

弗兰西丝说，她觉得世家优先是"高校一项行之有效的政策。从社会角度来说，任何高校都得谨慎挑选学生。如果招收了太多来自任何一种相同群体的人，都会影响到高校所具有的社会凝聚力。某段时期里哈佛就曾经招收了太多的亚裔学生"。在本书第七章，笔者将揭示哈佛招生部门是如何对亚裔学生提出高于白人学生的考试成绩从而刁难他们的。弗兰西丝并没有解释亚裔学生（占学生总人数的15%~20%）是如何影响学校凝聚力的，只是说："对哈佛来说，招收既勤奋也善于交际、能在夜晚纵情狂欢的学生非常重要。大部分校友子女都是各方面非常优秀的孩子，这大概是因为他们都来自更为稳定的家庭的缘故吧！"弗兰西丝的表妹伊丽莎白·戴默斯（Elizabeth Demers）于2005年从马萨诸塞州安多弗菲利普斯中学（Phillips Academy Andover）毕业后，也进入了哈佛，并且也加入了划船队。

良好的社会关系，加上在贵族运动项目上的技能，也将伊丽莎白·贝丽尔森（Elizabeth Berylson）带进了哈佛。她是原哈佛大学董事会成员理查德·A.史密斯（Richard A. Smith）的外孙女。理查德是电影放映业和百货业巨头。2005年，仅从出售内曼·马库斯（Neiman Marcus，美国精品百货店品牌——译者）的交易中，理查德·A.史密斯就获利6.48亿美元[9]。尽管伊丽莎白在密尔顿中学（Milton Academy）读书期间，成绩排名进不了年级前20%，但她在壁球场上的天分，却已经达到了哈佛大学运动队教练们的特招标准。她的母亲，哈佛校友、学校资源委员会成员艾米·史密斯·贝丽尔森（Amy Smith Berylson）在2004~2005年间，赞助了工程系的一个教授席位，而此时伊丽莎白正在哈佛大学读大一。她的哥哥也是哈佛的学生。伊丽莎白拒绝对此事发表评论，推脱说自己"正要去打壁球"。

并非所有在哈佛就读的学校资源委员会成员的子女都是校友后代。还有一部分人是通过"发展项目"被哈佛录取的。发展项目针对的就是虽非校友子弟、却被哈佛认为其父母有可能成为捐赠人的富家子弟。尽管哈佛从不承认曾给予这些申请人优先考虑，但内部知情人说，跟大多数高校一样，这些申请人的名字会被哈佛的发展项目办公室列入优先考虑名单，递交到招生部门。

安妮·蔷德丽·巴斯（Anne Chandler Bass，人称"蔷德丽"）的父亲、石油巨头罗伯特·巴斯（Robert Bass）是耶鲁大学毕业生，她的母亲当初就读于史密斯学院（Smith College），但她还是在格罗顿中学毕业后进入了哈佛大学。哈佛校方官员说，之所以录取这位入学申请同时也被斯坦福大学接受的蔷德丽，是因为她充满生气的个性和良好的运动技能。她在大一时就参加了哈佛的曲棍球队。尽管如此，一位原校方官员还是告诉我说，哈佛录取她"是指望将来能够获得好处"。

这些好处果然如期而至。女儿入学注册后，罗伯特·巴斯成了哈佛大学家长筹资委员会的共同主席，随后又和夫人一起加入了学校资源委员会。2000年，当他们的女儿毕业后，巴斯夫妇用700万美元捐助了两个教授席位[10]。2002年，曾经教过蔷德丽的教师之一、哈佛政府学院教授迈克尔·桑德尔（Michael Sandel）被命名为首位"巴斯教授"。同年，蔷德丽本人也获得了哈佛大学颁发的一项筹资奖[11]。

哈佛的世家优先原本只局限于校友子弟，但重要的捐赠人（无论是否校友）对哈佛新生录取所产生的影响却远远超出了他们的嫡亲家庭，来自于校友非嫡亲家庭的学生人数超过了336人。豪捐客们常常能成功地为自己的亲戚、朋友、邻居和客户的子弟游说。哈佛招生部主任威廉·菲茨西蒙斯并不认为，这种对捐赠人有求必应的做法有什么不妥。在就任该职位之前，他在1984~1986年间曾担任哈佛大学基金的执行主任，专门负责筹资。曾于1975~2002年担任哈佛大学董事会成员、校长招聘委员会主席（正是这届委员会招聘了劳伦斯·萨默斯担任哈佛大学校长）的已故校资会主席、船运业总裁罗伯特·斯通（Robert Stone），在2005年（他去世前一年）曾告诉我说，有时他会向菲茨西蒙斯推荐学生。

　　两个孩子均就读于哈佛的斯通对我说："我从不给没有面谈过的学生写推荐信。"当斯通在纽约的办公室里与申请人面谈之后，就会把他"对这些学生的印象告诉哈佛的招生部门。比如他是否很急切，他将来是否会对班级有所贡献，他真的会来哈佛吗，等等"。我问他推荐的成功率如何，他低调地回答道："还不错吧！"

　　学校资源委员会成员托马斯·帕耶特（Thomas Payette）是波士顿的一名建筑师，他为自己的一名日本客户充当了中介角色。托马斯·帕耶特毕业于哈佛大学设计学院，两个孩子都在哈佛读书。他说，他的一位拥有建筑公司的日本客户非常希望自己的儿子能够成为哈佛设计学院的研究生。1990年前后，这位日本建筑商先后向哈佛和麻省理工各捐赠了125万美元，用以打动这两所高校以录取他那个不太优秀的儿子。帕耶特不记得这份厚礼是否打动了麻省理工学院，但比其他设计专业招生名额宽裕的哈佛园林建筑专业录取了这名年轻人。

　　我问帕耶特，学校资源委员会成员是否需要用重金来加大自己的子弟被

▲　著名的哈佛大学图书馆

哈佛录取的机会，他回答道："我想会吧。不过我们很少谈论这事，现在我们大多数人已经到了为孙辈操心的年龄了。"

学校资源委员会成员所享受到的"近水楼台"导致哈佛的招生体制出现了根本问题。通常情况下，社会的各个筛选系统都设有内部预防机制，以避免利益冲突的发生。比如，进行新药物临床试验的医生不能知道哪些病人服用的是试验药，哪些服用的仅仅是"安慰剂"；各个城市都根据市政考试的成绩来聘用警察和消防员；法官必须回避与自己有任何私人或商务关系的律师或诉讼当事人的案件；在挑选陪审团成员的过程中也会排除有偏见的候选人。可是直到 2006 年，在《美国新闻及世界报道》美国最佳高校排名中并列第一的哈佛和普林斯顿，却仍旧依赖各自招生部门人员的个人判断，来保证申请人受到一视同仁的对待。在无法防范制度被操纵，甚至无法防范天然的人类偏见的情况下，出现有关系背景的申请人排挤没有关系背景的申请人的现象，也就不足以为奇了。

每一年，迈克尔·霍兰德（Michael Holland）都要同他的密友、哈佛大学招生部主任威廉·菲茨西蒙斯一起参加波士顿马拉松赛。这位身为哈佛学校资源委员会成员的基金经理说："我们有足够的时间谈论所有的事情。"关于他与菲茨西蒙斯的关系，他补充道："我和菲茨西蒙斯的交情要追溯到大学时代。"霍兰德于 1966 年毕业于哈佛，比菲茨西蒙斯早一年毕业。

不管是霍兰德还是菲茨西蒙斯，都不曾想过两人的交情应当让后者在考虑霍兰德儿子的入学申请时加以回避。相反，菲茨西蒙斯甚至亲自面试了霍兰德的 1 个或两个儿子。霍兰德一共有 6 个儿子，其中 3 人就读于哈佛。

霍兰德向哈佛捐赠了一份奖学金，他和他妻子在 20 世纪 90 年代哈佛筹资活动中捐资 50 万 ~100 万美元，又在 2000~2001 年间向哈佛捐款 25 万 ~50 万美元。他说："菲茨西蒙斯非但没有回避，正好相反，他和他的同事们会努力征求熟悉申请人的校友们的看法。如果你有侄女或侄子正在申请哈佛，而你又了解他（或她）的情况的话，他们会愿闻其详的。"

菲茨西蒙斯告诉我，他认识许多哈佛校友，所以要他在考虑校友子弟申请的问题上回避是不太现实的。"我们会告诉所有人——无论是不是哈佛人，只要他们觉得自己能够为学生的申请材料补充说明一些内容，尽量告诉我们吧。我们做的就是信息工作。如果有人既了解哈佛又熟知某个申请人，他们就会提供有用的信息，帮我们判断两者是否相互适合。"

和招生部主任一样，哈佛本科生招生部门的大部分工作人员都是哈佛校友，通常会认识校友子弟申请人的父母或者兄弟姐妹。据熟悉招生审查的人说，你常常可以听见招生人员如此形容某位申请人："从材料上看，他也许并不怎么样，但他父亲就是大器晚成的嘛！"

对于这类议论，菲茨西蒙斯认为完全是无稽之谈。他说："我们怎么会因为某人的哥哥是位极不平凡的人而录取或不录取他的弟弟呢？"然而，前耶鲁大学招生部门官员、如今为高中毕业生提供咨询的大学咨询公司副总裁劳埃德·彼得森（Lloyd Peterson）指出，精英大学应该关注利益冲突的存在。他说："在耶鲁和哈佛那样的地方，和一帮招生办人员同坐在一间屋子里，审阅多达15000份的堆积如山的申请人材料，筛选那些与你素昧平生的学生，并不是件容易的事。在紧闭的房门背后，任人唯亲的情况在某种程度上无疑是存在的。"

▲ 砖红色的哈佛大学建筑

与哈佛本科招生不同，哈佛法学院倒是有一项预防利益冲突的政策。据拥有5名成员的法学院招生委员会主席伊丽莎白·沃伦（Elizabeth Warren）教授介绍，委员会成员若认识某位学生或其家人，便失去了对该申请人的投票权。这种情形每年都会发生"若干次"。

"这样做的目的就是要避免

学院演变成一个内部俱乐部。"沃伦承认该政策与哈佛世家优先的政策相悖，"大概是因为律师对利益冲突比其他学科的人更敏感吧。我们很担心那些无意间形成的、不成文的偏见进入到我们的招生系统。"

哈佛大学本科生招生部门其实可以在招生工作初期，剔除一些不合格的申请人，以降低录取的偏好。但恰恰相反，早期被筛选出局的学生居然有被重新考虑的情况。"直到3月底委员会最后一次会议——也就是录取通知书发出之前，所有申请人都还是有希望的。"菲茨西蒙斯解释说。由于优秀申请人都会在层层筛选的过程中毫发无损地幸存下来，因此造成这种变故的与其说是分数，不如说是关系。"你猜哪些学生会被重新提到议程上来？"彼得森问道，"绝对不会是来自加州中部山谷姓冈萨雷斯（Gonzalez）的孩子，而一定是叫洛克菲勒或范德比尔特的学生。"据他估计，如果将早期筛选结果作为最终决定，那么学校资源委员会成员子弟的录取率就会降低一半。然而，有关系背景的学生都在最后时刻得到了招生委员会的首肯。在哈佛和其他精英高校，这种委员会的大部分成员都是招生部门官员和本校教师。一位原哈佛校方官员是这样描述审议会的："到了最后一天，你手里还有20张票。你掂来掂去，心里在权衡，是投给来自哈勒姆区的黑人学生或者阿巴拉契亚山区的孩子，还是校友的儿子呢？"

在哈佛，这种在最后时刻进行交易的做法由来已久。早在半个世纪前，艾尔伯特·F.戈登（Albert F. Gordon）就是通过这种方式脱颖而出成为赢家的。他的父亲艾尔伯特·H.戈登（Albert H. Gordon）是哈佛大学毕业生、华尔街金融家，当时正待成为哈佛最大的捐赠人之一。小艾尔伯特在新罕布什尔州康克市圣保罗中学（St. Paul School）就读时，曾屡次违反校规。他不仅在化学终考中作弊，而且几何考试也不及格。尽管有此等劣迹，小艾尔伯特仍然在1955年申请了哈佛。2004年11月，在离哈佛园不远的一家酒店用早餐时，他不得不承认："我是一名差生。在我的整个学生生涯中，请家教的次数比任何人都多。"

戈登说，尽管这样，由于父亲的影响他仍然所向披靡。时任哈佛大学招生部主任的威尔伯·本德尔（Wilbur Bender）已经下决心不录取小戈登了。可是，在当年的最后一次审议会上，担任学生部主任的德尔马·莱顿（Delmar Leighton）意外地出现在招生委员会面前。他对全体委员说："我必须告诉你们，艾尔伯特·戈登一定要出现在录取名单上。"

戈登艰难地度过了他的哈佛岁月。他回忆道："对于每次考试，我都觉得如临大敌。"后来，戈登在基德尔·皮博迪证券公司（Kidder. Peabody & Co）成为一名成功的投资银行家。该公司是他父亲在大萧条时代将其从濒临倒闭的绝境中拯救出来的。 2005年，艾尔伯特·戈登104岁，仍健康地活着。他一生共为哈佛捐款3000万美元。小艾尔伯特也陆续为哈佛捐赠了530万美元，因为这所大学也是他的女儿、他的3位兄弟姐妹和4个侄子侄女的母校。艾尔伯特曾经是学校资源委员会成员，他的3位家族成员目前仍然是该委员会的成员，他父亲和1个姊妹还是执行委员会成员。他说："学校资源委员会就像一个肉类市场，他们带着你东看看西逛逛。要是你捐出的钱不够多，你的子女就休想进哈佛。"

艾尔伯特说，目前哈佛招生中的买卖交易和他上大学时并没有多大的改变，他和他父亲推荐的亲戚朋友最终都能够找到进入哈佛的门道。尽管他承认这种对捐赠人有求必应的做法对其他人很不公平，但艾尔伯特说，这对于确保资金筹措、维护校友对母校的忠诚，却是至关重要的。

"这就是为什么我要为哈佛做那么多的原因。"他说，"他们待我不薄，所以应当得到回报，大大的回报！这也就是为什么那么多人爱戴哈佛的原因。那些因为自己成绩优秀很容易就上了哈佛的家伙们，可能就不会在乎太多。"

安妮·格雷森（Annie Grayson）并不是康涅狄格州莱克维克地区豪奇科斯中学（Hotchkiss，一所寄宿学校）的优等生。该校没有正式的学生排行榜，但一位知情人说，她的成绩在年级里属中等偏下一点。她的SAT分数为1200分，与哈佛录取学生的平均成绩相差至少200分。

有如此学习成绩的学生，如果没有背景，哈佛通常会不屑一顾。但安妮却是波士顿地区风险投资资本家、哈佛校友、学校资源委员会成员布朗斯·H. 格雷森（Bruns H. Grayson）的女儿，她母亲珀琳（Perrin）也是哈佛的毕业生。在 2003~2004 学年，即安妮在高中的最后一学年，她父母为哈佛大学捐赠了 100 万美元。就在同一年，格雷森在"三十周年同学会"的发言中，引用诗人罗伯特·勃朗宁（Robert Browning）的名句告诉大家，他拥有"家财万贯，足以与人分享"。

安妮提出申请后，哈佛将她列入候补录取名单。从豪奇科斯中学毕业后不久，她便收到了哈佛的录取通知，但附带了一个意想不到的条件，即她不能在当年 9 月与同届同学一起注册，必须等到次年（2005 年）再以新生身份进入哈佛。对本书相关内容，格雷森家族拒绝加以评论。

如果家境富裕或有背景的申请人在正规程序中未被录取的话，他们亦无需悲观绝望。如同安妮·格雷森一样，他们或许能够被列入"Z 名单"。所谓"Z 名单"，是哈佛招生部门在执行某个鲜为人知的政策时使用的专用词汇，即为了报答校友和捐赠人的馈赠，不惜降低标准，从旁门左道录取这些人的子弟进入美国最著名的大学。"Z 名单"上通常列有 25~50 个背景关系深厚、但学业成绩刚刚达标的申请人姓名，他们均被哈佛有条件地录取。这个条件是：他们要到次年秋季方可入学。当然，列入"Z 名单"的学生占用的是次年的招生名额，这些名额原本是可以提供给那些成绩优异但并无关系背景的学生的。

哈佛同时也将安妮·格雷森在豪奇科斯中学的同届同学凯瑟琳·坎博（Katherine Kampo）列在候补名单上，不过最后却没有录取她。凯瑟琳是豪奇科斯的尖子生，荣登优等生荣誉榜，SAT 考分也比安妮高，最后去了布朗大学。她告诉我说："安妮很不错，热情、开朗，她想去哪里都是应该的；但如果以分数衡量的话，她并不拔尖。有太多人比她更有资格进入哈佛。"

凯瑟琳又说："我个人不赞成校友及捐赠人子弟优先的招生政策，应该是择优录取。如果我不了解安妮的话，我会非常愤怒并为此耿耿于怀。最让人沮丧的是，许多真正聪明的学生却得不到被名校录取的机会！"

《哈佛红》（*The Harvard Crimson*，哈佛大学学生报，深红为哈佛校色——译者）曾于2002年报道说，列在"Z名单"上的70%学生都是校友子弟。而据我自己的调查，有好几个学校资源委员会成员的子弟被延迟录取一年，有时一个家庭还不止一个子弟被这样"录取"。2001年，安妮·格雷森的妹妹露西（Lucy）从新罕布什尔州的圣保罗中学毕业后，也和姐姐一样被哈佛延迟一年录取。

艾希丽·霍布斯（Ashley Hobbs）是学校资源委员会执行委员会成员富兰克林·W.霍布斯（Franklin W. Hobbs）的女儿，她从豪奇科斯中学毕业，休学一年后才升入大学。在中学读书期间，艾希丽不属于年级前20%优等生之列。2000年，她身为投资银行家的父亲富兰克林·霍布斯通过竞选，成为了哈佛大学监事会成员。他多次向哈佛捐款，其中包括在2003~2004年期间向哈佛捐赠25~50万美元，当时"恰逢"艾希丽在哈佛上大二。

"以我个人的经验，列入'Z名单'的都是那些有关系背景的学生。有的在学业上比较弱，但也不尽然。"原密尔顿中学负责大学申请咨询的辅导老师苏珊·克斯（Susan Case）告诉我，"只要看过学生的家族史，我通常能预测哪些学生的名字会出现在那张名单上。"

哈佛宣称，"Z名单"并不是专为校友及捐赠人子弟设置的，而是针对所有哈佛想要录取却没有床位安置的学生。"我们的想法是，当每年的录取名额最终被用完时，我们可以向20、30或者40个学生提供来年入学的机会。"招生部主任威廉·菲茨西蒙斯解释道，"如果说通过这一途径进入哈佛的校友子弟的数量显得比较多，那是因为他们对哈佛情有独钟，而且对延迟入学这一选择比其他人更为熟悉。他们愿意等待一段时间，希望能上'Z名单'，而不是去别的大学注册。"

不过，有一个家庭的经历证明，哈佛确定"Z名单"候选人的时间相当早。据当时担任哈佛大学筹资人的贝弗丽·杰奎斯（Beverly Jaques）讲，她儿子海顿·杰奎斯（Hayden Jaques）在进入密尔顿中学12年级前的暑期里，得到了一次与菲茨西蒙斯见面的机会。后者问他，是否愿意休假1年后再于2002年就读哈佛（海顿的父亲威廉·杰奎斯曾在20世纪80年代负责管理哈佛

▲ 秋色中的哈佛大学

的重大捐赠款项）？不属于密尔顿中学优等生的海顿在休假的一年时间里，游历了哥斯达黎加和西班牙等地，之后便进了哈佛。入学后，他加入了学校的飞行俱乐部和橄榄球队，于2006年从哈佛毕业。

菲茨西蒙斯解释说，"Z 名单"始于20世纪70年代，其目的是鼓励学生推迟一年再开始大学生涯。招生部知情人士说，这个名单逐渐演变成了校友项目。对哈佛来说，延期注册是一个没有输家的上策：它要么让学业欠佳的申请人无需哈佛拒绝便知难而退（这既维护了哈佛的学生质量，又不伤害捐赠人的感情），要么期望通过一年候补让学生成熟起来，做好上大学的准备。事实证明，"Z 名单"上的学生为获得在哈佛受教育的机会，大都愿意等上一年。根据菲茨西蒙斯提供的数据，哈佛2003年"Z 名单"上34名学生中的24人，以及2004年名单上48名中的40人，接受了延期注册的录取条件。

在一篇题为《为了下一代，是休整一年还是精疲力竭？》的文章里，哈佛校方对延期注册政策做了宣传。这篇由菲茨西蒙斯和其他两名哈佛官员执笔、在哈佛大学招生网站登载的文章中宣称，一年的休整有助于学生成熟和放松，"最好的休整方法大概就是推迟一年上大学"，"在所有的录取名额用尽后，哈佛向少数优秀的申请者提供下一年的招生名额……我们得到的反应无一例外都非常积极"。

哈佛无需告诉学生们该如何度过这一年。富裕家庭的孩子常常利用这段时间，享受昂贵的背包之旅或者帆板航行。据佛罗里达赛拉索塔（Sarasota）航海训练项目的负责人迈克尔·梅根（Michael Meighan）介绍，加勒比海传统装备纵帆船航海项目为期80天，向每人收取1.45万美元，目的是让参加者学习团队建设，提高领导技能。他说，每年至少有3名被哈佛大学有条件录取的学生会在这里度过一段时间，艾希丽·霍布斯便是其中一位。除参加加勒比海远航之外，她还是"潜水乐俱乐部"的一员。该俱乐部的简讯报道说："在这里的训练结束后，她将去意大利做春季旅行，并在秋季进入哈佛读书。"

对于有深厚家庭背景的学生，"Z名单"并不是他们迂回获取哈佛学历的唯一途径。如果不想延期注册，他们可以先去别的学校注册，然后再通过转学的方式进入哈佛。一般来说，转学比新生申请更加艰难。哈佛通常每年会收到上千份转学申请，只能从中录取5%的学生。但如同新生录取一样，校友及捐赠人子弟在转学过程中，也会享受到明显的优待。

理查德·L. 门舍尔（Richard L. Menschel）是哈佛大学商学院毕业生、高盛集团（Golden Sachs）高级总监，他在20世纪90年代曾任哈佛大学"26亿美元筹资活动"的共同主席，目前仍是学校资源委员会执行委员会成员。他的夫人洛奈·门舍尔（Ronay Menschel）也是学校资源委员会成员，曾任纽约副市长。夫妇俩向哈佛大学商学院、公共卫生学院和美术馆慷慨捐赠了大笔款项。门舍尔的大女儿卡丽丝（Charis）和二女儿萨比娜（Sabina）均是哈佛大学的学生，但他们的三女儿席琳（Celene）却没能进入她就读的那所时髦的纽约市预科学校南丁格尔—班福德中学（Nightingale-Bamford）的年级前10%。

席琳于2000年被康涅狄格州纽伦敦的康涅狄格学院录取。在那里，无论在学业还是在女子越野跑方面，她都有上佳表现。两年后，她作为转学生被哈佛大学录取，从一个口碑很好的文理学院转入全国的名牌大学，这的确是一次罕见的跳跃。根据康涅狄格学院提供的信息，在她之前的 5 个年级中，仅有 1 名学生成功地转学到了哈佛大学。

康涅狄格学院的田径教练内德·毕晓普（Ned Bishop）告诉我，在转学问题上，席琳非常犹豫。因为在康涅狄格学院的运动队，她是明星队员；而在哈佛，她的成绩就不那么突出了，而且哈佛所处赛区的竞争无疑会更加激烈。"我觉得，至少在跑步这一点上，她更希望是我们队的成员。我觉得她之所以转学，只是因为她的家族与哈佛的关系。她觉得去哈佛读书是对家族应尽的一点责任。"毕晓普教练说。

进入哈佛校园后，学校资源委员会成员的子弟和无背景学生在学业和地位方面，仍然存在差距。尽管他们共处一个校园，却各自生活在完全不同的世界里。捐赠人子弟在学业上步履维艰，却在社交方面如鱼得水。他们出自同样富庶的生活环境，毕业于相同层次的精英预科学校，从事相同的贵族运动项目，最终往往会不分你我，同吃同住，一起成为哈佛大学各种具有排他性质的"大四俱乐部"（Finals Club）的常客。

长期被预科学校毕业生和运动员控制的哈佛大学各种半公开性质的"大四俱乐部"，如同普林斯顿大学的"美食俱乐部"一样，是为有钱学生提供各式聚会和建立幕后职业关系网的场所。学校资源委员会执行委员会成员欧内斯特·蒙拉德（Ernest Monrad）是波士顿的一位金融家，曾出资赞助过两个哈佛系主任席位。他记得自己从哈佛大学法学院毕业后，之所以能够在波士顿律师事务所谋得第一份工作，就是因为该所的高级合伙人与他同属哈佛大学的"狐狸俱乐部"（Fox Club）。蒙拉德说："这个关系让我得到了面试的机会。"后来，他的两个儿子和一个孙子相继步入哈佛校园，并且都加入了各种"大四俱乐部"：AD 俱乐部、狐狸俱乐部和飞行俱乐部。蒙拉德告诉我，"我有两个孙子如今正在申请哈佛，我不打算出面了。我想他们（指招生人员——译者）都知道我的名字"。

学校资源委员会成员小理查德·凯辛和堪萨斯市银行家乔纳森·肯珀

（Jonathan Kemper）同为哈佛大学1975届毕业生。当时，凯辛加入的是猫头鹰俱乐部，肯珀则加入了凤凰俱乐部。近30年后，他们的女儿弗兰西丝·凯辛和夏洛特·肯珀（Charlotte Kemper）又成了哈佛的室友。夏洛特告诉我："去年，我和同学们一起晚餐。除一名女生外，其他人都是校友子弟。那名女生便说，'也许我还是离开的好！'"尽管夏洛特没有成为她父亲曾参加过的俱乐部的成员（因该俱乐部只吸收男性会员），但她说她有时会去参加那儿举办的派对。

随着大学辍学率的居高不下，意味着只要能从大学毕业，就是学业成功的标志。然而，进入哈佛还是比从哈佛毕业困难得多，97%的哈佛学生最终获得了学位。所以，学生在毕业时是否能获得荣誉，更能衡量其具有怎样的学术才能。通过查阅1980年以来从哈佛毕业的192名学校资源委员会成员子弟所获荣誉的材料，我发现，与哈佛学生的平均水平相比，他们大多在毕业时没有获得过任何荣誉，获得该校最高级别的两个奖项（即magna cum laude和summa cum laude，称为优异成绩奖励和最优异成绩奖励）的更是少之又少。一般而言，在哈佛大学获得优异成绩或最优异成绩奖励的学生人数，超过没有获得任何荣誉奖励的人数。在我研究的样本中，反过来也是成立的。在捐赠人子弟中，大约有1/5(39人)获得过优异成绩奖励和最优异成绩奖励，不少于1/4（50人）的子弟毕业时没有获得任何荣誉，其中就包括詹姆斯·韦尔奇的3个儿子。其他103人在毕业前获得过一般优等生（cum laude）的荣誉。从总体上看，哈佛大学2004年的毕业生中，只有1/10没有被颁发过任何荣誉，这个数据与1990年相比呈下降趋势。

捐赠人子弟在学业上的平庸表现，可以反映出他们高中毕业时在升学资格方面的欠缺。或许由于他们拥有良好的经济保障，所以与其他学生相比，他们更缺乏在学业上出类拔萃的原动力。

当然，也有截然相反的突出例子。来自温斯洛普家族（Winthrop）的伊丽莎白、费尔南达和夏洛特，是这个家族的第12代哈佛生。哈佛的一栋学生公寓被命名为温斯洛普大楼（Winthrop House）。她们的父母均毕业于哈佛，她们的父亲、身为投资顾问的格兰特·温斯洛普（Grant Winthrop）还是哈佛学校资源委员会成员。但三姐妹并没有躺在名门望族的出身上碌碌无为。进入哈佛前，三姐妹均是南丁格尔中学的尖子生。2001年，伊丽莎白以最优异的成绩从哈佛毕业，在校期间还曾以本科生身份

▲ 瑞雪中的哈佛大学

获得最佳短篇小说奖。2004年，费尔南达以优异成绩毕业，同年夏洛特被哈佛录取。

　　夏洛特告诉我，她是高中毕业典礼的致辞人，曾任12年级班长和学生文学杂志编辑。她的 SAT 成绩是 1480 分，基本达到哈佛的平均成绩。11年级时，她在父亲安排下与菲茨西蒙斯有一次面谈。"我们主要聊了旅游。"她说，"我对东南亚非常感兴趣。我宁愿认为即便自己不是校友子弟也一样能进哈佛，但有那么多优秀学生申请哈佛，所以我确信优先政策还是帮了我的忙。"

　　另一位来自南丁格尔—班弗德中学的校友子弟伊丽莎白·尼米克（Elizabeth Niemiec），则对哈佛校园里异常活跃的充满势利气氛的俱乐部现象感到非常失望。她的父亲、投资银行家戴维·尼米克（David Niemiec）和母亲梅拉妮·尼米克（Melanie Niemiec）都是学校资源委员会的成员。伊丽莎白在高中时是尖子生，SAT 考分为1520分，她同时被波莫纳学院（Pomona College）、威廉姆斯学院（Williams College）和卫斯廉大学（Wesleyan University）等多所名校录取。尽管她本人更喜欢波莫纳学院，但还是在父母的劝说下进了哈佛。在她申请哈佛期间，该校发展项目办公室的工作人员、她父亲当年的哈佛同学亲自陪同她参观校园，并向她引见了哈佛大学环境科

学和公共政策系的系主任，而这正是伊丽莎白很感兴趣的一个专业。伊丽莎白进入哈佛的第一年，也就是2000~2001学年，她的父母向哈佛捐赠的款项在25~50万美元之间。

伊丽莎白回忆道，大一时，她"始终只和那些来自纽约规模较小的私立学校的女生们交往，这样做比较容易，大家也有共同语言。而我认识的男生大多是高中毕业舞会上有过一面之交的男孩，或者是他们在'大四俱乐部'里结交的朋友"。

伊丽莎白选择与5个同是校友子弟的同学住在一起，其中1个不是纽约人。大二时，6名女生一起加入了"蜜蜂俱乐部"（Bee）——一个只吸收女性会员的学生俱乐部。哈佛出现了不少诸如"蜜蜂"之类的俱乐部，原因是传统的学生俱乐部仍然只接受男性会员（它们宁肯与哈佛断绝关系，也不愿意接受女会员）。"蜜蜂俱乐部"主席莫莉·克劳斯（Molly Krause）是伊丽莎白室友的姐姐，她确保6名女生都收到了该俱乐部的加入邀请，用俱乐部的行话来说，她们属"内定名额"。莫莉的父亲彼得·克劳斯（Peter Krause）是格林希尔投资银行的常务董事、哈佛学校资源委员会成员。他和夫人艾丽斯均不是哈佛校友，但夫妇俩却一起担任了哈佛家长筹资项目的共同主席。

大三时，伊丽莎白和费尔南达·温斯洛普以及莫莉的小妹妹克丽斯蒂娜·克劳斯（Christina Krause）是室友，三人均为学校资源委员会成员的子女。费尔南达和克丽斯蒂娜担任了"蜜蜂俱乐部"的招募负责人，由她们决定邀请哪些人入会。"这事快让我发疯了！"伊丽莎白坦言道，"在俱乐部里，我同大家的立场不同。她们整天谈论让谁加入或不让谁加入，这太可怕了！我只好躲在自己的房间里。慢慢地，我与'蜜蜂俱乐部'以及我的室友们疏远了，开始与其他同学交往。"她后来换了宿舍，与一位来自密歇根州工薪家庭的学生合住，之后便赴墨西哥进行一学期的实习。

2004年，伊丽莎白从哈佛毕业，成为纽约曼哈顿地区检察官办公室白领犯罪科的调查员。她现在正打算去读医学院。她认为，让校友和捐赠人子弟享受录取优先政策，"真是太不公平了！他们把本应该在挑选范围内的人踢出局，而将本该出局的人保留下来"。

"我在哈佛并没有碰到多少天才。"她说，"我认识很多校友的子弟，他们非常聪明，在哈佛表现也挺出色。但在学生当中，对社会最有责任心和正义感的，却通常不是校友子弟。我曾经参加过一个为强奸和性侵害受害人提供朋辈咨询的小组，我们接听电话，接待有情感困惑的来访学生。我在那里结识了几位了不起的女生，她们基本都不是校友子弟，与我在其他圈子认识的作为校友子弟的学生们大不一样。"

查尔斯·库什纳（Charles Kushner）抱有很大的野心，无论是对于他的事业，还是对子女的未来。这位新泽西州的房地产开发商曾经宣称，他要成为"全国最大的房地产业主之一"。与此同时，他期望他的两个儿子能够进入全美最著名的大学读书。

为达成这两大目标，库什纳采用了同样的方法，那就是"买"。他的成功以及后来的衰落都说明一点，名校和政客一样抵挡不了巨额金钱的诱惑。同样，库什纳的经历也揭示出另外一点，即哈佛除了向校友的忠诚和传统低头外，只要家长能筹集到一笔合适的捐赠款，它也会为与哈佛没有任何关系的富裕的非校友子弟降低自己的录取标准。

库什纳总价值超过10亿美元的房地产帝国源于他父亲（二战时期纳粹大屠杀的幸存者）所建立的建筑公司。他将父亲的公司从一个小型建筑企业，逐步发展成为一个拥有25000套公寓，500万平方英尺的厂房、写字楼和零售商业用地，以及位于中大西洋地区几万英亩未开发土地的大型地产公司。为了保护自己不断扩大的领地，库什纳成了全美最大的政治捐赠人之一。据《卑尔根实录》（*The Bergen Record*）报道，1997~2002年间，库什纳家族以及他的生意合伙人总计向政治团体和政客捐款310万美元，其中包括捐给詹姆斯·迈格里维（James McGreevey，2001年通过竞选成为新泽西州州长）的150多万美元。库什纳家族和公司对民主党的慷慨捐赠，堪与得克萨斯能源交易巨头安然集团相媲美（后者在2001年自我毁灭，此前向乔治·布什和其他共和党政客捐出巨额款项）。据《卑尔根实录》报道，在库什纳的两个儿子和两个女儿尚未达到合法投票年龄前，就已经有了近30万美元的政治捐款。

库什纳的住宅和公司总部成了民主党显要访问新泽西州时的必经之地，这其中包括克林顿总统和戈尔副总统。迈格里维州长更是在他的州政府中安插了许多库什纳的同僚。不仅如此，他还提名这位房地产巨商担任纽约—新泽西港务局局长，以亲自掌控纽约地区利润可观的开发合同。但库什纳最终未得到正式任命。在州立法机构要求就潜在利益冲突问题对他进行质询时，他知难而退了。

库什纳的慈善行为并不仅仅限于政客圈子，他还豪爽地向不同机构捐款，其中包括哈佛大学。据两位熟悉库什纳这一善举的人士说，1998年，这位纽约大学的校友向哈佛承诺了250万美元的捐赠款，并保证以每年25万元的额度分期兑现。哈佛随即吸纳库什纳及其夫人希洛 · S. 库什纳（Seryl Stadtmauer Kushner）为学校资源委员会成员。

在库什纳做出捐赠承诺时，他的长子、在新泽西州帕拉姆斯市弗里希中学（Frisch School，一所犹太人学校）就读的贾里德（Jared）正好开始申请大学。在1998~1999学年，已是应届高中毕业生的贾里德在各科的表现都不属上乘，没有在学校开设的高难度班学习，他的考试分数也没有达到常青藤高校的标准。当得知贾里德申请哈佛的时候，弗里希中学的老师们都很意外。而当他们最终得知他被哈佛录取时，更是感到震惊和沮丧。

"学校行政办公室的所有人都无法想象，他是如何凭借学业成绩进入哈佛的。"这所中学的一位前官员告诉我说，"他的平均成绩和SAT分数，都不能保证他进入哈佛，我们觉得他根本不可能进入哈佛。但出乎大家意料的是，贾里德居然被录取了！我们觉得有点失望，因为有几个很有希望的优秀学生反而没被录取。我想在今后的很长一段时间内，贾里德可能都不愿意谈及此事，可能还会觉得郁闷甚至内疚，因为也许正是他占用了其他同学的名额。常青藤高校往往比较重视申请人'是否在贵校开设的最有挑战性的班级学习'，鉴于贾里德的情况，我们的回答不可能是肯定的。"

时任弗里希中学"高校准备项目"主任的玛戈·克里布斯（Margot Krebs）说："贾里德绝对排不到同届学生的前列，但在个性方面有很多长处。他是一个讨人喜欢的年轻人，很沉稳，属于人们通常所说的'将来会从政'的有为青年。当然，哈佛录取他也实属非同寻常。"

在贾里德高中毕业次年就开始担任弗里希中学校长的现任校长卡尔曼·斯坦（Kalman Stein）告诉我说："我能告诉你的是，他选修了一些不错的课程，上了几门大学预科课，成绩还行。你给了一所大学足够的钱，它就能让你孩子进它的门，难道不就是一种惯例吗？"

库什纳在利用他的财富的同时，或许还借助其政治关系来左右哈佛。一位与他的家族联系密切的人士声称，新泽西州参议员弗兰克·劳滕伯格（Frank Lautenberg）在1992~2002年期间，曾接受库什纳家族近10万美元的捐赠。为增加贾里德进入哈佛的机会，劳滕伯格曾向马萨诸塞州参议员爱德华·肯尼迪（Edward Kennedy）求助。据说，身为哈佛校友、其家族与哈佛已有三代关系的肯尼迪参议员，与哈佛大学招生部主任威廉·菲茨西蒙斯取得了联系。菲茨西蒙斯随后便与库什纳进行了交谈。但肯尼迪参议员的发言人说，肯尼迪办公室并没有任何与库什纳往来的记录。参议员只会为自己家族成员的入学问题致电哈佛招生办。

不管怎样，库什纳还是被安排与哈佛当时的校长尼尔·鲁登斯坦（Neil Rudenstine）见面。"他非常有兴趣为来自低收入和中等收入家庭的学生设立奖学金。"这位前校长回忆说，"看起来他对这件事非常重视，也非常诚恳。"因此，鲁登斯坦将库什纳引荐给本校的发展项目办公室。但他说："我们绝对没有谈大学招生的事情，我甚至都不知道他有孩子。"

鲁登斯坦并不是库什纳刻意拉拢的唯一的常青藤大学校长。除了给哈佛7位数的捐赠承诺外，这位房地产大亨还向康奈尔大学和普林斯顿大学分别捐赠了数额略逊于哈佛的款项。在库什纳的请求下，于1995~2003年期间任康奈尔大学校长的亨特·罗林斯（Hunter Rawlings）跟随他参观了新泽西州里佛斯顿市的叶史瓦高中（Yeshiva High School）。这位房地产开发商正是该

▲ 普林斯顿大学

高中的董事会成员，并已承诺向学校捐款100万美元，条件是让这所高中用他父母的姓氏重新命名。

"我记得查理到康奈尔参观过一次。"罗林斯告诉我，"他说他与新泽西州的一所学校关系非同一般，所以我就去了一次。查理让我去看一下那所学校，见见那里的老师。"这位前校长还记得，查理曾告诉他，"如果这里的学生能被康奈尔多考虑的话"，他会很高兴的。

或许这位开发商希望康奈尔能特别考虑的是叶史瓦高中的一名学生，他的二儿子乔舒亚。和哥哥一样，乔舒亚·库什纳（Joshua Kushner）的学习成绩也不突出。库什纳·叶史瓦高中科学部主任、犹太教士杰里米·卢钦斯（Jeremy Luchins）说，乔舒亚选的都是普通级科学课，而不是他教的难度很高的荣誉级课程。这位教士如此形容库什纳的孩子们："他们都是用功的学生，虽然称不上学习明星，但在他们所学的课程里表现都还不错，主要靠的是勤奋。"如果库什纳想把康奈尔大学当作乔舒亚被哈佛拒绝后的替补的话，那他真是太多虑了！2004年，乔舒亚从叶史瓦高中毕业后，直接进入了哈佛大学。

库什纳也没有忽略他的母校。他给纽约大学准备了几份厚礼，恰巧都是在他两个孩子在该校注册时捐赠的[28]。2001年6月，库什纳向母校捐赠300万美元，以资助一个本科系主任的岗位，而他的女儿当年9月在该校注册。2002年10月，库什纳被任命为纽约大学董事会成员。2003年6月，他的房地产公司将纽约 SOHO 地区有名的帕克大厦（Puck Building）的3个楼层以低于市场的价格租给了纽约大学，同月从哈佛大学毕业的贾里德便进入了名列全国前5名（由《美国新闻及世界报道》排名）的纽约大学法学院。

库什纳曾谈到要将帕克大厦全部捐赠给纽约大学。这座被《国家历史名胜全册》列为纽约地标性建筑之一的大楼，在2006年估值为1860万美元，其市场价更高。但这项捐赠后来并未兑现[29]，原因是这位开发商用金钱恣意购买政治权益的行为最终惹了麻烦。

2004年6月，库什纳因被指控在未获得生意合伙人同意的情况下挪用共同资金作为竞选赞助，同意向联邦选举委员会（Federal Election Commission）支付508900美元的民事罚金。6个星期后，在库什纳资助下开始政治生涯的新泽西州州长迈格里维因性丑闻辞职。迈格里维州长由于前国家安全助理戈兰·希培尔（Golan Cipel）威胁控告他性骚扰，不得不公开承认自己是同性恋者。库什纳本人一度雇用过希培尔，并资助这位以色列人申请了在美的工作签证。2004年8月18日，在迈格里维州长辞职后不到一个星期，库什纳承认了联邦政府指控的罪行：偷税漏税、非法竞选捐款、打击报复证人等。由于不满妹妹埃丝特·舒尔德（Esther Schulder）配合联邦调查人员的工作，他花1万美元雇了一名妓女，去引诱妹夫威廉·舒尔德（William Schulder），然后将用隐蔽相机拍摄到的汽车旅馆艳遇录像带寄给了妹妹。在调查库什纳纳税情况的过程中，联邦政府调阅了他向哈佛大学捐赠的记录。

事发后，库什纳辞去了他在公司的总裁职位和纽约大学董事会董事的职务。2005年3月，这位用巨额财富控制新泽西州商业和政治、巴结上一位美国总统和两位常青藤校长、通过运作将自己的儿子们送入全国最著名大学的房地产大鳄被判刑，将在联邦监狱里度过两年的铁窗生涯。

注 释：

［1］本人作为受邀嘉宾之一参加了宴会。

［2］该委员会的会刊是《资源》(*Re: sources*)。

［3］许多校资会成员的名字均出现在《美国名人录》(New Providence, N. J.: Marquis, 2005) 里，其中内容就有其子女的名字，于是我按照这些姓名去查询哈佛大学的校友录和学生名单。在收藏于哈佛蒲赛图书馆 (Pusey Library) 的哈佛档案里，我还从哈佛大学班级返校聚会报告中找到了校友子女的姓名及其就读的大学名称。而为了了解那些既不是哈佛校友、又没在《名人录》中出现的校资会成员的子女就读大学的情况，我则依据了可靠的资料来源。

［4］被哈佛大学同意接收的校资会成员子女的人数可能还要更多一些，因为他们中的一些人最终并没有到哈佛报到注册。

［5］*Harvard College Class of 1962 Fortieth Anniversary Report*, p. 162.

［6］*Re: sources*, May 2000, p. 9.

［7］*Harvard College Fund Annual Report*, 2003-4.

［8］*Harvard College Fund Annual Report*, 1998-99, and *Development News*, 2005, "Alumni and Friends of Radcliffe Fund Four Radcliffe Institute Fellowships."

［9］Steven Syre, "A 648M Smile," *Boston Globe*, May 3, 2005, p. E1.

［10］*Harvard University Gazette*, October 24. 2002.

［11］"John Harvard's Journal," *Harvard Magazine*, March-April 2003, p. 82.

［12］*Campaign Leadership Gifts, Harvard College Fund Annual Report*, 1998-99; *Harvard College Fund Annul Report*, 2000-1.

［13］此为笔者从与艾尔伯特·F.戈登访谈中获得的信息。

［14］*Harvard College Fund Annual Report*, 2003-4.

［15］*Harvard College Class of 1974 Thirtieth Anniversary Report.*

［16］Dan Rosenheck, "The Back Door to the Yard," *Harvard Crimson*, June 6.

2002, p. B1

［17］*Harvard College Fund Annual Report*, 2003-4.

［18］William Fitzsimmons, Marlyn McGrath Lewis, and Charles Ducey, "Time Out or Burn Out for the Next Generation," www.admissions.college.harvard.edu, 2000.

［19］*The Tell-Tale,* fall edition 2001, volume 1.

［20］席琳没能进入优等生名册，在她所在的南丁格尔—班福德中学，只有年级前10%的优秀学生才能进入该名册。此信息为笔者在对南丁格尔—班福德中学大学入学申请咨询部主任乔伊丝·米切尔（Joyce Mitchell）所做的访谈中获知。

［21］在哈佛大学毕业典礼相关文件材料上罗列有毕业生获得奖励的情况，这些文件在哈佛蒲赛图书馆可以找得到。但我从中却没能发现数名入学哈佛的校资会成员子女的信息，很可能是因为他们没能完成四年学业最终毕业（即辍学），或者转学了。

［22］*Harvard College Fund Annual Report*, 2000-1.

［23］Peter Grant, "Multifamily Affair：Kushner Aims to a Player," *Wall Street Journal,* September 6, 2000, p. B10.

［24］*Company Overview,* www.kushnercompanies.com.

［25］Jeff Pillets and Clint Riley, "Paying for Power：The Kushner Network," *Bergen Record,* June 16, 2002, p. 1.

［26］在一份新泽西州消费者事务部2001财年的公共文档中，查尔斯—希洛·库什纳慈善基金会向哈佛捐赠25万美元一事被记录在案。

［27］*The Center for Responsive Politics,* www.opensecrects.org.

［28］笔者从与纽约大学发言人约翰·贝克曼（John Beckman）的访谈中获知。

［29］笔者从与贝克曼以及担任库什纳基金会主席阿兰·汉默（Alan Hammer）的访谈中获知。

繁华的波士顿

第二章

招收富家子弟

——杜克大学的发展项目录取

1980年，珍妮·斯科特（Jean Scott）怀着为学校挑选最优秀新生的梦想，从一名杜克大学的历史教师转岗担任了该校的本科生招生部主任。

接下来，她很快便发现了"纸箱子"的玄机。

每年两次，在结束第一轮和第二轮的入学申请材料审查后，珍妮都要抱着一个纸箱子，从招生部大楼步行0.25英里，到位于行政大楼二层的校长办公室去见校长。这个纸箱子，是她在做前一份工作时，放在书架上用来装英文历史书籍的。在特里·桑福德校长宽敞的办公室里，珍妮将箱子里的东西一一拿出：它们全都是她已经准备不予录取的学生的申请材料，但这些学生的名字却出现在了校长请她予以特殊考虑的学生名单上。他之所以挑出这些学生，并不是因为担心招生部低估他们在学业上的潜力，而是因为他们是实业大亨们的孩子。学校希望通过录取这些学生而获得他们父母的回馈。作为美国南部最优秀的大学之一，杜克大学有志于成为全美最优秀的大学，而要达到这个目标，就需要经费的支持。

校长和招生部主任一边吃着午餐或者喝着咖啡，一边逐一重新审查每份申请材料。斯科特向校长解释每名学生未被录取的原因：第一个学生勉强符合录取条件，但和他条件一样的学生已经被拒绝了2000名；第二个学生的条件实在太差；而第三个学生恐怕就根本做不了大学生该做的一切。作为前北卡罗来纳州州长，桑福德是一位精明的管理者和彬彬有礼的南方绅士，他自然不会直截了当地发号施令，强迫别人接受他的意见。但珍妮已经学会了如何诠释他发出的信号，判断他到底只是碍于朋友面子走形式，还是不管某个学生的条件如何都决意要他。在与校长的博弈中，珍妮赢过也输过，偶尔双方也会达成某种妥协：比如碰上一位申请条件欠佳但却有可能为学校带来经济利益的学生，她便要求该生在入学前上暑期过渡班，或者先去别的学校注册，上一两年的课，等他证明自己具有完成大学课程的能力后，再转学进入杜克大学。

"在杜克大学，以这样的方式被录取的学生，比我工作过的其他任何高校都要多。"现任俄亥俄州一所文理学院——玛里埃塔学院（Marietta College）院长的斯科特坦承道，"有些学生被录取，完全是因为他们是学校集资的重点目标。假如新生录取完全由招生部决定，我会感到非常欣慰。但事实并非如此，这令我非常失望。"

玛里安娜·邦恩（Marianna Bunn）（又名莫德·邦恩）于2001年向杜克大学提出申请时，珍妮·斯科特早已离任，特里·桑福德也已在1998年离世，学生的入学申请材料开始通过电脑记录。但有一件事情仍然没有变化，那就是作为潜在捐赠人的子女们依然享受着被优先录取的待遇。

▲ 美丽的查尔斯河

莫德在11年级春假第一次参观杜克大学时，便对该校哥特式风格的校园一见倾心。她回忆道："我觉得这所学校特别适合我。"但至于她是否适合这所学校，则是一个比较难回答的问题。她的学习成绩并不出色，而对于杜克这所全美最为挑剔的一所名校而言，优秀的学习成绩是申请人必备的条件。杜克大学的录取率为1/4，75%的学生SAT考分都在1320以上，88%的学生在各自所在高中都名列前10%。

尽管她在新泽西州的劳伦斯维尔寄宿学校里成绩不错，但莫德却从未登上过学校的优等生名誉榜[1]。换言之，她的成绩没能够进入年级前20%之列。至于她的标准化考试成绩，她说："我第一次考的时候，成绩糟糕极了！"经过暑期每周一次的家教辅导后，她考得稍好了一点，但仍然低于杜克的平均分。她的课外活动也没有什么惊人之处，包括她参加过学校运动队，担任过宿舍财务主管，做了一些学校年鉴的编撰工作等。她曾和信奉基督教的朋友开玩笑说，要建立一个"白人基督教徒俱乐部"[2]。她申请大学时所写的自述文章是有关《来世》(Afterlife)的，这是一部日本的独立影片，她说这部影片对自己影响很大。

不仅如此，莫德也无法享受到任何常规性的录取优先政策：她既不是少数族裔，也不是特招运动员和校友子弟，她父亲和几位亲戚都是普林斯顿大学的毕业生。但是，她却拥有一个能吸引杜克大学的特点——她身后的富有家族。尽管她从小生活在伊利诺伊州芝加哥近郊的富人区莱克福斯特(Lake Forest)，但她的祖辈却来自于伊利诺伊州南部的斯普林菲尔德(Springfield)。这个家族从亚伯拉罕·林肯时期开始，便主宰了斯普林菲尔德的商业。据说，林肯就曾是该家族1850年建立的一家银行的客户。在伊利诺伊州首府，邦恩这个姓氏就如同杜邦在特拉华州一样响亮。除了银行业，邦恩家族在斯普林菲尔德的产业还包括一家手表工厂、一家电器公司和一家食品批发店，当然最有名还是由莫德祖辈创建的咖啡机公司——邦恩公司(Bunn-O-Matic Corp.)。[3]

除此以外，邦恩家族在历史上的慈善记录，也足以令任何一所大学的筹资人怦然心动。在十多名邦恩家族成员的母校[4]——劳伦斯维尔中学，莫德经常在"邦恩"图书馆温习功课。这座于1996年启用的图书馆配备有数字时代的全新设备。莫德的父亲威拉德·邦恩三世（Willard Bunn Ⅲ）是该图书馆理事会的成员。

杜克大学发展项目办公室在莫德的入学申请表上打上了勾，她被录取了！她的父母很快便成为杜克一个旨在争取2005届学生家长捐赠的集资项目的联合主席。截至2004年年底，她的父母在两年内至少每年捐赠了1万美元。

从杜克大学招生部官员寄送给家长集资团队的简报当中，莫德的母亲清楚地了解到自己的女儿并不符合杜克大学常规的招生标准——他们要求近乎完美的SAT考分，以及先修过多门大学预备课程。"莫德不是那样的学生。"2003年，珍妮特·邦恩告诉我，"莫德很聪明，成绩也不错，但她不是明星学生。她没有写过书，也没有参加过市芭蕾舞团的表演。现在有很多明星学生，都是些非常聪明、非常棒的孩子，他们都申请进入名校，而我们当中大多数人的孩子却很普通，所以能被杜克接收，我们就很知足了。我并不是什么了不起的人，这正是我积极参与家长活动的原因。

"莫德一生最大的愿望就是去杜克读书，他们很友善地接受了她。我的孩子得到这么丰厚的礼物，进了她想进的大学，现在我理应报答杜克。

"我的孩子天资普通，她是否顶替了另一位可能在将来取得非凡成就的学生的名额呢？很有可能。这一点我不否认。不过，这世上让人良心不安的事太多了，这不应该算其中之一吧。我为我的孩子感到高兴，也为自己感到高兴。"

1969年，杜克大学聘请特里·桑福德担任校长，开始郑重其事地将成为全美名校作为自己的建设目标。此后，杜克大学录取了数千名学业欠佳的富家子弟（非校友子弟），以换取他们家长日后的捐赠。这个策略使得杜克大学的捐赠经费总数大幅提高，虽然还不及哈佛、耶鲁和斯坦福，却从1980年的全美第25名上升到2005年的第16名，捐赠数额从1.35亿美元激增至38亿美元。杜克大学筹集到大量资金用以设立奖学金、建设校舍和聘用高水平师资。不过，这骄人的筹资成绩却是以牺牲杜克大学招生程序的公正作为代价的。

▲ 波士顿美术馆

　　杜克并不是唯一用招生名额做交易的大学,世家优先政策无疑就是一个重要的集资工具,各大学还为它找到了一个堂皇的借口,即是为了"保存优良传统和回馈忠诚的志愿捐款人"。而对于招收非校友的富家子弟(即所谓的"发展项目录取"),他们的理由又是什么呢?这便是大学招生中有点龌龊的秘密了。通过发展项目招收的学生,通常大大低于录取标准,而且其父母与学校也没有任何关系,他们最大的说情人是大学发展项目办公室(或集资办公室)的工作人员,而他们最重要的资格就是将来他们父母可能捐赠的金钱!

　　那些故意压低校友子弟录取人数的高校,往往也会隐瞒它们有发展项目录取的实情。正如各大报社为强调报道的客观性,有意将资讯栏目与广告区分开来一样。各名校也宣称要在集资与招生之间竖起一道防火墙,以保证学生的质量。但在现实中,不但不存在这道防火墙,甚至连浅浅的壕沟都没有。几乎所有大学都存在发展项目录取,而且随着各路更加强大的经济力量的推动,这种现象愈加盛行。随着美国社会收入差异的增大,财富的等级也增加了。《福布斯》杂志公布的400名富人名单中的亿万富翁人数,从1982年的13名增至2005年的374名。与其他非营利机构一样,高校也希望能从中分得一杯羹,最容易的做法便是录取那些富豪的孩子们。

在过去,热衷于从非校友家长募资的高校并不多,它们通常认为,校友家长会对学校终生捐助,而非校友家长却只是在子女入学期间才会有所捐赠。再者,家长们已经支付了学费,再进行捐赠似乎就不太合情理了。但是自20世纪80年代中期开始,随着政府和企业对高等教育资助的逐年降低,以及在支付学费以外还有余力捐赠大笔款项的人士的日益增加,高校发展项目办公室的工作人员扩大眼界,开始把目标扩展到那些非校友家长和其他的潜在捐赠人身上,想方设法跟他们拉关系,无论这层关系是多么遥不可及。

为了掩人耳目,大多数高校都做得非常谨慎。当学生的材料处在审阅阶段的时候,他们会尽可能地避免做直接的交易或者做出承诺。但是,学生一旦被录取,他们便会迫不及待地向家长筹资或者邀请家长参加集资团队。当然杜克和其他高校都否认出卖学校的招生名额。"简直是无稽之谈!从未有人做过这样的交易。"杜克大学发展交流部主任彼得·沃恩(Peter Vaughn)这样对我说。不过,他也承认的确存在着大家都心照不宣的"礼尚往来"!

如果必须为发展项目录取进行辩解,高校官员都会据理力争地说:让富家子弟获得精英教育是符合社会利益的!他们秉持的论点是:这些学生将来某一天会继承巨额的财富,良好的教育会让他们更明智地掌管这些财富。只是这种论点并不能解释这项政策所造成的被经济学家称为"机会成本"或者"利益损失"的东西。为了给富家子弟保留名额,各大名校放弃了许多更加聪明、努力上进的申请人,而这些学生反倒可能更充分地利用自己受大学教育的优势,开办公司或者在科技上取得突出成就,既造福社会,也积累起相当数量的财富。跟世家优先一样,通过发展项目录取的学生的入学标准都低于常规。衡量这部分学生的标准,不是他们是否是最优秀的申请人，而是他们将来能否毕业。被他们顶替的学生却比他们优秀得多，更有资格进入这些学校。这些学生包括来自中产阶级和低收入家庭的孩子。

不管是斯坦福大学还是埃默里大学（Emory University），许多一流大学都承认他们在招生过程中有时会考虑家长的财富。"我们会提醒招生部人员留意重要捐赠人的子女或孙辈的申请材料，但这并不意味着他们自然而然地就会被录取。[5]"2004 年，耶鲁校长理查德·莱文（Richard Levin）通过耶鲁校友杂志做出了上述解释。在纽约大学，招生部副主任、集资负责人和校长办公室主任每周一都要一起讨论一份长达三页的申请人名单。名单上的学生家长均是商界、政界、传媒界和娱乐界的重要人物。"这份名单来自不同的部门，"该校负责招生工作的副教务长芭芭拉·霍尔（Barbara Hall）说，"招生部主任可能会让我们去见某个人，也许是董事会成员，也许是校长，也许是发展项目办公室的人等等。如果两个学生旗鼓相当，那么最终的决定肯定会有利于捐赠人的子女。"

那些由于担心良心会受到谴责而避免使用家庭关系的学生，可能会恰恰因此遭受"惩罚"。卡罗琳·布拉加（Caroline Braga）在申请布朗大学时，便没有提及该校的塞尔斯大楼（Sayles Hall）是她母亲的祖先威廉·F. 塞尔斯（William F. Sayles）在 1881年捐建的。尽管她的 SAT考分为 1430 分，却没有被布朗大学录取，后来她去了乔治敦大学。后者的录取比率比布朗高。"我有点

▲ 耶鲁大学 Beinecke 图书馆一角

天真，"卡罗琳说，"在一个理想的社会中，我反对任何优先照顾。但是在现实社会里，你却不得不竭尽所有你能利用的工具才能达成目标。"1995~2005年期间担任布朗大学招生部主任的迈克尔·古德伯格（Michael Goldberger）承认说："如果在我们的校园里有一座楼是以你家族的名字命名的话，那么这就是一个加分因素。"

高校发展项目录取名单的长短取决于学校和校友的财政状况。像哈佛或者耶鲁这样的传统名校，从它们的校友群体得到了很多钱，因此它们根本不屑于去追逐那些非校友的普通富家子弟。换句话说，那些建校历史较短、急于发展的大学，因为没有传统深厚、富有慷慨的校友群体，发展项目录取便提供了筹集资金的捷径，以及迅速建立家族捐赠传统的机会。

早期的杜克大学是一所卫理公会学院，直到20世纪20年代才真正成为一所大学。根据教育资助委员会（Council for Aid to Education）的资料，在1994~2003年期间，杜克大学通过校友捐赠所获得的资金，仅占该校非政府拨款经费总额的20.5%[6]，与其他精英名校相距甚远：普林斯顿为54.6%、耶鲁为52.7%、哈佛为41.8%。杜克只能另辟蹊径：为笼络非校友的豪富们，不惜降低该校本来非常严苛的标准录取他们的子女。

20世纪90年代后期，在该校的筹集活动处于高峰、而股票市场也表现强劲的时期，杜克大学放宽了录取标准，每年都会录取100多位若非发展项目施加压力肯定会被拒收的学生。他们中的一多半会最终进入杜克，约占杜克学生总人数（6200人）的3%~5%。他们的家长大多会出于感恩而加入到杜克的集资团体，年复一年。后来，全美各高校都纷纷效仿杜克的做法，以放宽录取要求为筹码，从非校友家长那里筹集年度基金。

"杜克的教育价值不菲，怎么能用它做交易！"前杜克校长基斯·布洛迪（Keith Brodie）说，"但是大学校长们承受着史无前例的筹资压力，我猜想他们中的很多人都开始利用招生来协助筹资。"

杜克对富家子弟的偏爱，也许会造成学生之间的隔阂，以及学校与周围社区的格格不入。根据《普林斯顿评论》（*The Princeton Review*）每年开展的学生调查表明，杜克大学不同种族、不同社会阶层学生之间的交往要比其他精英高校少。到2006年春季，学生间的紧张关系更是达到了剑拔弩张的地步。这一年，仅有白人球员的杜克大学长曲棍球队的3名队员，因强奸黑人单身母亲的罪名而遭到起诉。这名黑人母亲是附近一所黑人学生占多数的大学的学生，她被球队雇来为他们的派对跳舞。3名白人球员都来自富裕的郊区，就读的高中都是极为昂贵的私立高中。上述指控在2007年4月被完全驳回。

杜克大学对发展项目录取的迫切需要，也使得它对骗子无法设防。20世纪80年代后期，一名自称拜伦·莫里斯·杰夫里·洛克·德·罗斯切尔德（Baron Maurice Jeffrey Locke de Rothschild）的继续教育学生在杜克大学出尽风头[7]。他开豪华车，为校友派对买香槟酒，与校方官员称兄道弟，吹嘘他在欧洲银行界的亲朋好友。当本地银行打电话给杜克大学通告其欺骗行为时，人们这才知道，拜伦原来是来自艾尔帕索（El Paso，美国加州的城市——译者）一个普通家庭的墨西哥裔美国人小莫罗·科特斯（Mauro Cortez Jr.）。他通过借用他人的姓氏，精明地为自己打开了进入精英大学的大门。1991年，这位不太"高贵"的杜克学生因诈骗银行罪被判入狱3年。

在富家子弟被录取之前，他们需要先申请。录取的结果绝不是偶然的。高校通过有目的性地招收学生，将申请本校的学生的经济状况予以定型。为吸引来自富裕家庭的申请学生，他们往富人聚居的邮政编码区寄发学校的招生简章，或者派招生部门工作人员前往精英私立或郊区高中，激发那里的学生报考本校的积极性。

位于缅因州的文理学院贝茨学院（Bates College）向来自诩"不势利"，但到了1980年前后，它却发现担负"平等主义"的美誉实在太昂贵了。该校忠实的校友们无法捐出大额赠款，而在校学生却比诸如鲍登学院（Bowdoin College）和明德学院（Middlebury College）等竞争对手的学生更需要经济资助，学校传统的主要生源——来自新英格兰地区乡村和城市近郊公立学校立志上大学的学生人数也逐年减少。据1979~1991年期间担任贝茨学院招生部主任的苏姗·特里（Susan Tree）介绍，贝茨学院为此采用了双重对策：招收一些少数族裔和城区高中的学生，以安抚校内信奉自由主义的教师；与此同时，将招生重点放到了私立中学。

"贝茨学院希望录取那些热衷于慈善事业家族的孩子，这影响了我们招生时的去向。"特里说，"我们学校涉足那些名牌私立高中的历史非常短，这些学校通常是各界巨头们子女就读的地方。直到20世纪70年代后期，我们才开始有意识地发展与私立高中的关系。"特里本人开创了贝茨学院在纽约各私立高中的"淘金"史，而原先它在这些私立高中里并没有什么名气。她说，贝茨学院实行的定向招生策略很快收到实效，每年向该院提出入学申请的学生从原来的2300人激增到4000人，这不仅提高了贝茨在私立高中的知名度，学校收到的捐款数量也有所增加。不过在这一过程中，贝茨学院也失去了一贯的"亲民"形象。特里承认说："贝茨的形象变得更加'卓尔不群'了。"

特里一方面说，贝茨的确为私立学校的富家子弟降低了录取标准；但同时，她又在寄给我的一封电子邮件里辩称道："我记得有这样一个家庭，他们家的3个孩子都在贝茨就读。这3个孩子虽然都不符合贝茨的录取标准，但由于贝茨与他们就读的高中之间的关系，我们还是录取了他们。而且我们相信，这几个孩子都会在贝茨取得成功，并为学校做出宝贵的贡献。我们更希望与他们就读学校的中学之间建立起长久的合作关系，而不只是吸引几个优秀的学生。很显然，这几个孩子都是学生中的领袖人物，贝茨的老师和同学们对他们都有着良好的印象，说明我们当初的决定并没有错，我们也从未后悔过。他们的父母也成了学校的热心支持者，当初招生部门的工作人员并没有指望他们能够为学校出力，但他们实际上却这样做了。"

预科学校本身招收的就是校友子弟和发展项目的学生，所以他们对大学招生人员的所思所想了如指掌。他们迫切希望将更多的本校毕业生送入精英大学，预科学校的大学申请辅导教师常常会帮助高校识别发展项目学生。他

▲ 美国著名的长鼻子校车

　　们会在推荐信中不露痕迹地加上一两句话，说明该生家长曾经慷慨地为学校捐过款，因此很有可能为孩子今后就读的大学欣然解囊。预科学校的集资办公室还可能直接致电高校重申这个信息。

　　作为回报，高校常常会提前通知预科学校他们准备录取哪些学生。除此之外，他们有时还会和高中辅导教师讨论：如果录取该校表现欠佳的富家子弟而淘汰条件优异的普通人家子弟，他们应该如何处理才能够掩人耳目。如果在招收发展项目学生时"不顾左右"（人们往往这样委婉地用词），而且处理得又不够老道的话，无疑会玷污高校的名声。有时为了录取一名不合格的发展项目学生，高校不得不同时录取一名他们本不想要的成绩突出的学生，目的就是为了不招致家长和其他学生的错愕和愤怒。或者他们会明确告诉预科学校，希望通过发展项目进入高校的学生，其 SAT 分数必须达到什么水平才可能被录取。

"如果有10名学生一起申请同一所高校的话，你肯定不想只录其中的1名或2名学生，或者一下子录取8个学生。"原杜克大学招生部主任珍妮·斯科特说，"偶尔我们会重新考虑已经准备淘汰的一些优秀申请者，对他们来说，被杜克拒收会造成极大的痛苦。我们也希望这些学习努力、平均成绩能达到95分的优秀学生能感受到，社会对待他们还算是公正的。"

高校集资办公室最后一刻的干预可以改变招生部门的录取决定。苏姗·特里在离开贝茨学院后，成了宾夕法尼亚州韦斯特顿中学（Westtown School）大学申请咨询负责人。她回忆道："某年3月的一个星期一，卫斯廉大学通知我说，我们的一个应届毕业生未被录取。可是3天之后，那个学生兴高采烈地跑来告诉我，他收到了卫斯廉大学的录取通知书……我回到办公室就打电话给该校招生部的联系人，问他是不是弄错了，这位阅世不深的新手回答说，'没错，我们接到了发展项目办公室的一个电话，所以就改变了原来的决定。'"

究竟要花多少钱才能为你的孩子打通步入大学的捷径呢？教育咨询顾问们说，5位数的捐赠（即使只有2万美元）就足以引起一所筹资额高达几亿美元的文理学院的注意，一所名校则至少需要5万美元的捐款以及未来更高数额捐赠的承诺。如果是名列全美前25位的高校，10万美元的捐赠是必需的。如果是全美排名前10位的大学，则至少需要25万美元，实际捐款往往会达到100万美元。

如果富有的家长在子女申请入学时，直截了当地向该校官员提出想捐款的话，通常是会遭人鄙视的。原哈佛大学招生部副主任玛丽·安妮·施沃伯（Mary Anne Schwalbe）说："处在我这个职位的任何人都受到过贿赂的诱惑。"她告诉我，家长们常常会以孩子来面谈的名义来学校，然后要求与她私下交谈。"他们会说我不仅会给哈佛100万美元，也乐意给您和先生购置一处房产或一艘游艇。"施沃伯笑着回忆道，"我回家将此话告诉道格拉斯（她的丈夫），他说'行啊，何乐而不为呢！'"

如果通过中间人来谈判，家长们的运气通常会更好一些。这些中间人包括预科学校的发展项目负责人、大学董事会成员的朋友或者独立的大学入学申请咨询顾问等。史蒂文·罗伊·古德曼（Steven R. Goodman）是一位独立的大学申请咨询顾问，专门负责为高中生提供大学入学申请服务。他说，如果客户的学业表现与他们申请的大学要求"相去甚远"的话，他的工作就是在法律允许的范围内想方设法让客户如愿以偿，其中就包括打"发展项目"这张牌。按照他的说法，他要做的就是寻找这个学校的"薄弱环节"，即该校最需要什么，而学生家长正好又能够提供什么。"我会事先了解家长们有哪些可以利用的资源，比如金钱、实习名额、基金会或者与就业岗位相关的东西。"一旦准确掌握这些信息后，他便会与他在高校的联系人联系，告知对方他正在接待一位可能适合发展项目录取的学生，"这是他的材料……这个学生的家长可以参与这个项目或者那个项目。"接下来，他要做的就是等待答复。例如，他的客户想去一所颇有名望的文理学院，但成绩却达不到该校标准。这位学生曾递交过提前录取的申请，却被放进了正常招生的候选人名单。于是他告诉文理学院，这位学生的律师父亲打算捐款7.5万~10万美元，其所在的律师事务所也愿意为该校学生提供实习机会，并开设校园论坛。这位学生随后便会被该校录取。

古德曼把家长对高校的这种承诺类比为一个政治行动委员会对政党候选人的政治献金。二者几乎都不存在明确的交易：政党候选人不承诺兑现政治献金提供者的意愿，高校也不会答应一定会录取某个学生。但两种情形结果相同，捐赠者都获得了与对方沟通的渠道和协商的机会。很难想象这样一种心照不宣与正式的交易到底存在什么样的本质区别。对那些寄希望于大学录取公正性的学生和家长们来说，这种情形恐怕很难让他们感到宽慰。

石油大亨罗伯特·巴斯家族的经历，形象地揭示了集资优先在精英大学招生过程中的作用。亿万富翁的子女像最佳投球手，想去哪就去哪，轻而易举地就顶替了比他们更具潜能但囊中羞涩的学生。他们不需要4分（满分）

的高中平均成绩，也不需要牢固的校友关系，就可以进入中意的精英大学。一旦踏入校园门槛，便可以获得无数令人垂涎的课外机会，如加入各种俱乐部和学生联谊会，占据校运动队重大比赛的黄金席位，获取各种资历、建立人脉关系，以保障家族财富能够世代延续下去。

20世纪30年代后期，罗伯特的叔父希德·理查森（Sid Richardson）在得克萨斯州西部发现了吉斯通油田，家族财产由此开始与日俱增。这引起了常青藤高校的注目。希德的侄子、生意伙伴帕瑞·理查森·巴斯（Perry Richardson Bass），以及他的4个儿子希德、爱德华、罗伯特、李，都是耶鲁大学的毕业生。这5位都登上了2005年《福布斯》全美400富人榜，罗伯特名列73位，是巴斯家族资产达30亿美元的第一人。他的子女没有追随父亲到纽黑文（耶鲁所在地——译者），也没有去母亲的母校史密斯学院，而是选择了其他3所全国名校：哈佛、斯坦福和杜克，他们的父母双双进入了这3所高校最慷慨的赞助人之列。

巴斯的子女从小就习惯了发展项目优先的待遇。这4个孩子上的是私立名校，他们的父亲或母亲是这些学校的赞助人以及董事会成员。1993年，杜克大学录取了巴斯的长子、来自马萨诸塞州康克德市密德塞科斯中学（Middlesex School）的克利斯托弗。3年后，当克利斯托弗读大三时，巴斯夫妇向杜克大学捐赠了1000万美元。

《罗利新闻观察家》（Raleigh News & Observer）刊登了一篇文章，对担任杜克大学校长的娜纳·O. 基奥恩（Nannerl O. Keohane）的集资能力赞誉有加[8]。就克利斯托弗被录取与巴斯夫妇对杜克大学的捐赠之间的关联，该文写道："说到今年巴斯家族对杜克的捐赠……基奥恩对巴斯家族的情有独钟始于3年前，杜克招收了该家族的长子，并邀请巴斯夫妇加入三一学院的来宾理事会。这个理事会如同一个小型董事会，主要职责是为这个 80% 为本科生的学院提供支持。之后杜克大学给巴斯夫妇赠送过不少小礼物，如篮球赛门票之类。"2001年，巴斯夫妇又捐赠了1000万美元[9]。两年后，安妮·巴斯成了杜克大学理事会的成员。

笔者在上一章里已经提到，哈佛大学"捕获"了巴斯家的另一位千金小姐——1996年毕业于马萨诸塞州格罗顿中学的蔷德丽·巴斯（Chandler Bass）。她父亲随即成为哈佛家长筹资委员会的共同主席，之后他赞助设立了两个教授席位。

对斯坦福大学，罗伯特·巴斯则更加慷慨。他们有两个孩子——蒂姆和玛格丽特——是斯坦福大学的学生。1989年，巴斯夫妇进入校董事会后，随即在1991年向学校捐赠2500万美元。在之后的若干年里，他们又多次慷慨解囊。因为父亲拥有该校商学院的硕士学位，所以两个孩子也就名正言顺地享受世家优先的待遇。但即便这样，仍不足以解释玛格丽特被录取时得到的大幅度照顾。

1998年，格罗特中学有9名学生申请斯坦福，玛格丽特是唯一被录取的幸运儿！然而，根据格罗特中学大学入学申请咨询办公室的文件记载，落选同学的学业成绩大多比她优秀，她只能排在中等水平。她的SAT成绩也只有

▲　斯坦福大学

1220分，低于其他8位申请者中的7位，而斯坦福大学有3/4新生的SAT分数都在1360分以上。

对我的疑问，罗伯特·巴斯和玛格丽特建议我与他们的家族律师马丁·朗登（Martin London）联系。该律师声称格罗特中学有关玛格丽特的成绩记录有误，但拒绝说明详情。有20名格罗特中学毕业生告诉我说，他们的成绩记录准确无误。一位了解玛格丽特读格罗特中学时情况的人也说，她的成绩记录完全是真实的。据玛格丽特在格罗特中学时的室友克莱尔·阿伯马瑟（Claire Abermathy）说，玛格丽特的"作文写得很好，我相信她的入学申请一定写得精彩无比"！

2002年，玛格丽特·巴斯从斯坦福大学毕业。次年，我向时任斯坦福大学招生部主任的罗宾·马姆雷特询问玛格丽特被录取一事。她承认说，该校发展项目办公室给了她一些学生的名单，这些学生的父母都是学校重要的赞助人。在录取过程中，申请人家庭对学校的赞助的确会被作为考虑因素，但斯坦福也常常拒收赞助人的子女。

在格罗顿中学，蒂姆·巴斯比妹妹玛格丽特高三届。熟悉他成绩的人介

▲ 华盛顿大学校园

绍说，他的学业成绩稍逊于妹妹，但在橄榄球场上却出类拔萃，连续3年被评为格罗顿校队的明星球员，并赢得了联盟赛优秀球员的称号[10]。但是，从预备学校联盟赛的球星，到进入太平洋十大联盟①的球队，实际上是一个很大的跨越（后者是未来职业球员的热身场）。比如说，蒂姆·巴斯的奔跑速度达不到斯坦福大学橄榄球队的要求，对此，他的教练和队友都十分清楚。但是，他们也知道他的父亲是何许人，这一点或许就帮助他加入了这支球队。

申请斯坦福大学时，蒂姆把他在高中球队的所有信息以及比赛录像一并寄给了斯坦福橄榄球队的教练们[11]，表达了他想加入球队的愿望。据一位熟知内情的人士说，蒂姆的申请"受到了运动队和发展项目办公室的高度重视"。蒂姆最终被球队接收，成为该队极少数的"临时队员"（没有运动员奖学金的队员）之一。在1995~1997年间的3个赛季里，蒂姆·巴斯身着斯坦福大学橄榄球队的25号球衣，但上场机会却寥寥无几。当这位身高5英尺11英寸、体重186磅的防守队员打出自己球员生涯里唯一一次漂亮阻击时[12]，赛场边的教练和队员都为他欢呼雀跃。

巴斯家族的律师朗登说，斯坦福大学之所以录取蒂姆·巴斯，是为了让他打橄榄球。"斯坦福以及其他几所高校都录取了蒂姆，这完全是因为它们看好蒂姆的橄榄球球技"。

然而，原斯坦福大学橄榄球队教练泰隆·威林汉姆（Tyrone Willingham）却说，他并没有征招蒂姆。他如此描述蒂姆说：他很"谦逊"，想要有机会成为一名临时球员。

原斯坦福大学橄榄球队负责防守训练的教练威廉·哈里斯（William Harris）回忆道，蒂姆缺乏速度，没有能力阻截对方队的接球员。他说："如果你想打败南加州大学队，你就得有一些具有天赋的队员。"哈里斯现在是一所高中的橄榄球队教练，他声称并不了解蒂姆当时加入斯坦福橄榄球队的内

---

① 太平洋十大联盟（Pacific-10 Conference），美国中西部高校联盟。成员包括亚利桑那大学、亚利桑那州立大学、加州大学伯克利分校、加州大学洛杉矶分校、俄勒冈大学、南加州大学、斯坦福大学、华盛顿大学和华盛顿州立大学。——译者注

情。但他说，大学官员常常要求橄榄球队教练接受一些名人子女，"我们曾接收过像特德·肯尼迪侄子这样的名门之后进球队。他们愿意当一名临时球员。如果球队有名额、有多余的球衣——而一般情况都是这样——接受一两个队员并不是什么问题。"

托尼·维拉（Tony Vella）是蒂姆在斯坦福大学球队时的队友。他说："只要他一上球场，你就看得出来，他并不是甲级队的天才运动员。"维拉说，他和他的队友毕业时，拿到的毕业文凭是由罗伯特·巴斯（曾于1996~2000年间担任学校董事会主席）签署的，他们当时觉得"挺震惊的"。作为1999届毕业生的蒂姆因此"受到了大家的嘲弄，但这并没有什么恶意"。维拉说："蒂姆其实是一个很朴实的孩子。"

1984年11月18日，杜克大学校长特里·桑福德成为纽约《时代》周刊的封面人物，这充分反映出他不凡的个人成就。此时，即将离任的桑福德任杜克校长一职已长达15年。这张照片被冠以"成功大学的光辉历程"的标题，

▲ 斯坦福大学独具风格的廊道建筑

照片中身着杜克标志运动衣的学生们正漫步校园。尽管配图文章实际上更多地谈到其他一些炙手可热的名校，如布朗大学、西点军校等等，但文章开头却记述了一位原本想上范德比尔特大学的预科学校12年级学生的经历，并为"所有人都将她推向……杜克大学"而感叹不已。在后面的段落里，文章继续提到杜克大学是康涅狄格州富人区格林尼治市高中生"最热衷的高校之一"，但来自波士顿拉丁学校的应届毕业生却少有问津这所大学的，因为波士顿拉丁学校是"一所主要招收贫困家庭孩子和少数族裔学生但活力十足的学校"。

肩负着将杜克建设成为全国名校的重任，桑福德出任杜克大学校长。《时代》周刊的封面照片似乎证明他没有辜负众望。在接受杂志采访时，桑福德将杜克的成功归功于该校对自由艺术学科的重视。但他心里明白，这不过是一个最能摆上台面的说法罢了。杜克大学在预科学校和郊区学校师生眼中的高雅形象，贫困学生和少数族裔学生对它的漠然态度，以及《时代》周刊对杜克的专题报道，三者无疑都与杜克大学的招募和优先录取权贵家庭子女的政策相关联。所谓权贵家庭的子女，其中就包括《纽约时报》发行商的女儿和《时代》杂志主编的儿子。

对桑福德而言，优先录取权贵子女的策略是极为自然的事。作为民主党的温和派人士，他支持民权和种族共融，也试图将南方各州带入美国的社会主流。在政界、商界和媒体，桑福德都有不少很有影响力的朋友，他还曾是福特基金会主席职位的候选人[13]。

桑福德后来说，从1970年担任杜克大学校长起，他就认为自己"可以一手将杜克提升到全国甚至国际水平"[14]，但是他缺少资源。当时学校正面临预算赤字，捐款数额不足，校友们还都没到可以把遗产捐给杜克的年龄。"特里·桑福德曾讲过，'我们需要几场一流的葬礼'。"他的传记作者霍华德·科文顿（Howard Covington）说。

为了增加捐款，桑福德把工作重点转向大学的招生环节，并开始倚重对预科学校情况非常熟悉的克鲁姆·比蒂（Croom Beatty）。克鲁姆是北卡罗来纳州阿什维尔市男子寄宿学校的教师和集资人，他本人的孩子在北部一流的私立学校就读。他们俩的友谊可追溯到桑福德任州长期间，那时桑福德的儿子小特里·桑福德是历史课教师比蒂的学生。克鲁姆·比蒂接受了我的电话采访，他已退休，居住在阿什维尔。据他回忆说，从20世纪70年代初期开始，杜克的学生绝大部分来自美国北部和大西洋沿岸中部各州的中产阶级家庭。他们通常是未被哈佛和耶鲁录取转而申请杜克的。他们之所以申请杜克，是因为那时杜克学费相对较低，这些学生的SAT分数大都很高。"他们来这里读书，毕业后便返回老家。"比蒂说，"这些学生毕业后很少与母校保持联系"，他们的捐赠也少得可怜。

桑福德想招收更多的来自北卡罗来纳州公立学校和外州私立学校的学生。在他的敦促下，比蒂遍访全美的预科学校，到处笼络能填满杜克大学金库的富家子弟。尽管克鲁姆·比蒂的头衔只是招生部的副主任，但是他将招生和集资很好地结合起来，以至于两者间本来存在的屏障消失殆尽。"我主管私立学校的招生。通常我会到各校参观，返回杜克后，我会开列一份为了杜克的利益而应该录取的学生名单，名单上的人数不多，大约25个左右。"当这些家庭前来参观杜克大学时，比蒂和夫人会在自己家里设宴款待。如果来宾特别重要，他就会告知桑福德，请他亲自审阅相关学生的材料。比蒂说，只要这些学生具备领导才能，即使SAT分数并不理想，也不会妨碍他们进入杜克。

除了比蒂名单上的学生，需要招生部谨慎审阅的还大有人在。发展项目办公室也列有一份名单。桑福德还会不时地向招生部提供他在各种社交中开列出来的名单。杜克大学公共政策专业教授、桑福德的多年至交，时任杜克大学副校长的乔尔·弗莱什曼，也会提供一些候选人的名字。据原招生部主任珍妮·斯考特估计，每年大约有200多名学生在招生过程中得到特殊照顾，他们均为将来可能会向杜克大学捐款的富豪们的子女。

比蒂创建了杜克大学家长集资委员会，名正言顺地要求家长回报杜克录取他们的子女。"家长们在子女就读期间非常关心学校。"比蒂说，"他们的确很上心，因为他们的子女正在这里受教育，所以家长们对学校的事情会更敏感一些，也更容易被调动。而校友要到25年或50年聚会时才会比较兴奋。"

1976～1980年期间担任本科生招生部主任的爱德华·林根赫尔德（Edward Lingenheld）回忆道，"在20世纪70年代，杜克开始更关注那些家族能够为杜克创造集资潜能的富家子弟。"据他介绍说，杜克有时也未能如愿以偿，如小约翰·F.肯尼迪[①]选择了布朗大学，亿万富翁 H. 罗斯·佩罗（H. Ross Perot）的儿子小 H. 罗斯·佩罗则去了范德比尔特大学。

有关杜克大学可以无视

▲　乔治·华盛顿大学华盛顿像

学生成绩而录取发展项目学生的传言，很快便在私立学校的圈子里传开了。"人们很自然地产生了一种感觉，那就是那些有钱且与杜克大学内部人员熟识的人正纷纷加入到发展项目的录取过程。"曾于1979～1985年担任曼哈顿道顿中学大学入学申请咨询教师的玛丽·安妮·施沃伯说，"尽管有些学生没有良好成绩，却都得到了优先考虑。我一般会告诉学生家长，'（孩子）进杜克的希望不大，我觉得应该考虑其他竞争较小的南方高校。'家长则回答说，'我已经跟那里的人联系了，情况挺乐观的。'"

比蒂说，他的定向招生政策为杜克扩大了生源，特别是达拉斯地区那些所谓的"社会经济高端"中学。在"杜克—达拉斯"活动期间，比蒂偕同该校高层管理者对学生和家长百般讨好，使得这些中学中申请杜克大学的人数增加了4倍。"在达拉斯，我们真的做了很多！"比蒂说。这种策略收效明显，在全美前10所精英高校中，杜克与耶鲁并列为学生申请资助比例最低的学校

[①]　已故肯尼迪总统的儿子。——译者注

（仅为40%）。

比蒂四处游说，尤其对那些家庭成员历来就读耶鲁大学的名门望族下足了工夫。在20世纪60年代中期，耶鲁大学曾尝试减少世家优先录取的幅度，但很快便不得不屈服于校友们的压力。出于对母校可能不再优待子女的担心，很多耶鲁校友开始寻求其他路径。杜克趁机将本属于耶鲁的名门望族一网打尽[15]。这其中包括：糖果业世家马斯家族（Mars）、威斯康星州卫生洁具制造商科勒尔家族（Kohlers）和生产箭牌口香糖的里格利家族（Wrigleys）等。小威廉·F.里格利（William F. Wrigley）是耶鲁校友的儿子，1985年毕业于杜克，如今是该校尼古拉斯环境学院来宾委员会的成员，也是自己家族企业的总裁。2005年，他名列全美富人榜第65名。据《福布斯》报道，他的净资产达到30.4亿美元。

比蒂还记得另一位申请就读杜克的学生，她的家族背景使她显得非常突出。这就是辛西娅·福克斯·苏兹贝格（Cythia Fox Sulzberger），《纽约时报》发行人、名誉主席阿瑟·奥克斯·苏兹贝格（Arthur Ochs Sulzberger）的女儿。1982年，她在杜克大学注册就读。比蒂在提及《时代》杂志的头版报道时说，毕业于道顿中学的辛西娅在学业上并不是一位佼佼者，但她申请入学却"出奇地顺利"。当时辛西娅还在杜克读本科。"当然，她是发展项目名单上的学生。当时我们正打算在公共政策方面有所作为，而苏兹贝格家族对此无疑举足轻重。"

苏兹贝格是否与以上报道的出炉有关，我没有找到任何证据来证明。不过，一位与该报道关系密切的编辑，其切身利益却也与杜克大学的目标关系密切。爱德华·克莱恩（Edward Klein）在1977~1988年间曾担任《时代》杂志的主编，在该封面报道发表时，他的儿子亚历克·克莱恩（Alec Klein）正在申请杜克大学。后来，这位从纽约市最优秀的公立高中毕业的高才生被杜克录取，但他自己放弃了杜克，去了布朗大学。亚历克和我曾是《华尔街日报》波士顿分社的同事，现在是《华盛顿邮报》的著名记者。在那篇封面报道中，苏兹贝格家族与杜克之间、克莱恩一家与杜克之间的关系，丝毫未被提及。

这篇报道的作者迈克尔·瓦恩里普（Michael Winerip）告诉我说，编辑们要他把有关杜克的内容提到文章的前面，以便刊登有关杜克的封面照片。"现在回想起来，我相信他们当时的目的就是要刊登杜克校长的封面照片。我并不认为那件事与苏兹贝格家族有任何关系。我在《时代》杂志工作二十多年，从未见过像这样利用报刊牟取私利的情形。我怀疑是克莱恩为讨好杜克所为。"

爱德华·克莱恩现在是《游行》（Parade）杂志的专栏作家。他著有两本书，一本是关于已故的杰奎琳·肯尼迪·奥纳西斯的，另一本则是2005年出版的希拉里·克林顿传记《真实的希拉里》（The Truth About Hillary）。他承认说，的确是他选择了那篇报道的封面照片，但那是在他与当时的执行编辑亚伯·罗森绍尔（Abe Rosenthal）讨论后决定的。他声称，他的儿子申请杜克与那篇报道和封面照片没有丝毫关联，而且耶鲁大学才是他儿子的第一选择。

克莱恩说："如果我真想帮儿子，真的不顾职业道德用刊物去谋私，那么我选择的报道内容应该是有关耶鲁大学的！"他说，他的几位朋友包括纽约《时代》杂志的创办人克雷·菲克（Clay Felker）都曾就读杜克大学，而且"当时在我的印象中，杜克大学的实力正在不断增强"。

克莱恩告诉我，他"可能意识到"辛西娅·苏兹贝格要去申请杜克，但这并不影响他对这篇文章的处理。"根本就没有什么背景。大老板（指阿瑟·奥克斯·苏兹贝格）从未因任何报道给我打过电话，他从没有要我帮过任何忙。"

纽约《时代》杂志的发言人凯瑟琳·J. 马西斯（Katherine J. Mathis）告诉我说："那些事情发生在1984年。用2004年的标准去评价当年的往事是很荒谬的。现在我们比较讲究报道人与被报道人关系的公开性，即使那些关系并不影响新闻工作的公正性。苏兹贝格先生对那个专题报道并不知情，而且文章发表后也并没有收到过桑福德校长或杜克大学其他官员的致谢。"

杜克对辛西娅·苏兹贝格的录取，及在随后几年里对该家族其他成员的录取，都以非常传统的方式获得了回馈。1998年，苏兹贝格与家族成员为"杜克大学儿童和家庭政策中心"捐赠了70万美元[16]，在杜克大学东校区一座大楼的地下室开设了"辛西娅·苏兹贝格互动学习实验室"。

1981年，得克萨斯州的企业家、电子数据系统公司的创办人之一米奇·哈特三世（Mitch Hart III）并不认识杜克大学的任何一个人，当女儿告诉他杜克是她首选的两所大学之一时，这种状况很快就得到了改变。他致电杜克大学前系主任罗伯特·克鲁格（Robert Krueger），询问相关情况。他曾在1978年支持克鲁格在德州的联邦参议员竞选，尽管竞选未获成功。克鲁格向他的支持者保证说，他将为他引见杜克大学的重要人物——副校长乔尔·弗莱什曼。

弗莱什曼亲自到机场迎接哈特夫妇和他们的女儿，并随即陪同他们前往校长官邸。在那里，哈特一家住了3天。哈特把这3天形容为"一次让人欣喜的访问"，他们3人（桑福德校长、弗莱什曼和他本人）每晚都兴致勃勃地谈论政治，直至凌晨3点。

哈特的女儿最终进入了杜克，之后他的另外3个孩子也相继到此就读，由他推荐的一些学生也陆续进入杜克大学。哈特说，所有他引荐的学生在学业上都颇具竞争力。1986年，在哈特向由弗莱什曼领导的集资活动捐赠100万美元之后，杜克设立了"哈特领导力项目"，旨在培养学生的领导才能。哈特还担任了一届杜克大学理事会的成员。

"乔尔是我在这个世界上最亲密的四五个挚友之一。"哈特说，每年过生日的时候，无论他在哪里，乔尔都会打电话祝福他，为他唱生日歌。

弗莱什曼在杜克大学曾有过不少头衔，资深副校长、公共事务和政策学院的首任院长、法学教授等。他也是2005年度杜克大学最高年薪前5名，达到了532684美元（包括工资、福利和补贴）。他的履历不同凡响，包括在各种不同的非营利基金会和委员会的兼职，在一些公司董事会里的高薪领导职务[17]，而这些公司的总裁通常都是杜克大学的学生家长或者捐款人。但是他长达15页的履历却有一个重要的遗漏，那就是对他在杜克大学的本科生招生中发挥的作用只字未提。在桑福德校长的全盛时期，甚至在桑福德之后，弗莱什曼都在杜克大学的招生和发展项目上起到了关键性的作用。如同克鲁姆·比蒂一样，弗莱什曼穿梭于两个项目之间，挪用本该属于一般或贫困家庭、但学习成绩优秀的学生的录取名额，让众多的富家子u弟进入了杜克。

弗莱什曼和比蒂的作用相得益彰。二人与桑福德的友谊都可以追溯到后者任州长期间。弗莱什曼当时是桑福德的法律顾问。在桑福德任校长期间，弗莱什曼按照他的吩咐在官场之外周旋。尽管弗莱什曼从未在发展项目办公室任职，但他却担任了杜克大学1983~1992年期间集资活动的主席，筹集到了2.23亿美元。在比蒂招募无数富家子弟、希望他们的父母慷慨解囊时，弗莱什曼则不遗余力地笼络潜在的捐赠人，如有必要，就敦促相关部门录取他们的子女。

原杜克大学招生部主任珍妮·斯考特曾回忆她与弗莱什曼当年就一些申请人进行的交谈。她说："我相信校长的名单或发展项目办公室的名单都少不了他的影响，或者两者兼有。"原招生部资深副主任（1986~1992）哈罗德·温古德（Harold Wingood）则声称，弗莱什曼会在发展项目办公室的名单上再加上一些名字，"如有必要，他会给我或者给校长办公室打电话"。

"对杜克来说，弗莱什曼是一个价值非凡的人物，因为他认识所有人。"一位曾在杜克大学集资办公室工作过的管理人员说，"他认识克林顿夫妇。他对那些豪富大佬们关怀备至。如果富豪子弟前来申请杜克的话"，他会精心帮助他们解决问题。

在我为写本书进行采访时，弗莱什曼拒绝了我的采访要求。但据说，他聪明非凡、讨人喜欢、兴趣广泛，身材修长、略有谢顶，外形酷似运动员。弗莱什曼还曾经是马萨诸塞州布兰迪斯大学（Brandeis University）校长的最后人选[18]。他赠送给别人的节日贺卡上，印的是他自己翻译的赞美诗。他是《名利场》杂志的专栏作家，曾连续8年为该杂志撰写每月的葡萄酒专栏。他也常用珍藏美酒款待杜克的捐赠人。如在1992年担任集资活动主席期间，他在投资银行家和普林斯顿大学毕业生、同时也是两位杜克大学毕业生家长的詹姆斯·戈特和夫人奥黛丽结婚40周年庆祝会上，举办了葡萄酒品尝会[19]。

后来，戈特夫妇捐资为杜克大学设立了一个教授席位，此外还捐赠了100多万美元[20]。

"乔尔常常很大方地把昂贵的葡萄酒送人，这些开销都登记在杜克大学的支出账目上。"桑福德的继任者、前杜克大学校长基斯·布洛迪说，"人们觉得需要用美酒来款待那些捐款人，因为他们都是百万富翁，所以总得买瓶昂贵的好酒来回赠。"

尽管没有证据表明弗莱什曼用招生换取私营公司的主管职位，但他与杜克大学捐款人之间的私交，无疑为他进入与学术界相距甚远的商界提供了渠道。例如，1989年和1992年，时装设计师拉尔夫·劳伦（Ralph Lauren）的两个孩子大卫和迪伦先后从曼哈顿道顿中学毕业进入杜克大学。弗莱什曼那时正负责杜克大学的集资活动。大卫被熟悉的人形容为"B+"学生，SAT 分数为1100多分，显然需要"发展项目"的帮助才能符合杜克的标准。迪伦的成绩比大卫稍好一些，SAT 分数为1200多分。两人在学生团体、体育和其他课外活动方面都比较活跃。

▲ 波士顿公园

桑德拉·菲格（Sondra Feig）是道顿中学当时的大学入学申请咨询辅导老师，据她说，1986~1987年，劳伦家族的长子安德鲁申请布朗大学最终落榜，让这个家族从中吸取了教训。安德鲁的高中平均成绩为"B"，SAT分数低于他的弟弟们。后来，他在斯克德摩尔学院（Skidmore College）注册后，转学进入了布朗大学。所以，在大卫和迪伦申请大学时，劳伦家族便聘请了独立的大学入学申请咨询顾问，与杜克大学有关官员联系。"他们学会了该找谁、该怎么找。就这样，两个孩子如愿以偿地上了杜克"。

劳伦家聘请的独立咨询顾问是菲莉丝·斯坦布蕾切尔（Phyllis Steinbrecher），她说她认识弗莱什曼，以前因其他发展项目跟他打过交道。"杜克当然在找富家子女，"她回忆道，她曾代表那些愿意捐赠的客户与杜克有过很多接触，"我们使用诸如'这是一个发展项目家庭'这样的暗语，当然这是有用的，大家都心照不宣。我相信每个大学的招生办公室和发展项目办公室之间都存在着紧密的联系"。

拉尔夫·劳伦本人上的是纽约市立大学，长久以来该校都是新移民和工薪阶层通往中产阶层的必经之路。据布洛迪说，拉尔夫是弗莱什曼主持的杜克家长周末晚宴的常客，这项活动是弗莱什曼专门为由他亲自引进杜克大门的学生家长们安排的。"劳伦家族的人时常来杜克，他们与学校的关系很密切。"布洛迪说。

劳伦家族最终捐赠了几十万美元。1999年，弗莱什曼成为拉尔夫·劳伦公司的一名主任。2005年6月，他的年薪达35000美元，外加作为公司薪酬委员会主席的津贴7500美元，以及每次出席会议的津贴2000美元。此外，他还拥有或者有权购买拉尔夫·劳伦公司的34500份股份，估计价值为50万美元[21]。

在集资活动期间，波士顿科学公司的主席和共同创建人彼得·尼克尔斯（Peter Nichols）的3个孩子都在杜克大学就读。尼克尔斯夫妇均为杜克的毕业生，位居杜克大学最大的捐赠人之列，他们一共捐赠了1.3亿美元。尼克尔斯曾在2003~2005年期间担任杜克大学董事会主席。

1992年10月，弗莱什曼加入了波士顿科学公司董事会，年薪为5万美元，外加担任公司监察委员会主席津贴1万美元。截至2006年1月，他拥有或有权购买该公司140000股股份，价值200万美元。

杜克大学前副校长、现集资顾问J.戴维·罗斯（J. David Ross）说，弗莱什曼是尼克尔斯家的好友，"我以前常去尼克尔斯家参加派对，乔尔总在那里。"罗斯告诉我，弗莱什曼拥有不少私人公司董事会成员头衔，"对一个非校长级人物来说，这种情况实属罕见"。但他又说，弗莱什曼出任公司主任，并不是他招收了总裁子女们进入杜克而得到的回报，"他也为公司带来了足够多的名誉和智慧"。波士顿科学公司拒绝对此事发表评论。

弗莱什曼还是北卡罗来纳保险业控股公司詹姆斯—瑞弗集团的董事会成员，截至2005年8月，他拥有该公司23347份股份，总值至少为60万美元。早在布兰迪斯大学期间，弗莱什曼便结识了J.亚当斯·亚伯拉姆，亚当斯已故的父亲曾是该校校长，而弗莱什曼在90年代是该校的董事会成员。哈佛毕业的亚当斯曾捐赠给杜克大学上万美元，在2000年加入了由弗莱什曼创建的杜克大学公共政策学院来宾委员会。弗莱什曼至今仍是杜克大学的职员，依然是该校特里·桑福德学院伦理中心的主任。2003年，亚当斯的儿子本杰明在杜克注册上学。

2004年，本杰明·亚伯拉姆在一次电话采访中说，他的总体表现很好：SAT分数1400分，在北卡罗来纳州东教堂山高中名列年级前10%，课外活动包括担任过学生会主席还曾是即兴喜剧表演团成员，另外他也是杜克大学的校友子弟，母亲在杜克获得了博士学位。在他同时申请的几所学校里，哈佛和圣路易斯的华盛顿大学都将他列在了候补名单上，芝加哥大学和约翰·霍布金斯大学录取了他。

本杰明的家人为他聘请了一位名叫史蒂文·罗伊·古德曼的独立大学入学申请咨询顾问，帮助他申请大学。古德曼拒绝对本杰明的案例加以评论，但他说有时候自己的确会代表富裕家庭与杜克联系商讨有关发展项目的事宜。

本杰明承认，弗莱什曼可能在他的录取上出了一点力，"我猜想我父亲跟乔尔谈起过我的事，而他就按照自己的方式去做了。"他还说，弗莱什曼主动提出，如果本杰明到杜克主修公共政策专业的话，他愿意担任他的导师。本杰明最终选择了这个专业，大概马上就要开始修弗莱什曼的课了。

"招生过程中有各种不同的考虑因素，成绩不是唯一的标准。"在我们的第一次谈话中，本杰明告诉我，"对我来说，重要的是我是否能在这里做出成绩，能否为提升杜克大学的水平贡献一点力量。"后来，本杰明打电话给我，说自己在考试间隙用日记记录了被杜克录取后的感想："归根结底，的确有很多很多的合格学生在申请有限的入学名额。我的申请是否得到了优先考虑？毋庸置疑！但是我也是合格优秀的学生，完全能够承受杜克极有挑战性的课程。每个学生的申请材料中都有让杜克眼睛一亮的内容，而我的或许就是我的姓氏。"他的父亲拒绝就此发表任何评论。

截至2006年3月，本杰明尚能承受杜克大学的学业竞争。他的平均成绩为3.165分，略高于"B"。这位大三学生在校园政治活动中颇为活跃，是杜克大学民主党的共同主席之一，并且当选为大四的民主党主席。他竭尽自己的努力，尽力改善杜克大学与周围社区的关系——帮助杜伦市一位无家可归的小学4年级学生。

杜克的另一位捐赠人非常欣赏弗莱什曼对美酒的品位。纽约金融家马歇尔·柯根（Marshall Cogan）是花旗集团执行总裁桑迪·维尔（Sandy Weill）早期的华尔街合伙人，也是特里·桑福德的朋友和政见支持者[22]。虽然柯根本人毕业于哈佛大学，但其母及女儿斯坦芬妮都是杜克的学生。柯根夫妇于1985~1989年期间成为杜克大学家长委员会的成员，后来又以他母亲的名义捐助了一个教授席位。

1986年，柯根的女儿以优等生成绩从杜克大学毕业。同年，柯根接管了纽约著名的21俱乐部。同样在那一年，弗莱什曼成为该俱乐部的葡萄酒"品酒顾问"。根据其简历，弗莱什曼的这一头衔一直保持到1989年。1986~1995年一直担任俱乐部经理的肯·阿里茨基（Ken Aretsky）告诉我，他对弗莱什曼在俱乐部的任职全然不知，他猜想这一定是这位美酒鉴赏家与柯根之间的私下安排。

"我根本不记得乔尔的名字曾出现在我们的工资单上。"阿里茨基说。俱乐部聘有自己的配酒师，"我们并不需要乔尔"。柯根一直保持着与弗莱什曼的友谊，并出席了这位原俱乐部顾问的70岁寿筵，但他拒绝对此事做任何评论。

特里·桑福德与他亲自挑选的接班人截然不同，他乐于在名流富人之中周旋。对于在1985年接任杜克大学校长职务的精神病学家基斯·布洛迪来说，与其对捐赠人曲意奉承，不如更努力地促进学校师资队伍的发展。桑福德对招生工作的干预让布洛迪极为震惊，他认为招生应该只看学生成绩。因此，他与招生工作以及将其当作集资工具的桑福德的信徒们保持着距离。"他鄙视我的工作，他要把招生与发展完全分开。"克鲁姆·比蒂回忆说。不久，比蒂就离开了杜克。尽管弗莱什曼依然继续做他的筹资工作，但因布洛迪的断然回绝[23]，他希望被提名为杜克校长人选的愿望却落了空。在与布洛迪就捐赠人究竟应当在"领导力培养项目"上发挥多大影响的问题上产生争执后，米奇·哈特也离开了学校理事会[24]。

"布洛迪博士认为，在旧的体系里，规章普遍遭到破坏，"哈罗德·温古德（杜克大学招生部资深副主任，于1986~1992年期间担任招生部门负责人）说，"捐赠人的子女们的确得到了不该得到的优先照顾。"

理查德·斯蒂尔（Richard Steele）随布洛迪进入杜克大学，取代了招生部主任珍妮·斯科特。斯蒂尔说，他从不需要携带一箱装满发展项目名单的档案夹去校长办公室。"从第一天开始，"斯蒂尔说，"布洛迪博士就从不介入招生决定，他自始至终都是这样。"斯蒂尔也禁止发展项目办公室的人员为富家子弟游说他的部下，他要求所有名字都必须经过他亲自审阅。

斯蒂尔说，在任职的前两年，他的工作比较艰辛，因为很多董事会成员和捐赠人都对他们在招生决策中的影响被弱化而抱怨不迭。"他们对此很不适应。我事先打电话通知了他们，有些人非常愤怒。对他们而言，这一改变不是他们所期待的。"

据温古德说，在布洛迪任职期间，发展项目办公室人员在3月中旬与招生部召开的联席会议上，都会提交100人左右的学生名单供大家讨论，讨论往往都很激烈。现任克拉克大学招生部主任的温古德说，"常常需要一整天的时间讨论这100个学生，有时大家会争得面红耳赤，有时还会有人声泪俱下。"据温古德说，发展项目的负责人小约翰·皮瓦（John Piva Jr.）是一个不肯轻易罢休的人，他有自认为"非招不可的学生"。

温古德估计，每年大约有30~40个学生会从不被录取名单改到候补名单上，或者从候补改为录取。"我们录取过SAT成绩低于平均分数100分的，或高中排名未能进入年级前15%的学生。"他说，"他们并不是差等生，只是凭自己的条件还进不了杜克。"斯蒂尔说，这样的学生人数大约有15~20个。

克里斯托弗·古滕塔格（Christoph Guttentag）在1992~2005年期间一直是杜克大学招生部负责人，现任杜克大学招生部主任。他认为，温古德和斯蒂尔低估了布洛迪任职期间，由学校发展项目办公室游说而进入杜克大学的学生人数，实际数字是每年90人。

布洛迪的做法有利于营造杜克大学的学术氛围，但在政治上却是不明智的。因筹资不力，布洛迪在1993年被韦尔斯利学院（Wellesley College）院长娜纳·O. 基奥恩取而代之。这位因筹资有方而闻名的校长就任后，杜克大学发展项目办公室的高层官员们喜不自禁。一位前行政管理人员回忆说："大家都知道她很重视筹资工作。"

"杜克的资产远不如其他高校和竞争对手丰厚[25]，对此我们心知肚明。"校长征聘委员会负责人约翰·钱德勒在接受杜克大学校友杂志采访时说，"当娜纳说她重视筹资工作时，对我们来说无疑是天籁之音。她在韦尔斯利学院筹资方面的政绩，是我们最终选定她的重要因素。"

基奥恩校长没有让人失望，她上任后的"三把火"就包括扩大"发展项目办公室"的办公空间。1998年，她发起了目标为10.5亿美元的筹资活动，到2003年年底，一共筹集到了20.4亿美元。筹资活动进入高峰期间，发展项目对录取工作的压力也与日俱增。1998年，杜克大学录取了大约125名在考虑其家庭关系之前原本已被暂时淘汰或被列入候补名单的非校友子嗣。

1999年，又有大致相同数目的这类学生被录取。2000年，当杜克再一次录取了99名这样的学生后，"发展项目录取泛滥"在校园里引起了震惊。不少教授和行政人员都担心，这样的生源会降低学生群体的智力素质。2000年9月，学校某委员会递交给杜克大学董事会一份报告，要求将这样的录取人数减少1/3[26]。杜克大学没有公布2001年和2002年发展项目的录取数据。2003年，随着筹资活动接近尾声，发展项目录取人数降到58人。

"那个数字在缓慢地增加，"该委员会成员、机械工程系副教授菲利普·琼斯（Phillip Jones）告诉我说，"我们不想让这种事没完没了地继续下去，这会阻碍学校录取到优质的学生，而他们或许就是未来的毕加索。"

在给我的电子邮件中，基奥恩表态说，她并非有意增加享受录取特权的富家子弟的人数。由于"在筹资活动期间，有更多申请学生表示对发展项目感兴趣"，因此，在此期间"这个数字就可能往上攀升，但这绝不是一项官方政策甚或有意选择使然"。2004年，基奥恩辞去杜克大学校长职务，次年加入哈佛大学理事会。她也承认说，享受潜在捐款人优先录取的绝大部分学生是白人。

在基奥恩任职的顶峰阶段，杜克大学的录取工作体系是这样运转的：发展项目办公室通过自身网络以及由理事会成员、校友和捐款人等提供的一份名单，确定500名左右的非校友富家子弟。他们陪同这些学生参观校园、提供申请建议，然后将这份名单递交给招生部；招生部随即通知发展办公室，哪些学生忘了递交申请材料，发展办公室便会提醒这些学生寄出他们的申请材料。

之后，发展办公室会将名单压缩，圈定160名优先考虑的学生。在招生部的电脑里，这些名字会被注上标记，由招生部工作人员按照择优原则进行筛选，并不考虑学生的家庭背景。经过这一轮筛选，大约30~40名学生会被录取，其他学生要么被暂时淘汰、要么被列入候补录取名单。在3月份举行的一次持续一整天的会议上，由招生部主任古滕塔格和代表发展项目的资深副校长皮瓦一起，对这些学生的命运进行商讨。正如桑福德和斯考特以往所做的一样，古滕塔格和皮瓦需要在这些学生学业上的不足与其父母可能为杜克捐赠的数额之间进行权衡，结果也总是跟以往一样：120名学生中的大多数最终会被录取。如果两人对某一个学生的意见出现分歧，则由副校长行使最终决定权。

古滕塔格告诉我说，因发展项目而录取的学生尽管成绩稍逊，但他们的毕业率却高过其他学生群体。尽管如此，曾在杜克大学招生部工作的瑞切尔·图尔（Rachel Toor）在她 2001年出版的《录取内幕》（*Admissions Confidential*）一书中写道，"古滕塔格不想录取那些学生，他常常尽力将那些学生排除在外，但最后败下阵的总是他[27]"。"发展项目推荐的学生是申请学生群体中最弱的一部分……主任不得不为他们保留名额。有资格得到这些名额的普通学生其实很多。"

一旦这些尊贵的学生们注册后，他们的父母就会进入杜克大学家长集资委员会。委员会成员通常需要捐赠至少1000美元给杜克，全国主席和8位共同主席（杜克在每年级设两位主席）捐赠得更多（包括七位数的捐赠），这

▲　波士顿公园

些钱会被用来赞助系主任席位。

尽管有家教辅导，投资银行家的女儿卡罗琳·迪马尔（Caroline Diemar）的SAT成绩仍然只有1190分，低于杜克平均成绩200分。在新泽西读私立高中的卡罗琳向杜克递交了提前录取的申请，但被推延至次年春季再考虑。卡罗琳请她父母的两位朋友为她写了推荐信，用以充实自己的申请材料。这两位朋友一位是家长委员会成员，另一位是杜克的重要捐款人，结果可想而知：她被录取了！在入学前的夏季，她的父母也被列入这届新生的家长筹资委员会成员名单。后来，他们成为该委员会的共同主席。卡罗琳的父亲罗伯特·迪马尔拒绝提供他为杜克大学捐赠的具体数目。迪马尔说："对于我家5个孩子就读的大学，我们都会提供支持。"毕业于普林斯顿大学的迪马尔还说，杜克大学是根据他女儿的成绩而录取她的。

在杜克，卡罗琳加入了女生联谊会和划艇队。在其后的3年里，她一直是该校女子划艇队的队员。卡罗琳在大四时主修社会学，平均成绩3.2，低于同届同学3.4的平均成绩。2003年初我与她碰面时，她正在寻找广告业和市场销售业方面的工作。

"我想方设法地与任何有杜克关系的人建立联系，"卡罗琳与我谈起她大学申请过程时说，"每个申请杜克的学生都有与众不同之处。可是，我没有运动天赋，不能享受少数族裔优先，缺乏美术细胞，不会演奏乐器，也没有参加过学生会。但我相信我是能进杜克的。我需要的只是找到能让我与众不同的东西。"她从中得到的经验是：有了人际关系网，什么事都能办成！

对于卡罗琳·迪马尔，通过关系进入杜克大学是她个人的创举。而对于莫德·邦恩来说，这种做法更像是一种家乡传统。

位于伊利诺伊州的莱克福斯特是一个富人聚居的地区，这里有一个由很多家族组成的关系紧密的团体，邦恩家族就是这个团体中的一分子。这些家族控制了杜克家长筹资委员会的上层权力。这个由市郊富人构成的关系网络，向我们展示了富人们幕后操纵影响大学录取过程的情形：与选择乡村俱乐部成员一样，他们可以毫不费力地将来自工薪阶层的申请人和其他局外人排斥在外。

除莫德的父亲之外，杜克家长筹资委员会成员还包括莱克福斯特市的其他名人居民，如为杜克捐赠了六位数的百货商店继承人马歇尔·菲尔德五世，伊科斯生物科技集团公司总裁保罗·克拉克，玉米食品制造商豪斯—奥特里公司的执行主席罗伯特·迪普理等，他们的夫人也都是各自子女年级的家长筹资委员会共同主席。杜克校友和捐赠人、亿万富翁小威廉·里格利也住在莱克福斯特市。

当被问及为何参加筹资委员会时，莱克福斯特市的一位家长说："贡献一点时间和资源，去支持一家令人尊敬的非营利机构是应该的。杜克获得捐赠的数额比其他院校少，但教学水平却一直名列全美前10名，这说明他们用钱有方。""再说，他们还培养了我的女儿。"

这些莱克福斯特富有家庭的夫妻也都是社交圈里的朋友。他们一起出席芝加哥地区的各种理事会，他们的孩子大多就读于同一所私立小学，他们为彼此的孩子写申请杜克所需的推荐信，为朋友或邻居的孩子做担保。一旦这个社交网里的某个孩子被杜克录取，他（她）的父母便会加入家长筹资委员会，捐款给大学。在莱克福斯特，如果不履行这些义务，会被斥之为"无礼"，好比忘了回复请柬。在杜克大学，他们的子女们也会保持友谊，相互来往。菲尔德、克拉克、迪普理的女儿们就加入了同一个女生联谊会。

艾西莉·克拉克曾告诉我说："这个网络在不断地自我延续和强化。我也很高兴在联谊会有认识的学姐。"

罗伯特·迪普理的夫人苏珊·迪普理告诉我，因为熟知如何有效地为公益事业筹资，莱克福斯特的家长们在杜克筹资委员会担负了很多关键责任。她说，委员会是一个很亲密的团体，但并不排外。他们通过特殊渠道与校方行政官员进行沟通，其中包括能够获得来自克利斯托弗·古藤塔格的简报。

"我们正在移交这份工作。"邦恩夫人说，"莱克福斯特的许多家长都曾在芝加哥一些理事会共过事，人们可能觉得我们能办事吧。我们也确实干得不错！"

事实上，莱克福斯特并不是杜克大学由来已久的筹资大本营。贝克—凡特里斯投资管理公司的退休主席詹姆斯·戈特说，他的女儿玛丽1977年在杜克就读时，校园里很少有来自莱克福斯特的学生。在女儿申请杜克时，校方并不知晓他在商界的名望。戈特通过担任家长筹资委员会成员，出资赞助一个教授席位，以及向杜克推荐朋友的孩子等，才逐渐扩大了莱克福斯特的关系网。（也就是在他的结婚纪念日庆祝会上，乔尔·弗莱什曼举办了葡萄酒品尝会。）

"我们在那里认识了很多人。不仅有招生部的，还有集资团体的。"戈特说，"他们会很在乎你。我想，并不是所有教育机构都会给人这种印象。如果你推荐一个学生，即使他们并没有录取那个学生，也会回复你，并告诉你原因。他们会不遗余力地让你了解他们所做的一切。对杜克来说，家长们十分重要，这是个很有家庭氛围的地方。"

戈特坦承，经他推荐的学生录取率很高，其中就有马歇尔·菲尔德的女儿艾碧盖尔·菲尔德；而马歇尔接着推荐了莫德·邦恩，克拉克夫妇也推荐了她。

"在杜克，很多学长都是我父母的朋友们的子女，"2003年，已是大二学生的莫德在接受我的采访时说，"他们愿意为我的入学出力，比如帮我写推荐信和申请材料之类。我入学后，他们让我父母为杜克的筹资活动尽一份力，我父母回答说：'当然啦，我们欠了那么多人情嘛。'"

莫德的专业是美术史，她有意在时装界开拓事业。她告诉我，她一开始在杜克觉得"非常非常尴尬"，因为她的录取并非"完全靠自己的成绩"。但是她很快就适应了。"随着时间的推移，我越来越自信。如果杜克认为我不及其他学生是不会录取我的。我现在的学习与其他学生一样好。"她于2005年从杜克毕业，并获得美术专业的学士学位。

2004年，另一位来自莱克福斯特社交圈的学生进入杜克，这就是约瑟芬·特拉托，一位著名葡萄酒酿造和销售商的女儿。她的祖父安东尼·特拉托曾任特拉托葡萄酒集团的主席，也是最早将红葡萄酒进口到美国的商人之一。她的父亲威廉毕业于芝加哥洛约拉大学（Loyola University），是特拉托葡萄酒集团和国际帕特诺葡萄酒公司的总裁。据该公司的网页介绍，美国售价在14美元以上的葡萄酒有10%出自该公司。

毕业于莱克福斯特高中（优质公立学校）的约瑟芬·特拉托在同届同学中排在前15%~20%（平均成绩为"B"），有资格进入"全国荣誉榜"，但她的名次没有进入年级前9%~12%，没能登上"优等学业荣誉榜"[28]。她的SAT和ACT成绩都达到了杜克的普通标准。约瑟芬向杜克递交提前录取的申请后，先是被"延后考虑"，最后还是被录取了。她先后被乔治敦大学和密歇根大学录取，但是未被哥伦比亚大学和波士顿学院录取。

在她的大学申请信里，或许是为了有意向招生部申请材料审阅人显示自己的家庭背景，她有意谈及自己家族的产业。在申请信里，她曾这样写道："几年前，我开始涉足家族的产业，到我们家设在纳帕山谷（在加州北部——译者）和法国的酿酒厂工作。"约瑟芬说："我谈了自己在那种文化氛围当中的成长经历。"

约瑟芬说，她认识菲尔德夫妇、邦恩夫妇和其他杜克的家长，但并没有请他们向杜克推荐自己。"我的推荐信出自我的老师和我参加社区工作时的同事。"她说，"我想，如果真进了杜克，我必须保证自己能够承受学习的压力以及作为学生所应承载的期望。"在进入杜克大学数月后，她的父母加入了学校的筹资委员会，邀请他们加入的正是邦恩夫妇。

注 释：

[1] 优等生名单由劳伦斯维尔寄宿学校提供。

[2] 在劳伦斯维尔寄宿学校2001年年鉴有关莫德的条目里提到了"白人基督教徒俱乐部"。

［3］ Tim Landis, "What's in a Name? Plenty of History and Success If It's Bunn," *State Journal-Register*, Springfield, Ill., April 29, 1999, p. 7A.

［4］ 见伊利诺斯大学（斯普林菲尔德）口述历史藏书《小乔治·W. 邦恩》。1972年邦恩先生告诉采访他的萨利·钱伯切尔（Sally Schanbacher）："就在上一个秋季，我们家族的第15个男孩进入了劳伦斯维尔寄宿学校。"

［5］ "Q and A: Rick Levin," *Yale Alumni Magazine*, November/December 2004, p. 28.

［6］ 据兰德公司教育援助委员会所发表的《对教育自愿支持的调查报告》。该调查负责人安·E. 开普兰（Ann E. Kaplan）为本书提供了有关各大学捐赠来源的情况表。

［7］ "Phony Baron Given Three-Year Sentence," *Associated Press*, January 31, 1991.

［8］ Susan Kauffman, "Duke's Money Machine," *Raleigh News & Observer*, December 15, 1996, p. 1.

［9］ Duke News Service, "Anne and Robert Bass Make Second $10 Million Gift to Support Undergraduate Education," January 25, 2001.

［10］ Martin London, letter to Stuart Katie, August 17, 2004.

［11］ London letter.

［12］ 据斯坦福大学橄榄球队记录，蒂姆于1995年赛季加入球队，但在1996年赛季却只参加过一次比赛，他唯一的一次阻击是在1997年赛季以防守自由卫身份完成的。

［13］ 笔者在与小霍华德·科文顿的访谈中获知。

［14］ Howard E. Covington Jr. and Marion A. Ellis, *Politics Progress and Outrageous Ambition*（Durham：Duke University Press, 1999）, p. 379.

［15］ 例如，尽管洁具行业亿万富豪小赫尔伯特·科勒尔（Herbert Kohler Jr.）是从耶鲁大学毕业的，但他的女儿劳拉·伊丽莎白·科勒尔（Laura

Elizabeth Kohler）却就读于杜克大学。

［16］Duke Policy News, "Sulzbergers Support Child Policy Program," 1998.

［17］www.pubpol.duke.edu/people/faculty/fleishman/ fleishmancv.pdf.

［18］Anthony Flint, "Brandeis Chooses Thier as President," *Boston Globe,* May 6, 1991.

［19］笔者在与詹姆斯·戈特的访谈中获知。

［20］"Filling Bass Chairs," *Duke Magazine,* May- June 2001.

［21］非常感谢《华尔街日报》波士顿分社的常驻记者查尔斯·弗雷尔（Charles Forelle），是他通过仔细研读美国证券交易委员会（Securities and Exchange Commission）的资料，从中确认了弗莱什曼公司的股票收益以及所持股票情况。

［22］笔者在与斯蒂芬·斯维德（Stephen Swid）的访谈中获知。

［23］笔者在与布洛迪的访谈中获知。

［24］笔者在与布洛迪和哈特的访谈中获知。

［25］Robert Bliwise, "Duke's Master Builder—A Leader and Her Legacy," *Duke Magazine*, July-August 2004.

［26］Steven Wright, "Data Raises Admissions Questions," *Duke Chronicle,* January 11, 2001.

［27］Rachel Toor, *Admissions Confidential*（New York：St. Martin's Press, 2001），pp. 209-11.

［28］笔者在与莱克福斯特高中的戴维·米勒的访谈中获知。

波士顿公园华盛顿像

第三章

名人效应
——布朗大学的名人之后

　　过去，那些娱乐界的著名人物一般不会因为子女的上学问题大费周章。他们让自己的孩子学踢踏舞、上声乐课，一旦年龄允许就让他们走上舞台或屏幕。与此形成鲜明对照的是，如今流行文化的偶像们，从凯文·科斯特纳（Kevin Costner）到贝蒂·米勒（Bette Midler），都将他们的下一代送进优质高中，进而再让他们进入名校。诸多名校也大多会为名人之后大开方便之门。因此，时尚界的名人们都在努力把稍纵即逝的名声效应——按照安迪·沃霍尔（Andy Warhol）的理论，未来每个人的出名时间仅为15分钟——转化为美国等级社会中的稳固地位。对好莱坞的名人而言，"他们在意的并非子女受到多么优质的教育，而是他们在比弗利山的鸡尾酒会上可以多么风光"！布朗大学前招生负责人詹姆斯·罗杰斯（James Rogers）如是说。

　　1998年2月，《名利场》（*Vanity Fair*）刊载《追名的学校》（*School For Glamour*）一文，将布朗大学描绘成了一所追逐名人之后、不惜为好莱坞明星牺牲学术标准的精英大学[1]。正如文中描述的那样，几年后布朗大学百般迎合政治捐客迈克尔·奥维茨（Michael Ovitz）一事，正好将该校的这种做法体现得淋漓尽致。

　　2004年10月，迈克尔·奥维茨在全美范围内成为千夫所指的对象。他的前雇主——华特·迪士尼公司被多位股东告上法庭，对公司付给这位任职仅14个月的总裁1.4亿遣散费提起诉讼。对此股东们感到异常震怒。在提交给法庭的一份备忘录中，奥维茨在迪士尼公司的老板、密友迈克尔·艾斯纳（Michael Eisner）将他描述成了一个"不会讲真话的心理变态狂"[2]。

然而，在位于罗得岛普罗维登斯的布朗大学山麓校园里，凭借银幕上的影响力，奥维茨轻松地避开了批评的困扰。即使这位与他人合作创办创新艺人经纪公司（CAA）的天才经纪人不想再在好莱坞翻云覆雨，他仍然能够凭借在电影界的关系网成为罗德岛上的耀眼明星，继而再利用这所常青藤大学的光芒，修复自己劣迹斑斑的名声。这一年的10月23日，一个周六的夜晚，近3000名布朗大学的学生和家长将篮球馆的看台及场地中央的椅子挤得座无虚席，以聆听奥维茨与他的挚友兼委托人达斯汀·霍夫曼（Dustin Hoffman）之间的一次有趣的轻松对话。这位被他亲昵地称为"达斯蒂"（Dusty）的奥斯卡影帝，是奥维茨邀请到布朗大学来的。这一被海报宣传为"与达斯汀·霍夫曼对话——迈克尔·奥维茨主持"的活动，成了该校"家长周末校园行"活动的高潮部分。它为家长们提供了近距离一睹名人风采的机会，以使他们对学校充满感激之情，更愿意对学校进行捐助。

对话者的身后有3块巨大的屏幕，展示着两人风格迥异的放大影像。奥维茨身着西装，一派学者风范；霍夫曼穿一条灯芯绒长裤，上身穿圆领T恤，眼镜滑到鼻尖上。作为这场盛典的主持人，奥维茨不忘向布朗大学表达他的敬意——"每当我置身校园，它的创造力和鲜明个性总让我备受鼓舞"；并指出在创造过程中不畏风险的重要性——"没有多次的失败，也就不会有成功"。他不时为达斯汀鼓掌喝彩，无论是在播放他的电影片断，听他讲品位不高的趣闻和追忆校园生活点滴时（比如他说，"谁都会演戏，就像是做体操，谁不会呢？"），还是在听到他给布什总统提出的建议时（"让他去看看心理医生吧！"）。作为回应，霍夫曼转弯抹角地谈起了那起著名的股东诉讼案，不过他是在赞扬这位"25年的挚友"："虽然最近围绕他的争议不断……但是他向来是保护艺术家的。"

布朗大学校长露斯·西蒙斯（Ruth Simmons）也向这位曾经是大人物的

▲ 连接查尔斯河两岸的桥

主持人表达了敬意。她称奥维茨是"不请自来、主动向学校伸出援手的布朗大学学生家长的典范"。

实际上，校方并没有要求这位著名的经纪人邀请霍夫曼。奥维茨之所以这样做，是因为他欠布朗大学一个人情。如同迪士尼公司一样，这所常青藤大学也向奥维茨支付了一笔高额费用，但不是用现金，而是用学校的招生名额。用西蒙斯校长的话来讲，如果学校没有把他3个孩子中的老大特招入学的话，奥维茨也许永远都成不了"布朗大学的真正朋友"。

在布朗大学网站对那场晚会的后续报道中[3]，学校把奥维茨称为"05级学生家长"，指明他是坐在晚会前排位置的大四学生金伯莉·奥维茨（Kimberly Ovitz）的家长。西蒙斯校长还特地夸奖了金伯莉，称赞她为力邀霍夫曼光临布朗大学所做的一切。然而，金伯莉并不是奥维茨子女中第一个上布朗的，她的哥哥克里斯托弗也曾是布朗大学的学生。1999年，克里斯托弗·奥维茨（Christoph Ovitz）从加州一所位于圣莫尼卡的高中向布朗大学提出申请，当时他的学习成绩中等，在初中时还因为向一名女同学挥舞棒球棒而受到停学处分。他的入学申请在大学管理部门内部引起激烈争论：如果父亲在好莱坞呼风唤雨，那么学校是否就应该为这位父亲的男孩降低标准或降低多少标准？众人对此莫衷一是。布朗大学非常渴望扩大自己获得捐助的数额——这所大学收到的捐助迄今仍是常青藤大学中最少的——于是，当时的校长 E. 戈登·吉（E. Gordon Gee）和他在发展部门的同仁们努力争取让克里斯托弗入学。最终，克里斯托弗以"特殊学生"身份被录取。该校很少使用这种招生名目，它要求以这种身份入学的学生必须先完成几门课程的学习，才能正式成为全日制本科生。

克里斯托弗在布朗大学总共待了不到一年时间，但该校还是很快从这次录取中获益。2003 年 1 月，迈克尔·奥维茨来到布朗大学，邀请上流社会名人、大导演马丁·斯科塞斯（Martin Scorsese）一起做了该校首场"名人访谈"。奥维茨在对话中，极力称赞这位与他长期合作的同仁，称他是"一位从不妥协的男子汉"，是"我们今天最伟大的电影制作人"。900 名布朗大学的学生把礼堂挤得水泄不通，还有 400 多学生无法入场[4]。次年冬季，奥维茨在他位于布伦特伍德（Brentwood）、用现代艺术收藏品装饰的豪宅里款待西蒙斯校长，一同受邀的还包括布朗大学的学生家长霍夫曼和丹尼·德维托（Danny De Vito）[5]。

布朗大学管理层希望，在"家长周末校园行"活动中大家给予霍夫曼和奥维茨的掌声，能最终产生一种更有价值的有形财富。正如西蒙斯校长一再强调的那样，布朗大学的家长"是全美最慷慨的人群之一"。霍夫曼的临别演讲，似乎也反映出他已经意识到，布朗大学灵活的录取标准是他光临学校的主要原因。霍夫曼向学生们坦言："你们中的一些人是在付出更多努力后才得到就读布朗大学的机会，但另外一些人却跟我当年一样并不怎么用功。"

像克里斯托弗·奥维茨这样的名人之后，并不需要特别努力就能被名校录取。如同希望订到餐厅里最好的位子或者重要体育赛事的前排座位一样，他们同样希望能够得到那些追星高校的特殊关注（事实上也正是如此）。那些家喻户晓的青少年明星和模特们亦是如此。过去，童星们在他们的可爱劲儿褪去之后，往往只能到电视广告和粗制滥造的影片中扮演小角色。如今情况不同了。像《非凡岁月》（*Wonder Years*）中的弗雷德·萨维奇（Fred Savage），以及他的哥哥、《淘小子看世界》（*Boy Meets World*）中的本·萨维奇（Ben Savage）等童星，都在成名后陆续走进斯坦福大学之类的名校开始进一步深造。

而他们的好运气往往也带来一些不良后果。由于绝大多数童星和明星之后都是富裕白人，因此他们的入学更使得名校的经济社会天平偏向特权阶层一边。名校每录取一名电视喜剧演员或者新闻主播的子女，就意味着一名聪明而背景一般的学生失去了入学机会。

大学通常不会设置专门针对名人的优先招收类别，且每年只会有为数不多的几个人提出入学申请，所以他们被当作发展项目录取的一种来加以对待。无论他们自己是名人，还是他们的父母是名人，都会被归入企业巨头或者公司负责人子女的范畴，一并被列入名单，然后由学校的筹资部门交给招生部门考虑录取事宜。

例如，纽约大学的发展项目名单就包含所谓的"显贵"（notables）申请者，其中绝大部分是来自娱乐圈和政界。该校负责招生管理的副教务长芭芭拉·霍尔说："你看看这些申请信，他们的老爸不是大编剧就是好莱坞的制片人，让学校很难取舍。假如时间紧急的话，最后的录取决定会非常有利于他们。"纽约大学近些年录取的"显贵"中，有红遍美国的孪生姐妹、电视明星玛丽-凯特·奥尔森（Mary-Kate Olsen）和阿什利·奥尔森（Ashley Olsen）。霍尔说："从政治的角度看，这样做显然是聪明的。假如校长到华盛顿开会，才发现学校拒绝了国会众议院发言人子女的入学申请，而此前他却毫不知情。你想想看，这对学校的影响会有多大！你也不希望这样吧。"

尽管各大学开展一些发展项目是为了吸引学生家长的捐赠，但这却并不是他们降低名人子女录取标准最主要的原因。大多数名人并不是高等院校的

▲ 耶鲁大学校园

主要捐赠人，有些对此怀抱幻想的大学往往因此感觉很受挫。当然也有个别例外。如1989年，比尔·考斯比（Bill Cosby）和妻子卡蜜尔·考斯比（Camille Cosby）向斯贝尔曼学院（Spelman College）捐款2000万美元。按照习惯，名人们希望向社会贡献自己的名气而不是打开自己的钱包，以此维持奢华的生活方式。由于有太多机构提出资助要求，因此他们一概不会与这些机构建立起密切的联系。耶鲁大学前副校长、当年负责发展项目和校友事务的特里·霍尔库姆（Terry Holcombe）曾说："这些名流更喜欢在你举办的宴会上露面，或作为嘉宾出席一些重要场合，但他们绝不是一群慷慨大方的人。当然，他们总能找到无数的借口和理由。"

对高校来说，名气是一种可转换为学校声望和影响力的无形财富。著名大学指望这些明星学生或明星子女学生能够引起社会的关注：他们的入学会引发议论，可以帮学校进行招生宣传，相关新闻会占据《人物》杂志和其他媒体的封面，校友们会兴奋不已，学校因此成为像布朗大学那样众人瞩目的

"热门"高校，——尽管学校希望得到的捐助被一拖再拖，校园周边环境也并不理想。名人之后头顶父母的光环来到学校，——远不止于此，他们还会把父母带到校园里来。当大学为毕业典礼或其他仪式不停寻找有新闻价值的演讲嘉宾时，往往会把目光聚焦在这些名人家长身上，希望他们能拨冗出席典礼，并因感激学校的录取而愿意放弃高昂的出场费。

"有钱人的确很多。但学校要找的嘉宾不仅富有，还必须拥有良好的声望。"楷博公司（Kaplan Inc., 考前教育培训公司）负责学习和评价的副总裁塞比·巴斯利（Seppy Basili）如是说。1982年，巴斯利从凯尼恩学院（Kenyon College）毕业时，毕业典礼的演讲嘉宾是著名演员艾伦·阿尔达（Alan Alda），他的女儿正好是那一届的毕业生。

不少负责大学申请咨询的高中辅导教师认为，在布朗大学及其他一些名校，名人的知名度至少相当于 SAT 的 100 分成绩。文森特·加西亚（Vincent Garcia）在位于北好莱坞地区的坎贝尔堂中学（Campbell Hall School）担任辅导教师。这所高中在当地很受欢迎，主要招收来自电影界家庭的学生。加西亚说，一些高校招生代表到坎贝尔堂中学约谈有希望招收的申请人及家长，当偶像作为家长出现时，他们有时会显得"情绪失常"，甚至"手足无措"。假如一所大学拥有很强的电影制作专业或电视专业，身为导演或编剧的家长们可以这样向学校表达：如果自己的孩子被该校录取，他们可以让这所大学在它的课堂里分享自己的从业经验。这无疑大大增加了他们子女入学的概率。

加西亚告诉我："这些家长常常与高校的发展办公室沟通，甚至直接与电影系接触。他们会与系科负责人会面，然后说：'我真的十分乐意发挥积极的作用，为您以及那些充满疑问的学生们提供帮助。我还可以到贵校来，跟大家谈谈我是怎样由演员变成一名导演的。'"

在坎贝尔堂中学的名人中，最有名的当数玛丽－凯特·奥尔森和阿什利·奥尔森姐妹了。她们俩从来没有当过优等生，这意味着她们从来没有进入过年级前 15%~20%。尽管如此，姐妹俩还是双双被纽约大学录取。该校录取的新生中，有63%的学生是他们原来高中的年级前10名。加西亚说，在奥尔森姐妹当年选择上大学的时候，"我受到了许多大学的招生部门负责人比以往更多的关注"。

奥尔森姐妹的经纪人迈克尔·帕格诺塔（Michael Pagnotta）说，姐妹俩的高中成绩都"非常好"。但具体怎么好，他却不愿细说。他说："大学考查的不仅是她们作为演员的成就，还有她们作为商人和服装设计师的成绩。招生部门的人都觉得，如果能够录取到她们就太好了！"2005年10月，玛丽－凯特向纽约大学告假休学。按帕格诺塔的说法，这与她的学习无关。

大学对名人子女的照顾可谓无微不至。他们被当作客人安排在四星级饭店里，大学招生部门人员反而要充当看门人的角色。一般申请人只能见到招生部门的一般工作人员，他们则可能受到校长或者招生部门负责人的接见。当史蒂文·斯皮尔伯格（Steven Spielberg）的继女杰茜卡·坎普肖（Jessica Capshaw）提出与杜克大学接触时，她甚至不必离开自己的家。对此，杜克大学招生部门负责人克里斯托弗·古藤塔格解释说，当时他恰好在加州，于是"顺便"造访了斯皮尔伯格的住所，在那儿与杰茜卡见了面。当然，这样的造访不止一次，因为后来，这位被熟悉的人形容为"素质相当好"、"非常不错"，但学习成绩却并不突出的女孩，在1994年被布朗大学录取了。

即使有的名人申请人并不希望受到特殊照顾，他们也几乎无从选择。1998年，一心想读布朗大学的朱丽亚·哈泼斯坦（Julia Halberstam）向该校提交申请，希望校方把自己的成绩而不是戴维·哈泼斯坦女儿的身份，作为是否被录取的依据。戴维·哈泼斯坦是一位名作家，曾因《最好的和最聪明的》（*The Best and The Brightest*）一书和有关棒球的作品《49年之夏》（*Summer of '49*）而获得普利策奖。

朱丽亚告诉我："我真的是那种不希望因为错误的理由而被录取的人。"她在预科学校的成绩位列年级中游，SAT考了1340分，比布朗大学的平均录取分低了50分。她说，她在高中时英语和历史"的确很优秀"，但对数学和科学等不太感兴趣的科目成绩却不甚理想（仅为"C"），"我竭尽全力想要独立，就是为了摆脱姓氏给我带来的影响"。

按照常规，布朗大学并不在校内面试申请人，而是到全国各地去与校友代表们会面。但当朱丽亚和父亲到普罗维登斯（布朗大学所在地——译者）造访时，布朗大学招生部门负责人与他们私下会面，并利用会面时间与这位作家就棒球话题聊个没完，朱丽亚只好枯坐一旁。她对此极为不满，于是再次约谈布朗大学的另一位官员。"这次只有我和他，我们进行了交谈。能够这样真是太棒了！"她说。

2003年，我偶遇古德伯格（时任布朗大学招生部门负责人——译者）。在谈到朱丽亚的故事时，他告诉我，他一年里要会见100个申请学生和他们的家长——完全是礼节性的会面，其中有10~15个名人、捐赠人或者校友。这些会谈都不会留下记录，也不会对录取决定产生影响。古德伯格于2005年从布朗大学招生部门负责人的位置上卸任，继而担任该校体育运动队负责人。

朱丽亚·哈泼斯坦最终被布朗大学录取，并于2002年从该校毕业。后来她参与了"为美国而教"（Teach for America）计划，到密西西比州格林维尔的一所学校担任幼儿教师。直到那时，她仍然为此事深感困扰。2003年时，她对我讲："我到现在都不知道，我能进布朗大学是不是因为我父亲的缘故。这一点我也许永远不会知道。但过去我常常强烈地意识到这一点，并因此感到很不自在。"她认为任何大学都应考虑申请人的种族和社会阶层背景，但并不应当考虑他们的知名度。她说："没人会拥有与我完全一样的童年经历。但在'不知道'与'不可能了解到'之间，还是存在差异的。"

尽管朱丽亚对自己是否从父亲的影响力中获益感到困扰，但不可否认的是，她的确利用家庭关系，为自己进入布朗大学争取到了机会。在她的要求下，布朗大学前校长瓦坦·格里高利安（Vartan Gregorian）为她写了推荐信。虽然当时格里高利安不做校长已经有些年头了，但他对于布朗大学的录取工作的影响尚在。

格里高利安告诉我："朱丽亚还是个孩子时，我就认识她了。她曾骑在她

▲ 普林斯顿大学校园雕塑

父亲的肩上来参加我们的圣诞派对。我总是对她讲，'到时候如果你需要推荐的话，就来找我吧……'"他还说，自己曾向布朗大学推荐过另一位知名作家 E. L. 多克托罗（E. L. Doctorow）的孙女。

一些名人认为，进名校如同新潮夜总会的上宾一样，大可以不排队就入场。人们对此不必感到惊讶。20世纪80年代，奥斯卡历史上最年轻的得主塔特姆·奥尼尔（Tatum O'Neal）造访布朗大学招生部门，表示自己有兴趣到该校读书，尽管从比弗利山中学辍学之前她所受到的正规教育十分有限。当问及在学业上有多少竞争力时，她提到了与她同时代的童星布鲁克·希尔兹（Brooke Shields）。她说："我觉得，既然普林斯顿能招收布鲁克，布朗自然也需要我。"当然，她最终还是决定不向布朗提出入学申请了。

对于名人申请人而言，是不存在申请时间的。以乔治·W. 布什总统的侄女、时装模特劳伦·布什（Lauren Bush）为例，2002年2月，普林斯顿大学的申请期限已过了一个多月，劳伦通过她自己的申请大学顾问联系该校，要求受理她的入学申请。这位私人顾问解释说，劳伦近期对普林斯顿大学的访问，让她爱上了这所名校，于是她改变了自己有关大学计划的想法。不出所料，普林斯顿给了她提出申请的特许。尽管劳伦的 SAT 分数明显低于普林斯顿入学学生的平均分数，她在休斯敦金凯德中学（Kinkaid School）的平均成绩也仅为"B"，但最终她还是被录取了。一位了解劳伦申请普林斯顿整个过程的人士说，"她的材料显然达不到录取水平"，但时任学校招生部门负责人的弗莱德·哈加登（Fred Hangadon）是一位"一心想把自由主义精英分子以外的其他思想代表引入校园"的政治保守派。在劳伦向大学递交的申请材料里，还包括一本个人诗集《我》。她同时被另一所常青藤大学、布什总统的母校耶鲁大学录取[6]（劳伦的父亲、尼尔·布什毕业于杜兰大学）。劳伦一进普林斯顿，便加入了该校最小众的美食俱乐部"常青藤"（Ivy），成为凯瑟琳·爱德华兹——参议员约翰·爱德华兹（John Edwards）女儿的会友。约翰·爱德华兹是2004年参加副总统竞选的民主党候选人。

2004年秋，当劳伦的弟弟皮尔斯·乔治·马龙·布什（Pierce George Mallon Bush）被乔治敦大学录取时，同样吸引了大众的目光。乔治敦大学被认为是全美前25名的大学，皮尔斯却是一个学习很吃力的孩子。这一情况最初是由他父亲尼尔·布什向外界透露的。尼尔·布什曾告诉记者，由于儿子被诊断为注意力缺陷障碍，所以他和别人共同开办了一家教育软件公司，向皮尔斯及其他不爱阅读的"自律神经失调症"[7]（hunter-warrior types）孩子提供电脑课程。

2002年9月，皮尔斯与父亲一起出现在福克斯新闻频道"汉尼特与柯默斯"（*Hannity and Colmes*）节目中。他说："我在小学时表现非常好。进了中学后，我开始陷入麻烦，主要是因为我对学校提供的东西不太感兴趣。你兴许能理解我说的意思……但一旦我能从中找到自己感兴趣的东西，成绩就会提高不少。"同月，在美国有线电视新闻网（CNN）"今夜宗毓华"（*Connie Chung Tonight*）节目中，宗毓华问尼尔·布什："那么，如今你儿子已是一名门门功课都得'A'的优等生了，是吗？"尼尔回答："呃，他还做不到每门课都是'A'，但我认为他今年的表现已经非常棒了！"

在我写作本书时，本希望对这位总统的兄弟进行专访，但却被拒绝了。他只在电话留言中告诉我说："尽管两个孩子背负着'尼尔·布什子女'的压力，但他们还是靠自己的资质进入了两所非常优秀的大学。他们在各自学校里都表现得很好，而且两人都非常愉快。坦率地讲，我认为能有这样的学生，是那两所大学的幸事。"

在录取名人方面，美国没有哪所大学比布朗大学更用心良苦，也没有布朗大学那么成功。在过去25年里，该校招收过民主党两届总统（约翰·肯尼迪和吉米·卡特）的子女，——比尔·克林顿的女儿切尔西也曾访问过布朗大学，但最后选择了斯坦福大学；3位民主党总统候选人（沃尔特·蒙代尔、迈克尔·杜卡基斯和约翰·克里）以及1位副总统候选人（杰拉尔丁·费拉罗）的子女。在娱乐界明星中，布朗大学录取过两位披头士乐队成员（林格·斯塔和乔治·哈里森）、两位格莱美奖获得者（詹姆斯·泰勒和莎莉·西蒙）、1位艾美奖获得者（坎迪斯·伯根）和至少7位奥斯卡奖获得者（马龙·白兰度、史蒂文·斯皮尔伯格、达斯汀·霍夫曼、简·方达、凯文·科斯特纳、蒂姆·罗宾斯和苏珊·萨兰登）的子女或继子女。与布朗大学有关系的上述大奖的被提名者更是不乏其人，他们有戴安娜·罗斯（Diana Ross）、理查德·伯顿（Richard Burton）、戴维·麦米特（David Mamet）、路易·马勒（Louis Malle）和李·斯特拉斯伯格（Lee Strasberg）。设计师卡尔文·克莱恩（Calvin Klein）、戴安·冯·弗斯滕伯格（Diane von Furstenberg）和拉尔夫·劳伦（Ralph Lauren）的子女，在布朗大学引领着时尚潮流。2004年，多娜泰拉·范思哲（Donatella Versace）的女儿、已故的詹尼·范思哲（Gianni Versace）的侄女阿莱格拉·贝克（Allegra Beck）也被布朗大学录取。此外，布朗大学还网罗了一批年轻的明星，如《一吻定江山》(Never Been Kissed)和《大开眼界》(Eyes Wide Shut)中为人所熟知的演员莉莉·索博斯基（Leelee Sobieski）。

从学习上看，布朗大学的名人学生远远落后于他们的普通同学。一般而言，布朗大学约有20%的大四学生会得到各种嘉奖，但我所考察的33名来自名人家庭的毕业生却无人获得这样的奖励。在这33人中，只有4人（12%）在毕业时获得了本专业的奖励，她们是：简·方达之女凡妮莎·瓦蒂姆（Vanessa Vadim）、约翰·克里之女亚历山德拉·克里（Alexandra Kerry）、克罗斯·冯·布洛之女（Clause von Bulow）柯西玛·冯·布洛（Cosima von Bulow）和戴安娜·罗斯之女朗达·罗斯（Rhonda Ross）。与此形成鲜明对照的是，布朗大学有30%的学生在他们的专业获得过奖励。

布朗大学招收名人子女的成功之处，不是依据分数或荣誉来加以判断的。虽然在常青藤高校中，布朗大学所收到的捐赠数额最少（2005财政年度仅为18亿美元），但那些名人子女及其家长的知名度，却帮助该校由常青藤的"垫底学校"（它一度被贴上这样的标签），跃升为美国有才华、有创新思想和艺术爱好的学生们神往的最高学府之一。

能不计报酬受邀出席布朗大学活动的家长，也不只是奥维茨和霍夫曼。1985年，已故约旦国王侯赛因在儿子费萨尔王子的毕业典礼上致辞。近年来参加过布朗大学"家长周末校园行"活动的学生家长，包括2005级学生迈克尔·马修斯（Michael Matthews）的家长——美国微软全国广播公司（MSNBC）谈话节目主持人克里斯·马修斯（Chris Matthews），2006级学生罗斯·特鲁迪奥（Ross Trudeau）的父亲——系列漫画《杜内斯比利》（Doonesbury）的作者、漫画家盖里·特鲁迪奥（Garry Trudeau），以及2002级学生马休·里夫的父亲——《超人》的主演克里斯托弗·里夫（已故）。2007级学生伊娃·阿穆里（Eva Amurri）的继父、演员兼导演蒂姆·罗宾斯，也曾在该校举行的常青藤电影节上致辞。

在布朗大学的"家长周末校园行"活动中，学生们已经对这样的情形习以为常：演员兼导演丹尼·德维托和妻子雷娅·帕尔曼（Rhea Perlman，曾在情景喜剧《欢乐酒店》扮演酒吧女招待卡拉），带着他们引人瞩目的女儿露茜出现在咖啡屋或学生戏剧制作中心[8]；头戴牛仔帽、脚登皮靴的凯文·科斯特纳，在前往布朗大学橄榄球赛场的车流中现身。甚至会出

▲ 华盛顿大学热闹的期末集市

现这样的场景：因《与狼共舞》而获得奥斯卡导演奖的著名导演，在贝鲁特大赛上与女儿的同学们斗法。贝鲁特大赛是一项饮酒游戏，啤酒杯被摆放成金字塔的形状，参赛者要努力将乒乓球投进杯子（输者饮酒——译者）。

布朗大学一向否认自己是有计划地吸收名人子女，说这些"小名人"之所以都蜂拥来到布朗读书，不过是"凑巧罢了"。"我们并没有刻意招收这些孩子。"已经退休的布朗大学负责公关的执行副校长罗伯特·雷克利（Robert Reichley）在他位于布朗大学校园附近的家中告诉我说，"如果为了一名优秀的四分卫（橄榄球组织进攻的主力——译者）兴许我们还会这样做。他们选中布朗完全是出于巧合。"

不管是出于偶然还是有意为之，反正布朗大学完美地确立了自己的定位，那就是吸引来自名人家庭的学生。有时它还因为集常青藤大学的地位与宽松的课程要求于一身，被人贴上"另类常青藤学校"的标签。布朗大学的一些教师和行政人员对名人子女表现出了过分的关心。策划过"霍夫曼—奥维茨活动"的该校视觉艺术专业教授、学校创新艺术委员会（Creative Arts Council）的负责人理查德·费希曼（Richard Fishman）的做法则最为出格，他居然称那些名人子女是"受压迫的少数族裔"。

对于名人子女，布朗大学除了在新生录取过程中加以照顾，以及给予像克里斯托弗·奥维茨那样的孩子以"特殊学生"待遇之外，还有诸多其他的优待方式。有几个名人子女是从别的高校转学到布朗的，这样要比他们从高中直接升入布朗更容易一些。在向布朗大学提出的转学申请中，有超过1/4的申请会被批准[9]。相比之下，该校入学申请人却只有17%会被最终录取。由于布朗大学不向转学的学生提供经费资助，因此这些学生一般都来自富裕家庭，如拉尔夫·劳伦的儿子安德鲁·劳伦（Andrew Lauren）是转学学生，奥维茨的女儿金伯莉·奥维茨也是从纽约大学转来的。此外，转学学生中还有流亡美国的希腊康斯坦丁国王之女西奥多拉公主（Princess Theodora），她是从波士顿的东北大学（Northeastern University）转来的。东北大学是一所重在为学生提供工作经验的城市大学，并非传统上王室成员子女们应该选择

▲ 东北大学

的学校。据一位熟悉她情况的人士讲，西奥多拉公主（她的家人居住在英格兰）之所以选择东北大学，是因为它拥有强大的校友群体，并且在希腊的声誉不错，尽管它所提供的戏剧方面的课程（这是公主感兴趣的领域）并不出名。学习一年后，西奥多拉公主意识到她需要学习更为广泛的艺术和人文学科的课程，于是便申请转学到其兄长尼古拉斯王子（Prince Nokolaos）曾经就读过的布朗大学。尽管东北大学的学生转学到常青藤大学的情况很少见（在学校的声望上它们的确有天壤之别），但布朗大学还是接受了她的转学申请。

多年来，国外王室成员已经成为布朗大学学生群体中具有代表性的一个群体，其中不仅仅有希腊的西奥多拉公主，还有其他一些王室后裔，如约旦国王侯赛因以及阿迦汗（Aga Khan）王族的后裔。连衣裙的发明人戴安·冯·弗斯滕伯格与奥地利王子埃贡·冯·弗斯滕伯格（Egon von Furstenberg）的两个孩子——塔提安娜和亚历山大也在布朗就读。布朗大学在国际学生（不仅仅是王室后裔）中很受欢迎，也许是因为它是常青藤大学中首批刻意去招收这类学生的学校之一。布朗大学前招生部门负责人詹姆斯·罗杰斯回忆说，1978年时他曾对当时的布朗大学校长霍华德·斯韦厄尔（Howard Swearer）说，随着婴儿潮时期出生的人陆续到达成年期，美国的高中毕业生可能会逐渐减少，所以"我建议说国际学生可以为学校带来大量生源，我们应当着力采取措施录取这类学生"。

斯韦厄尔采纳了这条建议，于是布朗大学的一位招生人员开始每年遍访欧洲和远东地区的私立国际高中，并把潜在的申请人名单发回学校。接下来，罗杰斯开始了每年一次的伦敦、巴黎、罗马之行，在所到之处举办"布朗大学之夜"的活动。"这个活动带来了一系列的国际影响。"罗杰斯说，"从一开始，这些世界性大都会的人们便成了我们的听众。听过布朗大学招生宣讲的人都应当是有办法送他们的子女到这儿来读书的人士。我确信这样的活动有利于学校筹集经费。"

罗杰斯说，布朗大学新生中国际学生的比例在5年内翻了1倍，从1/20

增加到1/10。离开布朗大学后，他自己开办了一家国际学生咨询服务机构。罗杰斯说，在接受他服务的学生中，"包括一些沙特王室成员"。

直至20世纪60年代后期，布朗大学都算不上国际（甚至美国国内）知名大学。布朗大学1968届毕业生、《普罗维登斯报》（*The Providence Journal*）专栏作家比尔·雷诺兹（Bill Reynolds）回忆道："当时我打篮球，在我们队里只有两个从亚特兰大来的小伙子，他们俩几乎就是最异乎寻常的学生了。其他学生基本上都来自新英格兰地区、纽约或者新泽西州。于是，后来便有人想出了吸引名人子女入学这一非常有针对性的营销策略。"

布朗大学向名人校园的演变开始于1969年。当时，该校开始采用一套新的课程体系，取消了必修课程分布范围要求，不再要求学生必须跨专业选课。为保证学生接受全面教育，大多数高校都要求所有专业的学生必须在人文学科、社会科学和科学领域至少修读一门课程。不仅如此，布朗大学的"新课程体系"还削减了毕业所需要达到的学分数，允许学生修读任何以是否合格（而非分数）作为评判标准的课程。这一课程体系提高了布朗大学对艺术类学生的吸引力，因为这类学生总是盼望着永远不翻开数学或科学学科的课本。

"对于任何一个在优越环境下成长或者具有欧洲学校教育经历的人而言，美国必修课程分布范围的要求实在是太幼稚了。"在马萨诸塞州迪尔费尔德高中（他在这里任校长）的办公室里，原布朗大学招生办主任、学校财务助理埃里

▲ 哈佛大学附近的教堂

克·威德默（Eric Widmer）告诉我说，"学生们希望对自己的教育做主，布朗也允许他们这样做。于是，对于那些名门望族而言，布朗当然比那些想手把手教导学生的大学更具吸引力。"

比如，朱丽亚·哈泼斯坦就回忆道："因为课程缘故，布朗的确太适合我了。这里没有必修课的要求，而我也永远不想再见到一个数字了。"喜剧女演员珍妮·柯廷（Jane Curtin，《周六夜现场》、《外星人报到》主演）之女苔丝·柯廷（Tess Curtin）到布朗大学就读，也正是因为这里可以逃避数学和科学课程的学习。苔丝是洛杉矶哈佛—威斯特赖克中学（Harvard-Westlake School）的学生，她在那里演校园剧，还曾在文学刊物上发表过作品。她的成绩稳定但并不出色。"都是数学惹的祸！"2004年，她通过电话告诉我。她说，布朗大学没有对数学课程学分的硬性要求，这正是"我想去那儿的最主要原因"。

苔丝第一次考 SAT 数学科目时，只得了550分（满分为800分），远低于布朗大学的入学标准。她在哈佛—威斯特赖克中学的大学申请辅导教师告诉她，她至少需要考到600分，才可能具有竞争力。家里为她请了辅导老师，通过每周一次的辅导，帮助她将成绩提高到了660分（同时她的语言部分考了700分）。"我在哈佛—威斯特赖克中学的同学当中，大概有1/4的人都和我一样找过辅导老师。"她说。她在较早时间便向布朗大学提出了入学申请，尽管这项申请被延迟到正常录取阶段，最终她还是接到了录取通知。

2001年被布朗大学录取的苔丝·林奇（Tess Lynch）认为，她在两个方面沾了父母的光：一是母亲是家喻户晓的明星，二是父亲帕特里克·林奇（Patrick Lynch）是布朗校友。她说："可能妈妈发挥的作用更大一些吧！"当然，她还得到了布朗大学校友、在好莱坞颇具影响力的经纪人南希·约瑟夫森（Nancy Josephson）的推荐信。

由于"新课程体系"推动了布朗大学的招生工作，使该校在招生中拥有了更多的选择性，因而在高等教育界掀起了不小的波澜。1979年，布朗大学因一件引人瞩目的意外事件，进一步稳固了在高等教育界的崛起地位：小约翰·F.肯尼迪——被暗杀总统的儿子、一代政治王朝的王储——来到布朗就读。人们普遍希望，"小约翰"能够步祖父、父亲和姐姐的后尘到哈佛大学求学，但由于哈佛对其复杂的私立学校求学经历持怀疑态度——他起初在曼哈顿的学院中学（Collegiate School）上学，后来进入位于安多弗的菲利普斯中学，这使得"小约翰"的天平偏向了布朗。此外，约翰也希望摆脱家族带给他的长久以来的阴影，以及能够逃避修读数学课程。他在数学方面的学业成绩不太稳定，而布朗大学实力很强的戏剧专业又对他颇具吸引力。

时任布朗大学招生负责人的詹姆斯·罗杰斯回忆道，约翰在考虑哈佛和布朗的同时，也曾考虑过像弗吉尼亚州立大学和佛蒙特州立大学。罗杰斯说："在这件事情上，我本人和部门的其他人都非常努力地与安多弗那边沟通。我们与他们谈了许多有关怎么做才对他最有利这样的话题。其他一些大学也与他们谈过，我相信哈佛自己也说过。由于种种原因，他去哈佛的确不是对他本人最有利的选择。最后，所有人都觉得布朗大学的确是很好的一个地方。这种观点被提到他母亲（杰奎琳·肯尼迪·奥纳西斯）那里，很庆幸她同意了！"时任（现在仍在任）曼哈顿学院中学大学申请咨询辅导教师的布鲁斯·布莱默（Bruce Breimer）回忆道，杰奎琳曾就约翰申请布朗大学一事向他征求过意见，他向她保证布朗大学是最适合她儿子的大学。约翰于1983年从布朗大学毕业后，进入纽约大学法学院，很快便暴露出学习成绩欠佳的问题，他两次参加本州的律师考试，竟然均未通过。

曾担任布朗大学招生部门负责人长达20年的罗杰斯说："我对布朗的最大贡献，就是尽自己所能录取了约翰。从此，布朗开始成为人们谈论的话题。原因很简单：假如像他那样拥有多种入学选择的人最终选择布朗，肯定是有原因的。"

在布朗大学，女教师和女学生都对英俊的小约翰·肯尼迪非常着迷。据约翰的同学说，一位历史学教授上课时，特地从教室前排走到倒数第二排约翰的座位旁，就为了称赞他发型不错。与此同时，学校管理部门也尽力保护他，以免受到媒体的骚扰。当时，学校负责公共关系的罗伯特·雷克利回忆说，他拒绝对外回答有关约翰的任何问题，包括诸如他选了哪些课、他的专业是什么之类的非敏感问题。所有媒体要求会见约翰的要求都会转达给他，而他几乎全部都回绝掉了。在小约翰注册及参加毕业活动时，媒体拍照的机会受到严格限制。由于拒绝利用约翰来宣传自己，布朗大学赢得了其他名人的好感。

由于总是对有关约翰的问题说"不"，雷克利因此获得《纽约时报》"谢尔曼将军奖得主"[10]的嘲讽。但他说："在这里学习的所有名人子女都希望不被人注意，这正是他们中的许多人选择来布朗的原因。他们说布朗保护了他们，而没有利用他们。"

但即便雷克利如此尽力，也无法让一些名人学生淡出公众的视线。1985年入学的卡特总统之女艾米·卡特（Amy Carter）非常热衷于政治抗议活动，经常旷课。她在反对南非种族隔离政权的抗议活动以及由美国中情局招聘人员引发的抗议活动中均被逮捕过[11]。由于有几门课程未修完（只得到"未修毕"的成绩），于是在学校的建议下，她于1987~1988学年离开了布朗大学。"她在其他事情上花了大量时间，如果用在学习上可能会好一些。"雷克利说。艾米在布朗大学时的同学凡妮莎·瓦蒂姆——简·方达与导演罗杰·瓦蒂姆（Roger Vadim）的女儿，也曾因为被捕上过新闻头条，她被指控在其男友因贩毒遭到逮捕时妨碍公务、非法逗留和有扰乱社会治安行为[12]。凡妮莎最后被判3天社区服务。她在1989年从布朗大学毕业。

这里提到的第三位名人于1985年入学，尽管她本人没有招惹什么麻烦，却因为父亲成为20世纪80年代最受人关注的刑事案件被告，而致自身名誉受到影响。她便是克罗斯·冯·布洛之女柯西玛·冯·布洛。克罗斯·冯·布洛是一位丹麦出生的贵族，被指控试图谋杀他的妻子、也就是柯西玛的母亲桑妮。情况是这样的：他在他们家族位于罗德岛纽波特的宅邸为妻子注射胰岛素致其昏迷后，随即离开了家。1982年，克罗斯被判有罪，但罗德岛高等法院推翻了陪审团的裁决，他在1985年6月获得复审的机会。

桑妮第一次婚姻生下的两个孩子都确信克罗斯有罪，但柯西玛却支持她的父亲。幸运的是，安妮·布朗（Anne Brown）站在了柯西玛和她父亲一边。安妮是冯·布洛家族的朋友、约翰·尼古拉斯·布朗（John Nicholas Brown）的遗孀，后者的家族祖先是布朗大学的创始人。在1982年的审判中，安妮·布朗出庭充当克罗斯·冯·布洛的品德见证人[13]。她证实，"克罗斯想谋杀桑妮的可能性还没有月球上有人烟的可能性大。他娶桑妮不是因为钱，而是因为她的美貌"。安妮的这一举动着实让上流社会大吃一惊。

柯西玛的大多数朋友都希望她远走高飞，去别处上大学，以躲过这一丑闻。然而布朗大学的"新课程体系"却吸引了她。"没人明白我为什么想在普罗维登斯上学。"柯西玛在她伦敦的家里通过电话告诉我，"我很高兴（在布朗）可以集中精力学习那些我有实力的科目，而不是把时间浪费在核心课程上面。"

柯西玛说，她在两所高中上学时的成绩都非常出色，"我认为无论怎样我都是能够进入布朗大学的"。但为了更有把握，她还是请安妮·布朗写了一封推荐信。柯西玛回忆道，安妮写给学校行政办公室的信是这样开头的："我一共有16个孙辈，却被你们拒绝了14个，我想如今你们得还我一个人情了。"

安妮·布朗于1985年11月过世，享年79岁。柯西玛在布朗大学攻读比较文学专业。1989年毕业，因一篇有关小说家马赛尔·普鲁斯特[①]（Marcel Proust）、亨利·詹姆斯[②]（Henry James）和弗吉尼亚·伍尔夫[③]（Virginia Woolf）作品的论文而获得嘉奖。毕业后，她移居英格兰，嫁给了拿波里贵族里卡多·帕冯西利（Ricardo Pavoncelli），并且有了两个孩子。她说，自己已成为"布朗大学的一大资助人"。柯西玛将安妮·布朗为她写的推荐信，珍藏于父亲在丹麦的住所。

1989年，也就是凡妮莎·瓦蒂姆和柯西玛·冯·布洛毕业的那一年，布

---

① 马赛尔·普鲁斯特（1871~1922），法国作家。——译者注
② 亨利·詹姆斯（1883~1916），英国作家，后移居美国。——译者注
③ 弗吉尼亚·伍尔夫（1882~1941），英国女作家。——译者注

朗大学任命了一位新校长。这位新校长此时已经做好了吸引更多名人学生来校学习的准备。新任校长名叫瓦坦·格里高利安，是一位在伊朗出生的亚美尼亚后裔，后移民美国。格里高利安在学术上一路晋升而成为费城大学教务长后，于1981年被任命为纽约公共图书馆馆长。在那里，他用自己的人格魅力，将一个平淡无奇的机构变身成为吸引众多慈善捐助的高雅场所。他本人一直深受媒体的喜爱。长期以来经费募集不甚理想而又有意吸引名人入学的布朗大学，对格里高利安的筹资能力，以及他那一大群高调的朋友兼图书馆捐助人垂涎三尺，迫切需要他的加盟。他的那些朋友和赞助人也找到他，让他帮自己的子女进入常青藤盟校。

于是，这位布朗大学新任校长"便会随时出现在纽约市区，造访所有曾对公共图书馆有过大笔捐赠的人"。曼哈顿道顿中学原大学申请咨询辅导教师桑德拉·菲格说，"这些人的子女进入布朗后，有的无法承受功课压力。他们本来并不想去布朗，但至少在那里长了些见识。他们往往在入学后不久便离开了布朗。"

菲格举了一个例子。她说，格里高利安曾为与好莱坞有关系的一位纽约企业家（也是图书馆捐助人）的女儿上学之事，干预过招生部门的工作。这位有诵读困难的申请学生在道顿中学时就成绩平平，就读布朗大学后最终也没有获得毕业证书。

这位年轻女士告诉我，格里高利安是她父母很好的一位朋友，她从7岁起就认识他。在成为布朗大学校长后不久，他就向她发出了到布朗就读的邀请。"对瓦坦提供的机会，我非常感激。"她说，"他为我冒了很大的风险。我知道，他每年有两个特许招生的名额，我的这个名额就是其中之一。在这件事情上，他可以不理会任何人的意见。"然而，进入布朗大学后，她在一个公开场合遇到了招生部门的一位官员。"他告诉我说，他们并不想要我这样的学生。"她说，"这种经历的确让人感觉不太舒服。"

格里高利安承认，是他促成了这位女孩的入学。同时他也坦诚说，在他这个位子上去求情的情况还是很少见的。如今已成为纽约卡内基公司总裁

▲　哈佛广场小报亭

　　的格里高利安，在位于麦迪逊大道上的卡内基公司的办公室里与我进行了长谈，他告诉我，"我总是尽可能地远离招生环节。作为一校之长，假如我希望某人被录取，完全可以打个电话，直接说'录取他'，但我很少这样做，尽管我曾经这样做过。"

　　他说，名人子女成群结队地来到布朗，并不是因为该校有什么特殊的招生政策，而是因为宽松的校园环境、灵活的课程体系以及学生们的"团队精神"。当名人家长对布朗大学的满意度达到一定程度后，就会主动地向其他家里有半大孩子的上层人士谈起布朗，并大加赞扬。他说："假如他周围有5~10个名人孩子的话，那些人就会成为布朗的学生来源。"他专门提到了安娜·史特拉斯贝格（Anna Strasberg）。安娜是布朗大学表演专业教师李·史特拉斯贝格（Lee Strasberg）的遗孀，她的两个孩子都是布朗的毕业生。她促成了多个名人成为布朗的朋友，其中包括已故的马龙·白兰度，其女皮特拉·白兰度（Petra Brando）曾就读于布朗大学。

　　尽管如此，格里高利安还是敏锐地意识到一点：布朗大学获得的捐款数仍然只是哈佛的1/10。为了缩短这一差距，他将美国最富有的人物之一——石油巨头J.保罗·格蒂（J. Paul Getty）的孙子、亿万富翁戈登·P.格蒂（Gorden P. Getty）的儿子威廉·保罗·格蒂（William Paul Getty）请进了布朗大学。威廉是格罗顿中学的中等生，1989年毕业后进入了布朗大学。当时，格里高利安是J.保罗·格蒂信托基金的一名理事（任期为1988~2000年）[14]，并且是威廉母亲安·格蒂（Ann Getty）的密友。安在1985年加入纽约公共图书馆董事会，她为表达对格里高利安的敬意，给图书馆捐助了100万美元[15]。格里高利安说，格蒂家族曾就子女上大学一事征询过他的意见，于是他向他们推荐了7所大学，其中包含布朗大学。"我希望戈登·格蒂的孩子们能到布朗来。"格里高利安说，"我告诉招生部门，'格蒂的儿子正在申请我们学校，我跟他们家非常熟。'"格蒂家族并没有以资助承诺作为回馈，"我没有搞什么以物易物的勾当"。

但格里高利安校长的良苦用心没有产生理想的效果，无论对布朗大学还是对格蒂家族都是如此。威廉·保罗·格蒂（昵称"比利"）仅仅"上学6个月就辍学了"。格里高利安说，他也不知道原因何在。比利希望转学到南加州大学，格里高利安为他写了一封推荐信。

比利的父母没有送给布朗大学什么特别的礼物，尽管格里高利安再次向他的父亲、一位古典音乐作曲家大献殷勤：他用学校的经费建立了一个"戈登·格蒂基金"，用于资助来校访学的作曲家。当被问及如果儿子能从布朗大学毕业、格蒂家族是否就会向学校捐款时，格里高利安叹了口气，说："也许吧！"比利·格蒂在加州的家中受访时，拒绝对此事做出评论。

当年，索菲娅·罗兰（Sophia Loren）也在寻求大学招生方面的帮助[16]。她的儿子爱德华多·庞蒂（Edoardo Ponti）曾就读于瑞士的高中，他申请了布朗大学。事实上，这位意大利传奇女演员并不认识布朗大学的任何人。当时，她有一位开舞蹈工作室的朋友，这位朋友的孩子在布朗大学读书，于是给了她一个名字：戴维·祖科尼。祖科尼是布朗大学的一名行政管理人员，他客气地带索菲娅·罗兰和她的儿子游览了布朗大学校园，并把他们引见给其他大学官员。果不其然，布朗大学接受了爱德华多的入学申请。然而，这位未来的电影导演却放弃了，最后选择了南加州大学的电影学院。

爱德华多只是极少数从祖科尼那里溜掉的学生之一。祖科尼在布朗大学任职的四年间，拥有招生、发展和校友会等部门的多个头衔，但有一项工作内容始终没有改变，那就是躲在幕后秘密联络子女正在申请大学的富人和名人。祖科尼频频为名门望族出面协调，为这类申请学生的入学事宜对招生部门进行游说，在学生被录取后又和他们一起庆贺。他所做的一切，都是希望能够为他所挚爱的布朗大学争取到资金和人们的关注。正是他的卖力鼓动，为学校招到了不止一个本身素质二流但拥有优质社会关系的学生。这样做很可能挤占了不少本该属于那些素质更好、但没有什么关系的申请人的录取名额。

正如大多数名人不会自己去预订机票或网球场一样，他们一般也不会亲自出面去为子女上大学之事进行交涉。然而他们身边往往又缺乏这方面的专家，因此，他们往往需要一个像祖科尼这样的熟知内情的辅导教师、顾问和向导。

"他总能通过这样那样的办法，让那些原本不可能来这儿的孩子进入布朗大学。"原布朗大学招生部门官员威廉·尼科尔森（William Nicholson）回忆说，"他们往往是巨富或著名校友的子女。我总是尽力满足他的要求。但有时候他说情的学生实在太糟糕了，我就会拿起电话告诉他说，'戴维，你应该事先筛一下再说'。"

"校友们会把他的名字告诉那些想把子女送到布朗来的名人。"住在长岛的祖科尼的哥哥马里奥·祖科尼（Mario Zucconi）说，"他同沃尔特·马修（Walter Matthau）一道外出，同沃尔特·克朗凯特（Walter Cronkite）一同畅饮，还和简·方达共进午餐。"尽管祖科尼与那些有钱的校友、企业家还有名人频频接触，但马里奥说："你可能不相信，他募集到的或者说布朗大学收到的，只不过是区区50万美元的款项和价值100万美元的礼物而已。"

祖科尼曾在招生过程中帮助指导过方达的女儿凡妮莎·瓦蒂姆。据方达的挚友和原发言人史蒂芬·里弗（Stephen River）说，祖科尼"那时主要是跟简的助手黛比打交道，我见过他，也与他谈过几次"。祖科尼后来跟方达本人渐渐成了朋友，还带她到布朗大学的教师俱乐部共进午餐。据尼科尔森讲，凡妮莎"并不需要太多的帮助"，无论从哪一方面，她都是一位具有很强竞争力的申请人（1991年，方达因嫁给广播电视大亨特德·特纳，与布朗又多了一层关系。1960年，当时身为布朗大学学生的特纳因为留宿一名女生而被学校开除[17]，然而在1989年和1993年，他却从这所大学获得两个荣誉学位，并成为该校重要捐赠人和董事会董事）。

"我曾就我校几个发展项目的学生跟祖科尼谈过多次。"曼哈顿学院中学的大学申请辅导负责人布鲁斯·布莱默说，"他会先面试那些学生，然后写份报告为他们做好铺垫，让招生部门了解那些家庭的显赫地位。我们都知道，他是个关键人物。"

大多数大学都会有这样一个"关键人物"。不过，戴维·祖科尼在这个角色上表现出非同一般的游刃有余。这位胸肌发达、与人握手时恨不能捏碎人家骨头，操着浓重纽约布朗克斯地区的口音，面部极似演员詹森·罗巴兹（Jason Robards）的前橄榄球运动员，是布朗大学1955届毕业生。他总是身穿西装外套，精心搭配的领带上总会别着有布朗大学标志的饰物。据该校学生报刊《布朗每日先驱报》（Brown Daily Herald）描述，他平常开一辆宽大的有活动顶篷的白色凯迪拉克轿车[18]，而且总是停放在校园里的禁停区域。学生们知晓他，是因为他一掷千金为橄榄球运动员和其他幸运儿举办龙虾宴；在美国和海外的校友们熟知他，则是因为经常在布朗大学的社交活动中听到他的演讲，并且还会就自己子女申请大学的事情听取他的意见。

祖科尼记忆力惊人。他能记住布朗大学所有校友的名字以及他们的长相，尤其是学校运动队的成员。作为布朗大学各种典礼仪式的主持人，他常常通过唤起他们在篮球场上或烤肉架旁令人激动的渐已褪色的回忆，来达到取悦校友们的目的。"他让所有人都觉得自己非常重要。"《普罗登维斯报》的专栏作家比尔·雷诺兹说，"当人们毕业20年后重返校园、谁都不认识的时候，他却认识他们每一个人。"

作为意大利移民的儿子，祖科尼的家境并不富裕，他在一幢没有电梯的3层公寓里长大。由于身上没有市侩气，加上善于交际、待人殷勤，使他深得已故甲壳虫乐队成员乔治·哈里森（George Harrison）及妻子奥莉维娅的喜爱。当他们的儿子达尼·哈里森（Dhani Harrison）申请布朗大学时，曾与祖科尼联系过。在他的申请信中，达尼描述了自己与父亲以及父亲的朋友埃里克·克莱普顿在舞台上一同表演的情景。这等于是在提醒布朗大学招生部门的官员：他来自名人家庭，——如果这不算多此一举的话。后来，（在达尼到布朗大学上学后）当祖科尼与布朗大学代表队一行（达尼也在其中）到英国参加亨利国际帆船赛时，乔治·哈里森还曾邀请他到自己家里做客。

祖科尼总爱把这次做客经历当作笑话讲给他的朋友们听[19]。据他说，当他和妻子到达哈里森家的时候，一个正在打理花园的男人将他们领了进去，哈里森夫人随即迎了出来。她开始为他们倒茶，那位穿着工作服的园丁也和他们一起品茗。长时间的愉快谈话结束后，祖科尼夫妇告辞。出门时，迷惑不解的祖科尼问哈里森夫人："乔治在哪里？那位园丁为什么一直陪着我们呢？"

"那就是乔治啊！"哈里森夫人说。

当《不相上下》（MSNBC，微软—国家广播电视台周日政治时事节目——译者）主持人克里斯·马修斯（Chris Matthews）的大儿子迈克尔申请布朗大学时，他也找了祖科尼。在迈克尔就读的华盛顿圣奥尔本斯中学，他的高中成绩排不到年级前20%。但他父亲对祖科尼说，儿子的成绩很棒、分数很高，课外活动也很出色。他在圣奥尔本斯中学开办了一家电影俱乐部，还为肯尼亚的一家艾滋孤儿院做义工等。

马修斯说，是丽莎·坎普托（Lisa Caputo）为他引荐了祖科尼。坎普托1986年毕业于布朗大学，曾任前第一夫人希拉里·克林顿的新闻秘书，是《不相上下》节目的资深嘉宾。马修斯在儿子的申请入学阶段，不时和祖科尼通话交流，但他却说他并不知道祖科尼是否能在布朗大学录取迈克尔的问题上发挥作用。迈克尔最终在2001年进入布朗大学。"幕后到底发生了什么，对我而言完全是个谜。"马修斯说，"但当得知他被录取的时候，我的确太高兴了！"布朗大学从这次录取中获得的好处是，他们邀请马修斯到学校做了3次演讲。

如今是花旗集团部门主管的坎普托说，当年她并没有意识到祖科尼对于招生工作能够产生什么影响。之所以向马修斯引荐他，是因为他"是布朗大学管理层里我唯一认识的人。戴维是一个颇具人格魅力的人，没人不认识他"。

尽管祖科尼相当卖力地拉近布朗大学与校友以及名人之间的关系，但大学内部却有不少对他的非议。批评者认为，这位布朗大学前橄榄球队中场卫太善于绕过权威行事了。尤其是招生部门的官员抱怨道，录取过程本已颇具主观性，祖科尼的插手更增添了其他不确定因素。他们暗示说，祖科尼私自为校友子女开班，告诉他们如何申请布朗大学才能达到目的。而且他随心所欲地发表建议意见，甚至把有关招生问题的录像资料交给他看重的那些申请人。招生部门不仅要处理学校发展办公室提供的常规申请人名单，还常常被迫应付另外一张"祖科尼名单"。他们非常希望能说"不"，但对祖科尼信手发来的推荐信息却丝毫不敢怠慢。因为他与校友有着广泛的联系，并且作为学校筹资人有着辉煌的业绩。

原负责公关的布朗大学退休副校长罗伯特·雷克利说，祖科尼是一只"大牛虻"（意指惹人烦——译者）。祖科尼最初担任招生部门官员时，曾在雷克利的手下工作，主要负责面试申请人的监管工作。"我认为他始终没有从招生部门官员的角色里走出来。他自作主张地决定上报的录取名单……我发现后，简直怒不可遏！"不过雷克利补充道，祖科尼的影响还是"受到了一定的制约"。

原招生部门负责人詹姆斯·罗杰斯说："每所大学都需要祖科尼这样的人，去倾听学校的朋友和校友的意见，代表他们的利益行事。"但他也认为，祖科尼对校友和名人子女进入布朗大学的承诺，是试图"搅乱录取程序"，并且他"很少将学生是否合格作为录取标准。他总是利用一些内部信息，来帮助提高这些学生被录取的可能性。他的工作肯定不是在有利于布朗的基础上进行的，他不过是在试图取悦这类申请学生的父母而已"。

布朗大学原校长瓦坦·格里高利安说，他发现学校的董事、校友和其他权贵们都在利用祖科尼，把他当作是为他们喜欢的申请人提供帮助的"后门代言人"。"我建立了一种工作程序，使所有的申请材料都不能够直接从祖科尼那里到达招生部门。"格里高利安说，"他们必须告诉我情况，我必须了解谁正在做着什么。祖科尼认为所有申请布朗大学的学生都不应当被拒绝。我要保护招生部主任，我从未打电话否定过他的意见。我从不讲'祖科尼那里有一个很棒的申请人'这样的话。"但格里高利安也认为，"祖科尼是个很可爱的人，你不可能跟他生气。他做的一切都是为了布朗大学"。

毋庸置疑，祖科尼对布朗的热爱可谓爱之深却不明智，就像现代版的奥赛罗一样。正是他对布朗大学利益的过分热心，最终导致了他的倒台。祖科尼还在布朗大学承担其他一些工作。他是布朗大学体育基金会的执行负责人，每年为该基金会筹集几百万资金；他还负责一家旨在为学校运动队募集资金的俱乐部。1999年，他从体育基金会挪钱资助布朗大学招收的体育特长生[20]，而不管学生是否需要资助。这违反了常青藤联盟的规则。此事曝光后，常青藤各校校长联合敦促布朗大学实施常青藤历史上最严厉的惩罚措施，不仅在2000年橄榄球冠军赛中对布朗大学予以禁赛处罚，而且还特别禁止祖科尼再与那些优秀运动员做进一步接触[21]。于是，他被重新安排到发展办公室工作。

这一丑闻的曝光，反映了长期以来招生部门内部对祖科尼插手招生工作的不满。在发表于2001年初《布朗校友期刊》的一封信中，原招生部门负责人詹姆斯·罗杰斯写道："祖科尼已经无限期地被禁止'为布朗大学的学生运动员提供任何服务'，对此我感到非常欣慰。祖科尼的事简直是荒唐！他在布朗大学从不按上级命令行事，但愿他现在的上司好运！"[22]但不久，该刊又发表了8位校友替祖科尼辩护的信函，其中一位指责罗杰斯"是出于嫉妒",他"对那些符合条件的校友子女很不热情"[23]。

2003年1月22日,祖科尼死于癌症,享年69岁。在当年最寒冷的一天,2000多人聚集在圣彼得—保罗大教堂参加他的葬礼。当灵柩抬出来时,人们将参加葬礼者的名片收集起来随他安葬。管风琴缓缓地奏起一曲《至爱布朗》[24](*Ever True to Brown*)。

据马里奥·祖科尼回忆说,在葬礼上,"至少有十几个人对我说,'如果没有你哥哥,我儿子(或女儿)是进不了布朗大学的'"。

1998~1999年间,迈克尔·奥维茨通过中间人,让布朗大学校长 E. 戈登·吉知道了他儿子克里斯托弗想成为布朗大学学生的信息。虽然我不太肯定,但这个中间人很可能就是戴维·祖科尼。在处理这类敏感事情上,吉是非常依赖祖科尼的。熟悉这位校长思维方式的人说,吉对此事感兴趣是可以理解的。就像祖科尼一样,这位布朗大学的新任校长具有一种积极向上、乐观进取的态度,不屑于墨守成规。虽然他平时也衣冠楚楚,但显然是常青藤联盟的一名局外人。这位摩门教徒毕业于犹他大学,在1998年来布朗之前,曾担任过3所公立大学的校长,来布朗之前,他是俄亥俄州立大学的校长。渴望一鸣惊人的吉,被布朗大学糟糕的资金状况捆住了手脚,于是他开始筹划一场筹资运动。

对于吉和他的一班负责发展项目的官员而言,奥维茨的示好提供了一次难得的机会——一次不只捕获一条大鱼而是收获整个海洋的良机。奥维茨本人就是一条大鱼。早在20世纪90年代初,他每年从创新艺人经纪公司(CAA)获得高达2000~2500万美元的收入[25]。他乐善好施,热衷教育慈善活动。他最有名的一次善举,是1997年从家族基金中拿出2500万美元,捐给母校——加州大学洛杉矶分校传媒中心作为保证金[26]。之后,奥维茨曾数度遭遇经济困境,仍艰难维持该保证金[27]。根据公开资料显示,从1997~2004年,该基金给予加州大学洛杉矶分校的经费近500万美元。他的律师詹姆斯·伊利斯(James Ellis)说,该保证金应当被看作是一项长期承诺。

奥维茨对稍小规模的项目，比如向孩子就读的私立学校捐款，也表现出同样的慷慨。他通常每年捐给每所学校5000~30000美元[28]。更令人瞩目的是，他身边聚集着一大批好莱坞的天才演员和经理人，家里总是高朋满座、门庭若市。正如一位布朗大学原管理人员所言，那里是"加州的高端市场"。

这位管理人员还说，"有的人生财有道，有的人乐善好施"，而奥维茨二者兼具。布朗大学的官员们并不清楚他们能够指望奥维茨做些什么，不过他们也不需要弄清楚。奥维茨，这位完美的商人，完全懂得如何打开教育机构的大门。有一次，他主动向《纽约时报》驻洛杉矶记者伯纳德·温劳布（Bernard Weinraub）提出，可以帮助他将子女安排到私立学校就读[29]，但温劳布没有理会这项提议。

"他对布朗的迷恋一如布朗对他的迷恋。"一位知情人说，"这对于双方而言，都是有利的。"

只出现了一个瑕疵，那就是克里斯·奥维茨。所有知情人都了解，克里斯并不符合布朗的录取标准，甚至比适用于发展项目和名人子女招生的弹性标准还要低很多。克里斯在七八年级时曾就读洛杉矶的一所精英高中——哈佛—威斯特赖克中学。他的同学说，克里斯的确有点与众不同，他带手机上学，——这在初中生里是很出风头的。当时，一名7年级的女生抢了他的手机，他追到学校的体育馆里，捡起一根球棒向她挥去，幸好没有砸中她，却把体育馆的墙壁砸出了一处凹痕。据女孩的父亲、洛杉矶的一名不动产律师讲，女孩被"吓坏了"。学校对两个孩子都给予了停学几天的处分，并要求双方保证今后远离对方。这个女孩也撕碎过克里斯的午餐卡（内有预付金额），事后奥维茨为此还提出了赔偿要求。

"克里斯和我女儿受到了同样的惩罚。克里斯是因为球棒，我女儿不过是因为自己的嘴巴。"这位父亲说，"他应该被退学才对。但奥维茨可以为学校办一些事情，而那些事情是我做不了的。所以，当中学的女校长约见我们时，只是大谈我女儿如何祸从口出，如何挑起事端！"

后来任哈佛—威斯特赖克中学校长的托马斯·赫德纳特（Thomas Hudnut）

说，他"只模糊地记得有这件事情。传闻中的说法要比当时实际发生的情况更耸人听闻"。"（克里斯）在社交方面比较在行，很会跟成年人打交道。但他在身体和学习上却不太成熟。社交上的老熟与心智上的不成熟汇集在一个男孩身上，便形成为一个非常困顿的集合体。对一个出身于名人家庭、自己也想表现出色的男孩而言，尤其如此。父亲天天见诸报端，他也要逆流而上、奋勇拼搏，承受的压力可想而知。做克里斯·奥维茨并不是件容易的事。"

赫德纳特说，他曾动员奥维茨夫妇把克里斯送进寄宿中学，在那里远离人们挑剔的眼光，可"他们认为还没有那个必要"。克里斯读完初中后，转到了位于圣莫尼卡的克罗斯洛德文理中学（Crossroad School of Arts and Science）。那是一所倡导进步教育理念、以文科为主的中学，那里的学生们对老师直呼其名。据赫德纳特说，接收克里斯之前，克罗斯洛德中学曾向他致电询问，他向对方校长保证说克里斯是一个"好孩子"，只是"跟大家有一点不同步"。克罗斯洛德中学也是名人辈出的一所学校。女演员凯特·哈德森（Kate Hudson，戈尔迪·霍恩之女），罗伯特·贝鲁什（Robert Belushi，詹姆斯·贝鲁什之女），以及达斯汀·霍夫曼的儿子杰克和麦克斯、女儿亚历山德拉都毕业于此。麦克斯·霍夫曼和亚历山德拉·霍夫曼后来都被布朗大学录取。

克里斯在克罗斯洛德中学的老师和同学们说，他是一名非常普通的学生，没有哪门功课比较出众。他对学习没什么兴趣，课外活动也不怎么活跃。克里斯"缺乏成功的内在动力"，一位原克罗斯洛德中学教师说，"他真的不必做任何事情，因为一切事情都会为他安排好的。"

赫德纳特认为，克里斯之所以想申请布朗，可能是因为已先期入学的杰茜卡·坎普肖（史蒂文·斯皮尔伯格的继女）的缘故。"斯皮尔伯格夫妇与奥维茨夫妇关系非常好，"他说，"而在洛杉矶与普罗维登斯之间已经有了一条捷径。"

然而，以克里斯的学业成绩，能踏上这条路也算"前无古人"了。原克罗斯洛德中学一位职员说，克里斯的考试分数和高中成绩都"完全没有竞争力"，"布朗大学付出了最大的努力。任何大学所能做的也不过如此而已"。

与克里斯一起被布朗大学录取的克罗斯洛德中学5名学生中，4人曾上过该校优等生名册，表明他们在高中排名年级前20%。克里斯没有上过这个名册。艾琳·德雷希尔（Erin Durlesser）（4名学生之一）告诉我说："在我看来，他绝对不是学习的料。当他被布朗录取时，我们都非常吃惊、也非常迷惑。那些同样申请了布朗大学的同学，明显地感觉到这是一场不公平的竞争。"

布朗大学倒曾经拒绝了一名克罗斯洛德中学的优等生，她就是阿莉尔·莱因斯坦（Arielle Reinstein）。阿莉尔被布朗大学列入候补录取名单，最后她被斯坦福大学录取。在大学期间，阿莉尔被评为全美优等生，获得了两个学位和一项论文写作奖项。她在一封电子邮件中告诉我说："我对布朗大学并没有耿耿于怀，尽管对他们在招生中的做法我并不赞同。但我理解一所学校的资金募集工作的确意义重大。金钱是可以买到一些东西的。我高中毕业时，对此感到吃惊是很自然的事情。"

时任布朗大学招生部门负责人的迈克尔·古德伯格，也曾为是否录取克里斯而犹豫不决。据一位了解布朗大学招生部门、发展部门和校长办公室之间内部交涉情况的人士透露，古德伯格曾提醒校长，如果接收克里斯的话，会影响学校在南加州各高中学校的声誉。因为克里斯远远达不到常青藤高校申请人的起码资质，如果录取他，无疑会让那些被拒绝学生的辅导老师和家长感到气愤。然而校长却紧盯着这件事情不放。所以，在明白校长的意图后，古德伯格最终妥协，"有条件地"录取了克里斯，即作为非正式注册、但可以在布朗选读课程的"特殊学生"录取。如果他能证明自己有能力修读完那些课程，就可以取得正式学生的身份。

"奥维茨的事情是个非常独特的案例。"一位熟悉布朗大学招生情况的人告诉我，"克里斯让大家都觉得很为难。我们不仅要担心他是否有能力修读完那些课程，还要担心他是否具有学习所需要的专注力和内驱力。我们希望他在作为'特殊学生'被录取进来后，能够敦促他重新调整自己的人生观，使他在远离父亲的阴影后表现得更为出色。"

"特殊学生"是布朗大学的一种录取类别，但它既非有意为成绩差的名人子女预设的录取后门，也不是不管学业只发文凭的旁门左道。事实上，布朗大学每学期都会录取1~2名这样的学生，为他们提供到布朗大学来修读一门其他地方没有的专门课程的机会。"特殊学生"都不是学位申请人。如果他们将来要申请正式录取资格的话，并不比其他申请人更具优势。

由于将克里斯定义为一名"特殊学生"而非正式新生，布朗大学招生部门多少保住了一点尊严。这也使得克里斯成了独一无二的例子。这件事传开后，在高中负责大学申请咨询的辅导教师们都非常纳闷：为什么布朗大学偏偏挑中克里斯，而不是他们的某一个学生呢？"这太不寻常了！"一位辅导教师抱怨道，"这种好事从来落不到我的头上。"

对于这一切，哈佛—威斯特赖克中学和克罗斯洛德中学的学生、家长和老师并不知情。他们所知道的是：克里斯·奥维茨进了布朗大学，唯一的原因可能是他的姓氏。"布朗的确在这个圈子里付出了代价。"一位高中行政人员说，"这件事情引起了极大的震动。人们对这种做法感到毛骨悚然。布朗在某种程度上丧失了它的信誉。"

迈克尔·奥维茨和他的子女拒绝对本书内容发表评论，西蒙斯、古德伯格和原校长吉也同样保持缄默。奥维茨的律师詹姆斯·伊利斯对此事进行辩解，认为克里斯的入学为这所大学的多元化做出了贡献。"如果说学生群体背景和经历的多元化能在校园里产生积极意义的话，那么，像克里斯和金伯莉这样的孩子，他们独特的人生观、个人经历和家庭背景，对任何大学校园都具有极其宝贵的价值。"伊利斯说。

也许是因为临时学生身份，克里斯在布朗大学一直保持低调。新生相册里难觅他的踪影，他就像"脸谱"（facebook）和"猪书"（pig book）之类的交友网站上的名字一样虚无缥缈。进布朗大学不到一年他便离开了，最终去了加州大学洛杉矶分校——他父亲的母校。"他觉得布朗很无聊，说这里的人居然不知道怎样开派对。"布朗大学他的一位同学说。据哈佛—威斯特赖克中学校长赫德纳特说，克里斯后来在加州大学洛杉矶分校获得了学士学位，并成为该校电影学院的研究生。吉不久也离开了布朗大学，在2000年成为范德比尔特大学的校长。

但是，布朗大学与奥维茨一家互惠互利的关系却延续下来，布朗大学由此镀上名人光彩，奥维茨家族也名声日隆。后来，金伯莉·奥维茨步克里斯托弗的后尘，于2002年进入布朗大学，1年后也去了纽约大学。布朗大学创新艺术委员会的费希曼说，金伯莉"并不希望从父母那里得到帮助，她是自己申请进入布朗大学的"。但实际上，对这位一度被称作好莱坞造星家的名人，布朗大学现任校长露斯·西蒙斯百般献媚，与她的前任并无二致。正像奥维茨在"周末家长校园行"晚会上对他的粉丝们所讲的那样，布朗的确是一所"神奇的大学"。

注 释：

[1] Jennet Conant, "School for Glamour," *Vanity Fair,* February, 1998.

[2] Jill Goldsmith, "Mouse Memo Blasts Ovitz," *Daily Variety,* October 21, 2004.

[3] Parents Weekend 2004 Schedule of Events, brownparentsweekend.rawdata. net/event_schedule.php.

[4] Maichael Janusonis, "Brown Honors Scorsese," *Providence Journal,* January 28, 2003, p. 1.

[5] 西蒙斯校长开玩笑说，她在奥维茨家举行的聚会上的致辞，完全被霍夫曼和丹尼·德维托给搅和了。

[6] 据称，普林斯顿大学在没有获得授权的情况下，了解到了耶鲁大学录取劳伦·布什的决定。Alexander Clark, Preliminary Security Report, Yale University Office of Undergraduate Admissions, June 20, 2002.

[7] Peter Carlson, "The Relatively Charmed Life of Neil Bush," *Washington Post,* December 28, 2003, p. D1.

[8] 笔者在与亚当·维塔里洛（Adam Vitarello）的访谈中获知。

［9］在2003年秋季，布朗大学从763个申请转入的学生中接收了196人，见
www.usnews.com/usnews/edu/ranking.

［10］Clyde Haberman and Albin Krebs, "Just an Ordinary Student," *New York Times,* September 11, 1979, p. B8.

［11］UPI, "Brown U. Says Amy Didn't Make Grade," *Newsday,* July 19, 1987.

［12］Associated Press, "Fonda Daughter's Sentence：Public Service," *New York Times*, November 5,1989.

［13］UPI, "Anne Brown, Socialite and Noted Author." *Newsday*, November 22, 1985.

［14］格里高利安的个人简历，由他本人提供。

［15］Vartan Gregorian, The Road to Home：My Life and Times（New York：Simon & Schuster, 2003）, pp. 290-91.

［16］笔者在与埃里克·威德默的访谈中获知。

［17］Ben Grin, "Putting Past Behind Him, Ted Turne '60 Builds Strong Relationship with University," *Brown Daily Herald,* April 29, 2004.

［18］Juliette Wallack, "Zucconi'55 Remembered for His Character, and Car," *Brown Daily Herald*, February 24, 2003, p. 1.

［19］笔者在与埃里克·威德默的访谈中获知。

［20］Katherine Boas, "Football Team Barred from Winning Ivy Title," *Brown Daily Herald,* September 6, 2000, p. 1.

［21］Shannon Tan, "Zucconi '55 Moves to Development Office amid Ivy League Sanctions," *Brown Daily Herald,* September 12, 2000, p.1.

［22］James H. Rogers, "Mail Room," *Brown Alumni Magazine,* January-February 2001.

［23］Roger Williams, "Mail Room," *Brown Alumni Magazine,* March-April 2001.

［24］笔者在与威廉·尼科尔森的访谈中获知。

［25］"Witness：Ovitz Pay Play at Disney 'Unreasonable,'" Dow Jones Service, October 25, 2004.

［26］Kenneth Weiss, "Ovitz Gives UCLA Hospital $25 Million," *Los Angeles Times,* February 20, 1997, p.B1.

［27］根据基金会向美国国家税务局递交的财务记录，奥维茨家族基金会为加州大学洛杉矶分校捐款中，超过6位数的大礼只有如下几项：1997年100万美元，1998年100万美元和2000年50万美元。《纽约邮报》曾在2002年1月报道，加州大学洛杉矶分校"因奥维茨拖欠捐款而屡受打击，至今对方从未全额支付过捐款，为此学校颇感失望"。

［28］Form 990s, Ovitz Family Foundation.

［29］Bernard Weinraub, "Hollywood Ending," *New York Times,* January 30, 2005.

顿市区教堂

第四章

悠久的世家优先传统
——圣母大学的另类传统

近年来，圣母大学橄榄球队已经从传统的冠军宝座上跌落下来。但这所坐落在印第安纳州南本德、拥有8300名本科生的大学，却在另一个鲜为人知的领域里独领全美风骚，那就是在招生中采用的世家优先政策。尽管近几十年来该校的录取竞争日趋激烈，但是每年入学的新生中仍然有21%~24%的人是校友子女，这个比例高于美国任何一所知名大学。

同橄榄球运动一样，招生中坚持世家优先也是圣母大学保持个性的核心部分，它有利于增加校友的捐赠热情，保护学校的天主教文化。圣母大学的世家优先政策，也许同它的橄榄球运动一样，是将其从美国中部一所默默无闻的天主教学校，变身为全美著名大学之一的主要原因。1993年上映的电影《鲁迪》(Rudy)，为圣母大学的这两个传统找到了交集。这部电影是关于一位工薪阶层的小人物鲁迪最终实现自己到"爱尔兰勇士队"（圣母大学的橄榄球队——译者）打球梦想的故事。当鲁迪努力争取在球队赢得一席立身之地时，已经获得正式名额的一名队友私下告诉他说："他们让我留在这儿的唯一原因，就是因为我是校友子嗣。"

当然，凭借这一传统在美国大学第一梯队占据稳固地位的同时，圣母大学也备受困扰：世家优先是否已不合时宜？学校是否还需为招收资格欠佳的校友子女而继续将许多资质优异的申请学生拒之门外？这种过于倚重校友的做法，也增加了圣母大学与那些被拒绝的校友子嗣之间，以及与校友的侄

▲ 普林斯顿大学

子、侄女、外甥、孙辈及其他远亲之间的紧张关系，如果这些人在招生时不被照顾的话，他们肯定会感到愤愤不平。

校友子嗣是得到圣母大学招生照顾的最大群体[1]，超过了非洲裔美国人（占学生人数的5%）、西班牙裔（8%）、运动员（9%）、国际学生（4%）和教职员子女（3%）。正如英国贵族在英国上议院拥有自己的专用席位一样，美国的权贵们也保留着在哈佛、耶鲁、普林斯顿和其他权威大学的入学席位。在圣母大学的新生中，基本上每4人中就有1名校友子嗣，而来自父母均未受过高等教育家庭的学生不到新生人数的10%。

圣母大学和其他精英私立大学中，世家优先的政策为权贵家庭提供了某种形式的保障，以确保这些家族的受教育程度不会每况愈下，进而导致在财富和权力上的衰落。鉴于世家优先是基于家族系谱而非学业成绩，因此，它对以机会平等和进取向上为主要内容的美国价值观造成了致命性的打击。

圣母大学对两名高中同班同学录取过程中所做出的取舍，充分体现了圣母大学在坚持世家优先方面所具有的魄力。这两人分别是约翰·西蒙斯（John Simmons）和凯文·德斯蒙德（Kevin Desmond）。

从表面上看，西蒙斯是圣母大学最合适不过的考虑人选了。

约翰曾就读于底特律大学耶稣会高中（University of Detroit Jesuit High），这是一所圣母大学的传统生源学校。2004年，约翰在这里获得全优成绩，并代表全年级173名学生在毕业典礼上致辞。他的ACT大学入学考试的分数（36题答对31题，相当于SAT考试1360~1400分）达到了全美著名的天主教大学——圣母大学的录取平均分数。不仅如此，约翰还是虔诚的天主教徒，相信日行一善。他辅导其他同学，在医院为手术病人做入院登记，在底特律市中心的一间流动厨房为无家可归者分发食品等。这些都符合圣母大学的要求（该校每幢宿舍楼都有一个小教堂，80% 的学生都要参加社区服务工作）。不过，约翰的父母早已离婚，经济条件都不好。他母亲是幼儿教师，父亲是一个不走运的商人，双方都无法为约翰负担圣母大学的学杂费和食宿费用（一年42140美元）。按理说，这样一种窘境，也不会影响自诩"不论贫富"的圣母大学的录取决定。

与约翰相比，凯文·德斯蒙德的入学条件就没有那么过硬了。凯文是耶稣会高中的一名好学生，但并不出色。他的 SAT 成绩为1290分，比圣母大学录取平均分约低90分；他排名年级前15%，而圣母大学84%的新生都曾是所在学校年级排名前10%；他热衷3项运动——高尔夫、长曲棍球和滑雪，却没有一项出色到足以让大学为此录取他。他被另一所天主教大学——波士顿学院列入候补名单，这所大学也向约翰抛出了橄榄枝。

然而，圣母大学反其道而行之。它拒绝了约翰，给凯文寄出了录取通知书（他在球场训练结束后，驱车回家看到了录取函）。

凯文能被录取，正是受益于圣母大学的世家优先政策。他的外祖父、父亲及父亲的3位兄弟，以及他的5位哥哥姐姐，都是圣母大学的毕业生。他的父亲特里·德斯蒙德（Terry Desmond）在底特律地区开有两家殡仪馆，曾任底特律圣母俱乐部主席，并正为圣母大学捐款用以设立一项奖学金[2]。

为了强调上述关系，凯文在入学申请信中明确写道，他的外祖父母、父母以及他的两个姐姐都是在圣母大学校园里举行的婚礼，父亲的企业还把"圣母校友"发展成了客户群，而凯文自己在年幼时就已经是圣母大学"爱尔兰勇士"橄榄球队的球迷。凯文强调上述内容，指明了其家族与圣母大学的紧密联系。

凯文告诉我，如果没有世家优先政策，"我不知道自己是否进得了圣母大学。也许是我家与这所学校的密切联系帮了大忙。当然，我也有不错的表现和考试成绩，不会比圣母大学的平均录取标准低太多"。他还说，圣母大学"之所以成为我的首选，部分是缘于我的家庭。在接到录取通知之前，我一直焦躁不安"，因为不想让自己的父亲和哥哥姐姐们失望。

特里·德斯蒙德认为，圣母大学录取了他的6个孩子并无不妥，因为这6个孩子全都是"拔尖"学生。而世家优先的做法既能巩固学校的传统，也是对校友经济贡献的回馈。"我们不想让他们中的任何一个成为家里第一个被圣母大学拒绝的孩子。等待录取通知到来前的两三个月时间是最难熬的。"

约翰·西蒙斯的父母都曾就读于中密西根大学（Central Michigan university）。假如他是圣母大学的校友子嗣的话，单凭全优成绩册就能为他赢得该校的录取通知。然而，由于他所修的大学预科课程相对较少，而他的ACT考试分数又略低于圣母大学为那些没有关系的申请人制定的高标准分数要求，这些都妨碍了他的申请取得成功。圣母大学录取学生的SAT平均分数为1394分。实际上，这个分数已经被校友子嗣、少数族裔、特招运动员和能满足大学"特殊兴趣"的其他学生人为拉低了，因此，那些得不到任何优惠的申请人实际上需要1470分左右。圣母大学负责招生工作的副教务长丹尼尔·萨拉西诺说："我们不会对那些SAT分数仅1300多的优秀毕业生代表特别感兴趣。"

约翰当年申请了6所大学，除圣母大学外的其他5所都录取了他。他最后选择了俄亥俄州的约翰·卡罗尔大学（John Carroll University），该校为他提供了接近全额的奖学金。2006年3月，约翰已经是一名平均成绩全优的心理学专业的大二学生。他说，他并未对圣母大学心存芥蒂，但"假如我来设计招生制度的话，不会像它那样做"。他还说，如果能获得圣母大学的学位，那么进入顶尖研究生院的机会也会大大增加，并能帮助他成功地开始在临床心理领域的职业生涯。"约翰·卡罗尔大学再好，它也没什么名气。"他说，"可人人都知道圣母大学啊！"

底特律大学耶稣会高中的大学申请辅导工作负责人斯科特·默钱特（Scott Merchant）说："你能否被一所名校录取，与你是什么类型的学生无关。你必须具有某种让圣母大学这类学校动心的东西。对有些学生来讲，他们让圣母大学动心的是：他们是校友子女。

"我仍然相信约翰理所应当该进圣母大学。约翰给人印象深刻。他不仅是我们这所竞争非常激烈的学术性高中的优秀毕业生代表，而且人品也非常好。他的外在兴趣和内在品格都不亚于他拥有的学业素养。他完全可以到任何一所名校，而且完全可以在学术上做到卓越。不仅如此，他还笃信宗教，信仰坚定。他被圣母大学拒绝后的淡定态度，比我自己可能采取的态度好多了。"

约翰的母亲凯茜则说："圣母大学错过了一名优秀的孩子。"

自美国1913年开始征收所得税后，教育机构包括私立大学被免除了联邦税赋，并且对它们的捐赠也是可减免所得税的。同时，作为免税机构，学校必须保证回馈社会——为社会挑选和培养具有领导才能的学生，无论他们的族裔和经济背景如何。然而，占据大学新生较大比例的校友子嗣却是一个异乎寻常的同质的群体，基本上由白种人和富人构成。在2002年哈佛录取的校友子嗣中，只有7.6%的黑人、西班牙裔或印第安人。而在全体新生中，上述人群占17.8%。最近一项研究发现，在申请精英高校的校友子嗣中，有一半人声称自己的家庭收入位居美国社会的前25%；而非校友子嗣的申请人中，却只有39%的人会这样说。"世家优先有利于再造'收入高的、受教育水平高的、白种人的'形象，这种形象正是这些学校的特色所在。"[3]这是普林斯

▲ 普林斯顿大学约翰·威瑟斯朋像

顿大学原校长威廉·伯温（William Bowen）在2005年与人合著的《美国高等教育的公平与卓越》（*Equity and Excellence in American Higher Education*）中得出的结论。

校友子嗣更有经济实力上私立高中、请家教、上应试课程以及支付其他额外的费用，而所有这些都会转化成为更高的考试分数。而且，由于人们普遍认为家长的受教育状况是预测孩子未来成就的最佳指标之一，因此校友子嗣理所当然是未来的高成就者。正因为他们是校友子女，他们的起点就具有优势——至少他们的父母有一方受过大学教育。所以，如果给家庭背景较差的申请人以平等机会，就需要对校友子嗣提出更高的录取标准，而不是降低标准。

美国几乎所有的私立大学和部分州立大学都给予校友子嗣实实在在的录取照顾。在一些文理学院里，世家优先的政策比在圣母大学更堂而皇之地存在着。在位于密歇根州大湍流市的基督教大学加尔文学院（Calvin College，布什总统于2005年曾在该校做毕业典礼演讲），有将近40%的在校生是校友子嗣。在常青藤盟校和其他精英大学中，校友子女尽管在入学资格条件上大多差强人意，却普遍占到了这些学校在校生的10%~15%，校友子嗣的录取率也几乎是其他申请人的2~3倍。许多精英大学录取校友子嗣的人数甚至超过了非洲裔美国人或西班牙裔学生的人数[4]。伯温及合著者发现，同少数族裔和特招运动员一样，无论校友子嗣"SAT水平如何，都比其他学生拥有更好的被录取机会"[5]。

为了充分挖掘潜在的捐赠者，扩大捐赠者范围，一些学校——如康涅狄格州米德尔敦的卫斯廉大学（Wesleyan University），在录取中对校友的孙辈、兄弟姐妹、侄子外甥通通予以照顾。戴维森学院（Davidson College）——一所位于北卡罗来纳州的精英文理学院，在录取中对"校友嫡子女"申请人（指校友子女、继子女和孙子女）和"校友关系"申请人（校友的兄弟姐妹、表兄弟姐妹、侄子侄女和外甥外甥女）区别对待。斯坦福等大学则扩大了对校友的定义范围，校友不再仅指本科学院毕业生，而是将拥有该校研究生院或专业学院学位的所有学生都包含在内[6]。

大多数校友子嗣一般只申请一所学校——他们父亲或母亲的母校，却能被列入提前录取的范围。这也是非常幸运的。这是因为他们早在几年前就选定或者说别人替他们选定了大学，而且他们一般都很富裕，根本不用担心经济资助的事情（申请提前录取的学生往往会自动放弃与大学就经济资助讨价还价的机会）。对于申请提前录取的学生，录取的标准通常要比正规录取标准低，这是因为大学为了提高收益率（也就是被录取的学生占最终正式入学学生的比例），往往会牺牲一些考试分数点。宾夕法尼亚大学就明确将世家优先与提前录取联系起来，它敦促校友子女和孙子女在12年级第一学期时就提出入学申请，以利于"最大可能地考虑校友"。宾夕法尼亚大学招生办主任李·斯泰特森（Lee Stetson）解释说："如果说我们要给他们一些照顾的话，那也只是在他们决定来我们学校之后。"

要进入著名的公立大学弗吉尼亚大学，外州学生的SAT分数需要比本州学生高30~35分，除非他们是校友子女。该校将外州校友子嗣与本州申请学生归为一个组别，招办主任约翰·布兰克伯恩（John Blackburn）毫不掩饰地解释了个中缘由。2003年，他告诉我说："我们所获得的私人赞助主要来自于校友，这对于保证这所大学的质量至为关键。""世家优先认可校友的经济贡献以及他们在大学各委员会及工作小组中的服务，有助于确保这种支持延续下去。"弗吉尼亚

▲ 著名的公立大学华盛顿大学

大学在一次经费募集工作中募集到的14亿美元，绝大多数是由外州校友捐助的。

校友子嗣在招生过程的每一个阶段都享受特殊待遇，比如大学联络处会给予他们专家意见，学校的行政官员会为他们安排特殊的校园旅行、为他们寄送简报，招生部门负责人会亲自过问他们的入学申请；一旦他们的申请被拒绝，还会接到大学官员的私人电话，或安抚，或为他们推荐其他学校。布朗大学的校友办公室从1994年开始为校友的子女和孙子女提供免费的升学咨询[7]，与此同时，他们在宾夕法尼亚大学的同行也安排并实施了针对本校校友子嗣的招生会面[8]。2004年11月，艾姆赫斯特学院（Amherst College）在校友返校季期间，也为校友及其子女提供了"招生过程的概览性介绍"。

校友们非常多地参与母校的招生工作，当然他们也会对自己人悉心照顾。不止许多大学的校友志愿者会帮助母校面试申请人，而且大学的招生管理部门也常常会雇请校友来担任招生人员。或早或晚，这些招生人员都会遇到一封来自老同学或室友的子女寄来的入学申请信。要做到公平，似乎就应当要求遇到这种情况的招生人员回避，以免在工作中带入个人偏好，正如法官不能审理朋友或邻居作为当事人的案子一样。然而，"俱乐部式"的大学招生文化并不包含这样的"回避原则"。

毋庸置疑，一些校友子女拥有非常优秀的学业成绩，无论怎样都可以确保被一所名校录取。然而，那些不合格的校友子嗣也在想尽办法避免在升学当中跌大跟头。同特招运动员、发展项目以及名人子女的录取不同，校友子嗣只可能与一两所学校（即父母的母校）有特殊关系。如今美国名校的录取名额变得非常紧缺，以至于那些因资质欠佳而被父母曾就读的常青藤母校拒绝的学生们，只得退而求其次，进入二三流的学校了。

原耶鲁大学招生官员劳埃德·彼得森说："在各种优先中，校友子女的家长最义无反顾。因为对他们来说，校友子女优先可能是他们唯一的机会。如果他们的子女进不了自己的母校耶鲁，那么也别指望进哈佛或普林斯顿。他们不得不下两个台阶：如果进不了耶鲁，也就进不了卫斯廉大学，就只能去

▲　哈佛大学校园外景

康涅狄格州立大学了。家长们会想，'我不得不在每周五晚的鸡尾酒会上露面，不得不告诉所有人我的孩子要上康大。这样做的结果，也许就让我的一笔生意泡汤了！'"

对于那些幸运的校友子嗣而言，他们的升学并不正当，却能帮助他们获得通往财富、显赫社会地位和政治权力的通行证。由佛罗里达州立大学教授托马斯·戴伊（Thomas Dye）完成的一份详尽的名为《谁在操控美国？》（*Who's Running America*）的研究报告表明，54%的公司领导人和42%的政府领导人都毕业于全美获得捐赠最多、也最有声望的12所私立大学[9]。与此相对照，在这些精英人物中，只有25%的人曾就读于州立大学。

原哈佛大学招生部门负责人玛丽·安妮·施沃伯说："你一定知道，在哈佛结交的朋友，将来一定能在什么时候帮到你；而你在路易斯克拉克州立学院（Lewis-Clark State College）结交到的朋友则不一定，尽管这也是一所相当不错的大学。"

难怪许多校友子嗣会对自己被精英大学录取的事感到愧疚。在乔治顿大学为在读校友子女提供心理咨询的心理学家德博拉·帕尔曼（Deborah Perlman）曾说，"（在他们当中）会有一种自我怀疑的情绪悄悄滋生"，"从平权措施中受益的少数族裔存在同样的情绪"。2002年，同为普林斯顿校友的帕尔曼和她父亲西奥多·帕尔曼（Theodore Perlman）共同致信给《普林斯顿校友周刊》，呼吁终止世家优先，"公正平等才会造就更大的社会利益"。[10]

"我想我可能是进入这所大学的成绩垫底的学生。"圣母大学第三代校友子嗣克里斯托夫·南诺维克（Christopher Nanovic）如是说。他的家族资助该校创立了专门进行欧洲研究的南诺维克学院。克里斯托夫与凯文·德斯蒙德住在同一幢宿舍楼。这幢宿舍楼有一个恰如其分的名字，叫"校友大楼"（Alumni Hall）。克里斯托夫说："世家优先政策肯定对我是有帮助的。我心里常有一个疑问：如果没有世家优先政策，我是否还会在这里？当然我宁愿认为我会在这里。"

长久以来，世家优先政策颇受诟病。指责主要来自民粹主义和民权倡导者们，他们谴责这种做法是对某个上层阶级且几乎是清一色白种人的集团的特殊照顾。反对世家优先的队伍正在扩大。在常青藤联盟内部，也出现了持不同意见者，其中包括普林斯顿大学的退休名誉校长威廉·伯温。他在2005年出版的著作中，呼吁对世家优先的政策"加强约束"[11]。本身也是哈佛大学世家家族成员的马萨诸塞州参议员爱德华·M.肯尼迪，在2003年提出的一份议案中，强烈要求大学公布有关录取校友子嗣的数据。

甚至一些反对针对少数族裔平权措施的老牌共和党人，也不得不加入到攻击世家优先政策的阵营当中。因为他们认为，这种做法与自己站在富裕白人立场上反对的平权措施是一回事。因此，原中央情报局负责人、现得克萨斯农工大学校长罗伯特·盖茨（Robert Gates），就干脆在他领导的学校里，将对少数族裔实行照顾的平权措施与世家优先政策一并取消了。在2004年大选中，作为家族中就读耶鲁大学第三代的乔治·W.布什总统（其女芭芭拉是家族中第四代就读该校的代表）告诉一位黑人记者，大学的招生应当基于学习成绩，而不应当"针对特定的人搞例外"[12]。他的言论引起了舆论的普遍共鸣。《高等教育年鉴》（*The Chronicle of Higher Education*）于2004年5月进行的一项民意调查发现，75%的美国人不赞成给予校友亲属"招生中的额外考虑"[13]。

许多欧洲人，甚至连等级观念极强的英国人都持同样的观点。正如多年前英国上议院失掉权力一样，牛津和剑桥也不再询问申请人的父母是否为本校校友，因为如若对上层阶级还有些许照顾的话，就会引来一片抗议声。托尼·布莱尔首相毕业于牛津，但该校却在2002年拒绝了其子尤恩（Euan Blair）的申请，原因是他的法文成绩仅为"C"[14]。尤恩后来被稍逊一筹的布里斯托大学（University of Bristol）录取。

尽管有悖民意，但至今还没有一所美国私立大学放弃世家优先的做法。这些大学之所以坚持这样做，是因为这是保证学校财政运转良好所必需的。根据教育援助委员会的数据，2005年，校友共为高校捐赠71亿美元，占全美私人捐赠总额的27.7%。这些钱当中的一部分无疑是慈善捐赠，并非为了子女升学。但其中也有许多钱，要么是因为子女被母校录取而表达感谢的，要么是希望一张数额可观的支票将来能让母校顺利地接收自己的子女。

美国教育理事会（American Council on Education）——一家驻华盛顿的游说组织——副主席兼总顾问谢尔顿·斯坦巴赫（Sheldon Steinbach）说："如果没有世家优先，历来为大学提供支持的核心群体（即至少有1个二代子女已经进入该校念书的家庭）的捐赠额便会急剧下降。"

诸如此类的可怕预测实在难以让人信服。毫无疑问，一些指望子女在录取中能得到照顾的校友，在被拒后会非常恼怒。2002年，普林斯顿大学67届校友R.J.英纳菲尔德（R.J. Innerfield）在获悉自己的女儿被母校拒绝后，当即赋诗一首，以抒发愤懑之情。这首题为"西方学院瘤"（WestCollegeioma）[15]的诗歌在《普林斯顿校友周刊》上发表。诗中写道：

"一种癌症在悄悄地恣意生长

在这里

在我们中间；

它善于伪装

徘徊四处；

彻底地摧毁它吧

如同它正在摧毁我们一样

可是

没有了它的存在

我们又难堪过往。"

另一位普林斯顿的毕业生、62届的理查德·霍金（Richard Hokin）在几年前他的两个女儿被普林斯顿大学拒绝录取后，停止了对母校的捐赠。"我认为这是对我个人的侮辱。"身为爱达荷州一家天然气储配公司——山间工业公司（Intermountain Industries Inc.）董事长的霍金说。

值得一提的是，霍金并没有停止对高等教育的捐赠。他只改变了自己的捐赠方向，把钱投向了布朗大学和西北大学，因为这两所大学分别接收了他的两个女儿。普林斯顿大学的"失"，成了另两所大学的"得"。

霍金的行为表明，与灾难预言者们的预测相反，即使废止世家优先的做法，高等教育仍然会继续保持繁荣。校友子嗣的录取率越低，校友捐给母校的钱的确会越少，但这些钱或更多的钱会捐给最后录取他们子女的那些学校。

另外，假如世家优先被取消的话，当校友子女被母校拒绝时，像霍金这样的校友就不会感到那么屈辱了。校友子嗣过高的录取比例提高了家长的期望值。校友们一心希望自己的孩子能够被母校接收，哪怕他们学业成绩并不理想。废止世家优先录取，在降低校友期望值的同时，也减少了他们希望落空后的失望情绪。

▲　华盛顿大学校园

　　不管怎样，事实证明，子女被拒后的一时愤怒平息后，校友们对母校的忠诚还是能够很快恢复的。玛丽·安妮·施沃伯在哈佛的任务之一，便是安抚那些子女被哈佛拒绝录取的校友们。她说，90%的家长会给她回信，并保证自己已经不难过了。一位校友（其家族为哈佛捐赠了一幢大楼）在得到孙子被拒的坏消息后，致电给她说："对你们的做法，我再赞成不过了。"

　　美国大学录取中的世家优先，是较晚才出现的一种现象。它的出现还不到100年。当时采取这种做法的大学大部分是出于一个无耻的理由，那就是限制犹太人的入学率。

　　一战前，校友向母校捐赠的传统已经建立，而他们的子女却并不要求受到录取方面的优待[16]。即便像哈佛、耶鲁这样的顶尖大学，只要能通过拉丁文和其他科目考试的学生，全部都可以被录取。当然，他们主要是来自私立中学和白人清教徒家庭的学生。凭借在金钱和家庭背景上的优势，这些来自最著名寄宿中学的学生成为大学社交圈的主宰[17]。他们控制了普林斯顿大学的上流美食俱乐部和哈佛大学的本科生社交俱乐部，并与商界和政界建立起诸多联系。这些联系对他们将来的职业生涯都很有助益。

一战后，交通设施明显改善，公立学校发展迅速，欧洲移民在几十年间大量涌入美国。这些因素相互交织，对联系紧密的美国北方佬世界构成了威胁。越来越多的公立学校毕业生开始希望接受常青藤大学的教育，并且他们在新式标准化考试中的表现也开始超过预科学校的学生，大学申请人的数量骤然上升。许多崭露头角的优秀学生都是犹太人，其中不仅有已被同化的、富裕的德裔犹太人的孩子，也有受教育程度较低、讲意第绪语、来自波兰和俄国的犹太人子女。在哈佛大学本科生中，犹太人所占比例增加了2倍，从1900年的7%增加到了1922年的21.5%[18]。1918年，哥伦比亚大学招收的学生中有40%是犹太人[19]。随着入学人数的激增，三三两两走过的犹太学生成为大学校园中最常见的景象，只是他们仍不被允许参加运动队和课外俱乐部。

鉴于校友们的钱包是高校赖以发展的依靠，为了回应校友们对这一现象的恐慌反应，高校考虑了几种可供选择的办法。首先，各高校扩大招生，将所有稍不达标的申请人（特指校友子嗣——译者）招收进来，当然这肯定会冲淡这些大学的优越感。第二，只根据学业表现和考试分数，录取最优秀的学生。当然，在这种情况下，特别优秀的犹太学生和其他新生——大多家境贫困，需要经济资助——就会取代学业平平的校友子嗣而被录取。戴维·O. 莱文尼（David O. Levine）在著作《美国大学与雄心文化》（*The American College and the Culture of Aspiration, 1915－1940*）中写道："校友们普遍鄙视社会状况不佳的犹太申请人。除此之外，他们关心的问题还有：在严格的录取标准下，自己的孩子能否被大学接收。"[20]

由于以上两种办法都不太令人满意，大学因此提出了第三种办法：收紧基于标准的录取。这样做既不会被人抓住"歧视"的把柄，而且还可以有效地减少犹太学生的录取人数。有一个典型例子：1922年，达特茅斯学院制定了新的录取标准[21]。该标准不仅要看申请人的学术潜力，而且还要照顾像性格、运动才能、地域分布（旨在抑制从纽约市招生的数量，这里是犹太人和其他移民最集中的地区）以及是否为校友亲属等诸多因素："所有符合条件的达特茅斯校友的孩子……都应当被录取。"另一种对校友的让步措施，是允许校友面见母校的申请人，并对学校的录取决定施加影响。这种做法至今仍然被广泛采用。

莱文尼在书中写道，"批评家们断言，上述方案不过是为选录校友子嗣和运动员辩护而想出的诡计"，将来肯定会引起争论。

3年后，耶鲁大学招生委员会在投票后决定[22]，关于录取的任何限制，"都不应当用来排斥符合所有录取要求的耶鲁校友之子女"。这一决定导致耶鲁校友子嗣在同年级学生中比重迅速增长，从1931年的21.4%增长为1936年的29.6%[23]。校友孩子入学考试需要达到平均60分[24]，而其他申请人则需要平均70分。对校友子嗣的新优待措施，帮助耶鲁将犹太学生在全体学生中的比例从1927年的13.3%降到了1934年的8.2%[25]。同样，哈佛大学也用这种方法，将犹太学生占在学总人数超过20%的比例，降低至20世纪20年代末至20世纪30年代间的10%~16%[26]。

世家优先政策很快便在全国范围的私立和公立大学中推广开来，并自此之后甚为流行。当然，其间也一直伴随着来自改革家们的各种挑战。20世纪60年代中期，耶鲁大学招生办主任R.英斯理·克拉克（R. Inslee Clark）削减了世家优先的力度，并拒绝了耶鲁最大捐赠人之子的入学申请[27]。在保守派专栏作家威廉·F.巴克莱（William F. Buckley）的带领下，校友们发起了反攻，迫使耶鲁在20世纪70年代初恢复了以前的做法[28]。耶鲁大学校长金曼·布鲁斯特（Kingman Brewster）承认："唯一值得承认的优先照顾，便是对耶鲁校友后代的照顾。"[29]

有了耶鲁大学的前车之鉴，其他私立精英大学没法再重新触碰世家优先原则。尽管如此，名校将几乎所有其他的人拒之门外唯独向校友子嗣敞开大门的做法，已经越来越站不住脚了。作为美国最古老的大学，哈佛大学在1952年的录取比率是63%。半个世纪后，这个比率只有11%，然而在被录取的学生中仍有40%是与校友有关的申请人。

1990年，联邦民权办公室（Office of Civil Rights）在对哈佛大学为何在学习成绩相同的情况下更愿意接受白人学生而不是亚裔学生的原因进行考察后发现，是否校友亲属往往会决定申请人的命运[30]。招生部门工作人员审看完申请人资料后，会写下这样的评语："其父亲的社会关系表明家世不一般"，有的还加上一句："具有双重校友渊源"。又如，"如无家世，则不予考虑；如有，我们会保持关注"。还有这样的评语："情况一般，但如果有不错的家世作为补充，成绩和分数是足够的"……于是，联邦调查人员得出结论，让校友亲属——一个"主要是白种人"的群体——在招生中获得优先待遇的做法，"能够以身世的优越补偿其成绩条件的不足，从而增加申请人的优势……还有部分证据表明，某些申请人由于家长是校友，就可能比其他人更受重视。"

与毕业于哈佛或耶鲁大学、具有高贵血统的校友不同，圣母大学的校友大多只是有钱的新贵。他们的曾祖父母或祖父母大多是上一个世纪移民到美国的穷人，经过在这块土地上的辛勤工作、自强不息，逐渐积累起了财富，开办了自己的店铺，有了自己的生意，并将孩子送进圣母大学读书。在世家优先政策的帮助下，他们的第三代也可以入学圣母大学，以巩固这个家族在商界或所从事职业上的显著地位。2004年，由圣母大学出资对7000名校友进行的调查发现，超过一半的校友家庭年收入超过10万美元，其中有18%的家庭年收入超过20万美元。这些校友最常见的工作岗位是：经理、律师、导演和副总裁[31]。

校友们的确从圣母大学的校名中获益匪浅。在信仰天主教的尤其是中西部的商界人士中，圣母的名声有着独一无二的影响力。同时，圣母大学的校友网络也是全国最活跃也最紧密的。圣母大学约10.7万的毕业生中，有70%的人加

▲ 美国乡村教堂

入了遍及全美各地的214个圣母校友俱乐部和海外的60个校友俱乐部[32]。俱乐部为会员提供奖学金、宗教服务以及组织橄榄球观赛，但最重要的功能是为促进会员的职业发展提供帮助。它们在网站上开办有关上述话题的栏目，并且赞助高尔夫球赛，为校友的子女们和其他毕业生提供在球赛上联络客户、签订合同的机会。

"如果从圣母毕业并加入校友俱乐部但还没有找到工作的话，就会有人帮助你找到工作。"在一次由校友俱乐部赞助的高尔夫巡回赛上，波士顿圣母校友俱乐部前主席、律师詹姆斯·希尔普西尔克（James Ciapciak）在打完18洞后说，"如果你丢了工作，我们也会帮助你东山再起的。"

德斯蒙德一家的经历也许是圣母大学式发达史的经典版本。凯文的曾祖父母是意大利移民，祖父艾尔伯特·J.德斯蒙德（Albert J. Desmond）开创了家族殡仪生意。他祖父并不是圣母大学的毕业生，却是向该校捐款的"地下校友"（subway alums）之一。他最大的希望，就是让儿子们能够到这里读书。他最终如愿以偿，如今凯文无非是在继承他们家族的传统罢了。

凯文的兄长之一、圣母大学1991届毕业生马修·德斯蒙德（Matthew

Desmond）被五三银行（Fifth Third Bank，一家中西部银行）聘为信托部经理后，他的上级告诉他，银行董事们对他拥有的圣母大学学位印象深刻。马修说："我确信他们都是天主教徒，而且在自己的成长过程中都对圣母大学颇为欣赏。圣母大学的确帮助我打开了事业之门。"

圣母大学官员说，圣母的校友子女比例高，完全是"自选择"[①]的结果。换言之，圣母大学的校友子嗣申请人的数量是非常庞大的，这从圣母大学校友俱乐部拥有的数量惊人的会员即可得出结论。大多数圣母大学毕业生都难忘自己的大学岁月，并且还通过携子女观看橄榄球赛、参加同学聚会和其他活动，把他们对母校的感情传递给下一代。正是出于对"爱尔兰勇士"橄榄球队的热爱，一些成绩很不错的校友子嗣宁愿放弃其他常青藤大学而选择圣母大学。在被圣母大学录取的校友子嗣中，有74%的人最终正式入学，明显高于该校57%的正式注册率[33]。如此高的校友子嗣注册率，显示出优秀的校友子女对圣母大学的忠诚，以及资质欠佳的校友子女的别无选择。

尽管如此，圣母大学还是对许多校友子嗣放宽了标准。圣母大学录取凯文·德斯蒙德而放弃约翰·西蒙斯，并不出人意料。这正是他们的一贯做法。该校接收了一半的校友子嗣申请人，与此同时，没有得到任何照顾的普通申请人被接收的比例只有1/5。尽管与圣母大学录取的少数族裔或特招运动员相比，校友子嗣在学业上更强，但他们的SAT平均成绩仍然比普通学生（大多来自工薪阶层和中产阶级的白人家庭）平均低80分[34]。圣母大学通常每年要拒绝250个高中杰出毕业生的申请，通常原因是他们的SAT成绩不理想（如约翰·西蒙斯），没有达到无关系背景学生应该达到的特高分数线。2003年，该校负责招生的副教务长丹尼尔·萨拉西诺向《芝加哥论坛报》透露，在圣母大学录取的校友子嗣中，有一半人如果没有特殊照顾是不会被录取的[35]。

---

① 自选择（self-selection），统计学概念，是指个体有选择地加入某类样本，与随机抽样相对。——译者注

世家优先为圣母大学带来了经济上的极大成功，部分原因是这所天主教学校对商界捐赠人的资格有着严格限定，比如它不接受避孕用具制造商的捐赠。与大多数大学相比，它更加依赖校友的捐赠。通过录取校友子女或孙子女，圣母大学也巩固了校友们对母校的忠诚。充满感激之情的校友们慷慨出资，圣母大学的受捐金额由1945年的区区900万美元增加到了2005年的37亿美元，在全美接受捐赠最多大学中排名第18，领先于像达特茅斯和布朗这样的常青藤学校，在天主教大学中更是遥遥领先，无人望其项背。同时，圣母大学也是美国主要大学中校友捐款数占总捐款数比例最高的前三所大学之一。该校在1994~2000年开展的资金募集活动，主题便叫作"世世代代"（Generations），隐晦地指向世家优先传统。在这次募集活动中，大约有74%的校友捐了款，捐款数量占到全部募集资金（10.6亿美元）的一半多[36]。

圣母大学行政管理人员极力为世家优先政策辩护。他们指出，校友的捐赠款可以为有需要的学生提供经济资助，也可以用到其他有意义的事情上。而且，如果录取的学生熟知圣母大学传统，才能将无形但却非常真实的价值观传递下去。这所大学的传统包括在圣母亭（Grotto）点燃祈祷蜡烛，周五晚上激情派对，以及一些绝对过时的纪律：所有学生宿舍由同一性别的学生居住，不允许异性留宿过夜，等等。他们认为，如果学校里没有很多的校友子嗣，学生就可能与这样的传统和规则产生摩擦。

"我认为对校友子嗣入学给予一点小小的照顾，只会有好处。"毕业于圣母大学、3个子女都进入该校的萨拉西诺说。

圣母大学向来以维护社会良知为荣，这项旨在保护上层社会的政策确实引起了不少人良心上的不安。萨拉西诺说，圣母大学98%的校友子嗣都是白人，来自富裕家庭并且家里捐过巨款的校友子嗣，都享受了大幅降低录取分数的照顾。甚至连圣母大学的资金募集负责人路易斯·南尼（Louis Nanni），也为学校过于青睐校友子女表示不安。这位曾担任南本德市一家无家可归者救助中心负责人的人士说："如果圣母没有提高少数族裔学生入学率的话，我会对世家优先政策提出异议。"

圣母大学对校友子嗣的青睐，也与其学术抱负背道而驰。位列美国前25所大学之一的圣母大学，录取比例仅为29%。随着该校不断提升对没有关系背景学生的录取标准，校友子嗣的录取要求也必须提高。否则会出现两种情况：要么学业成绩不佳的校友子嗣拖累整个大学的水平，要么学校不得不减少对校友子嗣的招生人数。圣母大学毕业生、现加州大学洛杉矶分校公共政策教授托马斯·凯恩（Thomas Kane）说："精挑细选生源与执行世家优先的政策，如鱼和熊掌难以兼得。尽管如此，如果你对那些校友子嗣另眼相看的话，就很难保证捐款数量了。校友是圣母所倚重的群体。但即便如此，圣母也应当考虑世家优先政策带来的负面影响，尤其是在筛选率日益提高的情况下。"

萨拉西诺说，在20世纪七八十年代，保证校友子嗣入学是比较容易做到的。但随着圣母大学越来越具有竞争力，接纳校友子嗣入学变得越来越困难。每一年，"我都要应付成百上千个子女申请被拒的校友，他们表现出各种各样的情绪——伤心、愤怒和困惑。如果这就是所谓'圣母大家庭'的真正含义的话，它的益处何在呢"？

当圣母大学拒绝凯文表妹艾丽森的入学申请时，萨拉西诺所说的各种情绪都在德斯蒙德家族爆发并达到高潮。她的父亲、特里的弟弟约翰是圣母大学1967届的毕业生，曾担任底特律圣母校友俱乐部主席。尽管艾丽森·德斯蒙德（Alison Desmond）是高中学生会活跃分子，担任过游泳队队长，但她的父亲约翰很清醒："即使享受世家优先政策，她的学业成绩也没法让她进圣母。"但他又说，女儿被母校回绝，"的确影响了圣母于我的亲切感。圣母大家庭的信条是圣母的生存之本，他们为了自身利益向校友们说教，要求校友们保持对母校的忠诚"。约翰坚信，"世家优先项目应当进一步拓展，圣母大学应当在寻找其他生源之前，首先关照好自己人"。

圣母大学1938届校友、已故商人埃德蒙德·R.哈格（Edmond R. Hagger）在自传中，转弯抹角地提到了圣母大学的学术目标与校友利益之间的矛盾冲突问题[37]。哈格曾任圣母大学理事、筹资部门负责人，他的儿子、侄子、孙子以及其他晚辈都纷纷步其尘，进入圣母读书。在回忆自己担任的该校校友会职务时，他说："校友会一而再、再而三地讨论提高录取标准的话题……我告诉校友会的人们，'我们一定得明白，一个又一个既无趣又无法与其他人愉快相处的书呆子，并不是我们想要的。'"

与哈格一样，对这个问题十分警惕的校友们，纷纷利用其影响力，以努力保持校友子嗣在全体学生中所占的高比例。该校1963届毕业生迈克·科廷汉姆（Mike Cottingham）说，校友子嗣在2003年占新生比例的23%，2004年下降到了22%。但就是这么一点降幅，就引起了校友的"广泛关注"。科廷汉姆的父亲也是圣母的毕业生，曾帮助募集经费在学校建立了赫斯伯格图书馆（Hesburgh Library）。"我认识不少为圣母捐过很多钱的人，他们的孩子却没被圣母录取"。

一个校友的类似抱怨传到了学校董事会上院（Board of Fellows，一个精简的董事会）那里。2004年10月的一天深夜，圣母大学负责招生工作的副教

▲ 华盛顿纪念碑与太平洋战争纪念馆

务长萨拉西诺接到了一个电话，要求他在次日的上院会议上露面，向大家解释校友子嗣和天主教徒在学生中比例下降的问题（后者占学生总人数的比例从84%下降到82%）。萨拉西诺说，"那天我穿了一件非常严肃的深色西装"，反复地向董事会保证，校友子嗣的入学情况每年都有波动，但波动幅度都在圣母大学常年维持的21%~24%的范围之内。

创立于1842年的圣母大学，从创办之初到二战之前这段历史时期，对能够负担学费的天主教家庭高中毕业生的录取率为100%。战后，随着学校筛选性的增强，世家优先政策被引入。在1952~1987年担任圣母大学校长的牧师西奥多·赫斯伯格（Theodore Hesburgh），将这项形成于20世纪60年代的政策公之于众，即校友子嗣应当占到全部学生人数的1/4。这个比例有时会稍微下降，但这个目标比例却一直被保持着。1972年，圣母大学开始招收女生，从而使潜在的校友子嗣申请人数量翻了一番，于是来自于校友要求保证子女被录取人数的压力就大大增加了。

"我们接收校友子嗣的比例一直比大多数大学高。"2004年10月，赫斯伯格神父在圣母大学以他名字命名的图书馆里会见我时说，"他们来到这里有一种回归感，来校后不久就会觉得一切自如"。他承认，"在不断提高录取标准的同时，还要继续维持25%的校友子嗣比例是非常困难的"，"但我个人认为，他们是学生中的核心力量，我们必须给予特殊关心"。

这种"特殊关心"开始体现在圣母大学网站的"校友"栏目中。在关于大学录取专题的DVD视频中，萨拉西诺向观众们解释，校友子女仍然要符合严格的标准才会被录取。他提供了有关提高学业成绩的建议：关掉电视，学习第二种语言，如此种种。所有的校友子嗣申请人都收到了一封由萨拉西诺签发的信件，通知他们圣母大学会给予校友子嗣"特殊考虑"。信中写道："我们希望圣母毕业生的子女能够占到新一届学生的1/4。为了让这个希望变为现实，我们将以明显高于其他申请人的录取比例，接收圣母校友家庭的孩子。事实上，对于凡向我们提出入学申请的校友子嗣，我们非常希望能够录取其中至少一半。"在信中，萨拉西诺承诺将亲自过目申请人的档案，以保证"我们招生办能够对其给予最审慎的考虑"。

一旦被圣母大学录取后，按理说校友子女和其他学生就该被一视同仁对待了。事实却不尽如此。绝大多数学生的住宿安排是随机的，但每幢宿舍楼楼长也拥有少量地选择住宿生的自主权力。凯文·德斯蒙德居住的"校友大楼"，是建造于1931年的哥特复兴式建筑，走廊宽敞，楼内是一间挨一间装了气窗、配有双层床的双人宿舍。该宿舍楼的楼长乔治·罗祖姆神父（George Rozum）说，他给予三种人住宿的优先权：牧师的亲戚、曾在此住宿过的校友的子女以及已在这里住宿的学生的兄弟姐妹。（凯文说，他之所以申请在"校友大楼"住宿，是因为他家的一位朋友在这里住，他的请求获准了。）

既然在录取过程中受到了特殊对待，校友子嗣及家长往往会进一步希望，学校能够在遵守校纪上也网开一面。举一个例子，圣母大学最富有的校友之一、已故的超大型商场商业巨头爱德华·德巴特罗（Edward DeBartolo）就曾对圣母大学施压，让后者撤销对他儿子的纪律处分。当学校拒绝后，他对圣母大学采取了经济上的报复手段。

爱德华·德巴特罗的儿子小爱德华·德巴特罗，毕业于俄亥俄州扬斯镇（Youngstown）的一所教会高中，学校的评语是他表现"良好但并不杰出"。小爱德华在20世纪60年代初进入圣母大学，当时他父亲是学校的一名董事。入学后，他曾因在严禁车辆行驶的校园庭院草坪上开车，以及在校园书店里偷书而两次被捕。此前，时任圣母大学校长的赫斯伯格牧师刚刚警告过学生偷窃的严重后果。为此，校长迅速做出了让其停学一学期的处分决定。小爱德华说："尽管我们与赫斯伯格神父关系密切，但这件事情本身黑白分明。纪律就是纪律，是我错了！"但他父亲听说这个处分后却非常恼怒。第二天一早，他便飞抵圣母大学。据两位知晓内情的人士讲，他威胁圣母大学说不再捐款。赫斯伯格校长态度强硬地回应道，大学不是用来出卖的。于是，小爱德华不得不到戴顿大学（University of Dayton）待了1年。直至1989年，当小爱德华已从圣母大学毕业21年、赫斯伯格校长也退休两年之后，老德巴特罗才又向圣母捐款3300万美元，用以资助建设一个新兴表演艺术中心[38]。1994年老德巴特罗去世。10年后，即2004年9月，这个中心才正式对外开放。

此时，小爱德华已经有了很高的名望。他是旧金山"49人"橄榄球队的老板，这支著名球队曾5次赢得"超级碗"职业橄榄球赛的冠军。1998年，他因为没有向路易斯安那州当局报告一桩勒索赌场执照的图谋，受到刑事重罪的指控。他表示认罪，把球队转让给了妹妹。尽管小爱德华的3个女儿没有一个上圣母大学，但他说他仍然会坚持向母校捐款。2005年，小爱德华进入福布斯财富榜400强，财产估值为14亿美元。他出席了圣母大学表演艺术中心的开幕典礼，并且正在考虑以家族名义向圣母大学进行捐赠。他说，在最近一次访问该校时，他在学校书店里为1岁的孙子购买了圣母大学的校服。

在其他一些大学里，兄弟会、姐妹联谊会和社交俱乐部（如耶鲁大学的骷髅会）都会优先给予校友亲属（一般定义为校友子嗣）会员资格。圣母大学没有兄弟会或姐妹会这样的组织，也没有精英俱乐部，但是校友子嗣仍然会承传一些传统仪式。

2004年10月9日，天气凉爽，晴朗无云。这既是圣母大学橄榄球赛开赛的理想天气，也是几代就读或资助过该校的家族赛前聚会求之不得的好天气。约翰·德斯蒙德没有让女儿被拒的失望情绪，影响自己出席这样一个慈善家族的聚会。上午7时，他在"达阵耶稣"（图书馆正门上方的壁画）仁慈目光的注视下，将自己崭新的银色凯迪拉克SRX豪车停在了离橄榄球场最近、位于橡树树荫下面的图书馆停车场保留车位里。

在这个赛季前，德斯蒙德家族拥有更让人羡慕的赛前娱乐场地。自从圣母大学主管部门的一位密友给了他们停车证后，他们一直在赛场外的空地（Aero Field）停车。从那里只需几步便可以走到赛场，因此30年来他们从未错过一场球赛。可在这个赛季，由于德斯蒙德家族的一位朋友（也是圣母校友）赞助修建的科学楼建筑工程正好位于 Aero Field，因此他们被"驱逐"到了图书馆停车场。约翰担心人们找不到他，于是在凯迪拉克车后的备用轮胎上，插上了一面绣有"D"字的蓝白旗，在一片绿色的圣母校旗中显得格外醒目。

当烤肉的香味从一排排烤架上升腾起来的时候，约翰将折叠桌椅打开，开始布置他的家宴：啤酒、苏打水、鸡和巧克力糕点，以及堆满在一个蓝金相间的橄榄球头盔里的烤玉米和调味酱。《圣母胜利进行曲》的旋律从凯迪拉克车敞开的前门大声传出，约翰的几十位亲戚和朋友在"D"字旗的引导下，开始一个一个聚拢过来。

约翰的弟弟克雷格，芝加哥的一位房地产经销商，是圣母大学1990届校友。他是从在附近购买的一幢别墅前来观看比赛的，"从这个停车场回到家只需区区半小时"。陪他前来的是他的长期伴侣，——同样是一位圣母大学毕业生。克雷格说："我还没有娶到一位圣母大学毕业的女孩，但这个愿望也快实现了。"

身穿牛仔裤、跋拉着拖鞋、上身穿一件写着"我们都是圣母人"T 恤衫的凯文·德斯蒙德也加入进来。他身材瘦削，棕色头发，脸上带着迷人的微笑。他说，参加完前一天的赛前动员会之后，他就没怎么睡觉。"校友大楼"是赛会的接待楼，凯文是啦啦队的一员，啦啦队负责在聚会和赛场上营造气氛，只要大会讲话人提到"校友"一词（这个词会被用得非常频繁），就吹响喇叭、大声欢呼。凯文介绍我认识了另一位在"校友大楼"居住的学生，第三代校友子嗣迈克·科廷汉姆之子尼克·科廷汉姆（Nick Cottingham）。尼克原先在怀俄明的一所高中读书，SAT 考试成绩为1350分。他的一位高中同学（非圣母大学校友后代）在尼克被录取而自己被拒绝后"有点沮丧"，尼克告诉他，圣母大学对校友子嗣是有承诺的。"我想他肯定能够理解，"尼克说，"世家传统的确很了不起。校友子女都是在一种传统氛围下成长起来的。"

尼克说，他是在2004年毕业于圣母大学的哥哥引荐下，"入住校友大楼"的。现在他和凯文正打算在大二时成为室友。他说，校友子嗣常常会成为朋友，因为他们"拥有更多的共同语言"。

在圣母大学家族王朝不断更迭的过程中，阿波德家族时代是最为辉煌的。已故的小理查德·乔治·阿波德（Richard George Abowd Jr.）是圣母大学1949届的毕业生，他曾是福特汽车公司的工程师，1998年去世。他共有12个儿女，全部被圣母大学录取，其中10人注册入学，9人最终毕业，创造了一个家族同代人入学圣母大学的最高纪录。1969~1990年间，阿波德家族每年都有人进入圣母大学，还不算来自理查德兄弟、姻亲兄弟（他们也都是圣母大学校友）等其他家族旁系的人。如今，当阿波德家族的下一代提出入学申请时，圣母大学的世家优先政策开始把这个庞大家族划分为"有钱"和"没钱"两类，加以区别对待了。

在2004年10月的同一天，德斯蒙德家族在橄榄球赛开赛前欢聚一堂，阿波德家族则在赛后举行了一次家族大聚会。理查德的遗孀莎拉、9名拥有圣母大学学位的子女中的5位，以及数不清的孙辈参加了聚会。这次聚会安排在距圣母大学校园几英里外的一家酒店，晚宴交给一家墨西哥风味的餐馆操办。但莎拉坚持带来了她的特色食品——美味的黎巴嫩生肉和菠菜饼。莎拉和她的丈夫都出身于黎巴嫩移民家庭，并不富有，全靠省吃俭用才在奖学金的帮助下将多名子女送到圣母大学读书。当他们最小的孩子保拉于1990年从圣母大学毕业时，校方在毕业典礼上向夫妇俩颁发了荣誉证书。当被问到何事最让她自豪时，莎拉拭了一下眼泪说："我的孩子们都坚守了他们的信仰。"

阿波德家的12个孩子中大多在高中成绩非常出色，其中8人是在毕业典礼上代表毕业生发言的特优生。大儿子约翰曾获全美优秀生荣誉，在圣母大学读书期间曾担任学生报编辑，现在是康奈尔大学的经济学教授。约翰的妻子和妻弟同样也是圣母大学毕业生。他始终认为，圣母大学的校友子嗣之所以多，完全"与分数无关，都是出于社会人际网络的原因。尽管有许多地方可去，但人们总会选择感觉舒服的地方"。阿波德的另一个儿子格利高利曾获得过罗氏奖学金，后来成为乔治亚理工学院的一名计算机科学教授。

来参加家庭聚会的另两位兄弟史蒂文和彼得，则认为自己是靠世家优先才得以进入圣母大学。身为汽车音响软件开发工程师的彼得说："我认为是校友子嗣的身份帮了我的忙。当年我并不是特优生，在学校的表现只是过得去而已。"彼得回忆说，他在圣母大学期间取得的成就之一，是在1987年为纪念圣母大学橄榄球运动开展百年监制名为"一百年"的蓝金唱片。彼得自己作曲并演唱歌曲，他的作品在校园里售出了300份，并且多年以来，被人们在名为"哈多"（Huddle）的学生聚会场所常常唱起，经久不衰。

史蒂文是阿波德家族毕业于圣母大学的第6人。他透露说，当年自己本来在候补名单里，最后还是被录取了。如今是一位业务分析师的史蒂文说："能够进入圣母，我感到很幸运，为此我也非常感激。"他还说，自己在圣母就读期间的平均成绩都是 B 或 B-，"当他们把我放在候补名单的时候，其实完全清楚自己在做什么"。

如果不是因为父亲的陈旧观念，这12个孩子可能都会进圣母大学。由于坚信这所学校不适合女孩，理查德拒绝送他最大的两个女儿伊丽莎白和玛丽帕特上圣母大学（该校在最近几十年才开始男女生合校）。她们后来进入了位于密歇根州的一所天主教女子学院——玛丽格罗夫学院（Marygrove College）。母亲莎拉回忆道，她希望她们俩能上圣母大学，甚至已经给伊丽莎白的账户汇入资金，为她争取了一个房间，但理查德却不让步。后来，他在女儿上大学的问题上态度开始缓和，于是3个年龄较小的女儿都在圣母大学完成了学业。

如今，他们的34个孙子孙女开始陆续达到上大学的年龄，理查德多年前在男女合校教育问题上所持的保留意见又回过头来影响他们。这反映出世家优先政策具有反复无常的特性。圣母大学接收了约翰的女儿凯瑟琳，她的父母都是该校校友。凯瑟琳的 SAT 成绩为1400分，刚刚超过圣母大学被录取学生的总平均分，但比无关系背景学生的平均成绩约低65分。管理信息系统专业学生凯瑟琳说:"也许因为我是校友后代,才让我脱颖而出被圣母录取。但我并不认为这必然是件坏事……大多数校友子嗣会对自己能被录取感到疑惑。假如我有一次考试没有考好的话,我也会想,'我能上圣母大学只是因为我的父母在这儿上过学吧'。"

但圣母大学拒绝了莎拉的另两位孙辈的入学申请。他们是凯瑟琳的表亲萨拉·洛克威尔和马克·洛克威尔。萨拉和马克的学习成绩都非常不错,均被匹兹堡的卡内基—梅隆大学录取,成为这所顶尖工科学校的本科生。尤其是马克,他的升学材料甚至比许多被圣母大学录取的校友子嗣更为优秀(包括31分的 ACT 成绩和1360分的 SAT 成绩),而且他也非常渴望能够上圣母大学。早在两岁时,他就开始观看爱尔兰勇士队的比赛。他很早开始申请圣母大学的提前录取,却被延迟到常规录取程序,之后又被放进候补录取名单。苦苦等待数周之后,他被告知已经没有录取名额。他的祖母莎拉说,当得知马克被拒录后,她的"心都碎了"。史蒂文补充说:"当得知萨拉和马克都没有进圣母的消息时,我们全都感到非常震惊。我认为凭他们俩的条件,做圣母大学的学生绰绰有余。"

马克之所以被圣母拒绝,多半是因为他不符合校友子嗣的认定条件。当他的祖父把他的母亲伊丽莎白带离通向圣母大学的航道时,他也被剥夺了作为她的儿子在录取时所应享受的优先政策。圣母大学只针对校友子嗣采取照顾政策,照顾的对象不包括孙子孙女、侄子侄女和外甥外甥女。否则的话,该校将会有60%以上的学生是校友亲戚。萨拉西诺说,这种情形"是不健康的","将使圣母大学成为一个具有排他性的俱乐部"。

洛克威尔一家没有参加这个家庭聚会。伊丽莎白·阿波德·洛克威尔在接受电话采访时说,马克录取的事被搁置后,她曾给圣母大学招生负责人打过电话,向他们解释马克的确是圣母大学最多产家庭的校友后裔,但"他们没有理会。他们说世家优先政策只限于父母这一辈,不能超越"。她说,当她的两个孩子——萨拉和马克都被圣母大学拒绝后,她的确"很难接受","他们不能被录取,的确令我们很伤心。我知道他们的表妹(凯瑟琳)进了圣母，其实她与马克的条件是不相上下的"。这样的经历让她对世家优先政策颇有微词："如果让我来做，我会取消世家优先政策。我会只看申请人自身的条件，了解每一个人。"

如今，马克在卡内基—梅隆大学攻读机械工程专业，平均成绩是 A-。他正在建造一艘太阳能船舶，并希望将来能够从事过山车的设计工作。在这次家族聚会时，他和萨拉为舅舅彼得带来了印有卡内基—梅隆大学标志的衣服。彼得拥有卡内基—梅隆大学的学位，但他更喜欢穿着圣母大学的校服。

马克说，他非常喜欢卡内基—梅隆大学；而且与南本德相比，他更喜欢匹兹堡。"即使当初我收到圣母大学的录取通知书，卡内基—梅隆大学仍然是我更好的选择。"但是，被圣母大学拒录的隐痛还是挥之不去。他说，他和"凯瑟琳都是在学习上非常有才华的学生"，"我们在各方面都不相上下。她读的是工商专业，社会科学和人文学科是她的强项，SAT 分数也比我高。但她的数学没我好，数学是我的强项。总体来说，我们的水平差不多。

"当我姐姐没被圣母大学录取时，我就认为世家优先政策是有问题的。他们不认为我是校友子嗣，因为我父母都没有上过圣母。如果他们（指圣母大学的招生人员——译者）要找遗传因素的话，显而易见我们的遗传基因差不多。

"我非常地失望。我的家族里有那么多人都进了圣母，但我不想凭借我的叔叔、舅舅们是校友而进入圣母。人们进入这所学校，应当凭借的是他们自己，而不是他们的父辈。"

在圣母大学赫瑟特航天研究实验室的入口两边，分别悬挂着一幅纪念匾额和一幅带框的海报，内容是向实验室的捐款人托马斯·赫瑟特致敬。托马斯·赫瑟特（Thomas Herssert）是圣母大学 1948 届毕业生，曾入选该校年度人物，后来成为新泽西州一家建筑公司的创办人，一位"终身航空发烧友"。圣母大学对他的最大回赠是一则民间传闻——"如果你的高中班上有一位姓赫瑟特的同学，就别指望能进入圣母大学了"。每当到了大学申请期间，这个传闻便会在新泽西哈登菲尔德纪念高中（Haddonfield Memorial High School）里广为流传。

但这一传闻的由来却令人痛心。曾经连续两年，圣母大学都不屑于接受哈登菲尔德高中优秀学生的申请，只录取了成绩较差但家庭势力强大的托马斯·赫瑟特的孙子。这就像对乔治·奥维尔（George Orwell）《动物农庄》（*Animal Farm*）一书的现实诠释：所有的校友子嗣都是平等的，但对有些人比其他人更平等一些。如果你是来自长期为大学做慈善捐赠的富裕家庭的申请人，就可以在录取中得到更大幅度的优惠。

副教务长萨拉西诺说，在圣母大学，校友子嗣与因发展项目被录取的学生之间，有很大程度的"交叉叠加"。在5%因募捐原因被录取的学生中，有80%是校友子嗣。

与赫瑟特家族一样，米歇尔·隆巴迪（Michelle Lombardi）也是因双重因素而被成功录取的一个例子。她的父亲帕特里克·J.隆巴迪（Patrick J. Lombardi）毕业于圣母大学，是一家电信公司的经理；他的兄弟保罗为圣母大学捐赠了一项奖学金。2001年秋季，当米歇尔刚开始上12年级时，父亲便安排她与当时圣母大学的筹资负责人威廉·塞克斯顿（William Sexton）会面。尽管米歇尔的ACT成绩是28分（满分36分），相当于SAT的分数1240~1270分，大大低于圣母大学平均录取分，但她还是被录取了。米歇尔说，她常常纳闷于到底是她的校友子嗣身份，还是与塞克斯顿的会面促成了她的被录取。"在我的脑子里，这始终是个疑问。"她说，"假如我的父亲没有在圣母上过学的话，我能进圣母吗？我想我永远也搞不明白。"

托马斯·赫瑟特的儿子威廉也是圣母大学毕业生。他有6个儿女，其中较大的4个子女——威廉、沃尔特、托马斯和帕特里克——全都进了圣母大学。2002年，圣母大学没有接受哈登菲尔德纪念高中年级排名第二的特优生凯瑟琳·达加蒂（Kathleen D'Agati），而录取了沃尔特·赫瑟特（Walter Herssert）。凯瑟琳的评定成绩平均分达98.96分（满分100分），在年级排名第二，而且还是学生会主席、田径队队长和返校节组委会成员。她参加过一些社区服务，包括到墨西哥建造一间公立学校食堂，为一座公园安装喷泉装置等。这位父亲是机械工程师、母亲是幼儿园教师的女生，还抽出自己的时间，帮助朋友沃尔特·赫瑟特完成他的家庭作业。

凯瑟琳说："基本上是在我的帮助下，他才得以完成高中学业。他很聪明，但不是最用功的学生。他总是问，'凯瑟琳，你做完题了吗？'"

但他们俩还是有相同点的，——他们选择了同一所大学。沃尔特之所以想上圣母大学，是因为他的哥哥在那里；凯瑟琳看中的，则是这所大学的学术声望和人文精神。两人都申请了提前录取。由于在圣母大学录取的学生中，有83%是所在高中年级排名前10的优秀人才，因此，凯瑟琳的优秀成绩似乎让她更具优势。在圣母大学招生代表与哈登菲尔德纪念高中申请学生的简短见面会上，她最早意识到了自己的处境。那位招生代表后来被证实是沃尔特哥哥的一位朋友。

"他们一见如故，好像特别投缘。沃尔特还问他，'你认识某某人吗？'"凯瑟琳说。

凯瑟琳被延迟考虑，放进了常规申请名单，最后被拒录了。对她来说，这个消息如同晴天霹雳。当她以大学生身份参加哈登菲尔德纪念高中的毕业典礼时，在讲话中几次提到这件事情。她告诉台下的观众说："几个月前，我被一所大学拒绝了，那是一所我非常向往的大学。这对我打击很大，因为我一直在为这个目标努力不懈，而最终他们却告诉我说我不够格，我很沮丧！但是我内心却很清楚：我完全够格！"

凯瑟琳转而去了克莱姆森大学（Clemson University）。2006年3月，已读大四的凯瑟琳获得了平均3.85的总评成绩，并有望在5月毕业时获得若干项荣誉。而沃尔特，这位即使在费尔菲尔德大学（Fairfield University）和巴克纳尔大学（Bucknell University）之类不那么著名的大学也会被列入候补录取名单的学生，正在圣母大学攻读政治学专业和西班牙语专业。他与学校的高层管理人员和校董会的成员们建立了友好联系。他们无法抵挡他善于交际、左右逢源的魅力，也许无法抵挡的还有他的姓氏。2004年秋季，当我和沃尔特在圣母大学校园里的莫里斯酒店一起用午餐时，一位女侍者打断了我们的交谈，说旁边餐桌的两位客人想请我们吃甜点。这两位客人是该校原常务副校长蒂莫西·斯卡利（Timothy Scully）和可口可乐公司原首席营运官唐纳德·基奥（Donald Keough），后者还是圣母大学学校董事会前主席。沃尔特向他们招手致意，并向斯卡利神父喊了一句："谢谢您，神父！"

在整个午餐过程中，沃尔特都在为自己进入圣母大学的资质辩护。他说，尽管他的高中平均成绩是"B"，但成绩却比凯瑟琳·达加蒂好。他的SAT考了1470分，其中数学800分（满分——译者），而凯瑟琳的总成绩仅为1290分。不仅如此，他还是位技艺娴熟的摔跤手，曾被杜克大学和戴维森学院（Davidson College）录取。但圣母大学并没有摔跤队。"凯瑟琳当然是一位非常优秀的学生，"他说，"作为朋友，我对她没能进入圣母大学感到很不好受。我们俩是不同类型的申请人。对'假如没有世家优先政策我是否还会录取'这样的问题，我无法回答。我的确不知道答案。但我也是一个有相当实力的申请人。"

沃尔特从哈登菲尔德纪念高中毕业后的第二年，圣母大学的招生人员再次从申请人名单中找到了一个名字。"你是赫瑟特家的人。"他对沃尔特的弟弟托马斯大喊了一声，让在场另一个希望上圣母大学的学生忧心忡忡。这位叫克莱尔·坎贝尔（Claire Campbell）的学生在哈登菲尔德纪念高中年级排名第三，SAT成绩为1340分，从事两项体育运动。 她担心录取的事情已经内定，于是便问招生代表，圣母大学是否每年只在哈登菲尔德纪念高中招收一名学生？这位招生代表予以否认，但结果却不出意外。坎贝尔申请了9所学校，其中包括常青藤大学里的康奈尔。8所大学给她寄来了录取通知书，只有圣母大学除外，因为它选择的是沃尔特的弟弟托马斯。坎贝尔感到非常沮丧。

无论是学校评定成绩还是SAT分数（托马斯考了1280分），托马斯都无法与克莱尔相提并论。"我确信的确是世家优先政策起了作用。"托马斯说。他后来在圣母大学获得了优等生奖，并成为学生创业俱乐部主席。他说："其实，即使我当时更糟一点，也一样能够进圣母。"

托马斯和沃尔特的父亲、拥有一家建筑公司的威廉·赫瑟特辩解道，世家优先政策是具有存在基础的。一些家族具有在圣母大学从学的悠久历史，这些优惠政策将来自这些家族的学生们聚集在一起，从而增加了"社会的凝聚力"。他还说："我觉得与这所大学的任何一名学生相比，我的每个儿子都至少不相上下。这一点是毫无疑问的。假如是校友子嗣的话，圣母大学会把申请材料多看一遍。我认为这种优待是无可厚非的。"

克莱尔·坎贝尔最后去了休斯敦的莱斯大学（Rice University）。2006年3月时，她已经是平均成绩为3.68分的生化专业大三学生了。她在一项大学资助的伙伴计划中，定期去帮助一位有智障的妇女。"莱斯肯定更适合我。"她说，"圣母大学错过了太多的优秀学生。如果他们不接收更优秀的人，就要承受由此造成的后果。"

注 释：

[1] 笔者在与丹尼尔·萨拉西诺的访谈中获知。

[2] 笔者在与特里·德斯蒙德的访谈中获知。

[3] William G. Bowen, Martin A. Kurzweil, and Eugene M. Tobin, *Equity and Excellence in American Higher Education*（Charlottesville：University of Virginia Press, 2005），p. 167.

[4] 以宾夕法尼亚大学为例，2004级新生中有15%为校友子女，与此同时，非洲裔和西班牙裔学生分别仅占新生总人数的7%。

[5] Bowen et al., *Equity and Excellent,* p. 103.

[6] 笔者在与原戴维森学院招生部主任南希·克博（Nancy Cable）的访谈中获知。

[7] 笔者在与布朗大学校友子女升学咨询项目主任吉尔·卡斯基（Jill

Caskey）的访谈中获知。

[8] 笔者在与宾夕法尼亚大学负责校友关系的副校长助理罗伯特·埃利格（Robert Alig）的访谈中获知。

[9] Thomas R. Dye, *Who's Running America? The Bush Restoration*（Upper Saddle River, N. J.：Prentice Hall, 2002）, p. 148.

[10] T. S. L. Perlman and Deborah Perlman, "Let In by Lottery," *Princeton Alumni Weekly,* October 23, 2002.

[11] Bowen et al., *Equity and Excellence*, p. 171.

[12] "Bush Opposes 'Legacy' College Admissions," CNN.com, August 6, 2004.

[13] "Public Views on Higher Education：a Sampling," *Chronicle of Higher Education,* May 7, 2004.

[14] Sarah Harris and Gordon Rayner, "His Oxford Dream Dashed, Euan Blair Is Bristol-Bound," *Daily Mail*, August 24, 2002.

[15] R. J. Innerfield, "Losing Legacies," *Princeton Alumni Weekly,* May 15, 2002.

[16] 笔者在与杰罗姆·卡拉贝尔（Jerome Karabel）的访谈中获知。

[17] 参见马希亚·格拉姆·辛诺特（Marcia Graham Synnott）以下著作中有关哈佛大学大四俱乐部和黄金海岸居住区诸会所的论述。*The Half-Opened Door: Discrimination and Admissions at Harvard, Yale and Princeton, 1900-1970*（Westport, Conn.：Greenwood Press, 1979）, pp. 23-32.

[18] Dan A. Oren, *Joining the Club: A History of Jews and Yale*（New Haven：Yale University Press, 1985）, pp. 49-50.

[19] Oren, *Joining the Club,* p. 43.

[20] David O. Levine, *The American College and the Culture of Aspiration, 1915-1940*（Ithaca：Cornell University Press, 1986）, p.154.

[21] Levine, *The American College*, p. 142.

[22] Oren, *Joining the Club,* p. 59.

[23] Synnott, *Half Opened Door,* p. 155.

［24］Synnott, *Half-Opened Door,* p.154

［25］Synnott, *Half-Opened Door,* p.155.

［26］Synnott, *Half-Opened Door,* p.112.

［27］Nicholas Lemann, *The Big Test: The Secret History American Meritocracy* (New York：Farrar, Straus and Giroux, 1999）, p. 49.

［28］Lemann, *Big Test,* p. 150.

［29］Quoted in Lemann, *Big Test,* p. 151.

［30］Compliance Review No. 01-88-6009, Office for Civil Rights, United States Department of Education, October 4,1990, p. 1. Admissions staff comments, pp. 27-28.

［31］McKinsey Report for the Notre Dame Alumni Association.

［32］笔者在与校友会执行负责人查尔斯·列侬（Charles Lennon）的访谈中获知。

［33］笔者在与丹尼尔·萨拉西诺的访谈中获知。

［34］笔者在与丹尼尔·萨拉西诺的访谈中获知。

［35］Meg McSherry, "A Case for Special Cases," *Chicago Tribune,* May 25, 2003, p. 1.

［36］笔者在与圣母大学负责校际关系的副校长路易斯·南尼的访谈中获知。

［37］Ed R. Haggar, *Big Ed and the Haggar Family*（Austin, Tex.：Eakin Press, 2001）, p. 55.

［38］Julie Flory, University of Notre Dame News, "Groundbreaking Ceremonies Planned for New Performing Arts Center, " September 5, 2001.

西雅图体育馆

第五章

《教育修正案第九章》
与贵族项目运动员的兴起

——击剑、划船和马球运动奖学金

凡从电视观看过大学橄榄球、篮球比赛的美国观众，都会在球场上看到许多黑色面孔，于是他们便以为绝大多数被大学以较低标准录取的运动员都是少数族裔。这是一个相当大的误解。各著名大学也会资助建立一些运动队，给予那些从事林林总总贵族运动——这些运动项目很少会有少数族裔或低收入白人参与——的运动员以一定的优先考虑。这些运动项目包括：壁球、帆船、滑雪、划船、水球、击剑、马球等。由于几乎没有哪所位于城市中心区或乡村的公立学校能够负担开展上述运动的设施、设备、旅行费和教练工资等开支，也几乎没有哪个低收入家庭的家长熟悉这些消遣运动的精妙之处，因此，只有那些来自富裕家庭或者在郊区私立高中读书的学生才会接触到这些运动项目。如果这些学生表现出在这些项目上的天分的话，他们的父母便会包下他们孩子上私教课程的学

▲ 哥伦比亚大学校园雕塑

费，俱乐部会费，购买运动项目所用的船只、马匹、划船测功仪的费用以及其他费用。这一富人才具有的优势为我们提出了这样一个问题：是否应当将学生在壁球、帆船或马术等项目的才能视为他们接受大学教育的资质条件，还是应当仅仅把它们看作是社会地位的标志而已？

凯特琳·科伊尔（Catelyn Coyle）和安德里娅·汉纳曼（Andria Haneman）都出身富裕家庭，从优质私立中学毕业，SAT 分数远远低于弗吉尼亚大学录取外州学生的平均成绩（1370 分）。但该校女子划船队的教练凯文·索尔（Kevin Sauer），却对她们的另一个完全不同的测试结果（多焦视网膜电图，ERG）印象深刻。索尔正在寻找能够在 7.5 分钟或者更短时间里在划船测力器上划到 2000 米的理想苗子。由于凯特琳和安德里娅达到了这个标准，于是他将学校为他招兵买马特别准备的录取名额提供给她们，而且她们获得的运动员奖学金还可以冲抵以下费用的一部分，这些费用包括：弗吉尼亚大学对州外学生所收取的一年 28850 美元的学费、杂费以及食宿费用等。

2005 年 4 月 16 日，一个清新的周六早晨，凯特琳和安德里娅面临着另一场考验。弗吉尼亚大学划船队是全美最优秀的划船队之一，但这支队伍头船的表现却不尽如人意。一周前，她们在与加州大学代表队的比赛中惜败。为弥补阵容不足，索尔教练举荐凯特琳和安德里娅进入到学校头船的 8 人队伍，以参加与俄勒冈州立大学代表队的比赛。这场比赛在距离弗吉尼亚大学夏洛茨维尔校区 5 英里的万纳水库（Rivanna Reservoir）举行。队友们站在船库下面的码头上，用传统的"哇呜哇"呐喊声加油助威。凯特琳、安德里娅和其余 6 人将举过头顶的赛船放入水中，划向比赛起点。

凯特琳的位置非常关键，她是离舵手最近的桨手，起决定桨频的作用。对她来说，这次位置提升是大学划船生涯的顶点。一直以来，因受伤痛困扰，她不得不停赛 1 年，而在其他赛季，也不能全力以赴。由于因伤错过了大部分比赛，所以当她以平均成绩"B"毕业后，已在攻读教育硕士学位的她仍有资格代表学校参赛。

凯特琳的双亲来到了比赛现场。她的父亲盖里是一位名厨，曾任纽约格林公园餐厅以及其他多家知名餐厅的主厨；母亲丽娜则是一位成功的儿童烹饪作家。凯特琳是在鲍德温中学（Baldwin School，一所位于费城布林莫尔的女子预科学校）读高一时开始学划船的。"在高中的很长一段时间里，我基本上没有关注上大学的事。"凯特琳告诉我，"如果我努力的话，我会是一名好学生。但我的态度却是'无所谓，只要使出一丁点儿气力就可以混到毕业'。我也没有用功准备 SAT 考试。因此我的高中成绩和考试分数，都不能反映我的真实能力。"

尽管如此，许多名校包括耶鲁大学、圣母大学和密西根大学，都因为凯特琳在划船运动上的非凡能力而力邀她加盟。"我在高中毕业前的那个暑假，曾到过上述所有学校考察看了一番，"她说，"弗吉尼亚大学是我去的最后一所学校。在那一年，只有多焦视网膜电图测试（ERG）结果在 7：30 之内的学生，才能够与凯文教练见面。他非常相信这些测试结果。我申请弗吉尼亚大学 ERG 的结果是 7：27；他又看了看我的身高，我的身高是 5 英尺 11 英寸（约 1.80 米。——译者），个子高有助于在船上撬拨动作的完成，增加划桨的长度。

"我在鲍德温中学的大学申请辅导老师告诉我，'你为什么不申请那些不需要体育运动加分就可以进入的学校呢？'我说，'我已经被弗吉尼亚大学提前录取了。'如果我是弗吉尼亚本州人的话，仅凭我的学习成绩就能进这所学校，但我是外州人，如果仅仅靠学习成绩那就没指望了！"

在船上，坐在凯特琳正后面的安德里娅·汉纳曼，是校队头船上的唯一一名新生。安德里娅的父亲是一家废品转运公司的老板，他曾计划让女儿进入新泽西州阿布西肯的圣灵高中（Holy Spirit High School）专攻篮球，但那里的教练却注意到她的身高只有 1.8 米，于是建议她转为划船运动。她也渐渐爱上了这项运动。"他们告诉我，'凭打篮球上大学是很困难的。试试划船吧，这是一项正在兴起的运动。'"她说。

安德里娅说，她高中时的一位密友与她成绩相当，但由于没有运动员的身份，被弗吉尼亚大学拒绝录取。而当时她已经进入弗吉尼亚大学的录取候补名单。朋友对她最终被录取并没有表现出非常地愤愤不平，因为她知道安德里娅在划船运动上花了很多时间和精力。"你必须巧妙地平衡运动和学习，"

安德里娅说，"这是一种完全不同的智慧，要学会管理时间。"

除弗吉尼亚大学外，杜克大学和锡拉丘兹大学都录取了安德里娅。她告诉我，她本来可以为一所常青藤大学效力的，"但常青藤大学都希望学生的SAT分数能够尽可能地接近1300分，而我不想再考SAT了。我可以上弗吉尼亚大学，这是一所一流的公立大学"。

与校友子嗣和发展项目的优先录取不同，运动员优先录取的重点不是申请人的家庭背景，而是申请人本人的运动成就。尽管如此，对于高校是否应当看重运动能力，或者说应当在多大程度上看重运动能力，却是值得商榷的。尤其是在当前，人们在运动项目上脱颖而出的机会并不均等。高校仍然会出于资金筹措方面的考虑，对开展什么样的项目以及录取什么样的运动员加以选择，因此，运动员优先录取与校友子嗣和发展项目一样，仍然青睐富人、白人和有良好关系背景的人。

那些口口声声提倡族裔和社会经济阶层多元化的名校，为讨好校友和捐赠人都会降低入学门槛，录取从事贵族运动项目的运动员，既加重了族裔隔离又加深了社会阶层之间的鸿沟。在倡导性别平等的法案《教育修正案第九章》的推动下，美国的俱乐部运动项目中开始有了女子队，又进一步加剧了这种趋势。与此同时，所有体育项目的教练们也被告知，他们要为那些父母有能力捐赠体育场馆或奖学金勉强达标的运动员预留名额。

"目前，运动竞技是公平竞争环境正在发生倾斜的一个主要领域。"哈佛大学招生部主任威廉·菲茨西蒙斯说，"这不只是在大家认为的那些主要由上层人士从事的体育项目上。甚至在我的老本行——冰球项目上，一位守门员要配备齐全最新高科技的装备，很可能要花费2000~3000美元。"他说，由于预算紧张，城区公立学校纷纷减少了体育项目的种类，或者向参加运动的学生收取一定费用。"对于家庭收入处在中等及以下水平的孩子来说，这种做法非常不利。在音乐和舞蹈方面也有同样的情形。如今，中产阶级及以上阶层的人们，不仅在学习机会上占有更大优势，而且在运动和课外活动的机会上也同样如此。"

与学生群体的整体状况相比，无论从族裔角度还是从社会经济阶层的角度，名校运动队都具有更高的同质化倾向。这与人们长期以来的印象正好相反。如果说高校篮球队和橄榄球队队员构成相对多元化一点的话，那么一系列存在种族隔离现象的运动项目就在一定程度上起到了抵消作用。这些运动项目是[1]：男子高尔夫（87.6% 为白人，2.0% 为黑人，1.4% 为西班牙裔，5.2% 为国际学生），男子曲棍球（90.9% 为白人，1.8% 为黑人，1% 为西班牙裔），女子曲棍球（91.0% 为白人，2.2% 为黑人，0.9% 为西班牙裔），女子马术（92.8% 为白人，0.9% 为西班牙裔，0.2% 为黑人，0.8% 为亚裔），女子划船（84.1% 为白人，3.2% 这亚裔，2.3% 为西班牙裔，1.8% 为国际学生，1.7% 为黑人）。白人占绝对优势的运动项目还包括：男子滑雪（90.4% 为白人，6.1% 为国际学生，0.8% 为亚裔，西班牙裔和黑人所占比例均为0.2%），女子滑雪（89.2% 为白人，5.1% 为国际学生，0.8% 为亚裔，0.2% 为西班牙裔，黑人所占比例为0%），女子水球（78.8% 为白人，5.4% 为西班牙裔，3.8% 为亚裔，2.9% 为国际学生，0.8% 为黑人）。

在佛蒙特州米德尔伯里学院（Middlebury College），某教授委员会发现

▲ 斯坦福大学校园雕塑

2002年有26%的运动员学生的家庭年收入超过20万美元，与此相对照，非运动员学生家庭年收入超过这个数值的只有21%[2]。同样，近年一项关于19所常青藤联盟大学和文理学院的研究发现，只有6%的运动员学生来自美国最贫困的25%的家庭[3]，而在普通学生中，这个比例是12%。由此，该研究得出结论："被录取的运动员学生，是一个不可能帮助高校提高在族裔和社会经济阶层方面多元化程度的群体。"

作为一个由纳税人提供经费支持的州立教育机构，弗吉尼亚大学的首要任务是为本州年轻人提供他们可以负担的高质量教育，其最大受益者应该是来自公立中小学的有培养前途的青年学子。然而该校女子划船队的情况，却是对大学利用运动员优先录取的方法为优势群体提供更多帮助的具体说明。与之相似的是为数众多的大学运动代表队极少出现在电视上或被国家媒体加以报道。它们与弗吉尼亚大学女子划船队（弗吉尼亚大学没有男子划船队）一样，队员基本上是白人，并且大多来自富裕家庭。

弗吉尼亚大学有68%的学生来自本州[4]，但该校女子划船队却主要由来自州外私立学校的毕业生（她们多来自像马萨诸塞州格里诺贵族学校、新罕布什尔州菲利普斯中学、新泽西州劳伦斯维尔中学和华盛顿特区希德威尔友好中学这样的上层家庭子女聚集的中学）和国际学生组成。该队的60名运动员，几乎无一例外都不具有进入名校所需要的学习成绩，但她们还是被录取了。不仅如此，她们还获得了运动员补助金（通常这种补助金被称为"奖学金"），但称为"奖学金"显然用词不当，因为该奖学金与学习成绩毫无关系，颁发依据的是她们所具有的划船技能，而这项运动恰恰是大多数美国人接触不到或者因为费用昂贵而无法从事的运动项目。

弗吉尼亚大学女子划船队每年有12个录取名额[5]，超过了该校的其他运动队（橄榄球队除外）。为了用完这些名额，索尔教练要向招生部门上报50名候选人的成绩报告单和运动测试成绩，以供后者审批。她们一般被划分为三类：全额奖学金的、部分奖学金的和没有奖学金的。招生办通过审查，会留下大约40个候选人，由索尔教练为她们提供录取名额和奖学金，而后由她们提交入学申请,正式的录取过程这才开始。假如招生部门拒绝录取一名优秀的划船运动员的话,索尔教练可能会敦促她重考一次 SAT 或者把她的成绩再吹嘘一番,然后再把她的名字提交给招生办。其他大学也在招收划船运动员,各校争取的往往是同一群人。这样,尽管大多数人都花落别家,索尔教练仍然能网罗到不少优秀运动员。

"我们录取的大多数孩子在申请入学时需要得到我们的帮助。"索尔教练说。

对于大多数高中运动员而言,参加体育运动至多只能为他们被大学录取提供微小帮助。而对于那些技能出众、有幸列入高校教练员特招名单的运动员来说,特招优先成为他们超过比以往更容易进入精英名校的重要因素。

在普通高校里,学生运动员的数量从1992~1993年度的332人增加到了10年后的366人。这一方面反映出在《教育修正案第九章》推动下,女性运动员数量开始迅速增长[6];另一方面,也表明通过体育运动项目路径升学的高水平运动员学生的人数比以往有所增加。以前,高校运动队大部分由多才多艺的在校本科生组成,他们因享受竞赛带来的乐趣而参加运动队。随着专业运动员的加入,不惜一切代价争取胜利的精神影响了所有的运动项目,业余运动员逐渐被那些通过享受录取优先政策入学的、能力更强的专业运动员所取代。

尽管在橄榄球、篮球等热门项目上,大型州立大学占据着主导地位,但精英私立大学中以运动员身份被录取的学生比例却更高一些。这是因为常青藤高校一般至少有30种体育项目的代表队,是所有高校平均拥有代表队数目的两倍[7]。而且,由于常青藤高校不提供运动员奖学金——它们希望申请学生不是出于经济方面的动机而从事运动——因此往往会录取比实际需要更多的运动员以填满录取名册。在这种情况下,一些人便会在入学后放弃他们所从事的运动项目。

传统上将自己的毕业生送入常青藤高校的私立高中,从贵族运动项目在这些学校录取环节所具有的效力中获益匪浅。例如,在马萨诸塞州相距不过25英里的两所中学(东波士顿高中和位于安多弗的菲利普斯中学),由学校支持开展的体育运动就截然不同。拥有1430名在校生的东波士顿高中是一所典型的城区公立学校[8]，将近3/4的学生为少数族裔，68.4%的学生来自于低收入家庭，毕业生很少能够进入四年制高校。学校有橄榄球、篮球、棒球、垒球、曲棍球（有一支男子队，与另外4所高中联合组队）、游泳、径赛、排球和足球等运动队，学生们还可以参加一个在全市范围内招收队员的越野代表队[9]。

菲利普斯中学位于安多弗，有1087名在校生，是一所著名的私立学校，寄宿学生的学费为31160美元。该校拥有东波士顿高中的全部运动项目[10]，还加上网球、曲棍球、高尔夫、长柄曲棍球、划船、壁球、跳水、水球、女子冰球、摔跤、自行车和滑雪等。2004年，该校毕业生中有80人进入了常青藤大学（以及其他著名学院），这些学校都为上述体育项目的运动员提供了优惠的录取分数线。因此，安多弗的学生们能够以上述12种项目运动员的身份进入大学，而东波士顿高中的学生却没有从事这些项目的机会。

"看看哈佛大学的所有运动项目，其中大多数是我们不怎么了解的项目。"波士顿公立学校运动部资深主管肯尼斯·斯蒂尔（Kenneth Still）说，"从中可以看出我们会对哪些体育项目投资，私立学校又会在哪些体育项目进行投资。假如你到菲利普斯之类的私立学校读书的话，通往大学的门票上必须要有一项内容，那就是你必须得参加体育运动项目。他们把体育项目看得与学习一样重要。"

▲ 加州滑雪场

2002~2003年度，圣母大学的一个教练招募到在高中脱颖而出的帕特里克·加塔斯（Patrick Ghattas），希望他能够帮助该校在一项几十年来一直独占鳌头的体育项目上再度赢得全国冠军。但这事却遇到了一个障碍，那就是帕特里克的SAT成绩。尽管帕特里克出身于一个富裕家庭（他形容自己身为黎巴嫩移民的父亲是一位"投资行家"），并且在波特兰颇负盛名的俄勒冈主教学校保持着平均"B"的成绩，但他的SAT成绩却只有970分（满分1600分），比圣母大学的平均录取分数低了400分。圣母大学的招生官员告诉帕特里克，尽管他们也希望满足那位教练的愿望，但却不能录取他，除非他能够提高自己的SAT考分。帕特里克参加了第二次SAT考试，总算将成绩提高到1000分以上。这个成绩仍然比圣母大学录取平均成绩低300多分，但他不仅被录取了，还获得了全额运动员奖学金。"这个分数是我们能够允许的SAT的最低分数。"圣母大学负责招生的副教务长丹尼尔·萨拉西诺说。

对有着橄榄球运动光荣传统的圣母大学，人们也许会认为，对一名优秀的四分卫运动员或线卫运动员如此降格以求是可以理解的。但帕特里克·加塔斯是一名击剑运动员，在他手里运转自如的不是橄榄球，而是一把利剑。

2005年春，正在圣母大学政治学专业读大二、平均成绩为2.4（介于"B"与"C"之间）的帕特里克告诉我："我的标准化考试成绩都不太理想，击剑对我的入学确实起到了很大作用。"帕特里克说，如果不是因为经常参加击剑比赛耽误功课的话，他的高中成绩一定会更骄人一些的。

"（帕特里克的SAT成绩）要比许多大学招收的运动员平均成绩高得多。"圣母大学击剑教练詹奴苏·贝德纳尔斯基（Janusz Bednarski）说，"考试成绩并不代表一切。我经常和教练们交谈，了解要招来的孩子是不是肯付出努力的人。假如教练们告诉我，这个孩子严肃认真、志向远大，我就会同意录取他，并在学习服务方面为他提供帮助。"

像橄榄球、棒球和冰球之类电视曝光率很高且赚钱最多的运动项目，通常需要高校招生办人员最大限度地高抬贵手。然而，即便是那些所谓的贵族运动项目，许多特招运动员也需要大幅度的降分照顾。2003年，威廉·G.伯温和萨拉·A.莱文（Sarah A. Levin）在对精英高校所做的研究中发现，名校特招运动员的 SAT 分数落后于其他学校参与同类运动项目的学生[11]。比如，男子壁球特招运动员的分数相差67分，男子高尔夫球则相差66分。他们的结论是："学校越好，所录取的运动员享受到的降分照顾就越多。"[12] 像帕特里克这样被重点招收的运动员，所享受到的优惠远远超出普通意义上的照顾。

伯温和莱文发现，一旦进入大学，这些从事高尔夫、击剑、划船、壁球以及其他贵族运动项目的学生运动员，学习成绩往往会掉到所在年级的后50%[13]，比他们的同学更难获得学习奖励或进入优等生名单。他们发现，学生运动员学习成绩不佳的现象不仅仅局限于那些高调运动项目。[14]

那么，高校为何要为那些非主流运动项目的运动员降低录取标准呢？它们既不能增加种族或社会经济阶层的多元化，也基本上不会带来任何收益或引起媒体关注。最善意的解释是，这些著名大学是在努力追求卓越。在体育运动上追求卓越就是要赢得比赛，要赢得比赛就需要高水平的运动员，要招收高水平的运动员就需要在录取上为他们提供帮助。这种想在大大小小的运动项目上都赢得胜利的愿望，在西尔斯领导者杯（自1994年以来，每年由会员高校中运动成绩最佳的大学捧得奖杯，通常是斯坦福大学）的刺激，以及认为大学应当支持所有运动项目的官僚观点的重压下，得以进一步强化。运动队和招生部门工作人员在委托橄榄球队教练全权招募队员的同时，也不会反对小运动项目的教练招兵买马。只要能在竞赛中不断取胜，任何项目的教练都会赢得招生部门更多的信任，对招生工作的影响力也会增强。

"很显然，橄榄球和篮球的录取标准更低一些。不过，各高校的态度是，应该'对所有的运动项目都有所表示。因为如果打算保留这些运动项目的话，就要给予它们赢得成功的办法。'"弗吉尼亚大学划船队教练凯文·索尔说，"否则，拥有这么一支队伍干什么？假如一所大学十分严格地坚持学术标准的话，那么其他那些让运动员相对容易跨进校门的高校便拥有了巨大的优势。如果严格的高校稍稍降低录取标准的话，便会相应提高它们在运动场上的名次。"

2003年秋季开学时，弗吉尼亚大学女子划船队队员的第一学年平均成绩是3.0，落后于全校的平均水平3.18[15]。尽管如此，索尔教练仍然认为，他的运动员们在学习上是对学校有贡献的。"大学不只是要招收最优秀、最聪明的学生，"他说，"也应当在学习上是多元化的。如果一所学校有一批必须努力才能够获得好成绩的学生，也能带来一个不错的多元化群体。这样的学生也许会提出更加常识性的问题。"

许多小运动项目是奥运会项目，每四年便会吸引媒体的关注，并唤起人们的爱国热情。比如，圣母大学的击剑教练玛丽埃尔·萨格尼斯（Mariel Zagunis）就在2004年奥运会上赢得了女子佩剑比赛的金牌，为学校赢得了荣誉。作为一名投资经纪人的女儿，玛丽埃尔在俄勒冈州的波特兰长大，就读于当地的一所天主教高中。她告诉我说："击剑运动是相当花钱的。假如你真的想练击剑的话，就必须得有钱。你得购买价格不菲的装备，还得支付在国内、国外往来旅行的费用，以及参赛费、住宿费等等。"

同帕特里克·加塔斯一样，玛丽埃尔也曾在俄勒冈州击剑联盟俱乐部受训，接受过艾德·科尔凡蒂（Ed Korfanty）教练的指导。这位美国女子佩剑国家教练与圣母大学的关系非常紧密。科尔凡蒂曾担任圣母大学击剑队前助理教练，多年以前同詹奴苏·贝德纳尔斯基等人在波特兰打过比赛，因此与圣母大学现在的教练们成了好友。后来，科尔凡蒂成为波特兰奥运击剑队的成员，贝德纳尔斯基当时正担任该队的教练。

玛丽埃尔获得了运动员全额奖学金。她告诉我说，她是在科尔凡蒂教练的指点下进入圣母的。和她一起来到该校还有另外3名来自科尔凡蒂教练所在俱乐部的运动员，其中包括帕特里克。她说："我想我的教练的确是做了一些幕后的工作，将我们一并送入了圣母大学。所有人都相信我是会进圣母的，而且非进圣母不可。"她承认，在波特兰瓦利天主教高中（Valley Catholic High School）读书时，学习并不是她的强项。"高中时我耽误了不少功课，这影响了我的在校成绩。坦率地讲，如果仅看我的在校成绩，我并不是圣母大学想要的学生"。她又说，自己的SAT考试成绩"并不太好"。"事实上每次考试的时候我都在外地，要赶回来参加考试，因此只有在临考前才能进入状态。我也从来没有时间去上备考班。"

为备战奥运会，玛丽埃尔推迟了进入圣母大学的时间，直到2004年才最终走进校园。她告诉我说，大一时的那个春天，她的学习还"不错"，而且很喜欢所上的课程。圣母大学教练贝德纳尔斯基对我说，玛丽埃尔已经"很接近这所大学最优秀学生的水平"。

当被问到圣母大学为何要对击剑运动员降低录取标准时，萨拉西诺告诉我："每年我们都会特殊考虑六七个击剑运动员，这并不是一个多大的数目。"这位圣母大学负责招生的副教务长说，该校击剑队通过吸引国际学生的加入，使队员在来源地理分布上呈现出多元化特征。圣母大学在这个项目上赢得了多次全国冠军，这是其他任何大学无法匹敌的。

"击剑运动和橄榄球一样，是圣母大学的传统项目之一。"萨拉西诺说，"但它受到同等关注了吗？没有。你会发现，像击剑这样的奥运会项目，会吸引既有运动才华、学习又很不错的学生。即便我们无法找到太多出类拔萃的击剑选手，并在比赛时为他们呐喊助威，但击剑运动仍然可以在全国范围内引来人们的些许关注，并为我们的大学吸引来真正优秀的学生。"

名校不遗余力地支持贵族运动项目，还有一个原因，那便是金钱。尽管从整个国家的范围来看，这些项目都非常不起眼，但对于富裕的校友和捐赠人而言却非常重要。这些运动要么是他们在大学时代开始从事的，要么是他们迄今还非常喜欢的休闲活动。比如，哈佛大学学校资源委员会里的几位重要捐赠人，就曾经是该校划船队的选手，包括前奥运会运动员理查德·凯辛（Richard Cashin）和富兰克林·霍布斯四世（Franklin Hobbs Ⅳ），还有1966年保持不败战绩的那支划船队的尾桨手 A. 克林顿·艾伦三世。已故的哈佛校资会主席小罗伯特·G. 斯通，曾在1947年时担任哈佛大学重量级船队的队长，并在2001年出资赞助该校设立了男子重量级船队教练职位。以上4位哈佛大学的前划船队队员，共有8位子女进入了哈佛，其中包括弗兰西丝·凯辛、R. 格雷格·斯通（R. Gregg Stone）和詹妮弗·P. 斯通（Jeniffer

P. Stone），他们都追随自己的父辈进入了哈佛划船队。同为哈佛校资会成员的芬恩·M. W. 卡斯帕森，是哈佛大学法学院和布朗大学的一位重要捐赠人，十分热衷于划船和马术运动，并为这两项运动在哈佛大学的开展提供了资金支持。

1995年，原威廉姆斯学院壁球明星格雷格·扎夫（Greg Zaff）创办了一个非营利项目——"壁球阻击者"，帮助来自波士顿城区初中和高中的少数族裔学生学习壁球课程，同时为他们提供学习辅导、学术提升课程和大学申请咨询等。"关于这个项目，有一点是确定无疑的：假如你壁球打得够好，同时又具有一些学习实力的话，壁球就是进入名牌大学的通行证。"扎夫说。当被问到名校为何会关注那些壁球打得不错的申请人时，他说："壁球界是有钱人的天下，球友们大都腰缠万贯。但在壁球界，球队的实力非常不均衡，因此拥有一支优秀的壁球队益处多多。这样做既能吸引有权有势的富人们的注意力，同时也把这些富人们的钱财吸纳过来了。"

也许没有哪种运动能够像马球一样吸引有权势的富人们。在马球比赛中，骑在马上的运动员们头戴头盔、身穿白裤、脚蹬皮靴，他们挥舞着木槌，满场追逐，大力击打一粒小球，试图将它打进球门。这项被喻为国王运动的项目，深受查尔斯王子以及英国王室其他成员的喜爱，曾一度成为奥运会项目。在美国，只有屈指可数的几所高中开展马球运动，但优秀运动员仍然可以在至少两所名校获得在录取上的优先，即康奈尔大学和弗吉尼亚大学。年复一年，两所大学都会为全美马球冠军争得不可开交。

▲ 斯坦福大学具有十七世纪西班牙风格的建筑设计

在弗吉尼亚大学，马球是

一项俱乐部运动，这就意味着马球运动的经费不是来自于大学，而是来自于俱乐部成员每年所交的500美元会费以及校友捐款。幸运的是，弗吉尼亚大学马球运动员的会费和校友捐款，足以支付开展马球运动所需的费用。该校马球俱乐部教练路·洛佩兹（Lou Lopez）说，校友捐款帮助弗吉尼亚大学建起了一个面积为75英亩[①]的马球中心。中心由一个拥有水浇设施的室外场地、一个室内比赛场地以及安置马匹的马厩和若干小围场组成，被认为是美国高校中最棒的马球训练场所。该校校友还为俱乐部购买了70匹马，每匹价值都在2500美元至6万美元之间。俱乐部每年为最优秀的新队员提供一笔由私人赞助的丰厚奖学金——雷蒙德·尼科尔马球奖学金。雷蒙德·尼科尔是一位已故的马球运动员[15]，该项奖学金是由他的生前好友们捐助设立的。

洛佩兹教练说，由于马球俱乐部吸引了来自马来西亚、哥伦比亚、英格兰和夏威夷的运动员，从而提高了这所州立大学生源地域的多元化程度。这位教练还说："一些热爱马球运动的校友已经成为弗吉尼亚大学的重要捐赠人。他们不仅长年支持马球运动的开展，还为橄榄球队和篮球队提供资助。"

与其他运动代表队不同，马球俱乐部不会正式预留新生录取名额。洛佩兹教练对自己在学校招生上所具有的影响力不愿多讲，只是说，"我们会尽量跟招生部门谈，虽然他们会听取我们的意见，但最后的决定权还是在他们手里"。（对于尼科尔马球奖学金，他也非常谨慎。当我问到关于奖学金的情况时，他恳求我不要在本书里提及此事，但并没有解释原因。）康奈尔大学教练戴维·艾杰奇（David Eldredge）曾向本校招生部门递交过一份希望得到照顾的申请人简要名单。他说："据我所知，弗吉尼亚大学运动队具有得到招生部门帮助的能力。"

原华盛顿特区国家大教堂学校（National Cathedral School）资深的大学申请辅导教师妮娜·马克斯（Nina Marks）说，弗吉尼亚大学招生办主任约翰·布兰克伯恩会亲自审阅所有马球运动员的入学申请，因为这些申请人及其家人被认为是大学潜在的捐赠人。她说："他对马球运动员非常感兴趣。好

---

① 1英亩约合4046.8546平方米，75英亩相当于303514平方米。——译者注

的马球用马是非常昂贵的。假如一所大学拥有一批马球用马的话，会让其他高校不敢小视，并引来关注。"

弗吉尼亚大学的女发言人卡萝尔·伍德（Carol Wood）告诉我说："约翰·布兰克伯恩主任非常关注从事马球运动的申请人，因此，他和他的同事们会在审查其他申请材料之前，对这部分人的申请材料进行认真复审。在复审中，申请学生的运动才能会被重点考虑，正如一名音乐特长生是否拥有在行进乐队中演奏的才能会被重点考虑一样。而对我们招生人员来说，这一点不过是需要考虑的诸多素质和成绩当中的一项而已。"她还说，打马球的学生并没有被看作是潜在的捐赠人，他们"只是学习出色同时又具有运动天才的学生。他们的运动天才可以为学生群体增添多元化色彩"[16]。

一家体育俱乐部主席、优秀的马球运动员莫莉·米德金（Molly Muedeking）告诉我，弗吉尼亚大学招生部门每年都会对男女各两名马球运动员予以特殊考虑，并为他们提供尼科尔奖学金（Nicoll Scholarship）。这位尼科尔奖学金获得者、律师之女说："显然，是马球帮助我进入了这所大学。"莫莉说自己是一名好学生，SAT 考试成绩达到了 1300 多分，但她也说，自己在马里兰州加里森福斯特中学（Garrison Forest School）读书时，并不能进入年级排名前 10。

加里森福斯特中学是全美开展马球运动的两所女子中学之一，长年为弗吉尼亚大学输送马球运动员。这所中学的马球教练丽莎·格林（Lissa Green）也曾经是弗吉尼亚大学的明星球员，并获得过尼科尔奖学金。1999 年，毕业于私立中学、SAT 考试仅 1200 多分的格林进入了弗吉尼亚大学。她说："我利用马球进了弗大。外州学生进入弗吉尼亚大学是非常不容易的。我的高中成绩虽然达到了平均水准，但我并没有参加过学生会。我的大多数课外时间都用在骑马上，由它带来的额外推力也的确帮了我的大忙。"

尽管众高校都用多元化的理由为名目繁多的优先录取辩护，但有利于某一种类多元化提升的录取优先，往往会对其他类型的多元化产生损害。比如，圣母大学和弗吉尼亚大学的校方官员都自我辩解道，他们之所以降低要求招收那些身为击剑运动员和马球运动员的国际学生，是基于提高本校学生来源地多元化水平的目的，结果导致来自富裕家庭的学生大量涌入，反而加剧了学生群体中来自于高收入家庭的学生比例偏高的情形。

同样地，旨在禁止性别歧视的《教育修正案第九章》在提高高校体育运动队中性别多元化的同时，也使得运动队中学生社会经济阶层的多元化水平降低，从而进一步影响到了整个学校。20世纪70年代，《教育修正案第九章》使女子篮球之类的运动项目实现了种族融合及经济阶层的多元化，但近年来各高校为了回应运动队性别平衡的法律压力，开始在女子运动队中大量增加划船、马术等贵族运动项目的运动员名额，从而又导致了种族歧视的问题。实际上，《教育修正案第九章》已经演变为来自富裕家庭女生敲开大学之门的护身符。

1972年通过的《教育修正案第九章》，在1979年得到了强有力的实施[17]。当时联邦政府采用一项颇具争议的由三部分组成的评估，用以考查高校体育运动开展的情况。为贯彻《教育修正案第九章》，高校体育运动队的男女比例必须与学生群体的男女生比例情况相匹配，运动项目必须符合女生的兴趣且与她们的能力相符。另外，学校必须在为女生提供平等运动机会上有所进展。1984年，美国最高法院的一项裁决免除了大多数高校履行《教育修正案第九章》的义务，但国会在4年后推翻了这一裁决，扩大了该法案的管辖范围。

针对《教育修正案第九章》三项考查的重大挑战开始于1992年[18]。当时，由于布朗大学在前一年出台的一项预算紧缩政策，使得该校的女子体操队和女子排球队与两支男队一样失去了原来的经费资助，女队员们为此起诉了布朗大学并最终胜诉。由瓦坦·格里高利安担任校长的布朗大学认为，联邦法案有关性别均衡的考查指标并不公平，因为女性对于运动的兴趣要弱于男性。1995年，一家专门保护女性运动员利益的联邦地区法院建立。两年后，美国最高法院宣布维持上述判决。1998年，布朗大学通过一项合规方案，内容包括成立一支女子水球队。

正当布朗大学的案子经过一级又一级的法院审理时，全美大学体育总会（NCAA）在1994年认可了9项女子"新兴体育项目"（emerging sports）[19]，以供那些胆小怕事的高校展示自身在执行《教育修正案第九章》上的进展。9项运动项目包括：划船、花样游泳、冰球、手球、水球、射箭、羽毛球、壁球和保龄球。而后，全美大学体育总会又分别在1998年和2001年增加了女子马术项目和女子橄榄球项目。在上述运动项目中，划船运动由于需要较多队员，很快成为被操纵的对象：每条赛船需要8名运动员（有时是4名），而一支划船队可能有多条赛船，以参加从初级到高级的不同级别的比赛。同时，许多有钱的前划船运动员也会对项目的开展给予资助，提供与划船运动相关的奖学金。

由于有助于制衡最大的男子运动——橄榄球，女子划船被人戏称为"女子橄榄球"，成为被广泛采用的避免违反《教育修正案第九章》的免疫措施，于是全美大学体育总会在1996年批准设立女子划船全国冠军奖项，并于次年使之成为了一项成熟的运动项目。甚至像堪萨斯大学这样的内陆高校，也开始引入这项传统意义上只有沿海地区才会开展的体育项目。全美大学体育总会还允许高校为女子划船运动队提供不超过20份的全额奖学金或相应的奖励额度，其支持力度超过了其他任何运动项目（橄榄球除外）。由于全美范围内几乎没有高中女子划船队，各高校便把奖学金给了那些没有任何划船经验，但个子高、身体强壮的女生[20]。从1992~1993年度到2002~2003年度，高校女子划船队队员的人数增加了3倍多[21]，由1555人增至6690人，是所有运动项目中运动员人数增幅最大的。女子划船队的平均规模也由31人增至47人[22]，而男子划船队的平均规模反由39人降到30人。这同样从另一侧面反映了实施《教育修正案第九章》的效果。威斯康星大学女子划船队号称拥有150名队员，其中包括一支轻量级划船队。轻量级划船队一般人数不多，往往由非专业队员组成。

紧随其后的是马术。这是另一项具有队员吸纳空间的由上层人士从事的运动。它很快成为《教育修正案第九章》实施后得以快速普及的项目，仅次于划船运动。从1998~1999年度到2002~2003年度，从事马术运动的运动员数量由633人增至1175人，几乎翻了一番[23]，各高校马术运动队的平均人数也由15人增加到27人。在布朗大学、乔治亚大学和得克萨斯农工大学这几所马术运动发展最快的学校，开始在招生上给予马术运动员优先录取的待遇（有时还提供奖学金）。许多马术运动员来自于郊区或乡村的富裕家庭，他们入学后甚至会带着自己的马匹来上学。

乔治亚大学马术队助理教练科林斯·达耶（Collins Daye）告诉我说："我们马术队之所以成立，是为了达到与橄榄球队制衡的效果。"这支队伍于2002年成立，如今已经拥有65名队员，每年可自由分配由全美大学体育总会提供的15份全额奖学金。达耶女士说，在被乔治亚大学录取的马术运动员中，有一名学生的SAT成绩为1050分，比平均录取成绩低150分。"与任何可以在运动队事务中发挥作用的人士一样，我们总能将那些没有达到学校标准的学生招收进来。"她说，"他们并不是愚钝的孩子，进入大学后平均成绩仍可达到3.5分。"

另一所不错的公立大学——得克萨斯农工大学，也有一支拥有70名队员的女子马术队，成立于1999年。马术队教练塔纳·罗森（Tana Rawson）告诉我，除了敦促学校招收优秀队员外，对于那些不那么抢手但或许适合进入她所在运动队的申请人，她也有推翻学校拒录决定、让招生部门重新考虑录取的权力。她说："每年我们都会接触到几个女孩子，她们一般都进不了农工大。于是我们就去看她们骑马，或分析她们的录像资料，尽我们所能对她们的骑行能力给出评价，以判断她们是否是我们项目需要的理想人选。"如果她们是理想人选的话，"我们就可以写信给招生部门，说明马术队需要她们，请他们能够重新考虑。假如她们对于运动队的确很重要，或者我们决定给她们奖学金的话，招生部门就会做出相当程度的让步。"

《教育修正案第九章》还促进了另一项高调的体育项目——女子壁球的发展。为了"促进性别平等"，"为女性提供更多的资助机会"，斯坦福大学于2005年宣布成立美国西海岸高校的首支女子壁球队。

高校在增设一些文雅的女子项目的同时，也紧紧抓住《教育修正案第九章》所谓的比例原则，停办了一些工薪阶层人士喜欢但却缺少赞助的男子运动项目。例如，得克萨斯州南卫理公会大学（Southern Methodist University）分别在1999年和2003年创

▲ 华盛顿大学校园

建了女子划船队和女子马术队。但在2004年却停办了在种族和社会经济阶层方面具有相当融合性的男子田径队。该校的男子田径多年位居全美前10，产生过47位全美个人冠军。而与此同时，该校的男子高尔夫球队却安然无恙地被保存下来。

最容易被砍掉的项目是摔跤。尽管摔跤是一项具有悠久传统而且成本低廉的运动项目，全国范围内的公立高中都在这一项目上竞争激烈，但高校却视之为鸡肋。根据全美大学体育总会的统计数据，在1988~1989学年至2002~2003学年期间，有130所高校陆续取缔了男子摔跤队[24]，只有23所高校增设了男子摔跤队。这是迄今为止运动队减量最多的一个体育项目。全美摔跤教练协会（National Wrestling Coaches Association）因此起诉美国教育部，希望法院能够宣判"性别比例平衡"的标准无效。但此案在2003年被驳回。同时，全美大学体育总会也并不认为女子摔跤是"新兴体育运动"，尽管它是一项非常合理的候选项目。

"《教育修正案第九章》已然减少了大学里学生社会经济背景的多元化。"原耶鲁大学（该校取缔了摔跤运动队）招生部门官员劳埃德·彼得森说，"高校总是拿一些底层民众喜欢的体育项目开刀。绝大多数乡村俱乐部

开展的体育项目都是小众运动。耶鲁大学需要的就是两名可以为自己赢得全国冠军的击剑运动员。如果大学把关注重点放在这类运动上，全美大学体育总会会高兴，校友们也会高兴。校友们的孩子都会打壁球，所以我们放弃了摔跤。谁会为此感到难过呢？只会是那些来自匹兹堡的学生们。但谁又会理会他们呢？"

在一所私立大学里，尽管一位富有的前摔跤运动员努力把这项运动保留下来，但他付出的代价却不低。位于宾夕法尼亚州路易斯堡的巴克内尔大学（Bucknell University），于2001~2002年度取消了已有57年历史的摔跤项目[25]。原摔跤队队长、后来成为保险经纪人的威廉·格雷厄姆（William Graham）提出为该校提供50万美元以保留这一项目，促进性别平等。该校拒绝了格雷厄姆的礼物，理由是这笔钱不足以帮助学校达到《教育修正案第九章》的要求。该校需要开展两项女子运动，才能抵消保留摔跤项目所造成的性别不平衡。3年后，格雷厄姆提出将捐赠数额提高到560万美元，巴克内尔大学这才同意恢复开展摔跤运动[26]，因为这些钱足以支持女子划船队的扩充以及其他女子体育项目的开展了。

弗吉尼亚大学没有取消任何男子运动项目。为执行《教育修正案第九章》，它在1995年增加了女子划船队，在2003年又增设了女子高尔夫项目。这些举措在很大程度上加剧了女性运动员中白人居多的状况。该校的数据显示，在该校的两支女子运动队（篮球队和径赛队）里，少数族裔队员较多[27]。1998~1999年度，女子径赛队23名队员中的9人、女子篮球队14名队员中的7人是非洲裔学生。但在同一年度，其他女子运动项目中的142名运动员中，却有134人（占94%）是白人。其他的8个人中，非洲裔学生、西班牙裔学生、亚裔学生和国际学生各2人。2004~2005年度，该校女子高尔夫球队的全部9名队员皆为白人学生。

尽管《教育修正案第九章》颁布的初衷是确保性别平等，但将女子划船提升为一种运动队项目，反而导致了不少男性划船选手认为的相反的性别歧视。过去，男子和女子划船运动都是俱乐部运动，其发展基础是相同的。但现在，男子划船俱乐部被降至次等地位，大学不再为男子划船项目提供正式的入学名额，不设运动员奖学金，也不提供对运动队的资助。弗吉尼亚大学男子划船俱乐部不得不将自己拥有的船坞租给女子划船队，而且为了筹集经费，还需要多方争取捐赠、出售彩票，甚至让划船队队员为当地居民整理庭院，干体力活。

该划船俱乐部的队长之一查德·理查德·伊利斯（Chad Richard Ellis）说："我们不能招募新队员，不得不想方设法筹集经费。这种现实状况使我们的优势尽失，而我们还得跟一级船队比赛。我认为这的确有失公允。"他说，弗吉尼亚大学女子划船队可以到加州去参加比赛，男子船队向西最远只能到俄亥俄州比赛。"我们（在旅途中）的住宿条件也差别很大。我们都是些大高个，却要4个人住一个房间，这意味着6.4英尺高（约1.95米。——译者）、200磅重的两名队员，要睡在一张双人床上。我敢肯定女队至多是3个人一个房间。"

在从一位私人捐赠者那里获得一笔高达140万的高尔夫项目奖学金后，弗吉尼亚大学引入了女子高尔夫项目。由于有了这份厚礼，就"使得弗吉尼亚大学在继续执行《教育修正案第九章》相关规定方面有了经费保障"。这是该校一位发言人得出的结论[28]。对于通过开展高尔夫运动从富人们那里吸金，弗吉尼亚大学从不遮遮掩掩。2004年，由弗吉尼亚大学运动员基金发起的募捐从高尔夫项目中受益颇丰，校友们每人缴纳250美元，就能与男女高尔夫球队队员打上一轮比赛[29]。球员们的家长也为高尔夫球队计划购置的用于推杆和滚地球训练的一处设施捐了款。

作为弗吉尼亚大学首支女子高尔夫球队顶级队员的莉娅·韦格（Leah Wigger），获得了该校运动员全额奖学金。她也受到了圣母大学、韦克森林大学（Wake Forest University）及其他一些学校的追捧。身为家境富裕的牙医之女，莉娅在肯塔基州路易斯维尔奥德班乡村俱乐部（Audubon Country Club）学习这项运动。"我的父母拥有足够的财富，只要我想，任何时候都能去那儿练球。"她希望以后能够参加高尔夫职业比赛。大一大二时，莉娅已经成为弗吉尼亚大学最炙手可热的高尔夫运动员，并且是全明星队成员。曾经就读于一所天主教高中的莉娅告诉我说，她在高中成绩非常好，但 SAT 考试成绩却不理想。这个不理想的分数究竟是多少，她没有透露。"也许可以这样说，我不是一名优秀的标准化考试应试者。但我的学习成绩要比考试成绩反映出来的高那么一点点。的确，要是没有高尔夫球，我觉得自己是进不了弗吉尼亚大学的。"

2001 年，泰·格里沙姆（Ty Grisham）接受了弗吉尼亚大学棒球项目奖学金。此前，有 30 多位大学教练想将他招至麾下。泰的加入，使该校得到的不只是一名优秀的外场球手。泰的父亲约翰·格里沙姆（John Grisham）是畅销书《公司》（The Firm）以及诸多脍炙人口的法律类作品的作者。为了让自己的儿子打好球，他曾经多次出资帮助翻建那些破烂不堪的棒球场。所以非常自然的，当他儿子刚加入弗吉尼亚大学棒球队时，他就马上豪掷 100 多万美元，用以整修该校破旧的体育馆。

然而，那个曾非常热心地征召这位小说家之子的教练，却很快对大一新生泰失去了热情。在两个多赛季里，泰仅仅得到 10 次击球机会[30]，并最终于 2004 年退出该队。这让老格里沙姆迷惑不解。他不明白，那位弗吉尼亚大学的教练为什么一开始会那么喜欢他的儿子。"当时还有不少学校想要我的儿子。有几所学校是冲着我来的。"老格里沙姆说，"大家都知道我曾经为青年棒球项目捐过不少钱，这已经不是什么秘密了。"

在高校开展体育运动的过程中，金钱不仅仅影响学校对开展或取缔何种运动的选择，还侵入到一个往往被视为属于专业人士领地的地方，那就是对运动员的选拔。富家子女比低收入家庭的学生拥有在更多项目上被选拔的机会，因而也就拥有了更多凭借运动才能被大学录取的机会。不仅如此，与其他具有同样才能的运动员相比，他们被大学运动队选上的机会也要更大一些。

教练们追捧顶级运动员的原因，的确是因为他们出色的运动才能，但对于一些运动能力平平的申请人来说，能帮助他们的就不是运动才华而是其他一些因素了。富有校友和捐赠人的子女即便没有达到专业运动俱乐部的水平，大学仍会让他们加盟自己的运动队，目的是希望他们的父母能够出钱整修一间更衣室或改造一套自动喷水消防系统。在某种程度上，这就像是一群孩子玩沙地垒球时挑选队友时做出的选择一样。为赢得比赛，两个肩负队长职责的孩子会首先挑选最优秀的运动员。但当实力强劲的选手被瓜分完毕后，他们就会把机会交给那些带球棒和球的孩子。

对于某些学习成绩一般、运动才能平平的特权运动员而言，教练对他们的兴趣兴许就能够让招生部门大开绿灯。其他拥有同样背景的运动员，或许已被大学以某种方式接收，仍需学校从别处挪来招生名额，有时候还得把那些与他们一样训练有素的运动员的奖学金转到他们的名下。尽管这些运动员也为自己鲜有出场机会而烦恼，但在大学运动队里占有一席之地所带来的特权、人脉和就业机会，却让他们受益良多。

克蒂斯·布朗（Curtis Brown）告诉我，家长们"暗中活动或者慷慨解囊，就是为了让自己的孩子有一个学生运动员的头衔，尽管这些孩子的表现其实非常一般"。布朗曾是一所高校的棒球教练，如今为马里兰州哥伦比亚的"棒球工厂"工作。"棒球工厂"的主要业务，便是把有潜力的高中棒球运动员推荐给高校棒球队。"他们（指学生家长——译者）可以告诉别人，'我的孩子在大学里打棒球'，而别人却并不知道，他们的孩子不过是坐在场外的替补运动员罢了。"

凡高校篮球球迷一定会注意到，许多拥有非洲裔明星的运动队都有白人运动员，但他们很少上场比赛，只有在场上大比分领先或大比分落后的情况下，他们才有上场机会。有时候，篮球教练们（基本上是白人）会把为数不多的替补运动员名额作为受惠报偿，提供给那些捐赠人、前辈运动员和其他关系人的子女。

高校篮球队往往都在校园里举行公开选拔赛，吸引多达百人的候选者参加。然而，候选者们激烈争夺的非奖学金录取名额也许已经内定了。每年到了筛选队员的头一天，圣约瑟夫大学男子篮球队教练菲尔·马特利（Phil Martelli）都要举行类似的公开选拔赛。1999年，马特利教练破例让一名过去战绩为场均2分的高中毕业生没有参加公开选拔就加入了球队。他的名字叫小菲尔·马特利（Phil Martelli Jr.），是马特利教练的儿子。

马特利教练告诉我，小菲尔"综合素质最好"。但他又说，他儿子的志向是成为一名教练员，让他进入球队是使他成为教练员的最佳途径。小马特利于2003年大学毕业，如今是曼哈顿学院的一名助理教练。他回忆道，那时每当比赛的时候，对方场地的人常常会讽刺他是"爹地的乖儿子"，还有一些人会在一旁嘲笑他。

与小菲尔的情况相似，贾里德·希克丁（Jared Sichting）也没有参加2002年马凯特大学（Marquette University）的篮球公开选拔赛。通过马凯特大学篮球队的一名助理教练，这位身高5.7英尺（约1.74米）的后卫获得了进入这支强队的机会。这位助理教练曾经为NBA明尼苏达森林狼队工作过，当时贾里德的父亲、前NBA明星杰里·希克丁（Jerry Sichting）已经是该队的助理教练了。在高中时代场均10分的贾里德告诉我，当时他被好几所篮球水平不高的高校录取，他也从未考虑过马凯特大学篮球队。但临近毕业前的4月，马凯特大学篮球队的助理教练打电话给杰里·希克丁说，他们队可以使用一名增额球员，贾里德对此是否感兴趣？贾里德最终同意了。他之所以表示愿意，部分原因是因为他当时有志于成为一名教练。尽管他已错过马凯特大学的入学申请期限，球队教练们仍然办妥了他的录取事宜。

"如果他对教练工作感兴趣，就要迈出相应的第一步，为自己积累资历。"杰里·希克丁告诉我。

小希克丁在马凯特大学期间得到了不少好处。2003年，马凯特大学篮球队夺得美国大学篮球联赛第四名，耐克公司为此赠送给该队顶级的运动装，他当然有份。他和队友们在纽约麦迪逊广场花园打比赛时，曾出席停泊于哈得逊河的航空母舰上的宴会。但是，他对自己在队中的地位感到疑虑。2003~2004赛季，他仅仅上场9分钟，并且1分未得，次年便离开了球队。贾里德告诉我："任何时候只要动用父亲的任何一个人脉关系，就能帮我解决问题。这让我很有些罪恶感。其实我已经认识到，在某些事情上其他队员要比我优秀得多。但明知道自己不能上场，却依然要坐在冷板凳上，这种滋味很难受。特别是在此之前，你还一直是场上的主力。"

杜克大学的非奖学金篮球运动员乔·帕柳卡（Joe Pagliuca）也有一位手眼通天的父亲——斯蒂芬·帕柳卡（Stephen Pagliuca）。斯蒂芬是贝恩投资波士顿资产收购公司的执行董事，同时又是波士顿凯尔特人队的合伙东家。他曾效力于杜克大学新生篮球队，多年来向该校捐款累计超过百万美元。在2004~2005年期间，他还担任过本科生学院的监事会主席。

作为波士顿地区私立中学——贝蒙特山中学（Belmont Hill School）高中毕业班学生，乔是一名各方面非常出色的学生和一名优秀的外围投手。他是学校篮球队队长之一，平均每场得分可达17分，但他并没有被名校篮球队录取。鲍伯·吉本斯（Bob Gibbons）负责出版一本为高中篮球运动员评估的内部通讯。他告诉我，乔·帕柳卡没有进入他开出的2003年全美前800名有望进入大学的高中篮球运动员的名单。

乔刚刚进入12年级时，他父亲便给杜克大学篮球队（全美篮球强队之一）一位名叫史蒂夫·沃伊切霍夫斯基（Steve Wojciechowsky）的助理教练打了电话。沃伊切霍夫斯基告诉我说，他对帕柳卡非常熟悉，知道他是一位成功的商界人士、杜克大学的校友。他花了"某天的黄金时间"，陪同帕柳卡一家，在北卡罗来纳州德军的杜克大学参观学校的体育设施，并就如何帮助乔提高运动技艺提供了意见建议。自此以后，他就与帕柳卡建立了联系。"很幸运我们是在杜克，因为这所大学的文化就是所有的杜克人要相互照应。"沃伊切霍夫斯基说，"一旦有人需要帮助，就会有人伸出援手。"

乔于2003年进入杜克大学后，大学篮球队教练们邀请他加入了球队（这支球队不进行公开选拔）。沃伊切霍夫斯基说，"我们队的家伙们都说他是位好球员、真正的好小子"。从大一到大三的3年赛季里，乔很少在球场上出现，也没有得过分。2004年4月，《波士顿环球报》曾报道说，小帕柳卡"很爽快地承认，他是在充分利用自己父亲地位的情况下"进入球队的[31]。但在最近我对乔进行的一次电话采访中，他淡化了自己父亲的作用，说相信自己之所以能够进入球队，"大部分"还是靠自己的表现。他说："能够在这样一支球队里，与如此高水准的教练员和运动员共事，的确是一段很棒的经历。"

杜克大学篮球队主教练迈克·舒舍夫斯基（Mike Krzyzewski）告诉我："我之所以给你打电话，是想肯定地告诉你，从来没人是因为父亲的缘故而被球队选上的。"他说，他选上乔，是因为既看上了他"顽强的性格"，又看上了他的篮球才能。杜克大学属于篮球甲级队高校，而乔"很可能是属于乙级或丙级队的运动员"，所以"并不指望他能够在这个级别比赛中发挥什么作用"。

杜克大学篮球队的另一位板凳队员、该校2004年毕业生安迪·米恩斯（Andy Means）告诉我，他的父亲、姑姑以及几位亲戚都曾就读杜克大学，他的祖母则是舒舍夫斯基教练的老朋友（这位教练承认有这种关系，但他说自己有很多朋友）。安迪说："我的祖母很久以前便认识舒舍夫斯基教练，他们都知道我的名字。但我并不知道这与我被杜克大学篮球队选上是否有关。"他认为篮球队的教练们并没有向杜克大学校方推荐录取他，是自己校友子嗣的身份帮助他进入了杜克，而且他的"SAT考试成绩并不比别人差"。

像高尔夫、划船这类很难从门票销售或电视转播合同中获取收入的乡村俱乐部运动队，往往会招募超过实际需要的运动员。由于吸收了不少出身富裕家庭的孩子在经济上帮衬俱乐部，因此队员名单往往很长。虽然每次高尔夫联赛每所高校只能派5名队员参加，但在2003~2004学年，乔治敦大学男子高尔夫球队队员的人数却高达15人，所有队员都参加过在马里兰州波托马克的阿弗内尔"巡回赛球员俱乐部"举办的职业高尔夫协会巡回赛。我向乔治敦大学的教练托马斯·亨特（Thomas Hunter）询问，各高校寻找高尔夫选手的标准是不是就看他们的家长能否向学校捐款，他说，"是有一点这方面的考虑"，"但我不会为了多招一个队员而去做任何事情。球员必须要有一定的才能"。

尽管格里沙姆一家居住在距弗吉尼亚大学校园仅20英里远的地方，但泰·格里沙姆此前并没认真考虑过要上这所著名的州立大学。因为作为一名SAT考试分数只够B档的学生，他不可能凭借自己的学习成绩进入这所大学。但是，当后来成为弗吉尼亚大学棒球队教练的丹尼斯·沃马克（Dennis

Womack）向泰提供额度为4000美元的半额奖学金时，着实让格里沙姆一家惊喜不已，他们的期望值也随之发生改变。他们之所以感到惊喜，并不是因为格里沙姆一家需要这笔钱，而是因为获得奖学金的队员一般会在录取上得到优先，而且还有机会上场参赛。泰的父亲约翰·格里沙姆说："突然得知儿子获得了奖学金，这就意味着不仅录取能够保证，有机会进入到这所优秀的学术型大学，并且还能够参加大西洋海岸联盟（ACC）的比赛。这是非常好的棒球联赛。高校棒球圈里有一个古老的说法：假如你引他入门，就要给他一显身手的机会。"

高校甲级棒球队一般有35名队员，美国大学体育总会一般允许它们设置不超过11.7个全奖的奖学金名额。它们的普遍做法是，少量地设置半奖学金，把奖学金总额分散到20个左右的名额上。泰·格里沙姆曾是弗吉尼亚州一所小型预科学校的优秀棒球运动员，然而一些同意招收他的教练员却并不认为他的球艺出色到足以在一支顶级球队拿到奖学金的地步。他们认为他速度很快，但如果要在甲级运动队里打好比赛，还需要提高击球质量。里士满大学（University of Richmond）的教练罗恩·亚特金斯（Ron Atkins）说："他是一个相当不错的棒球手。但在我们看来，他还算不上是那种可以获得奖学金的球员。"但他又说，假如知道泰的父亲会出资帮助学校建一座球场的话，"我们早就给他奖学金了"！

多年来，弗吉尼亚大学棒球队一直在大西洋海岸联盟比赛中处于二流水平，部分原因是因为球队场地非常陈旧，因此很难吸引顶级球员加盟。约翰·格里沙姆说，他当年是被弗吉尼亚大学特招人员所谓最单纯的动机说服的，"我想他们的确是要我儿子去那里打棒球。可现在我不得不怀疑他们的动机了"。他回忆道，当时他对其他几所高校的招生人员也充满疑虑，不知道他们要干什么。他们向我们展示他们的体育场，说希望建这个建那个，扩这儿扩那儿，计划在哪儿装上灯光……。他说："泰不想接受采访，因为他和我一样感到困惑。"

已成为弗吉尼亚大学运动队主任助理的沃马克承认，他的确考虑过把泰招进来后，对艰难的棒球项目所具有的潜在经济好处。"这一点情有可原，"他说，"大家都知道格里沙姆先生是位对棒球运动非常慷慨的人。"但希望翻修体育场，并不是他们向泰提供奖学金的原因。"第一个原因，也是最重要的一个原因，是这个孩子有能力打好球。他那时有了这么个机会，我们就签下了他。这种事情，有些队员能成功，但有些却不能。"现弗吉尼亚大学运动队主任（当时的副主任）克雷格·利特尔佩奇（Craig Littlepage）说，他们从未议论过格里沙姆的捐赠问题。泰之所以比较幸运，不过是当时他们在集中招收像泰这样的本州球员罢了。

2000年秋季，泰与弗吉尼亚大学签约后，格里沙姆向妻子保证，自己不会出资为这所大学修建体育场。他告诉我说："我知道让我们的儿子卷入到这个项目中，并不是件明智的事。"2001年4月，该校一个工作小组建议取消棒球队的奖学金[32]，并限制棒球队外出比赛，以避免财政赤字，同时达到缩小日益扩大的男女体育项目之间鸿沟的目的，从而履行《教育修正案第九章》的规定。听说儿子即将加入的项目会被削弱的消息后，格里沙姆感到很担心，他成功地游说学校理事会放弃了这一方案，并自告奋勇地提出由自己掏钱修缮体育场，以使弗吉尼亚大学的棒球运动上一个新台阶。格里沙姆匿名送出了这份大礼，他的捐款是该校500万体育场翻修经费中最大的一笔，而且他还为该校筹措其他经费提供了帮助。但他说，回过头来看，他的捐款"在当时是个巨大的错误"，给泰造成了"极大的心理压力"，"泰因此急于向人们证明自己是有实力的"，"现在我真是追悔莫及"。

由于脚部受伤，泰错过了大一的那个赛季，在2003年赛季也基本未上场。沃马克说，泰在父亲出钱翻修的体育场里并没有怎么上场，因为他还只是"一个跟在经验老到的外场球手身后的小菜鸟"。对此，约翰·格里沙姆反驳道："我敢保证，排在他前面也并非是一群国手。"泰的队友、同样是外场球手的马特·斯特里特（Matt Street）对我说，泰刚来队里时"还有点嫩"，"他被放到了一边，大家甚至都想不起来还有这么一个人"。

2004年，新教练布莱恩·奥康纳（Brian O'Connor）上任，泰在经历过

10场比赛后离开了球队。马特·斯特里特说，在一场对手明显偏弱的比赛里（弗吉尼亚大学以15:2取胜），教练在考虑比赛阵容时竟然把一名大一新生排到了泰的前面，这让泰再也无法忍受了。

格里沙姆说，棒球是一项非常耗时的体育项目，"泰认为他因为打球而错过了许多大学经历。他觉得自己是可以到赛场上与别人较量的，却要日复一日坐冷板凳。你知道这是一件多么令人沮丧的事吗？这就等于是在消耗他的生命。"他说，泰离队后才告诉他这个消息，并说"当我开车离开体育场时，那是我一生中最快乐的时刻"。

2004年夏季，我与格里沙姆曾有一次会面。他告诉我，他与沃马克已经有一年多没联系了，"这里面的确有些过节"。他已经停止在经济上支持该校的棒球项目，"泰一旦走了，我也就离开了"。"如今我没有再参与项目的任何事务，而且也根本不希望再卷进去。我不会去看比赛，也不会再走进那个漂亮的体育场一步。"

当弗吉尼亚大学第一划船代表队在比赛中磕磕绊绊、步履维艰的时候，它的第二代表队（8人）却过关斩将、一路领先，直到与俄勒冈州大学代表队遭遇。二队的出色表现使它的两名主力队员——凯特琳·科伊尔和安德里娅·汉纳曼——晋升到一队。在两名主力缺阵的情况下，凯蒂·拉加珀尔（Katie Yrazabal）、凯利·马赫（Kerry Maher）及其他二队队员要迎战来自俄勒冈的对手，她们希望能够保持不败战绩，直至杀入全美大学最高级别的8人划船赛。

凯蒂在旧金山的一个中上阶层家庭里长大，父亲是一位房地产经纪人，母亲是美国航空公司登机处工作人员。凯蒂被送进圣伊格图预科中学（St. Ignatius College Prep.）读书。这是一所耶稣会学校，也恰恰是旧金山唯一一所拥有划船队的高中。凯蒂在9年级时进入划船队。她所在的划船队战绩不错，所以队员在升学方面也是佳讯频传。受益于大学录取中的运动员优惠政策，凯蒂的两位队友进入了耶鲁大学，还有3名队友分别进入布朗大学、威斯康星大学和加州大学。凯蒂的SAT考试成绩为"1260或1270分"，但她的多焦视网膜电图测试成绩却令人瞩目，于是被弗吉尼亚大学录取。"圣伊格图中学的大学申请顾问常常喜欢讲，'你们要准备好保底学校'。当时他们并不相信弗吉尼亚大学会录取我。"凯蒂对我说。

凯利·马赫是弗吉尼亚大学5名加拿大籍划船运动员之一，她们全都来自于加拿大安大略省。同样是英语国家的加拿大与美国不同，划船是深受工薪阶层家庭喜爱的消遣运动。正因如此，弗吉尼亚大学划船队的加拿大籍学生一般没有美国学生那样显赫的家庭背景。凯利的父亲是一名维修工，母亲则从事护理工作，她本人曾在一所公立高中上学。凯利在本地区所有学校共有的一个船库学习划船，同时为当地一家俱乐部效力。当她所属船队获得加拿大亨雷划船赛冠军后，弗吉尼亚大学为她提供了奖学金。凯利告诉我："（弗吉尼亚大学划船队）几乎都是美国有钱人家的孩子。队里的加籍运动员有的家里有农场，但多数家境普通，仅能勉强维持家庭开支。你会发现这其中的差异。有时候我就想，'哦，天哪，我真希望父母也能给我买这样的东西'。"

出身于工薪阶层家庭的加拿大运动员为了适应这个有钱人聚集的氛围，以及名校在学习上的严格要求，自己不得不做出些调整。曾是高中时期优秀学生的凯利，SAT 考试成绩"略低于1200分"，她在刚刚读完大一时就收到学校的"学业警告"。为此，她不得不修读暑期课程、上自习，并进入申诉程序，以保留弗大划船队队员的资格。大二时，她的平均成绩达到3.0，这时"才学会了该如何正确行事"。

另一位加拿大籍划船运动员阿曼达·肯尼迪（Amanda Kennedy）也在学习上经历了非常困难的转变。在弗吉尼亚大学夏洛茨维尔校区一家早餐店里，吃着硬面包圈的阿曼达告诉我，她的父母都没有上过大学（父亲是通用汽车公司一家企业的主管，母亲则是一位财务人员），而她需要得到安大略省几家公共福利组织的捐助，才租得起一支单人划桨。她在12年级时曾参加过一次划船比赛，比赛期间有人给了她一本年鉴，上面登载了拥有划船队的美国大学的名录。她从中挑选了32所大学，发了自己的运动简历。"我的电话于是响个不停。"她回忆道。由于大学都要求 SAT 考试成绩，因此她参加了 SAT 考试，头一次就"考砸了"。她又考了一次，成绩提高到"1100分左右"，"那些大学的人说，'你这个分数我们可以做一下工作'"。

她排除了常青藤大学，因为这些院校都不提供运动员奖学金，而作为一名国际学生，她又没有资格申请由联邦政府提供的资助。最终，她决定考察4所大学：波士顿大学、迈阿密大学、天普大学（Temple University）和弗吉尼亚大学。她说，自己当时并不知道弗吉尼亚大学是一所很优秀的大学，但对它的校园环境非常着迷，于是接受了索尔教练为她提供的半奖，学费不足部分则由安大略省提供的学生贷款补齐。

她说，作为一名大一新生，"我过得真的很糟糕。我的生活就只剩下划船和派对了"。这种生活状态给她带来了恶果。不得不在大二第一学期离开运动队，暂停训练。索尔教练威胁说要取消她的奖学金，但最终手下留情没有这么做，而她的学习成绩也有所上升。"功课并不难，不过是要按时上课罢了。"阿曼达说。她于2003年毕业，如今在当地一家企业工作。

尽管疾风在万纳水库航道上激起不小的波浪，凯蒂、凯利所在的弗吉尼亚大学划船二队，还是以15秒的优势赢得了与俄勒冈州立大学代表队的比赛。接下来出场比赛的是经过重组后的一队。凯特琳·科伊尔值守一划的位置，安德里娅·汉纳曼坐在她的旁边。观战的家长们或聚在水库旁边的教堂庭院里，或站在一艘动力驳船上大声喊叫，"弗吉尼亚，坚忍不拔！""加油！"弗吉尼亚大学代表队的橙色船桨轻快地划过水面，惊起船两边的野鸭向远处飞去。驾驶驳船的是船队训练员罗杰·佩恩（Roger Payne）。他一边计算时间，一边向队员们高声报告两队的每分钟成绩："弗吉尼亚34，俄勒冈州立34.5。"她们不断扩大领先优势，直至两船之间的水面日益开阔，最终以将近8秒钟的优势战胜了俄勒冈队。当一队率先冲过终点线时，凯特琳高举双臂，向罗杰喊道："九战九胜，罗杰！"这是一年来她本人保持的不败战绩。

队员们把船搬入船库后，来到旁边一处草坪上休息。家长们已经在那里准备好了美味佳肴来款待她们。索尔教练一边品尝着烤鸡肉肠和羊乳酪蝴蝶面，一边对我有关美国队员与加拿大队员在社会经济背景和学习成绩方面存在差异的提法不以为然。他告诉我说，他自己是在农场里长大的，后来上了普渡大学（印第安纳州的州立大学）。大学时代的他很希望能够打橄榄球，"受伤后转而从事划船运动。人们常说这是贵族运动，若真是这样，我对此一无所知！我知道自己毫无贵族背景。"

尽管如此，索尔教练还是承认，他很在意自己的运动队在种族多元化方面的缺陷，以至于录取队员时一贯坚持的以 ERG（多焦视网膜电图）测试结果为标准的原则也曾一度破例。2004 年夏季，阿曼达·富尔伍德（Amanda Fulwood）在访问了若干所高校后，与索尔相约见面。阿曼达是一位非洲裔学生，当时正在位于克利夫兰郊外富人区的谢克海茨高中（Shaker Heights High School）读书，即将上 12 年级。她家是在 2000 年从马里兰郊区搬到这里来的，目的就是让她能上这所知名的公立学校。她的父亲萨缪尔·富尔伍德（Samuel Fulwood）其时已是《克利夫兰诚商报》（*Cleveland Plain Dealer*）的专栏作家。他鼓励自己的女儿打篮球，但阿曼达却选择了划船运动，因为她所在班级的许多女生都是划船俱乐部的成员。如今这一俱乐部的规模已经达到组建代表队的水平，而且是为数极少的公立学校女子划船代表队之一。

"我开始爱上了这项运动。"阿曼达告诉我，"后来我才注意到，在各种比赛当中我都是唯一的黑人运动员。"她的父亲说："我们第一次去看划船比赛时，赛场边根本看不到什么黑人家庭。全场约 400 人中只有 5 位黑人，其中就包括我本人、我的妻子和我的女儿。"尽管如此，他说，他的女儿仍然能够在队友中找到自己的位置。她和她们一样身材修长、体格健壮，而且对自己的学习非常上心。阿曼达在高中时位列年级前 25%，但仍需借助运动员身份才能被名校录取。

阿曼达的确是一位优秀的划船运动员，但并不是最理想的人选。她在 12 年级前的 ERG 测试结果是 7:48，并没有达到弗吉尼亚大学划船队的准入要求（7:30）。索尔教练与她面谈时，意识到她拥有作为一名大学划船队队员的良好身体素质和坚强毅力。他直截了当地告诉她说，他从来没有招过非洲裔划手，但希望自己的运动队是一支多族裔融合的队伍。他的直率给阿曼达留下了很深的印象。阿曼达告诉我："大多数教练都会谈论有关校园的多元化问题，却不会谈到他们自己所在运动队的这个问题。而且，他们即使谈到划船队的多元化问题，指的不过是既有新教教徒又有天主教徒，不会谈到种族的多元化。"因为划船运动本身就是一项彻彻底底的白人运动，所以"（索尔教练）承认他的这支队伍是有缺陷的"，"他过去曾让一些黑人女运动员进队做候补队员，但她们却感觉不自在"。

但阿曼达进队还有一个障碍，那就是至关重要的 ERG 测试结果。索尔教练向阿曼达保证，如果她能够在次年3月的2000米测试中进一步缩短7：48的时间，他就会录取她。阿曼达一回到谢克海茨的家中，便开始了艰苦的训练，增强体力，减少体重，ERG 成绩勉强达到了 7:37。这个结果仍然没有达到弗吉尼亚大学的基准要求，但她的长足进步让索尔教练决定将招生名额以及一份半奖提供给她。于是，阿曼达成为该队第一位被正式录取的黑人运动员。这在全美都属罕见。按照最新的统计数据，美国高校划船队总共只有130位黑人女运动员。

在 2005~2006 年度，大一的阿曼达被编到了初级队。尽管白人队友们都欢迎她的加入，但她却告诉我说："从社会交往的角度，这对我仍是一个非常艰难的转变过程。我在训练上花了很多时间，根本没有机会接触学校的黑人社团。"

注 释：

[1] 所有数据均来自"NCAA 关于运动员族裔背景的报告（1999-2000-2002-2003）"（"NCAA Student Athlete Ethnicity Report, 1999-2000-2002-2003"）以及有关 2002~2003 年度第一、二、三分区的相关资料。每一种运动项目的百分比加总并非 100%，原因是笔者省略了一些分类项目，如"其他"和"印第安人"。

[2] Middlebury Ad Hoc Committee, 2002, pp. 7-8. Cited in William G. Bowen

and Sarah A. Levin, *Reclaiming the Game: College Sports and Educational Values*（Princeton：Princeton University Press）, p. 352, n. 33.

［3］Bowen et al., *Equity and Excellence*, p. 172.

［4］Email from Carol Wood, May 15, 2005.

［5］"Admissions Slots by Sport," University of Virginia, 这是该校在笔者提出查阅公共记录资料要求后提供的文件。

［6］NCAA, "Sports Sponsorship and Participation Report, 1982-2003," p. 153.

［7］根据NCAA的"参赛报告"，2002~2003年度每所高校平均有16.5支运动队。

［8］East Boston Hill School profile, Massachusetts Department of Education website, www. Profiles.doe.mass.edu.

［9］"Boston Public Schools High School Sports 2004-2005." Boston Public Schools Department of Athletics.

［10］www.andover.edu/athletics/teams.

［11］Bowen and Levin, *Reclaiming the Game*, p. 92.

［12］Bowen and Levin, *Reclaiming the Game,* p. 77.

［13］Bowen and Levin, *Reclaiming the Game,* pp. 130-43.

［14］Bowen and Levin, *Reclaiming the Game,* p. 139.

［15］"University of Virginia Selected Athletic Data," UVA Institutional Assessment and Studies, April 5, 2005.

［15］Email from Carol Wood, April 13, 2005.

［16］Email from Carol Wood, June 24, 2005.

［17］Title IX Legislative Chronology, Women's Sports Foundation.

［18］Mike Szostak, "End in Sight at Last for Title IX Case," *Providence Journal-Bulletin,* June 24, 1998. Also, Jessica Gavora, *Tilting the Playing Field*（San Francisco：Encounter Books, 2002）, pp. 70-90.

［19］笔者在与NCAA管理人员裘德·斯维特（Judy Sweet）和温迪·维特斯

的访谈中获知。

［20］Barbara Carton, "You Don't Need Oars in the Water to Go Out for Crew," *Wall Street Journal,* May 14,1999. p. 1.

［21］NCAA, "Sports Sponsorship and Participation Report." pp. 35, 63.

［22］NCAA, "Participation Report," p. 173（women's rowing）, p. 177（men's rowing）.

［23］NCAA, "Participation Report," pp. 48,64. Squad size, p. 173.

［24］NCAA, "Participation Report," pp. 191, 204. 但据各摔跤团体讲，取缔摔跤队的高校数量远比这个数字大得多。

［25］Tim Leone, "Fans See Curtain Close on Bucknell Wrestling Team," *Harrisburg Patriot,* February 11, 2002.

［26］Susan Crawford, "Philanthropy Assists a Sport That Struggles with Title IX," www.bucknell.edu.

［27］Undergraduate Enrollment Data, NCAA Division I Athletics Certification Interim Report, University of Virginia, Appendix 6A, July 2001.

［28］Final Report, Virginia 2020 Strategic manning Task Force for the Department of Athletics, March 1, 2002, p. 47.

［29］Email from Carol Wood, June 1, 2005.

［30］他在2003年有两次正式的击球，但无一击中，反而在跑垒过程中被投球击中；2004年他则有6次击球，其中两次击中。

［31］Bob Ryan, "Walking on Wild Side：Being Here Dream to These Players," *Boston Globe,* April 4, 2004, p. E13.

［32］Dan Heuchert, "Bottom of the Ninth," *Alumni News Magazine,* winter 2002.

具有希腊神庙风格的哥伦比亚大学主楼是哥伦比亚大学的标志性建筑
大楼上方镌刻有荷马、柏拉图、亚里士多德、西塞罗这些伟大的名字

第六章

属于大学教师子女的机会
——教授子女升学的轻松通道

　　大学教授们常常抱怨，大学在招生中对运动员网开一面的做法降低了学校的智力水平。然而，他们却很少对大学对于另一个资质欠佳的群体给予录取优待的做法进行批评，这个群体便是他们自己的子女。

　　在圣母大学以及许多名牌大学里，为教师子女减免学费最初只是一项附带的福利，如今已演变成了一种录取优待。为避免自己子女在申请别的大学时受到被拒绝的羞辱，也为了节省学费开支，大学教师们在利用自己的影响和关系设法让自己的子女升入大学这件事上，表现得毫无怯意。由于大多数大学都由教授委员会监督本科生录取工作，同时也因为裁掉行政管理人员远比更换一位终身教授更为容易，因此，任何一名招生人员最不想做的事情，就是得罪那些教授们。许多大学的招生部门负责人都会强忍心中不快，降低对教师子女的录取标准。而教师子女获得的录取降分幅度，往往比校友后代更大。

　　比如彼得·卡瓦蒂尼（Peter Cavadini），如果没有父亲的影响力，他几乎可以肯定是不会去申请圣母大学的，或者说他也肯定是不会被该校录取的。由于他的 SAT 考试成绩仅为1240分，比该校被录取新生的平均分低了150分，彼得担心自己"并不是圣母大学想要的好学生"。尽管在高中时他的功课大多不错，但他告诉我，"我的数学很糟糕，如今仍是这样"。而且，毕业于南本德一所公立学校的彼得也发现，圣母大学的学生都很自命不凡，于是他想，如果到印第安纳大学就读可能更适合一些。

圣母大学对是否录取彼得也颇有顾虑。该校负责招生的副教务长丹尼尔·萨拉西诺曾建议彼得的父亲，让他考虑将儿子送到一所二年制的学院学习，在那里先改进一下学习习惯，然后再转入圣母大学。萨拉西诺还告诉彼得，如果想进圣母大学，一定要比高中阶段更刻苦努力才行。

尽管如此，约翰·卡瓦蒂尼（John Cavadini）还是决定让自己的儿子上圣母大学，这样做不仅是因为这所大学的学术水平很高，还因为它给予教职员的福利。教师和职员子女上圣母大学是免学费的，而该校2005~2006年度的年均学费高达31540美元。教职员子弟的家长们只需要支付住宿费用，而他们往往还会住在自己家里（因此这部分开支也可以忽略不计了）。如果他们被其他学校录取的话，圣母大学只会为他们付1/3的学费。

如今担任圣母大学神学系主任的卡瓦蒂尼非常清楚一点，即圣母大学"对教职员子女的录取标准是不同的"。"对他们的录取标准是，这个人是否能够完成学习任务？他们会成功吗？而不是跟其他优秀的申请人比较这些学生处在什么位置？"他说，他对萨拉西诺保证，自己会一直关注儿子，如果需要还会为他专门请家教。

萨拉西诺遵从了这位系主任的意见，他录取了彼得，后者于2001年入学。萨拉西诺说，"我们为教师子女所打的折扣甚至超过校友子女"。以下几个数字证实了他的说法。圣母大学对于完全不享有任何照顾的申请人，录取比例是19%，校友子嗣的录取比例是50%，而教职员子女的录取比例却达到了70%。被圣母大学录取的教职员子女的SAT考试成绩中间值，比校友子嗣低90分，比全校新生的SAT分数中间值低100分，比毫无背景的学生低175分。

萨拉西诺还说，书香门第的家世并不能保证这些学生能够不负众望。他们的SAT成绩相差很大。"有1500多分的，也有1100分的。"他说，"我正在试图改变本校教师这种心安理得的福利文化。他们觉得，自己的孩子只要可以念书，就理所当然地应该被圣母录取。大家对自己的标准应该更高一点吧！"

卡瓦蒂尼有7个子女，其中较大的5个子女（包括彼得）都上了圣母大学，其中一个还因为游泳项目获得了运动员奖学金。由于几个子女都在圣母就读，卡瓦蒂尼至少省下了几万美元的开销，尤其是他节省的这笔钱在纳税时不会被计入收入，实在是太划算了！

卡瓦蒂尼为儿子被圣母大学录取一事做了一番辩护，认为这是对自己努力工作、呕心沥血地培养学生的一种褒奖。卡瓦蒂尼说："我绞尽脑汁、竭尽全力地培养其他人的孩子，对待他们就如同对待我自己的孩子一样。我曾被医学院录取，完全可以赚到更多的钱；但我没有，我做了教师这一行。我很满意自己现在所从事的工作。"

"假如你是教师队伍的一分子，而且把自己的全部时间都投入工作，回到家里还在思考各种教育理念的问题，那么，你肯定希望自己的孩子有朝一日能够从你对他人的付出当中受益。"卡瓦蒂尼接着说，"假如我是一名医生，我的孩子是可以从其他孩子的父母那里获得免费医疗的，这算是一种职业优惠吧。"

从表面上看，这种职业优惠的说法似乎颇有道理，但是实际上，这也就意味着教师子女们要抢占那些优秀的普通申请人的机会。这就好比医务界的职业优惠是医生先为同事的孩子看病，而置病得更重的病人于不顾一样。而对教师子女在学费上的减免，就更加不公平了。来自校友和其他捐赠人的捐款，往往用来为低收入家庭的学生设立奖学金。而减免教师子女的学费，却间接增加了其他学生的负担。并且，由于教师子女从学费豁免部分获得的收益是免税的，因此他们受教育的费用便由美国的其他纳税人（包括按正常路径申请大学的学生的家长们）来承担了。所以说，对于理应反对高校学费上涨的大学教授们，高等教育的成本上升反倒成了无关他们痛痒的事情。

既能被轻松录取，又在经济上受益，这两项天大的好事使得教职员子女占到了圣母大学以及其他一些名校本科生的2%~3%。这个比例相对应的人数，相比身为教职员子女的申请人基数来说，便是一个非常令人吃惊的数字了。这些学生绝大多数是本校教授或者高薪行政人员的子女。尽管大学会为所有的教职员子女提供同样的学费减免，但看门人或其他低收入职工的子女被录取的可能性还是可能会小一些。或许是因为他们连已经降低的录取标准都达不到，同时他们的父母又缺少让招生部门畏惧的实权吧。

范德比尔特大学经济学家约翰·希格弗里德（John Siegfried）和迈尔肯·盖兹（Malcolm Getz）搜集的数据表明[1]，研究型大学近1/3的教授子女以及文理学院近1/5的教授子女表示，只要学校提供学费上的减免，他们就会上父母所在的高校；假如无论到哪儿读大学，父母所在学校都把减免的这部分学费等额付给他们的话，愿意在自己父母所在学校就读的人数就会明显下降（范德比尔特大学和芝加哥大学为教职员子女提供完全"随转"、可转换的学费方案）。如果没有学费减免优惠政策，仅有13.3%大学教授子女和5.1%的文理学院教授子女会到自己父母所在学校读大学。

波士顿大学采取的是不随转方案，即如果教职员子女被该校录取而其父母自1996年起便在该校工作的话，波士顿大学就会为其免除全部学费，大约3万美元（不含税）；如果他们的父母在1996年之后来该校工作，则可以减免90%的学费；但如果他们上其他大学，该校便一分不付了[2]。

为确保全校教职员都有机会享受这一项不错的福利，波士顿大学每年都要两次出资开班，让尚在读初中的教职员子女和自己的家长了解有关该校申请人的个案研究，以及进入该校需要的平时成绩和考试分数。一旦有教职员

▲ 波士顿大学远眺

子女申请入学，波士顿大学招生部门常务负责人凯利·沃尔特（Kelly Walter）便会致信给申请学生的家长，告知学校已经获悉其子女申请之事，并会对此给予特别关注。学校还会指定一位招生部门高级官员，专门负责阅读相关材料，与教职员进行沟通联络，向考生家人提供建议意见。在未经过沃尔特最终审查之前，任何一个教职员子女都不会被拒绝。"我可能会同意委员会的推荐意见，也可能要求他们返工提供更多的信息。"她说，"我可能还会说，'我认识这一家人，我认识这个孩子的哥哥，我认为这个学生还不错，就给他（她）一次机会吧。'"

这种做法导致教职员子女录取率居高不下。平均录取率为50%的波士顿大学，在2003年却从176名教职员子女申请人中接收了160名，录取率为91%。这其中大约只有一半人最终入学，且通常都是成绩较差的学生。而成绩较好的那些学生同时也会被哈佛、普林斯顿等名校接收，此时他们的父母往往会让他们放弃本校录取以及减免学费的优惠，因为他们认为花大价钱接受常青藤大学的教育更有价值。

在2005年秋季提出申请提前录取的42名教职员子女中，波士顿大学满足了其中79%的人的愿望，余下的人被列入正常录取的候选人名单[3]。没有一个人被拒绝录取。"（教职员子女）如果学习太差了，我们就只好拒绝提前录取。"凯利·沃尔特说，"我们所能给予的特殊照顾，无非是希望他们能增加被录取的有利因素，也就是等待他们提高12年级的学习成绩，或其他标准化考试的成绩。"

哥伦比亚大学为被本校录取的全体教职员子女免除学费；对在其他大学就读的教职员子女，则为他们负担一半学费。在哥伦比亚大学2004~2005学年的5493名本科生中，有157名（占2.9%）教职员子女[4]。蒂莫西·斯坦利（Timothy Stanley）便是其中之一。他是英语教授迈克尔·塞德尔（Michael Seidel）的继子，SAT考试分数为1300分，高中平均成绩为"B"。尽管他有一份不错的简历：他作为白人，在曼哈顿预科学校期间担任过黑人和西班牙裔学生联合会的负责人。但他的成绩显然没有达到哥伦比亚的

▲ 坐落在哥伦比亚大学图书馆前的女神像

基本要求。

蒂莫西告诉我，如果不是教师子女的话，"我想我可能进不了哥大"，"这是确定无疑的"。当年他申请了提前录取，却被推迟到正常录取阶段。"我又累死累活地学了一两个月，最后才终于被录取。"

塞德尔教授说，他的继子是个"聪明孩子"，"他的高中成绩和标准化考试分数都相当不错。我并不认为哥大在哪个方面做了什么牺牲。"他还认为，"任何因素都可能有用。假如你一无所有的话，你的分数就必须超好，你的推荐信就必须空前的好。当然，有家长在学校当教授，也是一种帮助。"塞德尔说，他和蒂莫西的母亲（原哥大行政管理人员）"都认识这里的人。假如你手上有一个很棒的申请人的材料，而他在这个地方人头又熟的话，他就有一种优势。世上并不存在完全公平的竞赛场。世界并不是那样运转的。职场如此，高校亦然。哥大每年录取1200名学生，其中有一定比例的录取名额要给发展项目，一定比例的要给运动员，关键是看你是否有价值！你看，仅有实力是不够的，公平竞争是不存在的"。

有两所常青藤大学对申请本校的教职员子女没有学费减免的政策，但却降低了对他们的录取标准。哈佛大学每年要录取8~16名教师子女，他们的家长可获得为期10年的无息贷款，用以支付子女在大学期间的食宿费和学费[5]。哈佛对于教师子女的照顾至少是与校友子嗣看齐的，理由是教师们的"投入和奉献对于大学的平稳运行至关重要"[6]。普林斯顿大学则会为服务满5年的本校教职员子女提供照顾政策，承担他们到任何一所经认证的高校求学学费的一半。同时，对于申请本校的教职员子女来说，他们的家长会是招生过程中的"加分因素"。这就解释了为什么普林斯顿大学会录取大量来自普林斯顿高中的学生，因为该校许多教职员子女都在这所高中上学。在2001~2004年期间，有52名毕业于这所当地高中的学生进入了普林斯顿大学[7]。同一时期，耶鲁大学从这所高中录取的人数为12人，哥伦比亚大学为8人，哈佛大学为6人。

1998年，普林斯顿高中209名毕业生中，有25人获得了各种荣誉。尽管瑞贝卡·蒂尔曼（Rebecca Tilghman）并不在年级前12%的优秀生之列[8]，但她还是被普林斯顿大学录取了。她的母亲雪莉·蒂尔曼（Shirley Tilghman）教授是普林斯顿大学知名的分子生物学家，后来成为该校科学技术委员会主席。当普林斯顿大学95%的学生都在4年内完成学业时[9]，艺术与考古专业的瑞贝卡却用了5年时间才获得学位。2003年，没有拿到任何奖励的她草草毕业。她和她的母亲（雪莉从2001年起开始担任普林斯顿大学校长）都拒绝对此事发表评论。

用智慧和学术贡献为自己赢得声誉的教授们，是精英主义的强大拥趸。他们无论是评定学生的考试和作业成绩，还是投票决定人事招聘、终身教职归属、学位论文授予以及相关事项，所依据的都是工作完成的质量，而非当事人的财富几何或父母是何许人。但是，为了想方设法让子女上大学，许多教师却非常依赖招生中对教职员群体的照顾政策。毕竟，教师子女是受着书香熏陶、伴着睿智对话成长起来的，对学术界也非常熟悉。他们的父母

▲ 哈佛大学中的哈佛像

接受过最高程度的教育，在学术上卓有建树，这也正是预测他们的子女会取得学业成功的最强有力的因素之一[10]。尽管并不是很富有，但大多数教授尤其是名校教授都生活得非常舒适，而且一般都能负担在好学区安家的开销。2004~2005年度，一名私立研究型大学全职教授的平均年薪是127214美元[11]，从出书、演讲和提供专门咨询所获得的额外报酬，以及住房补贴等收入还没计算在内。尽管如此，在许多高校无法满足所有低收入家庭学生资助需要的同时，教职员子女却仍然能够享受免除学费的待遇。

利用招生照顾政策的大学教师，不仅背叛了他们对精英主义的信仰和对机会均等的崇尚，而且还省下了一大笔学费，巩固了他们在美国上层社会的地位。大学教师的子女通过到父母任教职的名校就读，则能够结交家境优越的同学，从而在将来找到待遇优厚的工作，最终将父母的教育成就转化为自身的财富和地位（由于不交学费，他们也没有还贷的困扰）。而作为校友，他们自己的孩子又具备了享受校友子嗣优待的条件，于是，这项优待便可一代接一代地传下去了。

然而，对教师子女的照顾政策会使得他们父母的工作更加困难。为了给实力较弱的教师子女们留出升学空间，大学会拒绝更多的合格申请人。这样做便会导致课堂讨论气氛不再那么热烈，学生作业水平有所下降，甚至可能导致学校声誉的受损。

不仅如此，一些专家还相信，教师子女在父母工作的大学里就读，学业表现往往并不好。尤其是当他们原本希望离开家到别的大学就读、却迫于节省学费的家庭压力不得不在本校就读时，情况更是如此。过去，范德比尔特大学为就读本校的教师子女减免94%的学费，而对在其他地方读大学的教师子女却分文不管。20世纪80年代后期，这种政策转化成了一种完全灵活的体系，部分原因就是在过去的政策下有很多教授子女并不快乐。范德比尔特大学经济学教授约翰·希格弗里德回忆道："教师子女的成绩远比非教师子女低。因为他们与自己的父母有过争执：'我不想上范德比尔特'，'你就得上，因为这样更划算。'于是，他们勉强屈从，结果并不理想。孩子们整日碌碌无为，直至成绩一塌糊涂，最后只好转到其他学校。事实是，如果孩子说不会有好结果，往往真的不会有好结果。我们修订学费方案的初衷，就是要减少混迹校园、成绩却一塌糊涂的教师子女的数量。他们成了学生群体中的问题学生。"

希格弗里德还说，在范德比尔特大学这一新体系运转初期，曾有过一个不可思议的现象。该校为就读其他高校的教师子女支付94%的学费，但有一个前提，即范德比尔特大学先拒绝了他们。尽管这样做是基于一种好意，即有志于到范德比尔特大学攻读的教师子女，不会因被拒录而在经济上遭受损失，但实际上，这样做会导致有人故意让学校拒绝自己的申请。一些聪明的教师子女往往通过计谋，想方设法让该校回绝自己的入学申请，然后用范德比尔特的钱去读哈佛或耶鲁。比如，不会演奏一个音符的高才生们，却向范德比尔特大学提出申请攻读音乐专业（这个专业要求进行面试）。据传闻，有一个耍心眼的学生，声称自己擅长演奏双簧管，却在面对一排吹奏乐器时故意问道："哪一个是双簧管？"

当斯图尔特·施瓦布（Stewart Schwab）的孩子们该上大学的时候，他们别无选择。施瓦布是康奈尔大学法学院院长。他说，康奈尔大学为教职员子女提供的学费优惠"非常可观"。施瓦布的孩子们以及其他拥有终身教职的教师们的子女，都可以免费上本校。即使在康奈尔工作不久的教职员的子女，也可以获得减免50%学费的优惠。假如教师子女到别的学校就读，康奈尔可为其负担30%的学费。同时，康奈尔大学也在录取上给予教职员子女一定的照顾，这从2004年康奈尔大学教师子女高达58%的录取率上即可见一斑[12]。这个录取率是该校当年总录取率（29%）的两倍。同一年，康奈尔大学从附近的伊萨卡高中（Ithaca High School）录取了57名学生（共101人申请），其中包括许多本校教职员子女。而其他常青藤大学一共才从伊萨卡高中的87名申请人中录取了14人[13]。

在施瓦布的8名子女当中，3个大一些的孩子都从伊萨卡高中毕业，且都在他的促成下进入了康奈尔大学。他说："（免学费）为我们家减少了很多压力。康奈尔就是这样一所好学校。要是想去别的学校，最好有充足的理由。仅仅说'我在这个地方待腻了，想远走高飞了'，是肯定不够的。"

施瓦布的大儿子原本想离开伊萨卡到其他地方读大学。他把康奈尔当作自己的保底学校，同时又申请了其他4所名校，但最终要么被拒，要么只被列入候补录取名单。他父亲说："他一度难以接受要在家乡上大学这一事实。尽管知道我们无论如何都会说服他上康奈尔，他还是很后悔没有把申请面弄得更宽一点。这些守在家门口的孩子，熟知学校的教授们，对他们来说，这些人不过是朋友的父母而已。在他们眼里，这个地方没有太多的光彩。——说句玩笑话，如果他们是居住在50英里外的孩子，能够进入像康奈尔这样的常青藤名校，一定会让他们兴奋不已的。"

从大儿子最后的失望中得到教训后，施瓦布仍然没有让自己其他的孩子想去哪儿就去哪儿，而是让他们向康奈尔提出提前录取的申请（申请提前录取的学生一经录取，必须注册。——译者），以打消他们想要离开家的任何幻想。他的第三个孩子是女儿，十分高兴地采纳了他的建议。他说："每个人在自己的人生之路上，总会对没有走过的路充满遐想。她非常渴望上康奈尔，对此她不会否认"。"（对于她的弟弟妹妹们）我们也力主他们上康奈尔。"

人们在分析高校录取工作时，有时会把高校对校友子嗣的优惠和对教师子女的照顾放在一起进行比照。比如，2005年1月，《纽约时报》在文章标题里把教师子女称为"其他形式的世家子嗣"[14]。两种形式的照顾都反映出大学在庇护自己人，但二者之间其实存在着一个重要的差别。世家优先是一种筹资工具，主要目的是从校友中猎取金钱利益。但是，对教师子女的照顾却是在损失金钱，至少从表面上看是这样，因为它影响了大学的学费收益。每一位被本校录取免费读大学的教师子女，都会抢占一个有可能交纳全额学费的普通学生的名额，而这给大学造成的损失也相当大，如波士顿大学此项损失一年就高达900万美元[15]。

那么，大学为何还愿意维持这种代价颇高的减免学费与录取照顾的双优惠政策呢？有一种说法是从历史角度来加以解释的：针对教师子女的学费减免可追溯到很早以前。早在19世纪，对教师子女减免学费的做法在某些大学就已经出现。只不过当时那个年代与现如今相比，大学教育费用比较低廉，录取过程中的竞争性也不大。到了"大萧条"时代，这种做法就比较普遍了。当时的高校无法给付教授们满意的工资，而教室里却空着不少座位。后来，教师子女到任何地方读大学都可以获得学费减免的可转移方案，开始变得普遍起来，学费互换机构纷纷建立。不少文理学院相互进行招生名额的交易，招收其他学院教职员的子女并免除学费。然而，由于近年来学费猛涨，一些大学开始削减为教师子女到别处念书而发放的学费补助金。2004年，美国大学专业协会（College and University Professional Association）为田纳西州诺克斯维尔市人力资源署所做的针对354所高校的调查显示，58.1%的高校为教职员子女上本校全额支付学费[16]，只有19%的高校会为教职员子女上其他高校支付全部学费；23.5%的高校为在本校上大学的教职员子女支付至少一半的学费，9.5%的高校在教职员子女就读其他大学时会这样做。这样的学费差异对大学构成越来越大的压力，它们不得不更多地接受教职员子女在本校就读。

　　另外，尽管大学为了替教职员子女减免学费而花费不菲，但比起另一个可能的替代措施来说，仍然要便宜一些。这就是为教师涨工资，使他们能够比较容易地负担自己子女的大学学费。一方面，如果给教职员涨工资，很可能需要经过董事会研究，而且只给有子女读大学的教授涨工资也是行不通的。另一方面，由于学费减免措施只针对有适龄子女的教授们，因此间接地使大学能够维持对没有子女或者子女已成年的其他教师的较低工资水平。

　　此外，在绝大多数　▲ 华盛顿大学校园

大学里，享受这一福利的教授们不必为节省下的学费支付税金。根据联邦法律，如果低收入的雇员能同样享受这种额外津贴的话，那么此项津贴是可以免税的。由于此项福利免于征税，那么就意味着纳税人也要替高校为教职员子女所付的学费这项政策买单。

为什么要由美国纳税人资助大学教师子女的大学学费，这并无一个显而易见的合理理由。因此，美国国税局（Internal Revenue Service）曾多次提议对这一福利征税。但每一次这样的提议，都会被高等教育界精心组织的游说活动回避和化解掉。康奈尔大学施瓦布教授回忆，他曾致信本州的联邦参议员和众议员，敦促他们维护大学教师子女学费减免部分的免税待遇。"我设法为它的合理性杜撰了各式各样的夸张理由。"他戏谑地说。

这个问题在2005年1月被旧话重提。当时，国会联合税务委员会建议废除大学教职员子女享受免税的学费减免福利。据该委员会估计，在过去10年里，这项福利让相关人群受益高达19亿美元。该委员会的报告称，这项免税待遇已经引起了"是否公平"的争议，因为"在教育界以外领域工作的人士无法享受到这项待遇"；"即使在教育界内部，也只有在拥有丰富资源的教育机构里工作的人士才能够享受得到"[17]。

"这将是我第四次与撤销这项福利免税待遇的议案做抗争。"美国教育理事会副主席和总顾问谢尔顿·斯坦巴赫感慨道，"这项政策是不会轻易被取消掉的……我们之所以能力排众议把它保留下来，是因为它是一项非常传统的大学教师额外福利，已经存在很长时间了。许多人正是看在这项福利的份上，才做出自己职业生涯决定的。将其完全否定是非常不公平的。"跟先前议案的命运一样，该议案也没有得到广泛的支持。

高校教师子女在录取和学费方面享受巨大优惠，也有助于大学留住（或招聘到）明星教授，以减少优质人员流动给学校在经济上和声誉上造成的打击。"每当考虑是否离开圣母大学时，我就会想到学费福利，以及我还有几个孩子没有享受到这个福利。"卡瓦蒂尼说，"实际上我等于是签了卖身契，把自己一生都交给圣母了！"这位圣母大学神学系主任又说，学费福利是一个

"招聘教师的巨大卖点"，"一直以来，我就是利用它来招聘师资的"，比如像格里·安德森（Gary Anderson）——这位哈佛大学终身教授，在2003年成了圣母大学教师的一员。安德森的儿子当时刚刚进入12年级，他希望能上一所天主教大学，圣母大学是他的首选。尽管一般情况下，圣母大学的教师要在3年服务期满之后才能享受到子女的学费福利，但通过与校方谈判，安德森取得了为期1年的"获权期"，因此其子可以在一入学便享受免学费的待遇。后来这名年轻人如愿被圣母大学录取。

安德森说，如果对教师子女没有录取照顾的话，"很难知道"自己的儿子是否会被圣母接收。"进入圣母大学所面临的竞争非同寻常。但从考试分数看，他不属于出类拔萃的学生。"安德森又说，儿子能够在一所位列美国前25位的大学里接受免费教育，是一项"不错的福利"。他之所以离开哈佛来到圣母，主要是因为他厌倦了世俗大学的学究们，而对圣母大学的"总体道德观和目标"充分信任。他说，自己打算在圣母长期工作，而非一旦儿子毕业就离开。

作为一所声名渐著、学生趋之若鹜的大学，塔夫茨大学近年来吸引了数量更多质量也更好的生源。2005年，申请该校的学生 SAT 考试平均成绩达到1344分（总分1600），远远超过2001年的1311分。这所在每4名申请人中录取1人的大学，已经相应抬高了自己的录取门槛[18]。2004年，被录取学生的平均 SAT 成绩达到了1410分（2001年为1360分）。

对于学生质量的提高，塔夫茨大学的教授们感到欣慰。但另一方面，在学校学生质量节节攀升的同时，却没有为自己子女的入学留下空间，对此他们就没有那么满意了。由于塔夫茨大学对在本校就读的教职员子女免除全部学费，而对在其他大学读书的教职员子女分文不付，因此，只要它对不合乎条件的教职员子女做出拒录决定，就会招来教授们的抱怨之声。他们要求学校也为在其他大学读书的教职员子女支付学费。尽管在自己的教室里，教授们能明显地感受到塔夫茨大学越来越高的筛选性带来的好处，但他们同时主张，录取教师子女不应当坚持同样的高标准。

美国大学教授协会塔夫茨大学分会主席谢尔顿·克里姆斯基（Sheldon Krimsky）说："我们不应当允许这种福利随着塔夫茨的申请人数的起伏而忽高忽低，即不能基于申请人数的变动来决定是否有足够名额留给教师子女。招收教职员子女应当基于几个原则，比如这个教师的孩子是否满足最低录取要求？这个教师的孩子能否完成学业？他们在大学里能否成功？"

为节省经费和提高学生质量，大多数名校都会不时尝试调整学费补助金额度和教师子女录取人数。但受人尊敬的大学教师们为了抗拒意欲取消这项宝贵福利的任何提议，其凶猛劲头一点也不亚于职业运动员为取消工资封顶而进行的抗争。斯坦福大学、宾夕法尼亚大学等高校为了不致引起教职员工的抗议，已经降低了拟议中的学费福利的削减幅度[19]（斯坦福大学的一名发言人说，这项福利之所以被保留下来，是因为它在招聘人才时具有吸引力。她又说，斯坦福为教职员子女申请大学开办了讲座，而且教职员子女的身份"可作为加分因素"[20]）。

圣母大学负责招生的副教务长丹尼尔·萨拉西诺说，对自己子女在学业上不符合标准、不能被录取之类的消息，几乎没有一个教授能心平气和地接受。他肯定会抱怨说，圣母大学能录取成绩更糟的橄榄球运动员，却不录取他的孩子。一位心存不满的教授可能会责问学校：对大学来说谁更重要？是橄榄球队还是教师？

2004~2005年度，塔夫茨大学全职教授的平均工资为109000美元，而教职员子女录取优惠一直都是该校人才竞争的法宝。在全校学生中，大约有100名本科生（占本科生的2%）是教职员的后代。过去，塔夫茨大学一般只为教师子女免学费，而对职员子女却没有这么慷慨的方案。但在1984年，联邦有关只有同时向低薪雇员子女提供的福利才可享受免税待遇的法律出台之后，该校开始重新审视此项政策。1991年，塔夫茨大学将为教师子女免除学费的额度限定为本校当年的学费数额，即16750美元。

对此，教师们的反响强烈得令人咋舌：90%的教师在请愿书上签名反对这项限额规定[21]。克里姆斯基教授说："我们从未见到过那么多教师的签名。"1992年，塔夫茨大学校方废止了这项规定[22]，不仅恢复教师子女全部免除学费的待遇，而且让学校职员的子女也同样享受到此项待遇，以保证该福利能够免税。对此，2001年起担任塔夫茨大学校长的劳伦斯·班考（Laurence Bacow）说："作为一项实施已久的政策，这一福利是很难改变的。因为教师们已经都对它抱有期望了。"

教师子女学费减免限额政策的始作俑者之一史蒂文·曼诺斯（Steven Manos），后来也从这项政策的废除中获得了益处[23]。身为塔夫茨大学主管财务的副校长曼诺斯，在2002~2003年度年薪高达294210美元[24]，再加上83767美元的职工福利和6064美元的可报销费用，收入相当可观。尽管如此，其子艾伦·曼诺斯（Alan Manos）在2003年进入塔夫茨大学读书时，仍然符合学费全免的条件。对此，曼诺斯父子俩都不愿意发表评论。

学费福利被保留后，教师们理所当然地认为，塔夫茨大学招生办公室会继续对教师子女的入学采取特殊政策。然而，在班考校长及一位对塔夫茨的发展踌躇满志的新招办主任上任后的近十年里，这个在20世纪90年代曾非常刚性的原则变得松动起来。尽管招生办公室仍然会给教师子女降分照顾，却不希望他们与其他学生在分数上的差距进一步扩大。因此，随着该校录取分数线的整体上升，教师子女也需要提高他们的入学分数。

为了让大家对原则的变化有所了解，2004年，塔夫茨大学拒绝了历史学教授盖里·路义普（Gary Leupp）之女的入学申请。"这是个让人难过的意外，"路义普说，"我们本来就没有什么额外福利。教授们会想，'至少我的孩子还可以在本校上大学吧'。我也理所当然地认为（我的几位同事也是这样），我们的孩子应当被录取。可他们被拒绝了！我们感到非常地愤怒。我们没有挣大钱，又怎么能够为自己的孩子付大学学费呢？"

路义普认为，如果当初能够负担女儿上私立学校或者SAT考试辅导课程的费用，他的女儿完全可以在申请塔夫茨时更具实力。他说："假如父母不富有，子女就不得不去师资欠佳的公立学校上学。在那里，老师评定的成绩毫无意义，所以成绩根本没法反映学生真正的智力水平。"

"大学为录取新生 SAT 分数线的提高而洋洋得意，这或许并不是件坏事。"路义普又说，"但麻烦的是，大学的声誉愈好（这主要是教师们辛勤工作的结果），这条值得商榷的分数线就愈高，而大学要履行其招收教师子女入学的承诺就愈加困难。这样做的确让那些作为家长的教师们非常烦恼。"

在 2005 年 2 月塔夫茨大学召开的一次教师会议上，路义普所在历史系的一位同事要求校长劳伦斯·班考解释关于招收本校教师子女入学的政策。班考校长回答说，塔夫茨大学的确承诺过会照顾教师子女，但针对所有申请人的录取标准也在逐年提高。"不仅仅是教师子女，每个学生所面临的竞争都更加激烈。"班考校长告诉我，"以现在的标准衡量 5 年或 10 年前被录取的教师子女，他们被录取的可能性肯定会有所降低。"

塔夫茨大学本科生招生部门负责人李·科芬（Lee Coffin）告诉我说，该校教师子女的录取率与其他受照顾的人群（包括运动员、校友子嗣和大学所在地麦德弗德市的居民）相当。他说："我们告诉教师们，申请我校的学生群体越来越呈现全国性、国际化和实力强劲的特点，我们会对您的孩子加以特别关注，但不能保证所有的教师子女都能入学。我想教师们多少会接受这一现实。我们能够做的就是在同等条件或者条件稍差一点的情况下，将教师子女录取进来。""但是我们只有这么多招生名额，所以到了一定程度的时候，你就不得不问自己：'该拒绝哪个学生呢？'"

在后来召开的一次教师会议上，科芬就"塔夫茨大学无资金需求录取政策的情况"进行了介绍。他在介绍的过程中，回答了自己在前面提出的问题[25]。与大多数名校（包括常青藤大学）不同（用招生工作的行话来形容），塔夫茨的招生与其说是"无资金需求"型（need-blind），倒不如说是"资金需求敏感"型（need-sensitive）。换言之，该校把申请学生的经济状况视作是否录取的重要因素。正因如此，塔夫茨为资质欠佳的教职员工子女提供学费优待的同时，也将很多出类拔萃的申请人拒之门外，而后者唯一的缺点便是他们来自于低收入家庭。

2004 年，科芬将 193 名低收入申请学生从塔夫茨的录取名单中划除，以避免该校每年为新生提供的780万美元资助预算被突破。因为这批学生入学后，将需要平均每年贷款25000美元。科芬告诉教师们，"如果是无资金需求型录取，我们会将他们全部录取，现在你们就应当在教他们了"。但实情正好相反。193名申请学生在最后1分钟被划掉后，塔夫茨的学生群体更富有、白人学生比例更大、学习上也更弱了。本来可以不这样的，"我为此感到惭愧"。因经济原因被该校拒绝的学生中，有52%在高中阶段成绩位列年级前10名，并且有近一半人的SAT成绩高于该校被录取新生的中间值。

在塔夫茨大学，超过3/4的学生是白种人。但被科芬放弃掉的193名学生中，白人学生只占52%。相反的是，亚裔学生在被放弃的学生中所占比例高达24%，而塔夫茨大学的学生中亚裔学生只占14%。科芬向教师们解释说，自己是在试图保护族裔的多元化。一方面，来自低收入家庭的白人学生相对较少；另一方面，维护弱势群体权益的平权措施保护的是黑人和西班牙裔。于是，贫困的亚裔成为最受伤害的群体，其中包括亚裔的新移民和亚裔家中的第一代大学生。对此，班考校长在2006年3月说，在接下来的筹资活动中，塔夫茨大学最要紧的事情是筹集2亿美元助学经费，以使该校能够在录取时不用再考虑学生是否有支付学费的能力。

在此期间，路义普之女最终还是进入了塔夫茨大学。当初她被该校拒录时，路义普曾向他的两位系主任抱怨说，由于女儿被拒，他发现"要以我惯常的精力和热情来从事我的工作"变得十分艰难。一位系主任了解此事后，建议已经在地处马萨诸塞州伍斯特的克拉克大学（Clark University）注册就读的教授女儿，作为转学生重新申请塔夫茨大学。最后她被塔夫茨接收，并在2005年秋季作为大二学生到该校就读。

彼得·卡瓦蒂尼至今仍认为，圣母大学的一些学生非常傲慢，但他并不后悔在这里上学。经历最初的不安后，他在一次新生文学研讨会上，突然意识到自己能够与同学不分高下。后来，他因为转专业（由哲学转到人类学）推迟了毕业时间（直至2006年春季才毕业），却获得了相当不错的3.2的平均绩点。他在父亲那里修习了一门教义问答课，更重要的是他因此找到了未来的归属。当父亲因做眼科手术暂时休养时，他替父亲到尼日利亚参加一个会议，其间亲眼目睹了被贫困和疾病困扰的非洲。他希望从圣母大学毕业后能重返非洲，去当一名高中教师。

彼得在另一个问题上也有了自己的看法。他认为大学在录取过程中对像他这样的教师子女网开一面的情况的确存在。"虽然我对自己能上圣母感到高兴，但我相信这种对教师子女的照顾是不公平的。"他说，"一些孩子在高中时非常刻苦努力，但在升学时却被家长恰好在这所大学工作的孩子挤掉了。这是不公平的。"

注 释：

［1］Email from Professor Malcolm Getz, January 31, 2005. 盖茨教授应笔者的要求，对他与希格弗里德教授在下列文章中搜集的数据计算了百分比："Where Do the Children of Profits Attend College?" Working Paper No. 03-W02, Department of Economics, Vanderbilt University, February 2003.

［2］笔者在与波士顿大学负责人事的助理副校长曼纽尔·蒙特罗（Manuel Monteiro）的访谈中获知。

［3］Email from Kelly Waiter, February, 2005.

［4］Email from Alissa Kaplan Michaels, March 4, 2005.

［5］Steve Stecklow, "Teacher's Perk," *Wall Street Journal*, April 15, 1997, p. 1.

［6］Compliance Review No. 01-88-6009. Office for Civil Rights, United States Department of Education, October 4, 1990, p. 9.

［7］Princeton High School, 2004-5 School Profile.

［8］"Town Topics," June 24, 1998, p. 33. 其中，获得荣誉的高中毕业生的名字被标注了星号。

［9］Email from Cass Cliatt, August 1, 2005.

［10］笔者在与罗纳德·弗格森（Ronald Ferguson）教授的访谈中获知。

［11］"Annual Report on the Economic Status of the Profession, 2004-5," *American Association of University Professors,* Table 4, p. 33.

［12］笔者在与康奈尔大学负责招生的副教务长多丽丝·戴维斯（Doris Davis）沟通后获知。

［13］Ithaca High School College Profile 2004.

［14］Laura Randall, "The Other Legacies: Fac Brats," *New York Times,* January 16, 2005, Section 4A, p. 12.

［15］笔者在与曼纽尔·蒙特罗的访谈中获知。

［16］"2004 Comprehensive Survey of College and University Benefits Programs," College and University Professional Association for Human Resources, August 2004.

［17］Staff of the Joint Committee on Taxation, "Options to Improve Tax Compliance and Reform Tax Expenditures," January 27, 2005, p. 45.

［18］笔者在与李·科芬的访谈中获知。

［19］Stecklow, "Teacher's Perk."

［20］Email from Kate Chesley, March 1,2005.

［21］Patrick Healy, "Faculty Demands Administration Response to Petition on Remission," *Tufts Daily,* December 3, 1991, p. 1.

［22］Letter to university community from President Jean Mayer, June 1, 1992.

［23］Maureen Lenihan, "Faculty Threatens Tuffs with Lawsuit over Tuition Remission," *Tufts Daily,* February 26, 1992, p. 1.

［24］IRS Form 990, 2002-3, Trustee of Tufts College.

［25］此会于2005年3月2日召开，地点在塔夫茨大学的巴卢讲堂（Ballou Hall）的库里吉会议室（Coolidge Room）。

麻州大学美丽风光

第七章

"新犹太人"
——亚裔美国人请勿申请

尽管亨利·朴（Henry Park）和斯坦利·朴（Stanley Park）各自在美国的东西海岸长大，但他们却有不少共同之处：相同的姓氏（韩裔美国人常见的姓氏）、同样耀眼的考试成绩，以及相信名校会根据学业成绩录取学生的相同信念。

亨利于1998年从格罗顿中学（位于马萨诸塞州格罗顿的一所著名预科中学）毕业时，在同年级79名同学中名列第14。他在SAT考试中获得了数学800分（满分）、总成绩1560分（满分为1600分）的优异成绩。这样的成绩使他跻身全美同届毕业生前1%的最优秀学生行列。在SATII科目考试里两项数学考试较难的一项中，他也获得了800分的成绩，拉丁科目760分（满分800分），物理科目740分。他会演奏小提琴，是越野队队员，并且与另外两名同学在著名数学刊物上发表过一篇论文。亨利的父母是韩国移民，属勤劳的中产阶级，他们希望自己的孩子能过上美好的生活，因此节衣缩食为他支付格罗顿中学的费用。无疑，亨利身上集中体现了积极进取的美国精神，尽可以让大学招生人员对他另眼相看。

亨利认为，优秀的成绩足以让自己瞄准任何一所美国名校，尤其是在那些平时成绩和SAT考试均不如他的同学都对上哈佛、耶鲁和其他名校充满自信的情况下。但有一点他没有想到，那就是他的这些同学们——有的是校友子嗣，有的可以通过发展项目途径，有的是划船运动员，有的则属于弱势的少

▲ 麻州布鲁克兰高中教师与亚裔毕业生

数族裔，都可能利用招生中的优惠政策弥补学业上的不足。他们获得优惠的理由与脑力丝毫无关。亨利与他们不同，没有任何可以依靠的关系。作为一名亚裔美国人，他没有资格得到平权措施的庇护，许多高校将享受这项优惠政策的范围限定为黑人、西班牙裔和印第安人；他的父母均是在韩国时上的大学，无法为自己的儿子提供美国大学世家优先的机会；同时他们也没有为大学捐款的巨大财力。事实上，亨利需要申请经济资助方能支付上大学的学费。

亨利在格罗顿中学的辅导员是清楚这一情况的。她不主张亨利申请常青藤大学，她告诉亨利，他申请成功的系数并不高，所以建议他降低自己的期望值，把第二或第三层次的高校作为目标。亨利没有理会她的意见，于是接连被4所常青藤大学拒绝，它们是哈佛、耶鲁、布朗和哥伦比亚。接着，斯坦福大学和麻省理工也一样将他拒之门外。4所常青藤大学在拒绝亨利的同时，却从他所在的格罗顿中学录取了34名学生。布朗大学接收了一位畅销书作家的女儿，哈佛大学录取了它的一位最大捐赠人的孙子，哥伦比亚大学则接收了一名非洲裔申请人，而斯坦福大学从格罗顿中学录取的，是一位在该校董事会担任主席的石油大亨的女儿。

"当其他人开始陆续被名校录取时，我有一点难过。"亨利告诉我，"我一直觉得自己应当有远大的目标。"他的母亲朴素姬（音）补充说："我太天真了，我以为大学的招生部门多少会考虑学生的学习成绩。"

与亨利不同，斯坦利·朴除骄人的学习成绩以外（包括1500分的 SAT 考试成绩），似乎有一项能增加录取机会的特殊条件。他在加州出生长大，这个州的选民在1996年通过投票，在公立大学里停止实施平权措施。这道禁令开始执行后，加州大学洛杉矶分校更新了自己的录取标准，转而对那些经受住"人生挑战"的学生青睐有加，比如家人患有疾病、单亲家庭或是家族内第一位大学生等等。

2002年从尔湾大学高中（University High School）毕业的斯坦利，曾经历过超出他那个年龄应承受的很多的苦难。他的父母均是地位低微的韩国移民，只受过高中教育，基本不懂英语。1999年父母离婚后，斯坦利一直与母亲一起生活。次年，母亲被诊断为乳腺癌之后，斯坦利开始通过做家教来帮家里支付房租。

"他把做家教的所得全部交给家里。"他高中的辅导员在给斯坦利大学的推荐信里写道，"在我刚刚认识他的那段时间里，他对各方面事情的平衡能力给我留下了非常深刻的印象。他很容易被人当作数学方面的天才学生，但其实这个年轻人在很多方面都非常出色，这让他成了一个非常有意思的学生。在过去3年里，他一直坚持在每周六清晨6:30来到伯特利韩人教堂（Bethel Korean Church），之后就马不停蹄地往面包车上装食品，与其他教友一起去给无家可归者分发食物。"

斯坦利在自己的大学申请信里，动情地写到了母亲身患重病对自己产生的激励作用。他写道："我比任何人都更爱、更关心自己的母亲。我是如此敬仰她，因为自从离婚后，她一直在努力工作。她无私地奉献了自己的青春岁月和自由时光，才使我有了一个光明的前途。她甚至用自己全部的圣诞节奖金为我缴纳 SAT 考试补习班的学费。然而，上天却对她如此地不公平，她被确诊为乳腺癌。当母亲的双乳被全部切除的时候，我从她脸上真切地看到了巨大的痛楚和屈辱。尽管她能够活下来我已经感激涕零，但看到自己的母亲处在如此巨大的痛苦中，仍令我无法承受。如今她已经没法像过去那样辛苦地工作了，我不希望妈妈对我的所有付出都白白付诸东流。我渐渐认识到，我唯一能够做的事情，就是让妈妈看到她的付出结出硕果。我开始在学校更加努力地学习，并且更认真地参加义工服务。"

尽管如此，加州大学洛杉矶分校以及加州州立大学的其他名校（如伯克利）在以更低的成绩录取黑人学生和西班牙裔学生的同时，还是拒绝了斯坦利。斯坦利痛苦地认识到，加州州立大学所谓的对经历"人生挑战"的申请人给予优惠的政策，不过是平权措施的替代品而已，对于他或其他的亚裔美国学生根本没有意义。

继犹太人之后，亚裔美国人成为美国大学录取中公民权利被剥夺得最厉害的一个群体。他们成为了"新犹太人"。过去各高校设置以排斥犹太人的非学术标准，如世家优先以及强调领导素质等，如今被用来抵制亚洲人。原普林斯顿大学副校长耶利米·奥斯特里克尔（Jeremiah Ostriker）说："从历史的角度看，各常青藤高校里亚裔少数族裔的处境与半个世纪前犹太人的处境非常相近。"

曾经受到排斥的犹太学生，如今因为他们的非凡智力而受到各高校的普遍追捧。现在，许多犹太申请人本身就具有被录取的优先条件，比如校友子嗣、捐赠者子女或者教师子女等。许多名校对过去限制犹太人入学的做法表示忏悔，都争相提供最精良的犹太教餐食，修建最大的犹太文化中心，以及提供最完整的犹太研究系列课程。

比如，地处田纳西州那什维尔的范德比尔特大学不仅修建了一个犹太文化中心，并且还专门聘请了一位犹太教祭司参与招生工作[1]。这是戈登·吉校长所谓的"精英战略"的一个组成部分。所谓"精英战略"的目的，就是要提升范德比尔特大学的地位，以致能与常青藤大学抗衡。在2002年3月17日召开的希勒尔协会（Hille，全国性大学犹太组织）范德比尔特大学分会的理事会上，吉告诉与会代表："我们希望能够招到犹太学生，这样做没什么错，也无碍平权措施。这只是一种明智的想法而已。"据调查，在范德比尔特大学的新生中，犹太学生的比例已经从2000年的不到5%，增加到了2004年的将近13%[2]。

但几乎没有一所大学采用同样的"明智想法"，去力邀在学业上同样优秀的另一个群体加入，这便是亚裔美国学生。正如在1950以前限制犹太人一样，这些大学为亚裔学生树起了高高的屏障：如果他们来自一种陌生的文化，便将他们淘汰掉，即使他们被认为是学术明星也在所不惜。无疑，工薪阶层和中产阶级的白人学生——如被圣母大学拒绝录取的优等生约翰·西蒙斯——也同样在大学录取中面临着艰难的过程。但从总体上讲，亚裔学生是独一无二的特殊群体，他们既不享有其他少数族裔能够享受的种族优待，又没有大多数上层白人具有的财富和血统优势。这种二等公民的地位，既影响了亚裔进入这个国家政治领袖、经济领袖和社会领袖聚集的核心圈子的雄心壮志，使他们的思想受到束缚，难以接受社会领导圈子新观念的影响；也在那些为了寻求机会才移民美国的亚裔学生和家长中，产生了愤懑不平的情绪。与此同时，由于拒绝了不少优秀的申请者，精英大学自身的教育质量也受到影响，无意间使得那些觊觎一流大学地位的二流大学，通过欢迎优秀亚裔学生，得以提高它们的学术地位。

如同在招生名额实行配额时代的犹太人一样，亚裔学生在部分高校里所占的比例，超过了亚裔人口在美国总人口中的比例。正因如此，他们不能作为平权措施保护的少数族裔。但是，他们却因优异的学习表现而受到不公待遇。最初为杜绝过多犹太人入学的校友子嗣优先录取政策，如今已成为高校排斥亚裔学生的正当理由。与此相类似，当初广为人知的为遏制纽约犹太申请人入学率而采取的农业州申请者地域照顾政策，如今也损害了主要集中在大城市（尤其是洛杉矶）的亚裔学生的利益。

如今同过去一样，对某一族裔不予优先照顾仍然是种族歧视最方便的伪装。过去，大学的行政人员曾以种族偏见为反犹政策辩护，如1918年，耶鲁大学一位系主任把犹太学生叫作"书呆子"[3]。如今，在大学招生官员眼里，亚裔学生也是一个模子刻出来的：都是被父母编好程序、在数学和科学考试中次次得 A 的半机器人。当被问到范德比尔特大学为何倾力招收犹太学生而不是亚裔学生时，该校一位原行政人员告诉我："亚裔学生都是非常优秀的学生，但是他们却不能提供犹太学生所拥有的理智环境。"

同样，麻省理工学院招生部主任玛丽莉·琼斯（Marilee Jones）也是通过归类法，为该校拒绝亨利·朴的申请寻找理由。由于当年的记录材料已经被销毁，因此她未能查到朴的申请信。2003 年，她在给我的电子邮件中这样推断，"亨利·朴可能像成百上千的韩裔学生一样，高中成绩、参加课外活动情况以及性格特点都差不多"。"我猜想他只是还不够与众不同，因此没能脱颖而出而已"。她还说，对许多学校愿意招收名人子女、校友子嗣和发展项目的学生，而不是"了无生趣的数学迷"，她非常能够理解。试想，如果一位大学行政人员也敢对黑人或犹太学生如此大放厥词的话，恐怕他很快便会为高等教育界所不齿。

过去，联邦政府往往按照移民的来源国，将亚洲移民分别称为中国移民、日本移民、韩国移民等。"亚裔美国人"并不是具有深厚历史或传统根基的一种身份。到20世纪70年代，中国和日本学生为设法被纳入平权措施的

▲ 麻省理工学院街区一角

保护之列，普遍喜欢使用这个身份[4]。1977年，联邦政府在数据统计分类中增加了"亚裔及太平洋岛民"一类，其定义是"具有远东、东南亚和印度次大陆或太平洋岛屿原住民血统的个人"[5]。

联邦政府的这项战略实施得"相当不错"。大学里亚裔学生入学率迅速上升，并很快引起巨大反响。1984年，由于新生中亚裔学生占到了1/4以上，加州大学伯克利分校宣布，亚裔不再被作为适用平权措施的群体[6]。5年后，联邦机构就加州大学伯克利分校和洛杉矶分校对亚裔学生实行配额录取政策的情况进行调查。迫于压力，伯克利分校校长就该校亚裔学生录取人数下降公开道歉。截至2007年，伯克利分校在校生中亚裔学生占41%，因而该校被《纽约时报》赞为"择优录取的新面孔"。

1990年，美国教育部民权事务办公室发布报告指出，哈佛大学亚裔申请人的录取率与白人申请人相比"异乎寻常的低"，尽管他们的SAT分数和高中成绩"更好一些"[7]。从1979~1988年，哈佛大学亚裔学生的录取率只有13.2%，而同期白人学生的录取是17.4%。在来自加州的申请人和打算学习生物学的申请人这两个亚裔学生比例很高的群体当中，录取率也是比较低的。而白人申请人和亚裔申请人之间录取结果存在较大差异的原因，联邦调查人员认为是"缘于该校实行的给予校友子嗣和特招运动员的照顾政策，因为这两个被照顾的群体都以白人为主"。亚裔在哈佛大学的全部申请人中占15.7%，却只占校友子嗣的3.5%和特招运动员的4.1%。

联邦调查人员同时指出，在哈佛招生审查人员中存在着对亚裔的偏见[8]。哈佛招生审查人员对亚裔申请人"个人素质"一项的评估均低于白人学生，这或许反映出他们缺乏对亚裔文化的了解。

调查报告发现，在哈佛大学招生部门工作人员对申请人的材料所撰写的评语里，会反复用"安静（或害羞）"、"具有科学（或数学）倾向"、"学习刻苦"等字眼概括亚裔申请人。一位审阅申请材料的招生人员是这样概括一位亚裔申请人情况的："他很安静，当然，他还希望成为一名医生。"另一位则写道："（这名申请人的）考试分数和申请材料看起来与我看过的其他亚裔申请人的情况很相似——数学非常有天赋，但相反英语却很糟"。

尽管如此，教育部民权事务办公室仍然认为，哈佛大学并没有违反联邦反种族歧视法。虽然校友子嗣和运动员优先对亚裔"造成了负面影响"，但这种照顾是"合法的"，"并非种族歧视的幌子"[9]。至于是否存在对亚裔学生的模式化看法，民权事务办公室认为，"没有迹象表明"这种看法业已影响到亚裔申请人的机会。

联邦调查人员还发现，没有证据表明大学在亚裔学生的录取上采取了配额的做法，因为自1979~1990年以来，美国大学新生中亚裔学生的比例已经从5.5%上升到19.7%。但这份联邦报告出炉后，这种增长却停止了。在过去10年里，哈佛大学录取的学生中，亚裔学生的比例在14%~20%之间徘徊。与此相对照，在20世纪30年代，哈佛大学对犹太学生的录取配额稍微低一些，基本在10%~16%之间。

由于联邦政府赋予高校充分的录取自由，大多数精英大学都在招生中采用三重标准：对亚裔学生的录取标准最高，白人学生次之，黑人和西班牙裔人最低。根据2004年由3位普林斯顿大学研究者所做的一项研究[10]，一位亚裔申请人需具有比其他申请人高50分的SAT成绩，才可以在申请精英大学时拥有与其他人相同的机会（如果是校友子嗣，相当于SAT成绩多了160分）。耶鲁大学的资料显示，1999~2000年度，亚裔新生的平均SAT成绩是1493分；2000~2001年度，这个成绩为1496分；2001~2002年度，为1482分[11]。同样在这3个学年，白人新生的平均分数大约低40分，黑人和西班牙裔新生则比白人新生还要低100~125分。耶鲁大学的一位发言人将亚裔与白人新生的分数差距归结为特招运动员中白人比例较高，并说录取亚裔和白人学生的学业标准是相同的。

在圣母大学，亚裔新生的SAT平均分数比白人学生高19分。负责招生工作的副教务长丹尼尔·萨拉西诺说："假如排除掉运动员、校友子嗣、发展项目录取等因素，这两个族裔的录取分数是基本相同的。"

人们对于亚裔学生较高的期望值，可能会对同属亚裔但学业并不那么出色的学生造成极大的伤害。来自中国、韩国、印度和日本家庭的学生，在大学升学率方面都处于较高水平。在耶鲁大学和其他一些精英大学录取的新生中，SAT 分数高分者也是这些学生。而来自如老挝、柬埔寨、菲律宾以及太平洋岛国，出身最穷困、教育水平很低的家庭的学生，考试分数却比较低，他们在高校中所占的比重明显低于自身人口占总人口的比重。如果将其单独看作一个群体，是理应具备平权措施适用条件的。

　　在这种情况下，东南亚和太平洋岛国人纷纷奔走游说，希望撕去自己身上的亚洲人标签。1997年，太平洋岛国人取得了一项胜利[12]。当时，美国行政管理和预算局注意到，夏威夷州只有11.9%的居民获得了大学学位[13]，而这个州的亚裔人口的比例是37.7%，于是将"土著夏威夷人或其他太平洋岛国人"划为单独的一个群体。在2000年的联邦人口普查中，他们的人口数被单独计算。如今，在许多高校的普通申请表格里，都有一栏"土著夏威夷人、太平洋岛国人"作为填写选项。然而在2005年1月，负责监督SAT考试以及其他标准化考试的美国大学理事会（College Board），仍然将所有亚裔美国人作为一个整体分类。至今，东南亚人仍没能摆脱亚裔

▲　著名的麻省理工

美国人的标签。

"东南亚人处于亚裔美国人的最底层,其贫困率数倍于全美平均水平。部分东南亚社群对救济的依赖率比其他任何群体都要高,包括黑人和拉美裔。"加州大学洛杉矶分校研究公共政策的教授保罗·翁(Paul Ong)说,"谈到大学的录取和运动队征招问题,大家越来越觉得亚裔美国人群体和太平洋岛国人群体均处于不利地位。大学招生人员应该将此作为审查和录取的考虑因素。"

在普林斯顿大学,亚裔美国人对该校招生工作的不满由来已久。该校亚裔学生的入学率(2004年新生中12.8%为亚裔)落后于竞争对手耶鲁(18%)、哈佛(19.7%)和麻省理工(26%)。20世纪80年代后期,普林斯顿的一项内部研究发现,同哈佛一样,该校亚裔学生的录取率低于白人,这种差距同样被归结为亚裔在校友子嗣和特招运动员当中的比例较低。但这种解释不能让已故的加州大学伯克利分校首位华裔校长、普林斯顿大学理事田长霖感到满意。每年得到普林斯顿大学的录取人数后,田长霖都要求招生部主任解释录取学生中亚裔学生人数较少的原因。

普林斯顿大学经济学家尤韦·莱因哈特(Uwe Reinhardt)是10年前向学校管理当局提出亚裔学生问题的教授之一。莱因哈特的妻子是中国人。他说:"凭我的直觉,我认为的确存在着一种反亚裔政策。常青藤大学录取了不少SAT分数较低的非亚裔学生,而许多SAT分数高得多的亚裔学生却被拒录了。在亚裔社群中,包括我本人在内,人们普遍都有这样的一种感觉:如果想进哈佛或者普林斯顿,你就得比其他任何人都要更优秀。

"我们曾经与学校管理当局进行过多次坦诚的讨论,结果往往不了了之。我们告诉他们,我们非常关注这件事情。但除此之外,我们却不能做任何事情。他们会说学业成绩并不是他们评判采用的唯一标准,在大学里拥有多元文化的学生代表也是很重要的,谁也不希望校园里有一半都是中国学生吧!可是,为什么又不可以呢?"他还说,那种认为亚裔学生太安静的刻板印象"实在是一种奇怪的看法","我的亚裔学生都非常活跃,他们在学生当中担任领导，根本就不羞涩、内向"。

这位身为德国移民的经济学教授告诉我，那种宁愿选择白人校友子嗣而拒绝亚裔优秀学子的做法，反映出美国社会一种令人担忧的趋向。"我在20世纪60年代早期来到美国时，这个国家崇尚精英，退伍军人福利法案的出台本身就证明这一点。"他说，"退伍军人福利法案表明，在常青藤大学曾经是绅士俱乐部的时候，有多少人的才华被挥霍浪费掉了。20世纪80年代中期以来，开始兴起集团权贵，这是过去我们从不曾有过的社会现象。你看看那些大公司的败家子们，动辄就把这个国家的钱亏掉数亿美元，而他们的子女都在哪里上大学呢？一想到这些所谓的校友子嗣，我就实在为美国的未来感到担忧。我认为，美国社会从未像今天这样，它正在建造一个庞大的贵族阶层。"

陈凯（Kai Chan）是普林斯顿大学经济学专业的博士生。这位中国移民之子成为校园里争取亚裔申请人平等权利的另一位不同凡响的人物。在2004年11月29日出版的学生报纸《普林斯顿人日报》（Daily Princetonian）一篇专栏文章里，陈写道："在肤浅的多元化名义下，那些符合条件的学生却因他们的族裔身份而被阻拦在常青藤大学门外，这样做公平吗？事实上，亚裔学生本来就需要比他们的竞争对手拥有更优异的成绩，才可能指望进入同样的院校。除此以外，世家优先难道不是又一个对亚裔学生有百害而无一利的平权措施吗？……我亲身体验过不少诸如平权措施的具有误导作用的项目。我的父母是一对不会讲英语的贫穷夫妻，他们都没有上过高中，从没有给小时候的我读过一本书，也没有参加过我的毕业仪式。我上的高中乏善可陈。我总共上过5所高中，其中1所是当地有名的'垫底高中'。在高中和大学阶段，我全身心地努力学习。在一生中，我从未享受过任何恩惠。如果说有什么益处，那就是我知道我必须要比自己的同龄人表现得更加优秀一些。"[14]在后来的专栏文章中，陈凯敦促普林斯顿大学在招生决策层里安排来自不同社会经济背景的人士，"多元化的招生委员会或许能够觉察到一个为了补贴家用而去当服务员的申请人的可取之处"。

普林斯顿大学一位发言人说，该校并没有歧视亚裔申请人。"我们把每一位申请人都作为一个个体进行考虑，把所知道的有关申请人的一切情况综合起来进行考查，不光包括高中成绩、标准化考试的分数和课外活动表现情况，还包括推荐信、申请材料，以及任何有助于全面了解申请人的材料。"这位发言人在电子邮件里写道，"没有一位申请人是'被模式化的'。当我们做出录取决定时，新生班级的规模是限制条件，且申请人的整体质量都很高，因此许多非常优秀的申请人不能被录取。"[15]

陈凯说，被普林斯顿录取的亚裔学生，在学校里也常常有被校园社团排斥的感觉。普林斯顿有6个会员制美食俱乐部通过抽签来吸收新会员。但很少有人能参加该校另5个受邀方能加入的"雄辩"俱乐部，这些俱乐部一般只有600~900名成员，都是大三大四的学生，大多数成员是出身富裕家庭的白人学生。申请加入"雄辩"俱乐部的学生，需要接受为期两天的面试和比赛，有时还可能会受到老成员的羞辱。但是受到羞辱以及每年6500美元的会员费，却往往很有价值，因为他们可以在日后求职和发展过程中，从俱乐部老成员和其他成员的家长那里得到帮助。

"假如有机会加入这样的俱乐部，会对你的职业生涯大有助益。"陈凯说，"由此你便拥有了一个可以依靠的巨大的人际关系网。"如果没有这样的关系网络，亚裔往往会遭遇玻璃天花板。雇主们"之所以聘用亚裔"，"不过是看中他们的数学能力。他们并不希望亚裔担任领导工作，只是让他们从事处理数字报表之类的幕后工作"。

亚裔学生为何很少申请加入"雄辩"俱乐部，这在校园里引起了激烈争论。2003年，一位担任少数族裔事务顾问的南亚学生在普林斯顿大学一个搜索引擎网站发布了一个帖子，引发了一场声势浩大的抗议活动。他在帖子里嘲笑那些住在斯贝尔曼宿舍的亚裔学生，说他们"自我隔离"，并将那里称为"拘留所"[16]。（斯贝尔曼宿舍为没有加入美食俱乐部的学生提供带厨房设备的房间。）

2004~2005年度普林斯顿大四学生、时任该校社团联谊会主席的 J. W. 维克托（J. W. Victor）承认，各雄辩俱乐部的确很少有亚裔学生，但并不是有意排斥。他指出，雄辩俱乐部吸收成员的过程很像大学招生，会对老成员和捐赠人的子女有所照顾。他说："我并不认为这样做是恶意的。让朋友加入进来无可厚非。""四方院"（Quadrangle）是维克托担任主席的会员制俱乐部。在2004年春秋两季，这家俱乐部分别举办了邀请黑人学生和亚裔学生参加的派对。维克托说，这两个分别被标注为"尖峰时刻3"和"尖峰时刻4"的派对——因当时成龙和克里斯·塔克（Chris Tucker）主演的系列电影《尖峰时刻》而得名——向外界"表达了明确的态度"。

许多亚裔申请人都有很高的考试分数，但家庭背景大多一般。这让全美享有盛誉的公立大学加州大学陷入了政治上的窘境。

1996年，加州投票通过了禁止大学实施平权措施的动议。然而，大学管理者还是迫于来自西班牙裔的立法议员的强大压力，采取措施以使高校学生的族裔构成更接近于本州的族裔构成。西班牙裔位居加州人口第3位，但西班牙裔学生却只占加州在读15万本科生的1/8；亚裔占全州人口的11%，但占到加州本科生的近40%。

为了纠正这种不平衡的状况，加州大学伯克利分校和洛杉矶分校率先考虑以对低收入申请人进行照顾的政策，以取代以种族作为基础的平权措施。但两所学校的官员们很快意识到，这一政策可能更有利于像斯坦利·朴这样既贫困又成绩优秀的亚裔学生，而非低收入的黑人和西班牙裔学生（因

▲ 萨瑟钟塔是加州大学伯克利分校的标志性建筑

为即使有照顾政策，也很少有人能够达到伯克利的录取标准），于是否决了这一想法。州议会原西班牙裔领袖马可·法尔博（Marco Firebaugh）说："我们发现如果用贫困作照顾标准，会招来许多贫困的白人和亚裔孩子。"时任伯克利招生部门负责人的罗伯特·莱尔德（Robert Laird）对我说，提高学生群体社会经济背景的多元化水平是一种"不切实际的想法"，"在加州永远行不通"。

加州大学洛杉矶分校法学院曾经通过试验证实了莱尔德的结论。1997年，该院采用了一项方案，即从低收入和教育程度较低的家庭和社群中招收40%的新生[17]。正如莱尔德预测的那样，这一方案的主要受益人是那些学习成绩非常优秀，来自工薪和中低阶层的白人和亚裔学生。该院1997年的入学新生中有82名亚裔学生，而前1年仅为48人。与此同时，黑人学生的入学人数却从1996年的19人降至10人。这项旨在帮助黑人和西班牙裔学生入学的政策未能达到预期目的，让加州大学洛杉矶分校法学院感到失望，于是逐步废止了该政策，并以一项入学标准较低的新专业"批判性种族研究"（Critical Race Studies），来吸引少数族裔学生。

加州大学接受了法尔博和其他西班牙裔议员的意见，不再基于家庭收入水平高低决定是否在招生中给予照顾，转而采用一种被称为综合评判的本科生招生系统。该系统对那些能克服包括个人、经济、家庭和心理等方面障碍（加州大学洛杉矶分校将其统称为"人生挑战"）的学生给予额外加分。加州大学洛杉矶分校的网站称："仅仅学业表现突出的申请人，加州大学洛杉矶分校将不予录取。"[18]大学官员们说，综合评判系统会将照顾那些在教育上处于劣势的学生（并不针对特定的少数族裔），挖掘出具有潜能的人才。但是，综合评判系统的原则似乎对某些族群更加有利一些，对许多为让孩子读好学校而费心竭力搬家到较好学区的低收入家庭（不少是亚裔家庭）却非常不利。

与斯坦利·朴一样，布兰卡·马丁内兹（Blanca Martinez）也生长在一个工薪阶层的移民家庭。母亲患乳腺癌后，她也尽力帮助家庭渡过难关。尽管她的SAT考试分数比斯坦利低390分，但伯克利分校和洛杉矶分校都给她发来了录取通知书。布兰卡是一位墨西哥裔蓝领工人的女儿，高中时就读于学生99%为西班牙裔的南门高中（South Gate High School）。这所学校地处洛杉矶附近，空间局促，设施简陋，教室全部是临时建筑，几乎不开设高级课程。正因如此，布兰卡由于参加某大学为水平较差高中开设的扶助课程的学习，从综合评判系统获得了额外加分。2002年，伯克利从南门高中录取了16名毕业生，而2000年仅为6人；洛杉矶分校2002年录取该高中的学生36人，2000年只有14人。

南门高中的学生苏姗娜·佩纳（Susana Pena），一位建筑工人的女儿，也曾参加过扶助课程学习。她以940分的SAT成绩（比斯坦利低560分）被洛杉矶分校录取。2002年我访问南门高中时，她告诉我说："人们应当知道，我们比其他人更艰难一些。他们偶尔也应当为我们开一点点方便之门，以便让我们能够赶上他们。"

在洛杉矶附近另一所主要招收西班牙裔学生的贝尔蒙特高中里，高中毕业生罗绍拉·诺维罗（Rosaura Novelo）在加州大学洛杉矶分校学生、高中扶助项目义工亚历克斯·佩雷德斯（Alex Paredes）的帮助下，修改了自己的入学申请信，使其更加符合加州大学洛杉矶分校提出的"人生挑战"这一录取标准。她的申请信是这样开头的："对于像我父母这样甚至连小学3年级都没上过的墨西哥移民而言，要养活7口之家是何等艰难！我的父亲是全家唯一的劳动力，他能够拿到的仅仅是最低的周薪。……贫困的家境教会我要珍视教育，学会如何去克服所面临的种种挑战，通过艰苦努力让自己得偿所愿。……但由于存在许多需要应对并加以克服的困难，有时我很难抓住父母能为我提供的机会。……呈现在我面前的，不是盛满现成东西的银盘，而是诸多的挑战。……我所在的社区也成为一道障碍：帮派争斗和暴力事件天天都在上演。"加州大学洛杉矶分校最终录取了罗绍拉，尽管她的SAT成绩仅有980分，比斯坦利·朴低520分。2002年，洛杉矶分校录取了24名贝尔蒙特高中的毕业生，是前一年的3倍。

我在同一次行程中造访了位于旧金山尔湾的大学高中，当时伯克利分校和洛杉矶分校在这里的招生工作刚刚结束。大学高中是加州最好的公立学校之一，在2003~2004年度，该校高中毕业班学生的SAT成绩中间值为1247

分，而全州高中毕业班学生的SAT平均成绩为1015分。过去，这所学校高中毕业班中有45%的亚裔学生。加州大学洛杉矶分校从大学高中录取的学生人数由1998年的112人，减少到了2004年的65人[19]；在同一时间，伯克利分校从该校录取的学生也从91人减少到46人。大学高中的更多毕业生只好去了像加州大学河滨分校和圣克鲁兹分校等稍逊一筹的高校。作为加州名列前茅的高中，大学高中并不符合加州大学设置扶助项目的条件，于是使该校学生在综合评判系统中获得好评分的机会大受影响。换言之，斯坦利·朴的母亲为让儿子接受良好教育而倾其所有搬家到尔湾一间小公寓的做法，也许恰恰影响了他被伯克利分校和洛杉矶分校录取的机会。

我曾经与斯坦利以及数名被这两所名校拒之门外的亚裔学生交谈过。诸惠珍（Hyejin Jae）认为，她不愿声张家庭困境，这影响了她被录取的机会。这位SAT成绩1410分，父亲是移民来美、勉强能够维持生计的韩国牧师的女孩说："我不想要别人的怜悯。无论你的境况有多差，都会有人比你过得更糟。"

在申请伯克利分校和洛杉矶分校的亚裔学生中，不曾遭遇人生挑战的学生很快便意识到履历里的这一缺陷。大学高中学生、工程师之子艾尔伯特·辛（Albert Shin）在SAT考试中取得了1540分的成绩，高中平均成绩为3.9分，能够阅读英文、韩文和拉丁文，却被伯克利分校和洛杉矶分校双双拒绝。艾尔伯特告诉我："适当考虑学生欠佳的社会处境这无可厚非，但将其凌驾于学业表现之上就是错误的。"他与斯坦利·朴以及诸惠珍一起，最终都被加州大学圣迭戈分校录取。2006年3月，已是生物工程专业大四学生的斯坦利·朴，尽管其本科期间的平均绩点为3.5分，仍然对自己能否进入医学院深造"深感忧虑"。他在大学期间的学费，是靠助学金和在圣迭戈医院担任核医学助手所挣的钱支付的。

2003年，家长们关于综合评判意味着不录取优秀的亚裔和白人学生的抱怨，引起了加州大学校务委员会主席约翰·穆尔斯（John Moores）的注意。他研究了伯克利的录取档案，发现在2002年（也就在这一年，艾尔伯特、斯坦利和诸惠珍均被伯克利拒收），伯克利拒绝了1421名SAT分数超过1400分的加州本州学生，其中包括662名亚裔学生。但同年，伯克利却接收了359名SAT成绩不足1000分的学生，其中有231名黑人、西班牙裔或印第安人。

于是，这位校务委员会主席指责伯克利分校（加州大学的旗舰）"公然"歧视亚裔学生，并且批评综合评判"含糊不清"，"认为成绩低下的学生就应该被美国名牌大学录取、并指望他们能在进校后神奇地学会从来没有接触过的知识。这种观点简直是荒唐之极！"[20]大学招生官员们驳斥了穆尔斯的观点，坚持认为SAT考试成绩并不是衡量学术能力的绝对指标。不仅如此，2004年4月，一个大学研究小组还将模拟加州大学录取过程的统计模型与实际案例进行比较，结果表明，在加州大学大多数分校，亚裔学生的减少幅度，与非洲裔、墨西哥裔、西班牙裔（某些案例中还有白人）学生人数的增加幅度，都比预想的更高[21]。对此现象唯一的解释是，各高校"录取中实实在在（虽不明显）存在着种族或族裔影响"。

2004年圣诞节前的一天，位于纽约曼哈顿东区94街与帕克大街夹角的亨特学院高中（Hunter College High School）大厅里，洋溢着节日的喜庆气氛。

▲ 华盛顿大学餐饮街上的小吃摊

一旁的长笛课教室传出柔和的乐声。喜气洋洋的学生们正在排队购买50美分的"糖果卡"——由9年级学生设计的中间夹有拐杖糖、棒棒糖或巧克力的贺年卡。

在这幢大楼的4层，欢声笑语被焦虑的情绪所取代。高中毕业班的学生们（包括许多亚裔学生）正在该校的大学申请咨询办公室进进出出。除了等候，他们无事可做，显得非常无奈。在这一周，各大学的提前录取结果将出炉，大多数学生会知道自己是否被提前录取，或是被第一志愿学校延迟录取。作为全美最优秀的高中之一，亨特高中的SAT考试平均成绩为1430分，1/3的毕业生能进入常青藤大学。但尽管如此，这所高中的亚裔学生仍需面对与世家优先录取、发展项目录取和运动员特招录取的不公平竞争。

8岁从北京来美时一句英语不会讲的艾丽斯·王（Iris Wang）是亨特高中毕业班学生。她的父亲是一位化学家，母亲是一位邮政员工。她的SAT考试分数为1520分，高中成绩也非常优秀，她申请麻省理工学院提前录取，却得到被延迟录取的结果。她说："几乎所有大学都说，'我们不歧视任何人'。我曾去过哥伦比亚大学招生接待会，他们却说他们珍视多元文化的环境。假如

▲ 麻省理工校园

他们想让自己的学校是多元文化，那么他们就只能从每种文化录取一定数量的学生了。"当被问到世家优先政策是否公平时，她说："如果学校打算接收SAT考试成绩只有1230分的学生，其实根本无法知道他将来能否有成就。难道仅仅因为他父母曾经了不起就录取他吗？"

艾丽丝在来年春季听到了更多的坏消息。尽管她的申请材料非常出色，但还是被哈佛和耶鲁拒绝，被麻省理工、哥伦比亚和约翰·霍普金斯列入候补录取名单。唯一决定接收她的私立大学是纽约大学，另外还有两所公立大学——纽约州立大学的宾厄姆顿分校和石溪分校——表示愿意录取她。她最终作为总统奖学金获得者进入了纽约大学，这项奖学金意味着她是该校录取新生中的前5%优等生。

对于像艾丽斯这样的亚裔学生而言，高校录取中主观的且与学业无关的标准，如家庭财富几何、是否校友子嗣、运动才能如何、个人素质怎样等等，都与他们进入亨特高中时所符合的标准截然不同。简单地讲，亨特高中的使命就是发现和培养纽约市最富有智力天赋的学生。要获得参加该校入学考试的资格，公立学校的学生必须在全市5年级数学和阅读统考中取得百分制高于90分的成绩，私立学校的学生也必须有相应的上佳表现才行。通过数学、语文和写作测试后，亨特高中从3000名申请学生里筛选出200人，编入该校的7年级。除了对来自贫困家庭的学生有一点优惠外（家庭收入被作为是否获得午餐补助的依据），亨特高中挑选的都是最优秀的学生。对丁校友子嗣、运动员或者未被充分代表的少数族裔，一概没有照顾。（其中有30名学生属于例外情况。他们来自于同样由亨特开办、与亨特高中在同一幢大楼的附属小学。这些学生在幼儿园阶段就被认为是天才儿童。尽管没有达到亨特高中入学考试的最低分数线，但仍然被亨特高中录取。）

于是，这个录取系统造就了这样一种学生群体：将近40%的亚裔学生，其中许多是一代亚洲移民。他们在亨特高中表现得非常出色，经常取得很好的成绩和很高的考试分数。但是，当他们开始考虑升学问题时，亨特高中的升学辅导教师却反复向他们灌输这样的思想：他们不仅需要优秀的学业，还需要在其他方面同样出色，才能从本校同学中脱颖而出，同时从其他亚裔学生中胜出。如同哈佛大学学生卡夫雅·维斯瓦娜坦（Kaavya Viswanathan）小说的主人公奥帕尔·梅赫塔（Opal Mehta）一样，亚裔学生必须打破他们在人们心中的刻板印象。

尽管《奥帕尔·梅赫塔寻乐记》（*How Opal Mehta Got Kissed, Got Wild, and Got A Life*）一书由于存在剽窃问题，在2006年被出版商召回，但它叙述的故事让亨特高中所有熟悉大学申请过程的亚裔学生感到十分真切。一位哈佛大学招生面试官给奥帕尔（书中一位非常优秀的印度裔少女）的建议是：仅仅在科学方面才华横溢、精通4种语言是不够的，她还需要拥有丰富多彩的社交生活。

时任亨特高中大学申请咨询负责人的贝弗丽·伦尼（Beverly Lenny）说，名校招生官员常常抱怨，亚裔学生从材料上看几乎是千人一面，难分伯仲。"哈佛大学给我们回电告知某个学生不能被录取的大致理由时，常常会说，在申请学生里与这个学生情况差不多的孩子太多了！"伦尼说，她理解他们的想法，但这样做却让她十分为难。她说："在亨特高中，我们崇尚优秀，英才教育只能是这样。而哈佛并不是一切从优，他们要打造的是一个社会群体。"

"亨特高中有5位负责大学申请咨询的辅导教师。我们按照姓氏的字母顺序将高中毕业班分组，通过抽签决定由谁负责哪一组。猜猜最麻烦的是哪一组？是字母K—L，也就是'金'到'李'的那一组。给这一组的学生写推荐信是最困难的，因为让他们胜出的恰恰是影响他们被录取的因素。这个组的学生更多地以一种群体模式出现，而鲜有卓尔不群的个性特征。比如说，所属社群都是他们的坚强后盾；再比如这个社群的成员对孩子的期望和培养路径都差不多。结果你面对的是这样一组孩子：每个孩子都上过音乐课，每个孩子的数学都很出色，每个孩子都到医院做过义工，每个孩子都在周六去上中文或韩文课，并且能流利地讲那种语言。于是，你只能一遍又一遍地写下有以上相同内容的推荐信。"

伦尼坦承，大学的招生人员和高中的辅导教师都没有能够撇开这些表面的相似之处，而对亚裔学生进行更进一步的逐个了解，这多少反映出一种无意识的种族主义。而且她说，作为一位"大熔炉中的白人女性"，她与亚裔学生沟通也许比亚裔辅导教师与他们的沟通要更困难一些。在笔者访问亨特高中期间，的确没有一位负责大学申请咨询的辅导教师是亚裔。

在伦尼的要求下，高中毕业班的6位亚裔学生在与她办公室连通的会议室里与我进行了交谈。很快我便明白，她为什么称他们为"出类拔萃的孩子"。所有人都知道自己在大学录取中要面临的巨大挑战，尽管如此他们仍然没有表现出焦虑不安。相反地，他们尽可能调整自己的状态，通过在活动和申请信中表现自己的个性，来努力改变人们对他们的刻板印象。显然，这些勇敢的举动并没有对大学招生部门产生多大的作用。虽然K—L姓氏组别的所有学生最终都被美国有声望的高校录取，但只有一位学生是被第一志愿大学录取的，其他学生没有一人被常青藤大学看中。

当塞娜·叶（Senna Ye）跟随离婚的母亲从中国移民到美国时，她只有7岁，只知道两个英文单词：苹果和桃子。10年之后，她在SAT考试中取得了1460分，其中语言科目720分。她还是亨特高中数学小组的主力。她将哥伦比亚大学作为自己的第一选择，因为她母亲是哥大的一名医学研究人员，所以如果能进哥大的话，她就可以作为教职员子女被免除学费。尽管她的进步惊人，但她仍然担心哥伦比亚大学会不考虑她的申请，正像他们对另一位非常有科学天赋的亚裔学生一样。因此在申请信中，她用幽默戏谑的语调来叙述自己所做的有关嗜肺性军团病杆菌的研究："哦，军团菌啊军团菌，你们在哪里？你们是在故意躲着我吗？有了我滴水不漏的移液器（用来转移液体的导管），我就会像福尔摩斯侦探那样心细如发，像超人一般不可阻挡！"然而这种策略仍然没有奏效，哥伦比亚大学没有提前录取她，而是将她延迟录取。数月后，她申请的全部4所常青藤大学——哥伦比亚、宾夕法尼亚、布朗和康奈尔——通通拒绝了她。她后来进入了马里兰大学。

父母都是中国移民的雪莉·肖（Shirley Shaw）坦言，她在大学申请过程中遭遇了窘境。作为"一位典型的亚裔学生，我的数学和科学成绩更好一些，但不是特别喜欢写作和社会科学"。她高中阶段的平均成绩达到3.85分，SAT 成绩为1540分，其中数学为800分。另外，她还参加唱诗班、保龄球等课外活动。她申请了麻省理工学院，但被拒绝了。后来她被约翰·霍普金斯大学录取。

韩裔学生托马斯·李（Thomas Lee）是从哥哥戴维·李（David Lee）的遭遇中获得警示的。尽管戴维的 SAT 成绩高达1590分，距离满分1600仅一步之遥，但他还是陆续被麻省理工学院、康奈尔大学、哥伦比亚大学和芝加哥大学拒绝，最后到密西根大学就读。托马斯认识到，哥哥之所以未被名校看中，是因为他"显得不够全面发展"。于是，他对学校的活动"更加积极"，努力"抓住所拥有的每一次机会"（包括担任径赛队队长），而且 SAT 考试也取得了1560分的高分。最终他被常青藤之一的宾夕法尼亚大学录取。在随后发给我的电子邮件中，戴维·李断定自己11年级成绩评定的大滑坡，已经造成他到常青藤大学求学愿望的破灭。"我真希望自己能多花点时间和精力在课外活动上，但那时我的确不太愿意去做'对升学有用'的事情。对此我并不后悔。"

在与我谈话的6位亚裔学生中，伊丽莎白·瓦伊（Elizabeth Wai）有着与戴维相反的问题。她曾竭尽全力让自己摆脱人们对于亚裔学生的刻板印象，证明自己具有领导能力（尤其是在预防少女怀孕的社区服务中所发挥的作用），以至于忽略了自己的学习。她的高中平均成绩为3.7分，SAT 考试成绩为1530分。她戏称这样的成绩是"亚裔的失败"——她将其定义为"考试只得了95分"，担心这会影响自己升入理想的大学（耶鲁大学）。

她的担心后来被证明是有道理的。第二天，她便得知耶鲁大学拒绝了她。伊丽莎白最终被乔治敦大学录取。

亚裔美国人并不是大学录取中唯一因缺少背景而饱受阻挠的群体。在高校纷纷向富人、名人子女抛出橄榄枝的过程中，另一群申请人却与美国大学渐行渐远，——他们就是需要助学金的国际学生。

如今，无论是最普通的社区学院还是常青藤大学，其招生部门负责人都在雄心勃勃地致力于提升学生群体的国际多元化。他们远赴海外，招募有钱人家子弟，装模作样地传播美国价值观和鼓励全球市场竞争，极力吹嘘本校有多少个国家的学生。但他们却不曾提到，除了让校园文化更加丰富多彩外，外国学生还为学校带来了可观的钞票。

大多数在美国大学上学的外国学生都来自富裕家庭，全额缴纳学费。他们很多人毕业于贵族式的寄宿制学校，或为满足商人、外交家和上层家庭需要，在海外开办的学费惊人的国际学校。他们驾驶着宝马和奔驰在校园里往来穿梭，不时飞去巴黎度周末。

而来自较低社会阶层的外国申请人则辛酸地认识到，经济条件成为他们实现"美国梦"的最大障碍。他们不符合申请助学金的条件，并且在美国公立大学求学还要缴纳州外学生需要交纳的高额学费。（违反移民法律非法居留美国的学生也受到同样对待。）只有哈佛、耶鲁和普林斯顿等少数几所大学，在对外国申请人进行评估时不考虑其经济状况。其他高校所提供的经济资助，即使数量再少也往往以奖学金形式发放，而不是根据学生家庭收入的高低发放的，以至拿到奖学金的反倒是并不缺钱的富裕学生。根据美国国际教育协会在2004年的一项调查，调查样本中81.8%的外国本科生的经济来源都是"本人和家庭"[22]，只有10.1%的学生在经济来源中提到了"美国高校"，其余的学生大多受本国政府或私营公司资助。与此相对照，2003~2004年度美国本科生中有63%（私立大学为83%）从联邦政府、州政府、大学、雇主或其他来源获得了经济资助[23]。

美国高校都前往海外寻找"宝马良驹"（某大学招生部门负责人所言），即那些成绩很好、不需要经济资助，而且父母还是潜在捐赠人的学生。这位负责人告诉我，高校都在"高谈阔论所谓国际多元化，但只要仔细看一看，就往往会发现他们所录取的外国学生并没有带来什么多元化，因为这些学生在美国已呆了不短时间，有些甚至就是在美国读的中学和小学"。

对于外国本科生中的极优秀者，贫困可能成为他们升学的障碍。艾姆赫斯特学院在招生过程中，会将申请人从最优秀到最差划为7个等级，被列入第一等级的申请学生最终会有85%被录取。那么，被拒绝的15%是些什么人呢？通常都是希望获得助学金的国际申请学生[24]。南加州大学和纽约大学都吹嘘自己是录取外国学生最多的高校，但它们却不提供基于学生实际经济状况的助学金。纽约大学负责招生的副教务长芭芭拉·霍尔将这样做的原因归结为学校"经费紧张"，以及甄别学生经济状况很困难。"学生交来家庭财务情况，银行也证实他家有两头奶牛、三只羊，可又能怎样呢？你能算出这些东西值多少美元吗？"

"9·11"恐怖袭击后，导致美国安全警戒级别提高，以至签证被拖延情况时有发生。加之加拿大、澳大利亚等国也越来越多地参与到争夺国际学生生源的竞争中，影响了美国国际学生的入学。尽管如此，美国大学招生管理人员仍然没有通过扩大招收国外学生的社会经济范畴，来作为补救之策。2003~2004学年，卡西娅·扎莱卡（Kasia Szalecka）在罗德岛的巴灵顿高中做交换生。这位来自波兰华沙的少女在 SAT 考试中取得了出人意料的好成绩，在巴灵顿高中12年级排名中位列前10%，平均成绩也达到3.8分，获得了加入全美荣誉生学会的提名。她的叔公、《普洛威登斯新闻报》（*Providence Journal*）记者比尔·马林诺夫斯基（Bill Malinowski）说："她是个学习很认真的孩子，常让我把音乐声调低一点。"她加入了巴灵顿高中射箭俱乐部，并在附近动物园做义工，担任"初级饲养员"和翻译，还通过帮他人看护小孩获得经济收入。

▲ 华盛顿大学街区的街头演唱

初次体验美国生活后，卡西娅决定在这里上大学。由于充分相信美国高等教育界领袖人物有关大学全球多元化的表态，她以为自己可以轻松进入一所好大学。她拿出看护小孩赚到的钱，花130美元参加了托福考试（大多数美国大学都要求国际学生提供托福考试成绩），并取得了260分的好成绩（满分为300分）。在参加考试和申请大学过程中，她总共花费了将近1000美元。

但卡西娅很快发现，在没有财富的情况下，她的智力水平和社会奉献没有什么意义。由于做医生的父亲一年只挣2万美元，所以卡西娅需要依赖助学金，却根本无从获得助学金。国际学生不符合获得联邦政府助学金的条件，同时，尽管各大学对国际化推崇备至，但大多数学校其实并不愿意把有限的奖学金用在这方面。

一开始，卡西娅希望能在离家不远的普洛威登斯学院（Providence College）上学，于是她与该校预约了面试时间。后来卡西娅告诉我，面试官一开始对她"非常感兴趣"，但当她提出自己需要助学金时，他"显得非常惊讶"，并且告诉她不要有什么指望。接下来，她又试着联系罗德岛大学，结果发现这所州立大学对外国学生来说并不便宜（据该校网站提供的信息，外国学生本科阶段费用至少需要3万美元）。于是，卡西娅与她在巴灵顿高中的辅导老师史蒂夫·罗通多（Steve Rotondo）一起，对各高校的网站讯息详加分析，结果发现，只有寥寥几所学校表明会为国际学生提供帮助。她在给我的电子邮件中写道："我的朋友们多半只申请被他们认为'万无一失'的和'保险'的少数几所院校。但不幸的是，我只能申请美国最好的几所大学，因为它们是仅有几所能为我提供一点奖学金的高校。"然而，普林斯顿大学、韦尔斯利学院、贝茨学院和康涅狄格学院还是拒绝了她，甚至连不怎么有名的新罕布什尔州圣安塞姆学院（St. Anselm College）也是如此。圣安塞姆学院对非美国籍学生提供的奖学金非常有限，它甚至禁止外国学生申请该校的提前录取项目。

"没有一所高校告诉我，他们不要国际学生。"罗通多说，"它们都夸夸其谈所谓的国际多元化，但显然资助学生不是它们的首要任务。"

卡西娅将米德尔伯里学院列为自己的第一志愿学校，在较早时候便开始申请。这是为国际学生提供经济资助最慷慨的美国高校之一。但米德尔伯里学院拒绝了她提前录取的申请，将她推迟到正常录取程序，之后又列入候补录取名单。她在写给米德尔伯里学院的信里说："我知道米德尔伯里学院是最适合我的地方。许多美国人都认为机会平等是理所当然的事情，但我来自波兰，我懂得要真正得到平等的机会何其不易！在我的一生中，我曾目睹做内科医生的父亲为了微薄的薪水整天辛苦地工作；而受过良好教育的母亲，只因为是一个女人、一位母亲而不能找到工作，由此带给她越来越大的挫败感。……我是怀着对美好未来的憧憬来到美国的，在这样一个为妇女提供无限机会的国度里，我希望能够继续深造，接受高等教育。我清楚，在米德尔伯里学院我能够受到卓越的教育，发挥自己的潜力，为自己创造美好的生活。""我在波兰的朋友们都有这样的疑虑，一个来自华沙的年轻姑娘怎么能够被美国的一所顶级学院录取呢？尽管他们风华正茂，却已经放弃了自己的梦想。我希望能够让他们看到，我们所有人都应该敢于梦想。"

尽管她的申请信写得非常动人，米德尔伯里学院还是拒绝了她。但该校主管学生资助服务的负责人金·唐斯（Kim Downs）说，录取决定只取决于学业成绩，并没有考虑到她对经济资助的需求。

在申请美国大学受挫后，卡西娅前往加拿大新斯科舍省达尔豪斯大学（Dalhousie University）就读。她计划在那里攻读社会学和社会人类学双学位，毕业后能够成为《国家地理》或《发现》杂志的摄影记者，用自己的相机记录下世界的文化与宗教。

然而，美国大学招生中的金钱文化，却是她希望忘却的记忆。她说："这太可怕了！当时我并不知道自己还能上达尔豪斯，只是一个劲儿地想可能我上不了大学了。高中时，我周围的朋友无论成绩优劣，都被大学录取了。我付出了很大的努力，却因经济问题而束手无策。"

2003年3月的一个下午，我来到约翰·霍普金斯大学学生中心的餐厅，亨利·朴从后厨钻出来迎接我。我等他做完最后一份菜（这是他勤工俭学的工作），换下厨师服，然后一起步行到一家校外餐厅。他的母亲此时也从新泽西的家中驱车赶到巴尔的摩，很快加入到我们中间。我们一边喝咖啡一边聊天。

他母亲告诉我，她丈夫曾经在大纽约区拥有几家小型服装连锁店，因此他们才有能力把亨利送到曼哈顿的一所私立学校贺拉斯·曼学校念书，供他读完9年级。但到了20世纪90年代中期，家里的服装店因经营不善陷入困顿后，她只好开始担任全职韩语教师。考虑到没有时间送亨利到贺拉斯·曼学校上学和参加课外活动，因此决定把亨利送进寄宿制学校读10~12年级。参观了几所寄宿制学校后，她选中了格罗顿中学，因为它在校生少，校园有"家的感觉"，而且有毕业生升入常青藤大学的令人注目的纪录。为了支付格罗顿中学每年3万美元的学费及食宿费用，她卖掉了自己仅有的一处用于投资的房产——位于新泽西州霍博肯的一幢公寓楼。"我想，最重要的事情莫过于孩子的未来了。"她告诉我说。

创办于1884年的格罗顿中学，地处波士顿西北40英里，拥有幽静的哥特式风格的校园，长期以来都被看作是一所精英聚集的学校。至今，它在很大程度上仍然沿用英国公学的办学模式以及专门用语，如年级被称作"form"，学生领袖是"prefect"，并且学生们每天早上都要参加祷告仪式。该校毕业生中践行了"统领即是服务"（To serve is to reign）校训的杰出校友包括富兰克林·罗斯福、迪恩·艾奇逊①（Dean Acheson）、阿维里尔·哈里曼②（Averell Harriman）和麦克乔治·邦迪③（McGeorge Bundy）等。仅1998届学生中，来自显赫家庭的就有：石油巨头罗伯特·巴斯之女玛格丽特·巴斯，她上斯坦福大学十拿九稳；畅销书作家戴维·哈泼斯坦的千金朱丽亚·哈泼斯坦，她的目标是布朗大学；已故中情局负责人、曾做过哈佛校长的威廉·科比（William Colby）之孙埃尔布里吉·科比（Elbridge Colby），等等。

---

① 曾任美国国务卿（1949~1953）。——译者注
② 美国外交官，曾任美国驻苏联大使（1943~1946）。——译者注
③ 曾担任肯尼迪和约翰逊两任总统的国家安全特别助理（1961~1966）。——译者注

在学习方面，亨利是他这些同学中的佼佼者，德语、拉丁语尤其数学科目成绩都特别出色。但作为班级里仅有的3位亚裔学生之一，他在人际交往方面感觉力不从心。只有在一次聚会上，他放下拘谨，展示了跳"流体舞"（用发光棒做道具的舞蹈）的技能。1997年，英国戴安娜王妃因车祸去世。当时，格罗顿中学有3/4的学生每天都密切跟踪相关的新闻[25]（不少人本身就来自定居美国的具有英国皇室背景的家庭），15%的学生购买了纪念戴妃的杂志。但亨利·朴却对温莎王朝的这一巨大悲痛漠不关心。他更愿意听听韩国音乐，到校外的一间武术学校去学习武术。"我认为自己没有真正融进同学之中，"亨利告诉我，"我感觉他们的背景真是太相似了！"

同学们钦佩他的智慧，却对他不闻不问的超然态度非常恼火。作为报复和泄愤，他们评选他为将来最有可能"永久失去音讯的人"。有一个同学说："我希望自己能够多了解他，但他却根本不是格罗顿中学小团体中的一员。"他母亲也同样如此。因忙于韩语教学，她与格罗顿中学的教师和行政人员没有建立起良好的关系，又不能通过向学校捐款来提升儿子在学校里的地位。

与其他预科学校的学生一样，格罗顿中学的大多数学生都把升入名校作为自己的目标，并为此承受着巨大的压力。来自拥有祖传家产的家庭或前辈出自常青藤名校的学生，都希望能维持自己家族的地位，避免社会名声受损、经济实力下降；来自中产阶级的学生，想要借上名校提升自己家族的地位，进入更高的社会阶层，以证明父母不易赚来的学费没有白费；而来自于贫寒家庭、拿奖学金的学生，则普遍承载着父母希望子女能够有更好生活的梦想。

格罗顿中学1995届毕业生、后来在威廉姆斯学院就读的埃里克·科恩（Eric Cohen）回忆道："这是一个高压力的环境。如果进了格罗顿，下一步往哪里走不言自明：你能进哈佛、普林斯顿、艾姆赫斯特或威廉姆斯吗？"

对于1998届的许多学生而言，大学招生中的照顾政策缓解了他们身上的压力。平权措施让格罗顿的少数族裔学生感到底气十足。在布朗克斯①（Bronx）长大的非洲裔学生拉基亚·华盛顿（Lakia Washington）享

---

① 位于纽约市最端端的黑人聚居区。——译者注

受着格罗顿中学提供的奖学金，尽管年级排名仅为60位，SAT 考试成绩仅1110分，但她还是被其父工作的哥伦比亚大学录取（她父亲是该校的学生贷款代理）。她说，平权措施给了自己一个"良机"。但她又说，大学招生中对校友和捐赠人子女的照顾，"和平权措施实际上都是一回事，所以我特别恼火别人只对平权措施指指点点"。

拉基亚的成绩略胜于格罗顿中学另一位同样享受奖学金的非洲裔同学拉托娅·马西（Latoya Massey），后者的 SAT 成绩仅为1080分，年级排名是第64位，但卫斯廉大学录取了她。位于康涅狄格州米德尔敦、以文理见长的卫斯廉大学，2003级新生中有3/4的学生 SAT 考试分数都在1290分以上。马西是家里第一位上大学的人，1~8年级在纽约市区的一所公立学校就读。父亲当年从特立尼达移民来美国，现在是纽约布鲁克林区的一名发型师。她说："那时我和从私立学校毕业的学生竞争。每个暑假我都要去打工，平时每个周末也要靠看护小孩子挣点零花钱。而大多数格罗顿学生不必这样做。这里是一个白种男人的世界。"

格罗顿中学的白人男生约翰·罗伯茨（John Roberts），学习成绩与亨利·朴一样出色，但他在大学招生过程中的际遇却要好很多。约翰在年级排名第10位，比亨利高4位，但1530分的 SAT 分数稍逊于亨利。该校能够选修最高级别数学课程的3名学生中，他和亨利是其中两人。两人共同完成了题为"超正立方体的映射"（Mapping the Hypercube）的研究论文，并发表在专供高中师生阅读的一家数学刊物上。此外，两人都是格罗顿中学越野队的队员。

但约翰与亨利不同的是，他与哈佛大学有着很深的渊源。他的祖父艾尔伯特·F. 戈登（Albert F.Gordon）和叔叔艾尔伯特·H. 戈登（Albert H. Gordon）都是哈佛校友，为哈佛提供过若干捐赠，其中包括资助修建一条室内跑道，以及资助设立一个教授席位。约翰说，当他申请哈佛大学时，他的家族安排他先后与该校招生部主任威廉·菲茨西蒙斯，及文理学院院长杰里米·诺尔斯（Jeremy Knowles）见面。约翰的亲戚还为他引见了哈佛田径队的教练和队员，希望他能够被作为运动员特招进入哈佛。最终哈佛录取了他。

正如本书第一章里提到的那样，菲茨西蒙斯在1年里会与大约100位申请人进行非正式会面，其中很多是与哈佛有良好关系的人。诺尔斯说，他偶尔也会见一下"带着子孙前来"的校友或者朋友，但一定是在招生部与他们接触之后。

约翰·罗伯茨说，亨利是一位数学极为出色的学生。"假如亨利也有某种校友关系的话，可能会有助于他进入哈佛"。"我的情况是：我有不错的考试分数，家族的关系只不过是帮助消除了校方的一些疑虑罢了！"

哈佛从格罗顿中学1998届录取了12名学生，这个数字是常青藤高校里最多的。这12人中，至少有5人是校友子嗣，其中包括马修·巴尔（哈佛的7位数捐赠人克雷格·巴尔之子）和福布斯·雷诺兹·麦克弗森（Forbes Reynolds McPherson）。麦克弗森绰号"雷尼"，其家世可追溯到17世纪时任哈佛大学校长的英克利斯·马瑟（Increase Mather），同时他的祖父和父亲都是哈佛毕业生。尽管雷尼的SAT成绩也不差（1480分），但他的高中成绩却没有进入格罗顿中学同年级的前50%。1998年，他申请了哈佛，一开始仅被列入候补名单，而他同时申请的另外一些名校全都拒绝了他。在高中的最后一个学期，他的成绩有所提高，于是被哈佛列入了"Z名单"，推迟一年录取。菲茨西蒙斯说，哈佛大学在1998年对48名申请者做出了推迟录取的决定，其中17人（35%）是校友后代。

雷尼说："尽管我的成绩不算最好，但我却清楚知道自己完全可以完成在哈佛的学业。"2003年，雷尼从哈佛毕业并加入美国海军。他说，他在大学里的成绩比在高中时更好。在哈佛，他负责主持学校诗歌评论的编辑工作，并且是哈佛学生报《哈佛红》编辑部的成员。

亨利·朴的母亲说，一位对亚裔学生有偏见的格罗顿中学辅导教师警告她，亨利很难在同样申请哈佛大学的学生中脱颖而出。一般中学的大学申请咨询机构都会为学生写一封推荐者，这封信在大学录取过程中具有相当重的分量。但这位辅导老师却在为亨利写的推荐信里，委婉地传递了这样一个信息：格罗顿中学并不认为他是值得大学争取的优秀学生。亨利说，他的辅导教师乔安娜·波因顿（Johanna Boynton）推荐了"一大堆我听都没听说过的学校"，对此"我的父母不太高兴"。

麻省理工学院招生部主任玛丽莉·琼斯也隐晦地说，格罗顿中学没有力挺亨利。她致信给我说，"如果格罗顿有意推荐他的话"，他至少会被6所大学中的一所录取。"我敢拿自己下个月的工资打赌"，格罗顿中学根本没有像支持其他学生那样力荐亨利。

时任格罗顿中学校长的威廉·波克（William Polk）在一份书面声明中说："学生未能进入他（她）所选择的大学，这样的结果总是很令人失望的。但我们知道，学生的学习成绩只是高校考虑的诸多因素之一。"

在被6所高校拒绝后，亨利被第二梯次的两所大学录取：卡内基·梅隆大学和约翰·霍普金斯大学。进入卡内基·梅隆大学1年后，他转到约翰·霍普金斯大学，在那里攻读神经系统科学专业，并且进入学业成绩优秀生名单。如今他在堪萨斯大学医学院学习。

亨利在大学录取过程中遭遇的各种挫折，给他和家人带来了严重的心理创伤（同样也留下了深刻的教训），久久挥之不去。他母亲说："对于亨利为什么进不了名校，我百思不得其解。这的确对孩子的打击太大了！他像一片飘零的落叶一样无奈、无助……。韩裔美国人要想被名校录取，就必须比白种人做得好得多才行。对其他亚裔可能也是一样。这个问题真是太严重了！如今（没错，就是当下）歧视现象仍然存在！"

注　释：

［1］Daniel Golden, "Religious Preference: Colleges Court Jewish Students in Effort to Raise Rankings," *Wall Street Journal,* April 29, 2002, p. 1.

［2］Email from Greg Perfetto, Vanderbilt associate provost for institutional research, January 26, 2005.

[3] Yale Dean Frederick S. Jones, quoted in Synnott, *Half-Opened Door*, p. 15.

[4] Lemann, Big *Test, pp.* 174-84.

[5] Statistical Policy Directive No. 15, "Race and Ethnic Standards for Federal Statistics and Administrative Reporting," Office of Management and Budget.

[6] Leman, Big Test, p. 244.

[7] Compliance Review No. 01-88-6009, Office for Civil Rights Department of Education, October 4, 1990, pp. 1, 2, 35, 40.

[8] Compliance Review, pp. 24-26.

[9] Compliance Review, p. 1.

[10] Thomas J. Espenshade, Chang Y. Chung, and Joan L. Walling, "Admission Preferences for Minority Students, Athletes and Legacies at Elite Universities," *Social Science Quarterly* 85, 5（2004）: pp. 1422-46.

[11] Institutional Self-Study Instrument Report, Yale University, p. 44.

[12] "Revisions to the Standards for the Classification of Federal Data on Race and Ethnicity," Office of Management and Budget, Federal Register Notice, October 30,1997.

[13] "Recommendations from the Interagency Committee for the Review of the Racial and Ethnic Standards to the Office of Management and Budget Concerning Changes to the Standards for the Classification of Federal Data on Race and Ethnicity," Office of Management and Budget, Federal Register, July 9, 1997, Part II.

[14] Kai Chan, "Admissions Policies Unfair to Asians," www.dailyprincetonian. com/archives/2004/11/29/opinion/11584.shtml, November 29, 2004.

[15] Email from Eric Quinones, May 27, 2000.

[16] Sam J. Cooper, "Gank Post Upsets Asian Associations," www.dailyprincetonian. com/archives/2003/02/27/news/7445/shtml, February 27, 2003.

[17] Daniel Golden, "Schools Find Ways to Achieve Diversity Without Key

Tool," *Wall Street Journal*, June 20, 2003, p. 1.

［18］ "Comprehensive Freshman Admissions Policy," www.admissions.ucla.edu/ prospect/Adm_fr/FrSel.htm.

［19］ 笔者在与戴安娜·施梅尔策的访谈中获知。

［20］ John Moores, "College Capers," www.forbs.com/ forbes/2004/0329/040_ print.html, March 29, 2004.

［21］ Eligibility and Admissions Study Group, Final Report to the President, University of California, April 2004. p. D-5-4.

［22］ "Primary Source of Funding by Academic Level," Open Doors 2004, Report on International Education Exchange, Institute of international Education.

［23］ "Undergraduate Financial Aid Estimates for 2003-04 by Type of Institution," 2003-4 National Postsecondary Student Aid Study, National Center for Education Statistics, June 2005, pp. 5-6.

［24］ Presentation to alumni by Amherst College admissions director Katharine Fretwell, November 13, 2004.

［25］ 格罗顿中学的学生报《环声》（Circle Voice）曾就学生们对王妃之死的关注程度对他们进行了问卷调查。

马萨诸塞州政府大楼

第八章

世家优先的社会体制
——兼论国会和高等教育界的说客

2001年夏末，迈克尔·丹能伯格（Michael Dannenberg）向他的上司、马萨诸塞州参议员爱德华·肯尼迪（Edward Kennedy）提出了一个颇为大胆的建议，想借此取得公众和媒体对平权措施的支持。身材修长、年轻俊朗的丹能伯格成为肯尼迪参议员高级教育顾问的时间并不长，他之所以提出这一建议，是因为平权措施正在各地法庭遭到一次次的挫败。联邦法院已经宣布，得克萨斯和密西根州立大学所例行的少数族裔优先录取政策违法。此前一周，乔治亚州也接到同样的裁决。最高法院法官路易斯·鲍维尔（Lewis Powell）在审理"加州大学诉贝克案"时关于"为学生群体的多元化而给予少数族裔学生优先考虑是正当合理的"的陈述意见，已经不再是各大学的保护伞。这项法律条款前途未卜，最高法院极有可能在2002~2003年再度审理密歇根州的诉讼案。

丹能伯格建议身为参议院教育委员会主席的肯尼迪，用反对世家优先传统来回应保守派对平权措施的反对。但因为世家优先政策从表面上看并不歧视任何族裔，因此比平权措施更能经受住法律的挑战。然而，哪怕是仅仅从立法角度对它进行抨击，也能获得草根大众的支持。另外，最高法院审理密西根案件的时间和参议院重新审定"高校教育法案"的时间不期而遇，参议员可以在民主党的提案里加上"反对世家优先"的条款。

肯尼迪的其他顾问觉得这个主意有点天真，没有人会指望爱德华·肯尼迪抨击世家优先政策，因为参议员自己就是全美最著名的哈佛大学校友家族的成员，包括他本人、他父亲、3个哥哥、几位外甥和侄女都是哈佛大学的毕业生。他在参议院办公室的会客室里挂着一张镶嵌在镜框里的照片。人们在照片上可以看到，在哈佛大学与耶鲁大学的美式橄榄球比赛中，年轻的肯尼迪为哈佛大学队进球得分的精彩瞬间。

不仅如此，除哈佛大学之外，麻省理工学院（MIT）、波士顿大学（BU）、波士顿学院（BC）、塔夫茨大学（Tufts）和其他很多私立高校，都是肯尼迪参议员的老本营马萨诸塞州的重要产业。肯尼迪曾担任波士顿大学和波士顿学院的理事会成员，他的女儿则毕业于塔夫茨大学。几十年来，这些私立大学一直是他的支持者。他们为他的竞选筹资，与他并肩努力为低收入家庭的学生寻求资助，如今他们又成为参议员捍卫平权措施的同盟军。这些学校都实行世家优先录取政策，因此一定会反对任何限制它的提议。于是，一位精明的同仁告诫丹能伯格，反世家优先录取的建议或许是个不错的想法，但别指望它能真正变成条文。

但是，丹能伯格决意要做一位拓荒开路者。根据2004年《高校教育年鉴》的民意测验，3/4的美国人赞成丹能伯格的观点，即校友背景不应该与高

▲ 麻省理工附近街区

校录取挂钩。2003年，密歇根州的民意测验结果表明，61%的选民反对"大学录取过程中，申请人因父母或祖辈的校友关系而得到特殊考虑"，只有27%的人支持校友子女优先，12%的人没有表态[1]。

可是，从未有人提议、更别说通过立法去制约世家优先政策。也没有人去切身体会普通大众对这项上层社会特权的深恶痛绝。普通大众希望自己的子女获取大学文凭，从事白领工作，实现他们曾经的梦想。在过去几十年里，世家优先逐渐变成了平权措施支持者们口诛笔伐的靶子。20世纪60年代末，少数族裔优先政策的出台，引发白人学生的强烈抗议，因为他们成了逆向歧视的受害者，条件合格却未被录取的白人学生诉讼案件层出不穷。对此，自由主义人士的回应却是：富裕的白人已经享受到了特有的优先！

"颇具讽刺意义的是，当族裔成为大学优先考虑的因素时，我们竟会如此坐立不安。可是别忘了，被高校列入优先考虑的因素还包括学生的运动天赋、是否校友子女、是否可能为大学捐赠、是否拥有名人或有权有势者的人际关系等等。"法官哈里·布兰克门（Harry Blackmun）在《论贝克案》中这样写道[2]。

为了避免被布兰克门法官嘲讽为自相矛盾，一些保守派表示对平权措施和世家优先政策一并反对。反对世家优先的共和党人士大都来自农业州，对他们所谓的"党内常青藤精英阶层"极其反感。他们中的代表人物是原堪萨斯州参议员罗伯特·都尔（Robert Dole）。

在贫困中长大的都尔参议员是自己家族的第一位大学生。尽管在二战中因伤丧失了右臂功能，他还是在堪萨斯州华士本市立大学完成了大学学业。1990年12月，身为参议院少数党主席的都尔敦促当时的教育部部长拉玛尔·亚历山大（Lamar Alexander），就接受联邦政府资助的私立大学实施校友子女优先录取政策的情况进行重新调查。在此之前两个月，美国联邦教育部公布了最终结论：尽管亚裔美国人被哈佛录取的可能性小于条件相同的白人学生，哈佛大学并没有违反1964年的人权法案。但教育部也指出，哈佛有权通过世家优先录取的途径来筹资，这种优先事实上造成了亚裔学生和白人学生在录取上的差距。

"美国教育界最不需要的恰恰就是等级制度。"在致教育部长的信中，都尔参议员写到，"那些因校友关系而获得的附加分，与学生个人条件是否符合录取要求没有任何关系。"[3]

在2004年的一次电话采访中，都尔参议员表示，他的态度此时仍没有改变。"我信奉公平竞争，平权措施也应该基于经济需要，而不是性别和皮肤的颜色。世家优先政策推崇的是'你越富裕，入学的机会就越大'，这更是无稽之谈！当年，这种政策的出台事出有因。在100年前建校初期，高校没有奖学金和赞助经费，需要不断有人支持。他们依赖校友，因此为校友家庭提供一些优惠。但现在情形大不相同，已经没有那个必要了。"

都尔参议员的一番肺腑之言，并没有得到其他议员和政府官员的回应。赞成取消校友子女和其他富家子弟优先政策的政客更是寥寥无几。因为这个制度对他们有利，不仅自己的子女能享受到特殊优待，还能借此帮助各自的竞选赞助人和关键选民的子女进入理想的大学。

公立大学为掌管学校经费的州政府官员提供优惠，如弗吉尼亚大学将州政府官员推荐的学生称为"特殊考虑对象"。而从校园扩建到科学研究各个方面，精英私立高校也要依赖华盛顿联邦政府的帮助。作为非营利组织，大

▲ 华盛顿大学图书馆

学既不能公开支持政治竞选，也不可以为竞选捐款，否则就会失去免税的待遇（尽管高校行政人员作为个人可以捐款，而且常常也确实捐了款），因此他们便利用其他途径来购买影响力。当然，他们支付的不是普通的现金，而是大学的录取名额。

常青藤高校和其他名校的毕业生遍布联邦政府机构和国会山。各高校倚重他们的校友以及代表他们州或地区的参议员和众议员，为他们争取联邦资金，保障高校的利益。各高校不惜用鸡尾酒会款待校友，用名誉学位、荣誉表彰、毕业典礼上致辞资格来讨好他们，当然还包括用校友子女优先录取政策取悦他们。

甚至连非校友的政客们也期待高校能够给予他们的子女或者他们推荐的人选优先录取的待遇，而且常常都能如愿以偿。在高校官员眼里，政客推荐的非校友子女和发展项目学生一样重要，唯一不同的是前者的回报是政府的资助，后者则是私人的捐款。

随着高校对修建实验室和其他分肥项目（从税收中划出经费用于地方福利——译者）需求的增加，用录取名额交换政治实惠在高校中变得越来越普遍。据2004年《高等教育年鉴》报道，从1998年到2003年5年间，国会给特定大学的定向资助经费（这在20年前是鲜为人知的）数额从1998年的495万美元猛升至2003年的20亿美元[4]。相应的在这5年间，高校用在说客身上的开支也成倍地增至6170万元，超过了为达到同样目的的那些律帅、工会和建筑商会在国会游说的支出。

"有时候这完全是一种以物易物的行为，"圣母大学招生部副主任丹尼尔·萨拉西诺承认，"我们申请了一项价值800万美元的研究拨款，为此我们需要参议员们帮助加以推动，以便使我们能争取到这项拨款，所以我们就要尽力取悦他们。"

一位长期在高等教育界工作的官员告诉我："对于这样行事的政客们而言，高校解决的其实仅仅是他们某一位竞选赞助人的问题，或者仅仅是为他们的选民争取到了某一项福利而已。如果一位能够决定你的大楼能否动工的政客打电话告诉你，某个学生是否被录取的确很重要，你会怎么办？"他还举例说："比如说查尔斯·兰格尔（Charles Rangel，代表纽约哈勒姆区的众议员）打电话给哥伦比亚大学说，这个学生能否进贵校对我很重要。由于学校正希望能在哈勒姆区扩建校园，兰格尔众议员成为对于哥大举足轻重的人。尽可能不得罪任何一个人是游戏规则。当然，这其中大部分的信息是通过第三方转达的，你会听到有理事会成员提起这件事，说'我觉得这对国会议员很重要。'"

某位高校说客向我解释了游戏过程："高校非常重视政客们的电话。每个高校都会碰到这样的情况：高中平均成绩要求为3.5分，政客推荐的学生虽只有3.3分，但这个学生肯定能够被录取。但如果他的成绩只有2.5分，结果可能就不大乐观了。

"高校愿意为政界人士开方便之门。他们认为，即使是反对我们的人，有朝一日也可能是我们的朋友。但这其中多少有点无可奈何，因为那些人能够帮助你为学校争取到政府的分肥资金。

"每年都有一到两次，高校校长和资深人物会到华盛顿拜访他们所在选区的国会议员，就各种项目进行讨论。如果在讨论过程中，其中一位国会议员说：'小约翰快要申请大学了，我们想带他来见见你。'这位议员曾几次为学校事务提供过帮助，那么大学校长自然会说：'太好了，让他给我的秘书打电话吧。一定要带他来见我！'我曾亲眼目睹过这样的情形。

"这仅仅只是个开始。请听我讲讲下面接着发生的真实事情。小约翰来学校参观，对学校一见倾心；4个月后，学校接到了议员办公室负责人的电话，'小约翰非常喜欢你们学校，他已经递交了申请材料，可是还没有得到回复。我们担心情况不妙，真希望小约翰能进贵校。'此后还会有一连串的电话。我听这所学校的人的口气，似乎如果没有那位议员的帮助，小约翰很可能进不了他们学校。他的考试分数接近该校的最低线。

"当然，小约翰最终还是如愿以偿！"

同仁的忠告没有能够劝住迈克尔·丹能伯格。在丹能伯格温文尔雅、平易近人的外表下，蕴藏着不折不挠的决心。丹能伯格坚信，世家优先是唯有特权阶级才能享受到的不公平的优待，他对优秀的工薪阶层子女充满了同情。这源于他自身的经历。从小没有父亲的丹能伯格在纽约臭名昭著的辛辛监狱所在地扬克斯—奥辛（Yonkers and Ossining）长大，由母亲和外祖父母抚养成人。因小儿麻痹症不幸残疾的母亲在州政府驾照处工作，外祖父是服装推销员，他们都没有上过大学。全家唯一的娱乐是周末去赛马场。在赛马场，他的外祖父通常会下几块钱的赌注。7岁时，迈克尔学会了看《赛马新闻》，分析赌胜的概率。他说："我总觉得自己之所以学习成绩优秀，应当归功于当年在赛马场的经历。"

后来，丹能伯格被康奈尔大学和纽约州立大学宾汉姆顿分校同时录取，但他最终选择了波士顿大学，因为该校向他提供了最优惠的助学金。他回忆道，波士顿大学给他带来了"彻底的文化震撼"。很多同学为提高考试成绩都曾参加过 SAT 补习班，这是他闻所未闻的。"他们每个人都有电脑，我觉得很郁闷，但我没有告诉任何人。那里富家子弟众多，我觉得自己跟他们难以相处。"但他还是坚持了下来，为校报撰稿。也就是在校报撰稿期间，他碰到了许多志同道合的朋友。

1991年，丹能伯格借助于奖学金、政府补助和勤工俭学，以第一名的成绩毕业。他随即带上自己的全部积蓄（1000美元）到华盛顿国会山寻找工作。同年春季，他在《华盛顿月刊》头版看到一篇题为"为何一批批既不合格又无准备的学生会进入到我们的顶尖高校？"的报道，文中作者约翰·拉鲁（John Larew）大张挞伐的不是平权措施而是世家优先政策[5]。丹能伯格说："看到此文时，我记得自己当时就想，这太可怕了！这激起了我要为平民争取公平和平等教育机会的强烈欲望。在我看来，世家优先涉及公民权益和社会道德问题。"

在看到一份招聘广告后，迈克尔·丹能伯格随即前往罗得岛州参议员克莱本·佩尔（Claiborne Pell）那里应聘。这位参议员曾起草并签署过一项按需资助学生的议案。"在面试时，我说我熟悉这些项目，我是类似项目的受益者。"他回忆说。作为佩尔参议员的行政助理，他积极为那些大量投入经费支持低收入地区中小学的各州争取联邦财政经费。当这项建议在国会投票中因微弱少数被否决后，他决定离职到法学院深造。此时的迈克尔已经有钱支付考试补习班了，他以优异成绩通过了美国法学院入学考试（LSAT），进入了耶鲁大学，由此开始了与常青藤高校的第一次亲密接触。

"（耶鲁）比波士顿大学更糟，那里的世家子弟遍地都是。"他说，"我坐在那儿想，'天哪，我成了自己憎恨的俱乐部的一员'。"一天晚上，迈克尔在他的寝室里，与一位和他一起上宪法课的思想保守的同学开始了有关平权措施的论战，那位同学是通过世家优先进入耶鲁大学法学院的。迈克尔怒不可遏地发泄道："难道你是凭借自己的实力进入耶鲁的？！"感觉到受了污辱的同学反驳道，自己是名正言顺地被录取的，但迈克尔却并不相信。他说："事实上，很多成绩更优秀、考试分数更高的平民学生都被精英高校拒之门外了。"

1998年从法学院毕业后，迈克尔到斯坦福大学教书，但不久他就接受了肯尼迪参议员的聘请，重新投身到争取中小学公平教育的事业当中。当平权措施又一次成为保守派的众矢之的时，他也从中看到了争取公正、平等大学录取机会的一线希望。10年前拉鲁那篇有关世家优先政策的报道让他义愤填膺，而如今他有了改变现实的机会。他的想法是：反对世家优先政策和倡导平权措施的双重主张会将民主党塑造成为既提倡择优又提倡多元化的政党。此时，再也没有人能够阻止他了！

▲ 黄砖红瓦是斯坦福大学建筑的主色调

在自由派评论家眼里，乔治·W. 布什总统（小布什）是享受世家优先政策的典型代表。虽然他反对平权措施，但他本人却是专为富裕白人保留的世家优先政策的受益者。身为康涅狄格州参议员的孙子、后来的老布什总统（在他出生时已是石油大亨的乔治·H. 布什）的儿子乔治·W. 布什，尽管他的 SAT 语文科目仅为 566 分[6]，在体育和其他课外活动中也毫无建树，以平庸的成绩毕业于预科学校，但他还是被耶鲁大学录取了，成为布什家族第三代靠世家优先政策进入耶鲁的宠儿。

小布什在耶鲁的表现同样乏善可陈。在 2001 年耶鲁大学毕业典礼上的致辞中，布什调侃道："学业出色、频频得奖的同学们，我要对你们说，你们干得好！至于成绩平平的同学们，我也要告诉你们，有朝一日你们一样可以成为美国总统！"

但是，切勿只见树木不见森林！总统不过是由世家子弟组成的华盛顿社会体制的一部分。在美国的行政机构、国会两院和司法界，都充斥着两党的世家优先政策的受益者，或者其子女正在享受着这种优惠。在美国社会的其他阶层——从华尔街到媒体，也存在着世家相承的社会体制。有一个调查发现，42% 的企业领导阶层都毕业于美国 12 所精英高校，其中 10% 曾就读于 33 所精英预科学校[7]，而"大多数媒体界精英则从小受到社会特权文化的熏染"[8]。

在华盛顿权贵的眼里，要有效地发展政治生涯、使家族社会地位不断巩固延续，没有比大学录取中世家子弟优先更好的途径了。诸如布什家族（耶鲁校友）和肯尼迪家族（哈佛校友）之类的政治王朝，就是建立在世家优先的基础之上，由此保证了家族后代接受优质的高校教育。无论他们在政治理念上如何大相径庭，也没有人愿意取消这项足以保障家族财富和权利世代相传的世家优先特权。甚至他们都没有人愿意接受我的采访，发表他们对此事的看法。

在前两届总统竞选人中，主要党派的 3 位候选人都非常熟悉世家优先。和布什总统一样，马萨诸塞州参议员约翰·克里（John Kerry）也是靠世家优先而被耶鲁录取的。在耶鲁时他的总平均成绩是"C"，大一的 4 门功课竟然都是"D"。"我告诉我父亲,'D'表示成绩出色[①]!"克里在2005年接受《波士顿环球报》采访时,开玩笑地说[9]。

布什和克里都是耶鲁"骷髅会"俱乐部的成员,并在那里建立了将来事业发展所必需的人际联系。克里和布什一样,也是耶鲁的学生家长,他的女儿凡妮莎是耶鲁长曲棍球队甲组队员,1999年以最高荣誉毕业。克里在2004年的竞选伙伴、来自北卡罗来纳州的约翰·爱德华兹毕业于州立大学,他是家中的第一个大学生。在竞选过程中,爱德华兹曾经抨击过世家优先特权,但克里对此话题却异乎寻常地保持了沉默。

2000年民主党总统竞选人、前副总统小艾尔伯特·戈尔,是哈佛校友和原哈佛学校监事会成员。尽管戈尔本人并非世家优先的受益者(他的父亲曾就读于州立教师学院,之后经过竞选当上参议员),但他却成为了哈佛一族的家长。哈佛的录取率仅为10%,但戈尔副总统的4位子女无一例外地都进了哈佛。他的3个女儿,卡伦娜、克里丝汀和莎拉,均就读于华盛顿特区著名的私立女子学校——国家大教堂学校(National Cathedral School),并且都是非常出色的学生。莎拉曾有在11年级(16岁)因非法持酒被警察记录在案的"污点"[10]。据一位了解内情的人士讲,对于自己的"劣迹",莎拉对哈佛完全没有隐瞒。"她承认自己当时年幼无知。身为公众人物的子女,她们需要面对更多的问题,承受更多的压力"。

▲ 华盛顿大学华盛顿塑像

除了享受世家优先政策外,打长曲棍球的克里丝汀和莎拉还是运动员特招政策的受益者。"她们虽不在首选的

[①] 英文中distinguished意为"卓越、出色",历史上美国大学曾以"D"代表最高成绩。——译者注。

运动员之列，但确实在我递交给招生部门的名单上。在第二轮的运动员特招名单上，不会再有需要学业辅导的优秀运动员，但肯定会有一些校友子女，或者一脚已踏入哈佛的候选人。特招只是助他们一臂之力的办法而已。"原哈佛女子长曲棍球队教练卡萝尔·克莱恩弗尔德（Carole Kleinfelder）说。尽管莎拉在两姐妹中球技更好一些，但她从未加入过哈佛球队，倒是克里丝汀在球队待了两年。

戈尔的3个女儿均以优异的成绩从哈佛大学毕业，卡伦娜毕业后进入哥伦比亚大学法学院。她曾在2000年的民主党大会上发表演讲，表示支持民主党提名她父亲戈尔作为总统竞选人。曾在《哈佛讽刺》（*Harvard Lampoon*）刊物工作过的克里丝汀，后来成为电视喜剧节目编剧，并出版了一部小说[11]。

至于她们的弟弟艾尔伯特·戈尔三世，世家优先的优势显然足以抵消人们对他的学业成绩和行为方面的忧虑。本书第一章曾经提到，他学业平平，曾因抽大麻被圣奥尔本斯中学停学，之后转学到希德威尔友好中学；后又因超速行车（时速100英里）被警察记录在案。大学期间，他又先后因酒后驾车被罚款，因携带大麻被起诉。

戈尔2000年的竞选伙伴则是在哈佛的劲敌——耶鲁大学开始自己家族传统的。康涅狄格州参议员约瑟夫·李伯曼（Joseph Lieberman）毕业于耶鲁大学，在那里获得了本科阶段学位和法学学位，其子马修也重复了父亲在耶鲁的历程。连同克里和李伯曼在内，总共有15位参议员（美国共有100位参议员——译者）要么本人是世家子弟，要么有子女因他们而享受世家优先政策[12]。从参议院的最高层开始，议员们纷纷享受到了这样的优先政策。让我们先来看看多数党领袖威廉·弗里斯特3个儿子的情况吧。

弗里斯特参议员是参议院教育委员会的共和党代表，曾是布什政府反对密西根大学实施平权措施的支持者，但他的儿子们却享受着另外一种形式的优惠政策。笔者曾在本书导言中提及，作为普林斯顿大学的毕业生、原理事会成员和重要捐赠人的弗里斯特博士，与该校有着非常亲密的关系。他的长子哈里森尽管不是圣奥尔本斯中学年级前5名的优秀生，却在2002年进入普林斯顿大学。按照普林斯顿大学招生部对申请人制订的学业衡量标准（1~5分，1分为最高分），哈里森得了5分，通常情况下，对于这样的学生普林斯顿根本就不屑一顾。但该校校长雪莉·蒂尔曼（Shirley Tilghman）却把录取哈里森当成了当年新生录取的头等大事，最终说服招生部门工作人员录取了哈里森。大二时，哈里森曾因酒后驾车被起诉并认罪。2006年，哈里森完成历史专业的学习，以普通毕业生（没有获得任何奖励）身份离开了普林斯顿大学。

普林斯顿大学还录取了弗里斯特参议员的小儿子布莱恩。之前，布莱恩曾向普林斯顿申请提前录取，要求在2006年秋季入学。原圣奥尔本斯中学的大学申请咨询部主任雪莉·麦肯娜说，"布莱恩是一名好学生，是同学当中的领袖人物"。但他在圣奥尔本斯中学从没有登上过优秀学生荣誉榜。

弗里斯特参议员的二儿子乔纳森在17岁时因酒后驾车被拘捕，但因当时他尚未成年，有关案件的记录没有被公开。与哈里森和布莱恩一样，乔纳森在中学时没能进入年级前20%，未能登上优秀学生荣誉榜。尽管如此，他还是于2005年幸运地被位于纳什维尔的全国名校范德比尔特大学录取了。这所大学录取的新生中有80%均为各高中的佼佼者，名列年级前10%。据一位了解乔纳森高中表现的人士说，或许乔纳森符合范德比尔特大学的录取标准，"但却绝对不是出类拔萃的学生"。乔纳森的父亲弗里斯特博士不仅是范德比尔特大学所在州的联邦参议员，还曾经是该校教授，并于1989年创建了该校的"器官移植中心"。

有可能成为弗里斯特博士2008年共和党总统竞选人提名竞争对手的亚利桑那州参议员约翰·麦凯恩（John McCain），则把世家优先看作一种沉重的负担。在他1999年出版的回忆录《父辈的信念》（*Faith of My Fathers*）中，麦凯恩写道："在我的一生当中，曾经几次对自己早已被规划好的人生轨迹感到反感。"[13]毫无疑问，令麦凯恩反感的包括他的大学选择：沿着父亲和兄长（均为海军上将）的足迹进入美国海军学院。他的母亲告诉《纽约客》杂志："当这个婴儿呱呱坠地时，我就猜想他将来会去海军学院。"[14]为了不辜负父母的殷切期望，麦凯恩极不情愿地接受了他后来所说的"难违的父母之命"[15]。不过，表现出独立精神也是这个家族的传统之一。这位身为家族第三代的军校新生在校时表现得极为反叛，不仅违反军校严格的纪律，而且还在那些肆无忌惮的高年级学长面前毫不示弱。麦凯恩在狂欢乱饮中度过了自己的军校岁月，最终以全年级倒数第五名的成绩毕业。

即使在被称为"百万富翁俱乐部"的参议院，一些有校友关系的成员仍然因巨额财富而成为其中的佼佼者，他们的子女自然加倍受到各名校发展项目办公室和招生部门的青睐。其中有3位参议员的家族被列入《福布斯》全美400豪富名单。

他们是弗里斯特参议员（因其兄保健业巨头小托马斯·弗里斯特，2005年净资产达到17亿美元），克里参议员（因其妻为亨氏产业的继承人特丽莎·亨氏，2004年净资产达750万美元，2005年则未能登上该名单），以及明尼苏达州民主党参议员、耶鲁大学毕业生迈克尔·戴顿（Michael Dayton）。戴顿与前两位亿万富翁家族都有关系。戴顿的零售业家族在1998年的净资产大约为13亿，而他的前妻则是阿丽达·洛克菲勒（Alida Rockefeller）。他们的儿子安德鲁·洛克菲勒·戴顿从明尼苏达州金山谷市布莱克中学（Breck School）毕业后，于2002年作为第三代校友子女进入耶鲁大学。戴顿参议员说，他儿子是凭自己的实力进耶鲁的，耶鲁也从未要求他为学校提供什么好处。

有一位参议员的儿子通过迂回的办法享受到了世家优先的特权。新墨西哥州参议员杰夫·宾格曼（Jeff Bingaman）的儿子约翰·宾格曼，自知在希德威尔友好中学时，各方面表现都达不到常青藤高校的要求，于是他去了纽约大学。"我觉得我需要在别的地方先待上一年来证明自己的能力。"他这样告诉我。一年后，他申请了哈佛大学（他父亲的母校）和斯坦福大学（他母亲的母校，他父亲也曾是该校法学院的学生）。这两所大学均为申请转学的校友子女提供优先照顾，约翰随即被两所大学录取。约翰说："世家优先的政策或许起了一些作用，但是我依然觉得我够资格进入哈佛。我在纽约大学的表现非常好。"2002年，他以经济学优等生的身份从哈佛大学毕业，如今在金融界从业。

来自纽约州的参议员查尔斯·舒默（Charles Schumer）是哈佛大学毕业生，他的女儿杰西卡于2002年也进入了哈佛，并担任哈佛学生报《哈佛红》

的摄影记者和撰稿人。在2004年的一篇文章里，她回忆起她在写大学申请信时，曾讲到了自己对纽约洋基队的痴迷，并感叹道："暑期里我都在投资银行当实习生，实在没有什么时间去关注这支球队的赛事！"

由于圣母大学学生总人数的1/4是校友子女，因此，在国会山上安插一个他们的校友也就不足为奇了。来自加州的国会议员、共和党保守派丹尼尔·朗冉（Daniel Lungren）就是典型的圣母大学世家。他的父亲、已故的约翰·朗冉曾是圣母大学校友会主席，也是前总统尼克松的私人医生。丹尼尔及其两个兄弟，以及他自己的儿子都是圣母大学的毕业生。他的3个妹妹和3个外甥在圣母大学对面的圣玛丽学院就读，他的第4个妹妹在圣母大学修读了一年后，转到其他大学就读。

朗冉参议员说，1979~1989年他在国会任职期间，他既与国会中两个党派的圣母大学校友一起观看过爱尔兰勇士队（圣母大学橄榄球队）的比赛，同时又和他们一起在国会立法工作中亲密共事。这里面就有前肯塔基州议员、民主党人罗马诺·马佐利（Romano Mazzoli），他同时也担任肯塔基州圣母大学的校友会主席。"我总觉得圣母大学的校友之间有一种天然的凝聚力，我们能够很好地共事。"在2004年重新回到国会的朗冉说，"在过去，你常常都能看到不少活跃在华盛顿特区的圣母大学校友俱乐部成员。"

自称"很荣幸"被校友俱乐部评为该年度杰出校友的朗冉议员，是世家优先政策的坚定捍卫者。"我推荐过一些圣母校友的孩子，他们有着非常优秀的资历，而最后还是落选了。但学校的确是（为校友子女）保留了一定的录取名额。你知道，这是一所私立大学，它有权根据自己的愿望来制订政策，只要没有种族歧视就行。再说，也的确没有发生过这种情况。

"一所大学应该有自己的宗旨。圣母大学是一所天主教高校，维持这一特点的办法之一，就是要与校友保持紧密联系。实行校友子嗣优先录取的政策，就是保持与校友联系的行之有效的办法。"

1960年毕业于普林斯顿大学的密苏里州参议员克里斯托夫·邦德

（Christopher Bond），身处能够助母校一臂之力的绝佳位置。作为负责监管独立机构的参议院拨款委员会小组的领导，邦德对美国国家科学基金会的预算能够发挥关键性的影响。1999年，当国家科学基金会（NSF）开始为在小学和中学教书的研究生提供研究基金时[15]，普林斯顿大学担忧该校已有的研究生学术奖学金项目会失去竞争性（这个项目曾为多名诺贝尔奖得奖人提供过研究经费），于是该校对邦德进行了游说，结果邦德成功地帮助他们将原有项目的资助金额提升到了新项目的水平。

同样地，普林斯顿大学对于参议员也是悉心照顾。在邦德帮助该校解决难题的同一年，其子山姆从圣奥尔本斯中学毕业。成绩并未在高中名列前茅的山姆，却踏入了普林斯顿的大门。据了解山姆表现的人士说，山姆是一名中等生，因为世家优先和他父亲在科学基金拨款上举足轻重的影响力，山姆成了当年普林斯顿校长哈罗德·夏皮洛（Harold Shapiro）向招生部推荐的"优先录取"人选之一。2003年，山姆以普通成绩从普林斯顿毕业（45%的普林斯顿毕业生都是以荣誉、高等荣誉、最高荣誉成绩毕业的）[16]，之后开始其军旅生涯，成为了一名海军少尉。

参议员的新闻秘书莎娜·斯特里布林（Shana Stribling）承认，普林斯顿是参议员极为爱戴的学校，该校曾就研究生项目经费游说过参议员。"对普林斯顿来说，那是个非常重要的项目。"但是她说，参议员历来支持赞助科学和数学研究的项目，他帮助普林斯顿获得政府拨款与他的儿子入学毫无关联。"世家优先对他肯定是有帮助的，但我认为凭山姆自身的素质，他想去任何学校都应该不成问题。"

"邦德参议员了解那些研究项目的重要性。"普林斯顿大学驻华盛顿的政府事务办公室主任南·威尔斯（Nan Wells）回忆说，"他考虑的是培养美国本土科学家的急切性，普林斯顿的研究理事会主席跟他谈过此事。"

假如说普林斯顿特别吸引政客的后代的话（这些政客的后代素质良莠不齐，有的学业成绩相当出色），这绝非偶然。1982年，普林斯顿成立了一个由威尔斯担任主任（2002年离职）的办公室，使其成为华盛顿特区非常活跃的游说团体。它将华盛顿特区实力人物的子女申请该校的情况——记录在案，然后传话给学校的行政中心——校长办公室，校长办公室随即将这些人的名字列入优先录取名单，一并送交给招生部门。

"如果你知道某个人申请了普林斯顿，你就会提醒学校，某人的申请材料马上就要寄来了。"但是威尔斯强调，"我们从来不做交易。有的大学可能会做那样的事，但我们绝对没有！"

威尔斯对一位申请学生的情况颇有印象，这就是露易珊·弗雷林哈森，新泽西州国会议员、共和党的罗德尼·弗雷林哈森（Rodney Frelinghuysen）的女儿。尽管露易珊并非普林斯顿大学的校友子女（当年普林斯顿没有录取她父亲，他毕业于纽约州杰尼瓦的霍巴特学院），但她却是该校最悠久的世家的后代。因为在普林斯顿的首届毕业生中，就有一位叫弗雷林哈森的学生。在近100年的时间里，这个家族有十几位后代相继在普林斯顿就读，其中包括两位参议员。弗雷林哈森议员的父亲（也是国会议员）、两位兄弟以及两个侄子都是普林斯顿的毕业生。

让普林斯顿释怀的是罗德尼·弗雷林哈森对当年被自己拒之门外而丝毫不存芥蒂。尽管他并不代表普林斯顿所在地的区域，但这位新泽西州的资深国会议员，作为国会拨款委员会成员，于1998年支持通过了一项将国家科学基金会预算增加到7000万美元的修正案，为普林斯顿争取到了数百万美元的政府科学研究经费。弗雷林哈森议员同时也是国会能源和水资源发展委员会小组的成员。在制定2001年度预算时，他和白宫、能源部长一起，在能源研究预算资金中增加了2.485亿美元，为普林斯顿大学的核合成研究项目提供了极大的帮助。

2001年4月，当露易珊还是格罗顿中学11年级学生时，普林斯顿大学授予她父亲"科学勇士"奖，赞誉他"为争取普拉斯顿物理实验室核合成研究的资金起了决定性作用"[17]。

2002年，露易珊申请了普林斯顿大学，她是绝佳的候选人。威尔斯说："露易珊完全符合普林斯顿的要求。"她的父亲、弗雷林哈森国会议员告诉我：

"我娶了一位擅长数学和科学的太太，我女儿在高中时与其他几位男生一起赢得了该校最重要的一个科学项目。她是凭自己实力进入普林斯顿的！我敢向你保证，我并没有插手。"但普林斯顿的录取率仅为1:9，优秀生被拒之门外是常有之事。假如露易珊真需要增加被录取筹码的话，想必仅凭她的家族关系再加上核合成项目资金的事就绰绰有余了。

国会议员弗雷林哈森表示，自己是赞同世家优先政策的。"在学生中加入一些校友的子女是件好事，这常常有助于学校捐赠额的增加"。

露易珊·弗雷林哈森并非唯一一个从格罗顿中学毕业进入普林斯顿的国会议员的子女。克里斯汀娜·马隆尼的 SAT 成绩为1330分，在1998年格罗顿中学79名应届毕业生中排名第46（亨利·朴也是同年的毕业生）。克里斯汀娜被布朗大学和达特茅斯学院拒绝，被贝茨学院和戴维森学院列入候补录取名单，但最终她却被普林斯顿录取了，尽管这所大学3/4的新生 SAT 成绩都在1380分以上。克里斯汀娜的祖父和父亲都曾在普林斯顿就读，母亲卡罗琳·马隆尼是来自纽约州的民主党国会议员。这位女国会议员告诉我，她女儿于2002年以高等荣誉成绩从普林斯顿大学社会学专业毕业。她说："格罗顿中学的每一位学生都有能力完成全美任何一所大学的学业，因为格罗顿本

▲　国会大厦

身就是一所学业相当繁重的学校。"

普林斯顿大学具有政治背景的校友，还包括2000年毕业的玛丽·贝克。她是一名演员，也是前国务卿詹姆斯·贝克（James Baker）的女儿。贝克先生曾是普林斯顿学校理事会的成员，他本人也是世家子弟优先政策的受益者。在非校友子女的普林斯顿大学学生中，有爱荷华州参议员汤姆·哈金（Tom Harkin）的两个女儿。毕业于州立大学的哈金是参议院教育委员会的成员。他的两位千金艾米和詹妮弗先后于1998年和2004年以普通成绩从普林斯顿毕业，她们均没有获得任何荣誉。

布什总统的侄女劳伦，尽管是在申请截止日期后才递交入学申请的，但她还是在2002年被普林斯顿录取了。主修人类学专业的劳伦于2006年毕业，她没有获得任何荣誉。毕业于州立大学的2004年民主党副总统竞选人、北卡罗来纳州参议员约翰·爱德华兹，喜欢以贫民子弟自居，他的女儿凯瑟琳·爱德华兹不仅在普林斯顿就读，而且还加入了常青藤俱乐部（世家子弟的社交圈）。她在2004年以优异成绩从普林斯顿毕业。

西弗吉尼亚州参议员杰·洛克菲勒（Jay Rockefeller）虽然是哈佛大学的毕业生，但其家族却与普林斯顿大学有着深厚的渊源。普林斯顿大学的洛克菲勒学院，即是以参议员的父亲、1929年毕业于普林斯顿的约翰·洛克菲勒三世命名的。1998年，参议员的小儿子贾斯汀踏着祖父的足迹进入了普林斯顿。毕业于圣奥尔本斯中学的贾斯汀曾是学生会的积极分子，但在学业上却未能排在同届学生的前20%。他告诉我，普林斯顿也录取了他的3位兄姊，但他们却选择了耶鲁大学和斯坦福大学。由于担心普林斯顿大学会因此不录取他，贾斯汀便致信该校的招生部主任弗莱德·哈加顿（Fred Hargadon），向他保证，倘若自己被录取，一定会来该校就读。

在普林斯顿就读时，贾斯汀对于富裕白人学生喜欢扎堆这一现象颇为担忧。作为常青藤俱乐部的副主席，他在校园里组织了有关族裔关系的一系列对话活动，也在那些贵族式的学生社团里开展了这类的对话活动。他说，他和那些参与对话的少数族裔学生"颇为投缘"，"我们在一起，有眼泪，有拥抱，无话不谈"。他还试图更换俱乐部墙上那些"20世纪30年代的白人"画像，他觉得这样的形象会让少数族裔学生觉得有隔阂。他提议用更当代、更能体现多元化的画像来取代，但他的努力却没有成功。2002年，他从政治学专业毕业，虽然没有获得荣誉，但其毕业论文却被提名为特优论文。近年来，他和其他人共同创建了一个名为"同代人参与"的非营利组织，旨在促进18~24岁年龄组非大学生群体参与选举投票。

贾斯汀告诉我，他"根本不知道"自己和自己的兄姊是不是因为家族的声誉才受到普林斯顿青睐的。"从原则上讲，大学应该择优录取，但我们这个社会还未达到那个理想的境界。"他又说，他支持给予少数族裔和低收入家庭学生录取优先，"那些学生需要克服更多的困难才能成功，人们应该敬佩他们的努力，也应考虑到他们所经历的挣扎"。

另一位具有社会责任感的参议员子女是马里兰州参议员、普林斯顿理事会成员保罗·萨班斯（Paul Sarbanes）的女儿珍妮特·萨班斯。和父亲一样，珍妮特和她的两个哥哥都是普林斯顿的学生。与父亲当年坚决与反犹太人思潮斗争一样，年轻的萨班斯兄妹也是校园的活跃分子，积极参与争取公正社会的事业。他们之所以如此热衷这样的政治活动，应当是源于他们童年曾在巴尔的摩市黑人占多数的小学读书的经历。

珍妮特告诉我，高中时，她和她的兄长们都是非常出色的学生。在她就读的一所私立的巴尔的摩女子学校里，她在全年级名列第二。"我父亲偏爱普林斯顿。在我们家，普林斯顿是一个神圣的名字。我们很幸运父母用普林斯顿的理念培养我们，要求我们成为全面发展的学生兼运动员。所以，当我们申请大学的时候，这便成为了我们的优势。我们的父母经常告诫我们，我们应该靠自己的成绩、运动才能和 SAT 分数，名正言顺地进入普林斯顿。所幸的是，他们知道怎样把我们培养成普林斯顿所需要的学生。"

珍妮特说，在普林斯顿期间，她到处都可以看到特权现象。"我从来没有见过、以后也不会见到那么多的有钱人聚集在一起"。在校时，她积极为女生争取权益，并把校歌中原有的"男生"、"男儿"这样的措辞，改成了男女皆宜的表达。她还在橄榄球赛场上发放新校歌的歌词和印有"发扬传统"字样的纪念章。1989年，珍妮特以高等荣誉成绩从比较文学专业毕业，如今她在加州瓦伦西亚的加州艺术学院教授族裔研究课程。

当被问到世家子弟优先的问题时，她说："有人觉得名门望族的加入能够使高校保持传统和保障经费的筹集，但这样做显然是将世家优先凌驾在了多元化与机会均等的原则之上。"后来，她又致电给我，补充道："从某个方面看，我和我的兄长们就是世家优先的成功例子。我们从小通过耳濡目染，感受到普林斯顿是一个让人敬仰的地方。而当我们进入这所大学后，却经历了诸多令人失望的事情，于是就觉得我们有责任去做点什么。所以我参与了维护女生权益的活动，我的哥哥迈克尔则参与了敦促普林斯顿大学与南非脱离一切关系的活动。"

"我们力求让普林斯顿成为一个更富于社会责任感的地方，这也是世家传统的体现。尽管如此，我也并不觉得这要比增加社会底层学生到普林斯顿就读机会这件事更为重要。"

尽管要冒一定的政治风险，但肯尼迪参议员却仍然鼓励迈克尔·丹能伯格去展开对世家子弟录取优先政策的抨击。虽然正是由于这种政策，才形成了肯尼迪家族在美国的政治王朝。2005年4月，在他位于华盛顿的办公室里进行的一次采访中，肯尼迪参议员随意地倚靠在沙发椅上，爱犬桑尼依偎在他身旁打着盹。在采访中，参议员把世家子弟优先形容为"迂腐陈旧"的弊端，与他立志为低收入家庭子女争取享受高等教育机会的夙愿背道而驰。他说，因为要照顾诸多校友子女和申请提前录取的学生，"很大一部分的录取名额都被占用了"。他说，和世家优先一样，享受申请提前录取照顾（相当于 SAT 100分）的，主要是富裕白人子弟。因为此项申请的条件是：一旦被录取，学生就必须注册正式入学。而低收入家庭的学生通常要根据学校为他们提供经济援助数额的大小来决定去向。

久经政坛磨炼、在参议院拥有稳固席位的肯尼迪，并不太担心会被扣上

"伪君子"的帽子；他自己是世家子弟优先的受益者，也不怕别人抖搂出他在哈佛的劣迹（他曾因西班牙语考试作弊在哈佛受到过停学的处分）。但当我提到参议员反对世家子弟优先录取的态度时，国会议员朗冉却讥讽地说："凭他的学业成绩居然进了哈佛，他真该跟我们分享一下这其中的奥秘。"

肯尼迪参议员的一位政敌曾说，如果参议员当年的名字仅是爱德华·莫尔而不是爱德华·莫尔·肯尼迪的话，他能够进入哈佛简直就是天方夜谭了。参议员本人却说：他被哈佛录取并非完全是因为家族的姓氏。他在密尔顿学院毕业时排名处在前25%的末位，"在最后两年，我还是挺不错的。"但他的3位子女却都没有进入哈佛，他说："孩子们想走自己的路！现在的情形大不一样了，优秀的高校多的是。"

后来，参议员通过他的助手表达了这样的观点：他并不认为校友子弟优先政策是保证校友捐赠必不可少的步骤。"在过去的50年里，高校逐步减少了世家优先的录取名额，而它们的财政状况却比以往稳定得多……总的来说，人们为母校捐款是他们出于对母校的感恩。"

▲　华盛顿大学恢宏的图书馆

身为家族中的圣母大学第三代毕业生，肯尼迪的教育总顾问丹妮卡·佩特罗修斯（Danica Petroshius）也非常支持丹能伯格的倡议。"在与高校官员交谈时，让我无法理解的是：除了让捐赠人高兴以外，世家优先的重要性到底是什么？聪明的人多的是，他们肯定能想出别的让捐赠人高兴的办法。"

在2002年年初，丹能伯格得到了另一位重要的同盟者。在乘车去纽约的途中，他碰到了北卡罗来纳州参议员约翰·爱德华兹的助手。路途当中，丹能伯格表达了他对世家优先政策的愤愤不平，这位助手对此留下了深刻的印象。他随即向爱德华兹参议员提议将此事作为竞选总统的论题。参议员对此深有同感，"他从内心觉得世家优先政策是错误的。"他的助手告诉我说。

当年11月，爱德华兹参议员在马里兰大学发表有关教育的演讲时，将世家优先政策比作是"18世纪英国贵族与生俱来的特权，而非20世纪美国民主的体现"。参议员决定不依靠联邦政府来限制世家优先，而是号召各高校主动终结世家优先录取政策，不再实行提前录取。

一位熟悉爱德华兹想法的人告诉我："要让约翰·爱德华兹指出'世家优先是错误的'并不困难，困难的是要回答这样一些问题：'政府应当扮演什么角色？是禁止它们？还是制定阳光法律？或仅止于发表一番议论？'我们花了大量的时间来处理这类问题，最后有一点认识逐渐清晰起来，那就是只是站出来说'世家优先是错误的'，就够了不起了！不管是否让联邦政府强推终止世家优先都存在一个合法性的问题。我们认为没有必要非得走那条路。"

爱德华兹的演讲为反对世家优先的人们打开了一道突破口。他的演讲和接下来发生的另外两件事成为了反世家优先运动的契机，并且引起了媒体的关注。2002年12月2日，美国最高法院同意举行密西根案听证会。确切地讲，所谓密西根案包含两个案件：一个涉及法学院的录取，另一个则有关本科生的录取。3天后，参议院共和党领袖特伦特·洛特（Trent Lott）明确表示，他支持种族隔离。在原南卡罗莱纳州参议员斯特洛姆·瑟蒙德（Strom Thurmond）的百岁寿筵上，洛特宣称，如果在1948年斯特洛姆·瑟蒙德当选为美国总统的话，美国就不会有现在那么多的问题了（当年瑟蒙德是白人至上党派"迪克斯民主党"的竞选人）。不仅洛特的言论提醒了民众为什么美国仍需要平权措施，而且这位一心想证明自己并非种族主义者的参议员，还来到了"黑人娱乐电视台"，抨击世家优先是歧视少数族裔的政策。

12月20日，肯尼迪充分利用了上述事件。他和参议院教育委员会主席乔治·米勒（George Miller）联名致信布什总统，用洛特的事例请求总统以一位"法庭之友"①的名义，向最高法院递交一份简报，表达他本人对密西根案件中平权措施的支持。他们还随信发出了肯尼迪本人反对世家优先的第一个公开信号："我们将致力于在下届国会提出立法草案，帮助高校实行公平录取，为少数族裔学生和家族第一代大学生提供机会。"

2003年1月15日，我在《华尔街日报》的头版报道了反世家优先的思潮，之后其他主要刊物也纷纷发表了相关的各种文章、社论和来自各界的观点，其中就包括《纽约时报》由保守派权威人士威廉·F.巴克雷（William F. Buckley）撰写的专栏。巴克雷在35年前曾以支持世家优先的姿态竞选过耶鲁大学校董会成员。他宣称："生活当中物以类聚、人以群分，高校是社会生活的一个部分，它们有权自行决定要招收什么样的学生，没有人可以证明私立高校自行制定的录取政策造成了任何危害。"[18]

尽管媒体界纷纷扰扰，肯尼迪参议员的民主党同僚却并不是都愿意举起"反对世家子弟优先"这面大旗。有人担心此举会得罪密西根大学和其他为维护平权措施而在法庭上花费大量财力人力的高校，他们警告反对世家优先的倡议可能会牵连到他们原本想维护的少数族裔优先政策（即平权措施——译者）。他们说，国会历来不涉足大学的录取程序，如果肯尼迪提交禁止世家优先的法案，作为报复，共和党就可能会提出禁止录取中考虑族裔背景的修正案。那样，民主党就将面临尴尬：意欲废除一项宪法允许的优先（世家优先），却要维护另一项原本已经受到法律挑战的优先（平权措施）。

在2001~2003年期间担任华盛顿州参议员帕蒂·穆雷（Patty Murray）教

---

① "法庭之友"（friend-of-the-court），牛津英文辞典中将其定义为"于特殊案件中为法院提供中立建议之人"。——译者注

育专员的贝瑟妮·利特尔（Bethany Little）非常赞同丹能伯格的观点。"我觉得最有效的防卫就是主动出击，我们应该大张旗鼓地出击。他们不是想谈一谈高等教育中的不公平吗？那我们暂且不要谈平权措施，先来谈一谈世家优先吧。在高校录取中，最不公平的非世家子弟优先莫属。对很多人来说，任何事情都要考虑族裔和社会阶层，这点早就被社会广泛接受了，而我们居然还要就是否应该考虑族裔因素进行辩论，这太荒唐了！"

尽管丹能伯格和他的盟友更赞成彻底禁止世家优先的方案，但他们为赢得委员会中持怀疑态度的民主党成员的支持，还是需要选择更为可行的办法。他们想出了一个别出心裁的方案：惩罚那些实行世家优先和提前录取政策的大学（在这些大学里，来自受过高等教育家庭的白人学生毕业率远远超过少数族裔学生和家族第一代大学生的毕业率）。要求这些学校要么放弃提前录取或者世家优先，要么拿出专门资金用于帮助降低非洲裔学生、西班牙裔学生及家族第一代大学生的辍学率。这项提案会影响到80所大学，包括常青藤中的5所：布朗大学、哥伦比亚大学、康奈尔大学、达特茅斯学院和宾夕法尼亚大学。丹能伯格希望这个提案比禁令更能够合乎高校的口味，因为这样做不会影响到各校的校友捐赠。

在确定这个提案之前，民主党想探测一下外界的反应，因为民主党内对反世家优先的看法也还并不统一。丹能伯格不想将此提案与肯尼迪联系起来，他通过一个友好的民间组织——西班牙裔教育联合会将提案公之于众。贝瑟妮·利特尔说，该组织的成员之一、已故的玛丽莲·麦克亚当（Marilyn McAdam）"曾促使该组织认识到，世家优先政策不会让西班牙裔学生受益，因此他们就应当对此发表看法"。

高等教育界当然不是那么容易被吓倒的。4月29日，一位同情他们的说客警告肯尼迪的助手们，"任何对世家优先和提前录取的攻击势必会招致高校的强烈抗议。……你们会招架不住的！"

果然不出所料，各高等教育组织——如全美独立高等院校协会和美国教

▲ 拥有丰富藏书的哥伦比亚大学图书馆

育委员会（ACE）——发起了有组织的行动，以一种低姿态但却又旗帜鲜明地反对这项提案。因为担心这个提案会得到媒体和公众的赞同，他们并没有大张旗鼓地呼吁各所大学起来公开反对该提案。一位说客告诉我："我们不愿让这个馊主意最后变成条文。我们采取的办法是，让私立院校的密使去拜访所在州的民主党委员会成员，转告他们这个提案实在太过分了！联邦政府对大学录取工作的任何干预，哪怕它的本意是为了帮助提高少数族裔学生毕业率，最终都必定会损害平权措施的实施。"

丹妮卡·佩特罗修斯告诉我，两位代表私立大学立场的说客，曾不遗余力地劝说马萨诸塞州肯尼迪参议员放弃他本人反对世家优先的立场。我与其中的一位说客取得了联系。他说，他并没有当面劝告肯尼迪，而只是写了一封信而已。丹妮卡说："大家的反应非常强烈。他们一听说这个提案被四处传开，就立即打电话对我们大发雷霆。他们说将不遗余力地进行抗争。甚至在我们还没有形成提案的情况下，他们就已经连说'不行'了。在幕后、在会议厅，他们对此事的议论显然要比对佩尔拨款（联邦政府对低收入家庭学生的赞助——译者）的议论更加踊跃。"

"我们听到过来自很多高校方面的意见，"贝瑟妮·利特尔说，"在我跟他们谈论的时候，我解释这个政策将会如何，安慰他们学校受到影响的可能性不大。而我们听到的更多是非常谨慎的措辞，诸如'听您这么说，这个提案还不错，可是它有可能会为联邦政府控制大学录取政策开了方便之门'。当然，某些高校成员在面对高等工商界的说客时，是会比面对其他人时更为谨慎些的。"

当被问到高等教育说客的反应时，肯尼迪参议员笑了。他说："在这些人当中真是掀起了一场风暴。这些人都是曾经和我在制定高校政策中合作过的朋友。"他又补充说，高校总是喜欢喊"狼来了"！1998年，当国会采纳了更为严格的通报校园犯罪的规则时，"人们都认为大学可能会关门了，而如今披露这方面的信息已然成为了惯例"。

尽管如此，高校的抵触还是很见效的。据贝瑟妮·利特尔说，有的民主党人士开始动摇了。其中包括肯尼迪的老友、康涅狄格州参议员克里斯托夫·多德（Christopher Dodd），他被本州私立院校的怨声载道包围了。由于疲于招架来自各方的质疑，丹能伯格变得有点灰心丧气。"迈克尔始终坚信，我们的盟友最终追求的是同一个目标，他以为大家都应当站出来说，'这不公平，我们应当做点什么'。所以，他有点失望。"贝瑟妮·利特尔说。

丹能伯格在6月2日致女友的一封电子邮件里说："一想到废除世家优先的努力可能会前功尽弃，我就感到十分地揪心。如果我不能说服民主党人士去铲除世家优先这种错误且不道德的社会痼疾，我又何必留在此地呢？"他的女友回复道："坚持、坚持、再坚持，不达目的誓不罢休！"

在丹能伯格继续努力的同时，最高法院也做好了对密西根案件做出裁决的准备。法院上一次对高校录取中实施平权措施的表态，还是在25年前审理"加州大学诉贝克"一案时。当年法院以5:4的微弱优势，驳回了一位医学院白人学生提起的对加州大学拒绝录取自己的起诉。因为此案裁决时靠的是微弱优势，表明大多数人对平权措施的根本目的看法不一。有人认为平权措施是为了纠正以往的种族歧视（如投否决票的4位法官的观点），而有人则觉得这项措施是为了促进多元化（如投赞成票的5位法官的观点），因此，法院的裁决不但没有解决这个问题，相反更加深了这种分歧。在有些州（包括审理贝克案的加利福尼亚州），法院或者选民甚至决定取消平权措施，而有的私立和公立大学（包括密西根大学）则更加明确地在录取学生时考虑族裔背景。

密西根大学在录取本科生时采用150分制，凡黑人、西班牙裔、印第安人会被自动加20分。这种明确为特定族裔预留配额的招生制度，在"贝克案"中被认为是违宪的。受到那位白人学生挑战的该校法学院的录取程序，其实并没有为申请者因族裔加分，而是在考虑学生总体资格时，把族裔当作了一个重要的因素。这样做其实还是比较符合"贝克案"裁决所确定的方针的。

法院对密西根大学的裁决，无疑将决定私立大学今后招生政策的走向。很多对这家相对保守的法院采取支持态度的观察家们相信，它会彻底消除族裔优先政策，但他们却忽略了一点，那就是这家法院同时也愿意维护世家优先政策。最高法院历来是最优秀、最聪明的世家优先受益者的领地，法官们都是常青藤大学的毕业生。在最闻名的世家优先受益者中，有著名作家的儿子、哈佛大学毕业生小奥利弗·温德尔·霍尔姆斯（Oliver Wendell Holmes Jr.），以及具有家族悠久传统的原首席法官、耶鲁大学毕业生威廉·霍华德·塔夫特（William Howard Taft）。

在2003年审理贝克案的9名法官中，有5位其本人或者其子女都是世家优先的受益者。有两位法官，即斯蒂文·布雷耶（Stephen Breyer）和安东尼·肯尼迪（Anthony Kennedy）的家族与斯坦福大学有着三代的联系。第三位法官桑德拉·戴·奥康纳（Sandra Day O'Connor）则是斯坦福的毕业生，她的两个孩子也是该校的学生，她本人曾任该校理事会成员。法官露丝·贝德·金斯伯格（Ruth Bader Ginsburg）及女儿都双双毕业于哈佛大学法学院，这种情况在9位法官中是绝无仅有的。法官约翰·保罗·史蒂文斯（John Paul Stevens）沿着父亲欧内斯特·史蒂文斯的足迹，先后毕业于芝加哥大学和西北大学法学院。根据芝加哥大学的记录，史蒂文斯的孩子都没有上该校，但是他的4个侄子和侄女却都曾是该校的学生。

这些法官与其他对平权措施辩论不休的人一样，不可避免地都会根据各自的经历来看待此事。尽管密西根大学案件并没有直接牵涉到世家优先，但很显然它引起了法官们的思考。

根据密歇根州的法律和大学录取程序，校友子女和少数族裔均得到了优先考虑的待遇。在密西根大学评估入学申请人的150分评分制里，校友子女可以被加上4分。在4月1日的口头陈诉中，布雷耶法官指出了这两项优先的存在。法官对代表白人学生的律师提问：学生因非少数族裔而被拒绝，与因非校友子女而被拒绝，这两者之间有什么区别吗？律师的答辩是："宪法的保护平等条款禁止种族歧视，但并不禁止世家优先，哪怕那种优先只对白人有利。"

布雷耶本人熟悉世家优先，他的父亲是斯坦福大学的毕业生，他的儿子迈克尔也在1997年从斯坦福毕业。那一年，法官本人还是该校毕业典礼上的致辞人。在当时的校长、他的老友杰哈德·卡斯帕一番介绍之后，布雷耶法官告诉在场的人们："今天早上我给迈克尔戴上了斯坦福的毕业戒指……那时我想起了我的父亲，因为那是一枚我父亲70年前毕业时得到的戒指。昨天，我在校园里看到了刻有我家三代毕业生名字的3块铺路石：我父亲的，我自己在1959年毕业时留下的，以及今天迈克尔的。"

在被斯坦福正式录取前，迈克尔被列入了候补录取名单——这往往是那些资格欠佳的校友子女的去处。原斯坦福大学招生部主任珍·费特（Jean Fetter）在她1995年出版的书中，认为候补名单是"最适合承认世家优先的确存在的地方"。马萨诸塞州密尔顿高中（迈克尔·布雷耶的母校）的原大学申请咨询部主任苏珊·克斯（Susan Case）证实，迈克尔曾被斯坦福列入候补录取名单。"我不知道迈克尔是否是因世家优先而被斯坦福录取的，但他的确是一位条件不错的人选。"另一位了解他在密尔顿高中学业情况的人说，世家关系"显然帮了他的忙"。

金斯伯格法官和她的丈夫马丁都曾就读于哈佛大学法学院（法官本人最终是在哥伦比亚大学获得学位的），他们的女儿简·金斯伯格告诉我，她的本科成绩非常出色，除哈佛外，还有3所一流的法学院都录取了她。年轻的金斯伯格后来在她母亲的母校哥伦比亚大学担任法学教授，她是这样来表达她对世家优先的看法的："无论你是怎么进来的，来了以后，你都得证明你有资格留在这里才行。"

肯尼迪法官是斯坦福大学校友格莱蒂斯·麦克利奥德·肯尼迪（Gladys McLeod Kennedy）的儿子，他本人以及两个儿子和一个女儿也曾在该校就读。他的两个儿子贾斯汀和格里高利均为加州卡迈克尔市耶苏特高中的毕业生。他的女儿克里丝汀·玛丽在1986年毕业于加州萨克拉曼托市圣弗兰西斯天主教女子高中。根据该校记录，她曾被评为优等生，也曾是学校网球队队员。

桑德拉·戴·奥康纳在她2002年出版的回忆录《慵懒的牧场》（Lazy B）中，讲述了她在牧牛场里的成长故事。她回忆道：她父亲一直后悔没有上斯坦福大学，而她却圆了父亲的梦想。她和自己丈夫约翰·J.奥康纳三世（John J. O'Connor）一样，在斯坦福完成了本科和法学院的学习。他们3个儿子中的两个——斯考特和杰也同样就读于斯坦福，另外一个儿子布莱恩则去了科罗拉多大学。小儿子杰是在1980年被斯坦福大学录取的，当时她正好是该校理事会成员。

杰·奥康纳现为旧金山地区的某一科技公司总裁，他告诉我，他当时申请了4所常青藤学校，其中3所录取了他，普林斯顿则把他列入了候补录取名单。他说，自己在高中时是同届学生中的佼佼者，担任校报的主编和辩论队的队长。他拒绝透露自己的SAT成绩，但说他的成绩达到或超过了一流大学公布的要求。"我申请的学校都认为我是学业出色的学生，而我对那些学校内部发生的事情毫不知情，也无从了解。"他说，自己的哥哥斯考特同样是出色的学生，曾是本州高中游泳冠军，他也曾收到过几所与他们父母无关的大学的录取通知书。

杰又说："我个人的信仰是，每个人都要留下自己的足迹，你的父母是谁无关紧要。"

而他的母亲显然并不这样认为。和布雷耶法官一样，奥康纳法官曾在1982年的斯坦福毕业典礼上致辞，那时杰还是大二的学生，斯考特则已经毕业。她说："在美国，没有哪个机构比斯坦福招生部更具慧眼了！"她还表达了对毕业生们的祝福："你们将是幸运的一群人，因为你们的子女也可以来到这个人间天堂上学，这个我们称之为斯坦福的地方。"

如果最高法院裁定平权措施违宪，奥康纳法官有关世家天堂的美梦就会不复存在。因为寻求报复的民权运动倡导者们，就会在校园聚集，抗议世家优先的政策，他们将拼尽全力来根除它。事实上，在加州和乔治亚州，正因选民们或者联邦法院已经决定禁止实施平权措施，州立大学也就由于来自民权组织的压力而取消了世家优先。在向最高法院提交的一份陈述中，密西根大学和其他学校的少数族裔学生有如下申述：由于世家优先和其他一些让白人学生受益的政策的存在，大学需要用平权措施来加以平衡。言下之意是平权措施的命运和世家优先的命运息息相关，如果前者被取缔，后者也就不复存在。否则，大学录取就会更进一步倾向于白人特权阶层。

2003年6月23日，最高法院以5:4的裁决维护了密西根大学法学院在录取中实施平权措施的合法性。上述的假设也成为了课堂上模拟辩论的论题。身为世家优先受益者的5位法官中有4位支持平权措施，持反对意见的是安东尼·肯尼迪。法官戴维·苏特（David Souter）是哈佛大学的毕业生，自己没有子女，他是第5位对平权措施投赞成票的法官。在不太惹人注目的有关

▲ 斯坦福大学美丽的草坪和著名的胡佛塔

本科生录取的案件中，最高法院则否决了密西根大学在录取当中使用的评分制，理由是它缺乏对学生个人素质的考查，而将族裔当成了决定性因素。

奥康纳法官的投票一直被外界认为是决定性的一票。她在密西根大学法学院"格鲁特诉鲍林格"一案的裁决词中，重申了鲍威尔法官的观点，即大学为提高学生群体的多元化程度，有权把族裔作为录取时的考虑因素之一。在她的言辞中充满了对招生决策人"专家眼光"和"经验"的赞美，不由让人回忆起她在21年前在斯坦福大学毕业典礼上的致辞。她的关键论点之一，是密西根法学院招生中考虑到的不仅是族裔，还有其他很多"多元化因素"，诸如：申请者是否去过海外，是否经历过挫折艰辛，是否参加过社区服务等。当然，她并没有提到另外一种因素——世家优先。但正是由于这个因素，多元化才受到了遏制。

"除了族裔，法学院事实上还考虑到了其他的多元化因素。"她写道，"法学院往往会接收一些学业成绩和考试分数均低于那些没有被录取的少数族裔的主流学生。"而这些分数和成绩欠佳的主流学生常常为校友子女，奥康纳法官或许认为，世家优先也属于一种"多元化因素"吧！

最高法院唯一的黑人法官克莱伦斯·托马斯（Clarence Thomas）出身贫寒，先后从马萨诸塞州沃斯特市圣十字学院和耶鲁大学法学院毕业。他唯一的儿子杰迈尔则就读于弗吉尼亚军校。这位与世家优先体制毫无关联的法官，强烈反对高院的同仁们对密西根大学的裁决。他说，精英高校和他们在最高法院的盟友更关心的是维护世家优先，而非少数族裔优先。托马斯法官责怪全国范围围绕世家优先的辩论，间接地促成了密西根大学的胜诉。他写道，他个人认为，大学的招生程序早已被世家优先侵蚀了："本案及其他案件给人造成了一种假象，即在全美范围内的高校招生的准绳都是择优录取。"尽管如此，他却认为校友子女优先的政策是合法的："我绝对不会为了证明该政策违法而去歪曲宪法。"

但高校和他们在最高法院的盟友们，却在毫不犹豫地通过歪曲宪法去维护他们最得意的集资工具。"如果高院有勇气禁止高校招生中的种族歧视，世家优先（或类似的照顾）的被取缔或许也就指日可待了。我相信支持该裁决的个人和团体不是没有考虑到这种可能的。"托马斯评论道。

无论密西根案件裁决的动机是什么，它却大大削减了国会中反世家优先阵营的气势。反世家优先的最初动机是为了寻求公众对平权措施的支持，而现在这场运动却失去了原动力。"这挺让人泄气的，"贝瑟妮·利特尔说，"当初我们最有力的支持者们所最感兴趣的事情是维护社会公正，所以我们对他们说，'他们可能因此会取消平权措施'，于是大家都摩拳擦掌的，很有积极性。如今没有了这个奋斗目标，我们自然也就丢失了部分政治能量。"

但丹能伯格却决意不放弃。为了反击高校的说客攻势，同时也为了由言辞讨伐向行动转变，他在7月9日组织了一次国会民主党委员会工作人员的圆桌讨论会。参会者包括：记者詹姆斯·法洛斯（James Fallows），他曾抨击过提前录取和世家优先；两位高校说客——莎拉·弗拉尼根（Sarah Flanagan）和贝姬·蒂蒙斯（Becky Timmons）；西班牙裔教育联合会的几位代表，该组织在会上提出了要求实行世家优先和提前录取的高校应采取切实措施降低本校少数族裔学生辍学率的提案。

这次讨论会不但没有产生和谐的结果，反而强化了委员会内部以及肯尼迪议员工作团队与昔日高校盟友之间的矛盾。贝瑟妮·利特尔说："各高校觉得他们受到了攻击，所以大家的言辞都很激烈。实在是太遗憾了！因为我真的觉得他们其实可以通过讨论，找到解决问题的办法。"她又说："委员会内部的不和谐状态，也因此暴露在外人面前。"

在7月21日致全体民主党委员会工作人员的备忘录中，弗拉尼根强烈地指责这个提案以"极不适宜的"方式允许国会干预私立大学的录取政策。她反驳道，尽管这项提案针对的是精英高校，而最终影响的却是那些不太景气的小型高校，因为这些院校通常更愿意为辍学率高的少数族裔学生提供入学机会。她警告说："因为这项提案对高校横加干涉，可能导致极大的危害。所有高校的校长们都会非常恼火，并站出来公开反对它。"

面对如此的威胁，肯尼迪参议员决定从当时的哈佛大学校长劳伦斯·萨默斯处寻求咨询意见和政治庇护，因为萨默斯向来积极主张为低收入家庭的学生提供进入精英高校的机会。在8月5日，肯尼迪致信萨默斯，向他征询对西班牙裔教育联合会这项"适度、缜密的建议"的看法。参议员在信中还保证，因为哈佛在促进学生团体多元化上的成绩显著，因此不会受到该提案的影响。

但萨默斯8月15日的回信却没有为参议员带来任何宽慰，他借用了说客们的言辞："我对任何干预高校录取程序的提议都会存有防范之心，联邦政府对高校录取的干预将会影响高等教育的宗旨——高校的独立性和学术自由，它们需要根据各自独特的使命招收学生。"

9月5日，私立高校与肯尼迪参议员间的隔阂公开化了。我所在的《华尔街日报》华盛顿分社的同事们曾报道说，美国教育协会致信肯尼迪参议员，公开指责其提出的因毕业率差距而惩罚实行提前录取和世家优先录取政策的高校的建议[19]。肯尼迪开始有顾虑了，丹能伯格也意识到由于这件事情会让参议员在委员会中得不到足够的选票。在放弃要求高校出资帮助少数族裔及来自低收入家庭学生的同时，丹能伯格和多德参议员的团队起草了一份"阳光计划"，该计划建议高校应提交提前录取和通过世家优先录取学生的人数以及他们的社会经济地位和族裔背景等情况，但无论数据如何，高校都不会因此受到处罚。

2003年10月，肯尼迪提议将上述"阳光计划"作为"高等教育法案"的补充条款[20]，这引起了新一轮的舆论报道。参议员及其团队坚持认为，修改过的提案是限制世家优先的第一步，"这是一个循序渐进的过程"。参议员向我解释道。丹能伯格则相信，这项条款将使实行世家优先的大学真相毕露，让他们感到羞愧，如同《有教无类法案》规定要公开点名教学质量低劣的中学一样。

尽管如此，丹能伯格发起的这场战役还是渐渐失去了气势，缩水的条款向高校显示了这样一个信号：随着平权措施的安稳，肯尼迪参议员不再视反世家优先为工作的重点了。2005年夏季，"阳光计划"在国会教育委员会等候表决时，丹能伯格离开了肯尼迪参议员的团队，加盟华盛顿智囊团"新美国基金会"，担任该基金会负责教育政策的主任。不久，在国会教育委员会的会议上，肯尼迪参议员同意从《高等教育法案》中删除"报告数据"的条款。据参议员的发言人说，肯尼迪参议员觉得该条款得不到一定人数的支持，他不想因此破坏与共和党的同仁达成的有关为大学生提供联邦经济资助的协议。"很显然，这是一项长期的工程"。

如今，国会反世家优先运动的声势日渐式微。2006年3月，众议院以337票对83票的优势，否决了一项由共和党提出的要求高校如实提供"全部录取数据"（族裔、世家优先和其他因素）的议案。丹能伯格本人已经不再寄希望于国会，但他仍未放弃他的事业。他正在发起新的运动——说服学生和校友将他们的捐赠与高校录取的公平性联系起来。丹能伯格希望如今以及将来的捐赠人们暂时不要奉上他们的捐赠，以迫使学校取消世家优先政策，或提高对来自低收入家庭的学生和少数族裔学生的经济资助。

"尽管我们无法敦促政府逼迫高校，但我们可以通过学生——未来的捐赠人和现在的校友达到这个目的。尽管很多人自己是世家优先政策的受益者，但他们也承认这个政策在道义上是错误的，因为它与其他践踏公民权益的事情并没什么区别！"丹能伯格说。

注 释：

［1］ "The EPIC-MPA Report," January-February 2003, Volume 11, Number 1, p. 7.

［2］ Justice Harry Blackmun, concurring opinion, U.S. Supreme Court, *University of California Regents v. Bakke,* 438 U.S. 265（1978）.

［3］ "Education Fairness," News from Senator Bob Dole, December 19,1990.

［4］ Jeffrey Brainerd, "Lobbying to Bring Home the Bacon," *Chronicle of Higher Education,* October 22, 2004, p. A26.

［5］ John Larew, "Why Are Droves of Unqualified, Unprepared Kids Getting into Our Top College？" *Washington Monthly,* June 1, 1991.

［6］ Jerome Karabel, "The Legacy of Legacies," *New York Times,* September 13, 2004, p. 23.

［7］Dye, *Who's Running America*, p. 148.

［8］Dye, *Who's Running America,* p. 109.

［9］Michael Kranish, "Kerry, Bush Grades Nearly Identical," *Boston Globe,* June 8, 2005, p. 1.

［10］Peter Pae and Amy Argetsinger, "Md. Teenagers Say Drinking Is Commonplace," *Washington Post,* October 2, 1995, p. B01.

［11］Kristin Gore, *Sammy's Hill*（New York：Hyperion, 2004）.

［12］除了在文中提到的参议员外，本人曾受惠于世家优先录取政策的参议员还包括：约翰·沃纳（华盛顿与李大学）、约翰·桑奴奴（麻省理工学院）和罗素·芬古德（威斯康星大学）。其他其子女享受过该政策的参议员则包括：戈登·史密斯（杨伯翰大学）和奥林·汉奇（同样是杨伯翰大学）。

［13］John McCain, *Faith of My Fathers*（New York：HarperCollins, 2000）, p. 53.

［14］Connie Bruck, "McCain's Party," *New Yorker,* May 30, 2005.

［15］McCain, *Faith of My Fathers,* p. 108.

［15］笔者在与美国国家科学基金会的负责人利塔·科威尔（Rita Colwell）的访谈中获知。

［16］普林斯顿大学官员埃里克·基尼奥内斯（Eric Quinones）和卡斯·克利埃特（Cass Cliatt）提供了该校毕业生荣誉授予的相关情况。

［17］"U.S. Reps. Frelinghuysen and Holt Receive Science Coalition Awards," *News from Princeton University*, April 16, 2001.

［18］William F. Buckley Jr., "Civil Rights for Old Boys," *New York Times,* January 24, 2003, p. 23.

［19］Jackie Calmes, "A Special Weekly Report from The Wall Street Journal's Capital Bureau," *Wall Street Journal,* September 5, 2003, p. A4.

［20］Daniel Golden, "Bill Would Make Colleges Report Legacies Early Admissions," *Wall Street Journal,* October 29, 2003, p, B1.

麻州大学学生中心

第九章

不看贫富的录取政策所面临的挑战

——加州理工学院如何让学术水准
与捐赠数额齐升同涨

　　1999年,《美国新闻与世界报道》颇具影响的"全美高校排名榜"将加州理工学院排在了第一名。这是该排行榜有史以来最具争议的一次排名,所引起的震动无异于将诺贝尔文学奖授予史蒂文·金(Stephen King,美国著名恐怖小说作家)。小小的加州理工学院怎么可能超越哈佛、耶鲁、普林斯顿、斯坦福,甚至规模远比它大得多的东海岸竞争对手麻省理工学院呢? 最终,该杂志慑于高教界的批评,修订了自己的评定标准,降低了大学人均投资的

▲ 麻省理工附近的优美街区

权重[1]。而恰恰是这一项，使得加州理工学院明显领先于其他院校。由于标准的改变，加州理工学院的排名降至前10名的最末位，其他的传统精英名校才因此免遭一次没齿难忘的羞辱。

排行榜没能揭示加州理工学院比其他精英名校胜出一筹的原因。这个原因正是：该校在录取新生时完全采取择优录取的政策。加州理工学院没有为吸引捐赠和建立富裕的校友群而降低自己的录取标准，所有学生都不是因为家族财富、名望和广泛的人脉关系进入加州理工的，他们所凭借的无非是自己在科学方面的天赋和对科学的热爱。

在其他大学里人人皆知的特权优先，在加州理工学院却是一个陌生的概念。据《美国新闻与世界报道》调查，该校是全美前20所院校中唯一一所不考虑申请人是否拥有校友背景的学校。在2005年该校录取的549名学生中，只有8人（占学生总数的1.2%）为校友子女[2]，远远低于其他精英高校。

在加州理工学院的入学申请表上，设置有"申请学生父母在何处上大学"一栏，但据录取委员会工作人员解释（也经部分学生证实），该校对校友子女的录取要求反而更高。新生录取委员会成员、物理学家迈克尔·克罗斯（Michael Cross）说："申请人如果有校友背景反而会产生某种副作用。在加州理工，通过父母的关系完成一项暑期研究项目，远不如靠自己的努力争取到一份打工的工作更令人信服。"

与其他院校的校长不同，加州理工学院的校长和负责发展项目的工作人员，从不因为未来捐赠人的子女去干预招生部的工作，逼他们降低录取标准。在该校54名理事会成员（其中包括最慷慨的捐赠人）中，只有两名成员的子女就读于加州理工学院[3]。尽管离好莱坞不远，加州理工却引不起好莱坞名人雅士们的兴趣。电影明星和豪富们的子女对刻苦学习并不感兴趣，他们宁愿在罗得岛州府（布朗大学所在地）度过4年的大学生涯，随随便便地应付完那些可有可无的课程，而不是在阳光灿烂的加州扎扎实实地修完5个学期的数学和物理课程。

运动天赋在加州理工学院的录取中也不怎么受青睐。该校运动队秉承的是业余运动的宗旨：只要学生愿意参加，来者不拒！学校甚至派不出一支贵族运动项目的代表队，如划船、帆船和赛马等。

加州理工学院也为员工子女提供学费方面的福利待遇——免费就读本校，若就读他校则由加州理工支付一半学费。但尽管如此，该校的教授们却很少出面为自己的子女游说，招生部人员也绝少为他们提供照顾。比如，克罗斯教授的儿子是一名优秀学生，他向加州理工学院提出提前录取的申请，却被学校延迟考虑，最后被加州理工的劲敌麻省理工学院录取。

"连他都进不了我们学校！很显然，我们教授的子女得不到任何优先考虑。"这位物理学家说，"但我并不觉得失望，我也不敢肯定加州理工学院就适合他。"

新生招生委员会成员、另一位物理学家罗伯特·麦基昂（Robert McKeown）告诉我说，他并不鼓励自己女儿申请加州理工学院，尽管就读该校意味着可以省去一笔昂贵的学费。"她的数学和科学成绩很好，但是缺乏我们看重的对科学或数学的热衷和志向。她离我们的录取标准还差一点。"麦基昂如此评论自己的女儿，他的客观态度令人敬畏。

由于没有学业欠佳的富家子女影响学生的整体质量，因此加州理工学院每年招收的都是一些名副其实的优等生。2003年，该校新生的SAT平均分数为1505分，数学平均分更是达到了惊人的775分，离满分仅差25分。除此以外，加州理工学院不但没有为延续等级制推波助澜，反而尽心尽力地为工薪家庭、移民的子女提供最优质的科学教育，为他们将来从事科学研究工作奠定基础。在加州理工学院的学生中，大约有85%的学生来自公立学校，60%的学生需要接受学校提供的各种经济资助（常青藤院校的这一比例为40%~45%），1/4学生的母语是非英语语言[4]。

本·戈拉博（Ben Golub）7岁时随父母从俄罗斯移民来美国，父母均为电脑程序工程师。靠奖学金就读于新泽西私立高中的本，很快修完了中学的数学课程。高三时，他曾到普林斯顿大学学习数学，但却很不喜欢那里的学生"对于金钱和政治权势的追求"。他注意到，在普林斯顿大学，富裕的本科学生蜂拥进入的是一些较容易的专业，因为"读那些专业不需要特别高的智商就能取得良好的成绩。我没有听说过哪个富家子女想成为科学家、工程师或者物理学家，他们想做商人或银行家。对他们来说，研究学问实在是太辛苦了"。

从未有人怀疑过本的智力。这位SAT成绩为1590分、以第一名成绩从高中毕业的高才生，放弃被普林斯顿、哈佛和斯坦福的录取机会，选择到加州理工学院就读。2004年，这位平均成绩为3.9分的大二学生，被学生会提名为新生招生委员会成员，与该校招生部人员和著名教授一起，参与评审申请人材料的工作。他说："任何想靠财富和关系进入加州理工学院的人，到这里都会自讨没趣。这里看重的是学生的聪明才智！"

正如哥白尼挑战中世纪地心说一样，加州理工学院证明了"为富人提供优惠才能保障当代私立高校生存"的说法是纯粹的谬论。其他的精英私立高校官员们常常在私下里承认，为校友和捐赠人子女降低录取标准是错误的，甚至是非民主的。但同时他们又声称，私立高校担当不起因拒绝富裕校友子女入学而得罪他们的风险，正如公立高校不敢冒犯主管州政府高校资金分配的行政委员会主席一样。如果这些优先政策不再存在，那么私校的捐赠经费

▲ 加州大学尔湾分校校园

必将日益减少，班级规模势必扩大，实验室设备就会落后，提供给学生的奖学金也会逐渐枯竭。

事实上，对校友子女或马球高手不采取优先政策依然生机勃勃的高校，远不止加州理工学院一所。两所闻名全国的私立高校——位于纽约市的库珀高等科学艺术联盟学院和位于肯塔基州的伯里亚学院也是如此。它们都没有发展项目名单，都不开展贵族运动项目，都不搞针对富裕新生家长的集资活动，也都没有让富家子女与其他学生格格不入的贵族社团和学生联谊会存在。

3所高校与众不同的是，它们在审查学生时，非常看重学生本人的资质，同时对学生是否具有不利的社会经济背景加以考虑，如是否来自单亲家庭，是否曾就读不为学生提供高难度课程的城区高中等，因为这些都可能影响学生的学业成绩，但并不代表他们不具有学习的潜力。因此，3所院校招收了众多来自低收入家庭的学生，哪怕招收他们对于学校的今后集资工作并没有什么好处。伯里亚学院有80%的学生符合佩尔助学金的申请要求（佩尔助学金是一项对家庭收入情况设置极为严格标准的联邦经济资助项目）。

尽管实行看似自我毁灭的录取政策，加州理工学院、伯里亚学院和库珀联盟学院却吸引了足够的资金，既可以维护自身学术的优异，亦能满足学生的资助需要。伯里亚学院和库珀联盟学院的所有学生均享受免费教育，加州理工学院在2004~2005年度的学费维持在25335美元水平，比其他精英高校约低15%。为了增加资金来源，3所高校目前正在开展雄心勃勃的集资活动。虽然为吸引富裕的捐赠人和吸纳捐款而降低录取标准是一条集资捷径，但它们的经验却表明完全可以另辟蹊径，在录取中做到"不看贫富"是可行的。

加州理工学院、伯里亚学院和库珀联盟学院的所在地、学校历史和课程体系差异很大。在对这3所学校详加研究之后，我却发现了它们之间的一些共同点。这些特点使得它们能够在招生过程中既维护录取过程的正当性，保证学生的质量，同时又能说服捐赠人慷慨解囊。对于那些愿意重新清理自己的招生程序，但又担心因此导致财政问题的高校，这3所高校的以下特点或许值得借鉴：

1. 学校规模较小。加州理工学院仅有本科生900名，库珀联盟学院为950名，伯里亚学院为1550名。正如逃犯想在小村庄里销声匿迹远比在大都市难一样，一个不够格的学生要在一个较小的校园里滥竽充数，远比在大校园里难得多。正因为名额有限，每一个新生名额都显得弥足珍贵；学生们彼此之间互相认识，教授们也对学生了如指掌。除此之外，因为录取人数少，开设的课程也较少，因此无聊的专业和课程也就相对较少。

规模小的学校很少有商学和法学的研究生院。通常正是从这些专业毕业的校友们会对本科生招生部门施加很大的压力。商学院和法学院"培养的是善于运用影响力的人"，加州理工学院的招生部主任理查德·比斯乔夫如是说。

2. 注重打造品牌。加州理工学院、库珀联盟学院和伯里亚学院不仅避免采取世家子弟优先政策，而且由于规模较小，各自的校友群体也不大。所幸的是，3所院校不仅对学生来讲是具有特殊意义的所在，而且它们业已形成的独有特色和良好声誉也对其他潜在的捐赠人——慈善家、基金会和联邦政府——极富吸引力。

加州理工学院是"杰出科学研究"的代名词，其校友和教授曾赢得过30项诺贝尔奖[5]，获奖者中包括开创性思想家里纳斯·鲍林（Linus Pauling）和理查德·费曼（Richard Feynman）。用来测量地震强度的"里克特震级表"也出自加州理工。

加州理工学院的集资工作与常青藤大学的集资活动究竟有何区别？一位名校的招生部主任这样形容：如果常青藤大学想从企业集资，他们会首先问在那个公司的校友是谁？然后找到那个校友说："你在校学习的时候度过了多么惬意的大学时光啊，难道你不想为别人也创造这样的机会吗？"加州理工学院会怎么讲呢？他们说："我们拥有最优秀的项目，如果你赞助我们，将有助于科学的发展和国家的兴旺。"

加州理工学院理事会成员、商界人士沃利·韦斯曼（Wally Weisman）是目前该校集资工作的负责人，他本人和3个孩子都是斯坦福大学的毕业生。风险投资家约翰·迪可曼（John Diekman）不是该校校友，他的学位是在普林斯顿和斯坦福获得的；他也不是学生家长，因为他没有子女。他于2004年加入加州理工学院理事会，这通常意味着他为该校提供了一笔丰厚的捐赠。他告诉我说："我向来敬重加州理工学院，它在科学和工程方面绝对无与伦比，这里的学生具有凡人少有的能量。正因如此，我当年才没能进入这所学校。"

坐落在纽约的库珀联盟学院，以美术、建筑和工程专业蜚声全美，可能这正是它对纽约的慈善家具有很强吸引力的原因。纽约的城市轮廓和形象设计多出自该校校友，如为著名广告公司设计"我❤纽约"的密尔顿·格雷瑟（Milton Glaser），以及在9·11（2001年9月11日纽约遭受恐怖分子袭击）后赢得世界贸易中心大楼重建设计师殊荣的建筑师丹尼尔·利比斯坎德（Daniel Libeskind）。库珀联盟学院的校长乔治·坎贝尔（George Campbell）说："有一段时期，纽约几乎所有与技术有关的城市机构，都是由库珀联盟学院工程系毕业的校友主管的。"

由废奴主义牧师创建的伯里亚学院，是南方第一所黑人白人学生合校、

▲ 林肯纪念堂远眺

男女学生合校的院校，其宗旨是为阿巴拉契亚地区贫困家庭的子女提供优质教育，改善他们的生活。伯里亚学院通过对进步主义的学校传统发扬光大，也聚集到了令人惊讶的大笔捐赠资金。

3. 教授参与录取决策。在大多数高校，教授们只是名义上监督本科生招生工作，具体审查学生申请信、进行筛选的工作则由招生部的专门人员全权负责。但加州理工学院的新生录取，是由招生部人员、学生代表和教授——其中就有2004年诺贝尔奖获得者戴维·普利策（David Politzer）——共同决定的，每一名被录取学生的申请档案都必须经过至少一位教授的亲自审评。在库珀联盟学院，每位申请美术专业学生的作品集，需要经过9位教授的鉴定；每位未来建筑师的申请材料，都要接受两名教授的审阅。

教授们参与到新生录取工作中，防止了财富对招生工作的侵蚀。这些教授凭借自身才能而获得了令人尊敬的地位，因此在招生中只要面对的不是自己的孩子，他们就会坚持高标准，绝不会心慈手软。教授们接受了学校的终身聘任，所以与招生部人员相比，他们更能承受来自校长和发展项目办公室的压力。除此之外，招生部人员熟悉的是排名和考分，但教授们更有资格评判学生的申请信、学术报告和教师推荐信。

著名地质学家、2004~2005年度担任加州理工学院新生录取委员会主席的休·泰勒（Hugh Taylor）说：“我想教授们不会乐意承受来自富裕家长的压力。”

4. 创新的集资方式。如果不把录取照顾作为对捐赠人的回报，学校筹资工作就得另辟蹊径。电脑芯片制造商英特尔公司的联合创建人戈登·摩尔（Gordon Moore）曾在加州理工学院“美妙的智慧氛围中”获得了博士学位。尽管他的两个儿子没有就读该校，但他和夫人却在2001年向母校捐赠了6亿美元，成为全美高校有史以来数额最高的捐赠。加州理工学院没有用子女录取照顾来感谢他，但把一项独一无二的殊荣授予给他：以他的名字命名了一颗行星——“8013戈登·摩尔星”。

摩尔对此深为感动。“（加州理工学院）送给我一张装裱精美的行星照片，”他在发给我的电子邮件中说，“这颗行星看上去并不耀眼（新发现的行星都是这样），却是一项特别的荣誉……这颗行星在将来的几百万年里都不会陨落到地球。"

加州理工学院还会安排奖学金捐赠人与奖学金获得者在校园里共进午餐，让他们亲身感受自己的慷慨对于受助学生的重要意义，并从中得到快乐。因为加州理工的科学奇才们通常比较腼腆、不善社交，因此在午餐前，他们都要接受校方的培训，诸如怎样使用餐具，怎样表达感恩之情等[6]。

伯里亚学院的做法更进一步，他们让学生走出校门与捐赠人见面。在"慈善思想和义工精神"课程的最后一周，学生们会前往全美各地去与捐赠人见面[7]——其中很多是从未到过伯里亚校园的非校友。这样做的目的是让捐赠人确信，校方始终将帮助穷困学生当作自己义不容辞的使命。

在这样的学生当中，有一位名叫梅尔文·科恩（Melvin Cowan）的孩子。科恩在肯塔基州莱克星顿长大，抚养他长大成人的母亲是一名餐馆厨师，工作并不稳定，一年收入还不到1万美元。梅尔文说："我从小到大都是一个问题孩子，属于早晚要进教养所的那种人。我十二三岁的时候，如果你告诉我说应该去上大学之类的话，我一定会当面嘲笑你的。"莱克星顿的一家社区中心将他领进了艺术与舞蹈的世界，由此改变了他的人生观。后来，在9年级的时候，这位黑人少年登上了开往伯里亚乡间的大巴，去参加为穷困青少年开办的夏令营。

"我记得第一次来伯里亚学院参加'向上跃'夏令营的时候，我问自己他们要带我去哪里呢？一路上只有草地，看不见商场、餐馆。"后来，他爱上了这座校园，连续3年都回到这里参加夏令营，最终成为了伯里亚学院的学生。就读于媒体专业的梅尔文，参与了很多社区服务项目，如担任一个由9位残障中学生组成的舞蹈队的教练；组建一个伯里亚学生协会，以帮助"危机中的青少年"了解高等教育；撰写一份长达40页的宣言，题为"一名年轻社会革命家的自我意识与社会行动指南"。

2005年1月，梅尔文随同学校发展项目办公室的一名工作人员，前往佛罗里达州向捐赠人讲述他的经历。"我的故事让任何对学院有疑虑的捐赠人释怀。他们从中知道了伯里亚有什么样的学生，大家都关心什么，他们的捐赠用到了什么地方。我们跟从未去过伯里亚却慷慨捐款的捐赠人交谈，他们非常赞同学校的使命和宗旨，这也正是他们能够慷慨解囊的原因。"梅尔文打算今后主修商科，他说他不会忘记伯里亚的，哪怕他的孩子因他的富有而不再有资格就读这所学校。"我会为伯里亚学院捐款，用我的名义设立至少几项奖学金"。

在库珀联盟学院的校友中，很少有人比玛丽琳·霍夫纳（Marilyn Hoffner）和艾尔伯特·格林伯格（Albert Greenberg）更热爱自己的母校。均为图像设计师的夫妇俩都曾当选过库珀校友协会的主席。霍夫纳曾在库珀工作了20年，是该校集资和校友办公室的负责人；她的先生曾任该校理事会成员，他在曼哈顿电话本上的名字为艾尔伯特·CU.格林伯格；他们的车牌号是CU1948——以纪念他们于1948年从库珀联盟学院毕业（CU是库珀的英文缩写——译者）。他们给自己的独子起名为彼得·库珀·格林伯格，以纪念在1858年创建库珀学院的工业家和发明家库珀（库珀坚信教育应该像空气和水一样免费供应）。彼得"从出生那一刻起就对建筑感兴趣"，他的母亲介绍说。就读于纽约市一所预科学校的彼得是一名出色的学生，1980年他申请了几所拥有优秀建筑专业的大学（包括库珀联盟学院），最终选择了耶鲁大学，并以优异成绩从耶鲁毕业，之后转赴哈佛大学继续深造。

对于这样一名优秀学生，库珀学院却没有录取他。他的母亲说，一位院系负责人告诉她，彼得的绘画不够出色。儿子的落选虽然让父母失望，却没有动摇他们对母校的忠心，反而让他们以母校为荣，因为库珀对待他们的儿子与其他学生一样，一视同仁，严格把关。"其他校友如果打电话对我说'帮帮忙吧，帮我把孩子弄进库珀吧'，这时我就很容易答复他们了。"霍夫纳说，"在录取过程中，我们没有进行任何干预，也无法干预。没有人能靠关系进库珀。"

把主校区设在下曼哈顿区一幢能够俯瞰纽约市区的8层棕色石质大楼里

的库珀学院，是全美录取率最低的高校之一，吸引了众多的一流学生。库珀的录取比例只有12%，与耶鲁大学和斯坦福大学相同。作为纽约市享有盛誉的美术高校，库珀学院遇到过众多拥有丰富人脉关系的申请人，但它却对申请人背后的财富和名望视而不见。"如果我们允许对特权阶层——尤其是那些希望以物换物的政客和捐赠人——优先照顾的话，结果将会不堪设想！正因如此，我们坚决反对任何形式的优先。"2005年临近退休、长期担任库珀招生部主任的理查德·伯里（Richard Bory）这样告诉我。

如果申请人与某位校友或者可能的捐赠人有任何关系，库珀学院招生部工作人员会要求这位申请人直接致信给招生部主任，说明自己与关系人的情况。一般情况下，每年有10%的申请人会寄来所谓名人为他们写的推荐信。伯里记得，他曾收到过电影明星特德·丹森（Ted Danson）和玛丽·斯汀伯根（Mary Steenburgen）夫妇的推荐信。他通常会在收到推荐信后，找来相关学生的材料，目的不是为了照顾他们，而是需要了解一下，万一学校不能录取他们，他该如何为学校的决定进行辩护。

伯里说，"我希望掌握所有的信息。如果有人问，'我的孩子为什么没有被录取？我本来打算捐给你们2000万美元的！'那我就会说，'看看，他的SATII分数低了一点'。"他说，在任职的18年中，他只接到过三四个这样的电话。"不少纽约名门望族的子女没有被库珀录取，他们接受了现实。我们没有来自外界的压力。如果一定要用'纯净'这个词，我觉得我们的招生程序的确是相当纯净的，绝对公平。"

在淘汰众多背景深厚的申请人的同时，库珀联盟学院却对天资聪颖的学生青睐有加。据伯里介绍，有35%~40%的库珀学生出生地不在美国，27%的学生是亚裔美国人。有一位名叫埃里克·帕伊（Erik Pye）的学生，在德州奥斯汀出生长大。由于家庭变故，16岁的埃里克从高中辍学，成为无家可归者，未竣工的商场建筑工地和停车楼楼顶成了他的栖身之地。即使这样，埃里克心里还是很明确，他有朝一日要成为一名画家。这个愿望在他3岁的时候就已经有了。年幼的埃里克把婴儿粉撒在地上绘制雪花，用妈妈的指甲油在墙上作画。"当我在奥斯汀无家可归的时候，我会去丹尼餐厅（Denny's，一家24小时营业的餐饮连锁店——译者）要上一杯咖啡，然后整夜坐在那里画画。"偶尔，他会卖掉几件自己绘制的T恤衫用以维持生计。

埃里克最终获得了相当于高中文凭的证书，并上纽约州从军服役3年。当他退役离开营地时，一位战友跟他提起纽约这所著名的美术学院，并告诉他那里不收学费。"我当时想，'那是我该去的地方！'"埃里克回忆起当时的情形说，"我立即告别战友，上网查找那所学校。"

他先在纽约州赛拉科斯的一所社区学院注册入学，同时开始着手申请库珀联盟学院。第一次申请时，他没有被录取，但埃里克没有气馁，加倍努力，不断改进自己的作品集。2001年，他终于如愿以偿！他从一位在咖啡馆结识的朋友那里借来1500美元作生活费，开始了在库珀的学习。2005年毕业前夕，埃里克告诉我说："在库珀，我有幸尝试了各种各样的艺术形式，包括刻印、视频制作、雕塑，——这些艺术形式的学习费用原本是我根本无力承担的。库珀学院与市场以及艺术界的关系非常紧密，学校的学生群体也是包罗万象，有富有穷，但都很有天赋，个个极其勤奋。我在这里从没有虚度时光！"埃里克的作品包括一部讲述纽约男扮女装夜总会场景的纪录片，他希望将此片卖给HBO有线电视台。

几十年来，库珀联盟学院的资金充裕，学校的财源来自于价值不菲的不动产，如纽约标志之一的克莱斯勒大楼及所在地块，库珀每年从中获得1670万美元收入[8]，约占学校运转费用的47%。或许是因为库珀倡导免费教育，又或者是因为库珀从未明确向外界请求捐助，很多校友根本没有回馈母校的概念。2000年，当乔治·坎贝尔接任校长一职后，开始请求校友团体捐助，但得到的负面反馈让他非常震惊。他说："他们把我拉到一边，不停地对我讲，'我们不习惯校长跟我们谈论这些，我们想听您谈论有关学业的事情。我们不想成为募捐的目标'。"

同年，由于年度预算出现赤字以及学校急需一批一流设备，库珀学院不得不开展集资活动，目标是到2012年筹集到2.5亿美元。"在这里，的确缺乏回馈母校的文化。"坎贝尔说，"学校的经济情况以前一直很好。我们主要依靠来自社会的捐助，因此这么多年来一直没有要求校友回馈母校以维护学校的优良传统。如今，我们不得不改变这种文化。很显然，没有源源不断的可观财力作后盾，学院将无以为继。"

坎贝尔担任校长以来的前5年，库珀学院收到的捐赠额比以往高出70%[9]。到2005年时，库珀联盟学院的集资总额达到7500万美元。一位了解筹资活动情况的人士说，最大的捐赠来自非校友群体——一些纽约当地的慈善家和基金会，他们视库珀学院为"大苹果"的果核（大苹果是纽约的昵称——译者）。"他们觉得库珀已经成为这座城市不可分割的一部分，它的存在为城市增添了人文氛围。"这位人士说，"与其他常青藤大学不同的是，为库珀学院提供资助的并不是其校友群体。"

库珀学院负责外部事务的副校长罗妮·丹尼斯（Ronni Denes）承认，如果有录取照顾政策的话，校友们会更慷慨一些。"录取照顾会起到作用，因为人们都愿意尽力为自己的子女创造美好的未来。"她回忆起自己与某商人在一次晚宴上的谈话，这位商人向她解释了自己向常青藤母校慷慨捐赠的原因。"他说，母校很多年没有跟我联系了。当我开始挣大钱的时候，两名集资人员来到了我的办公室。我说：'我已经离开母校25年了，一直没人在乎我是否成功，为什么我需要在乎母校的现状呢？'他们回答说：'因为你还有两个孩子嘛！'"

尽管如此，丹尼斯还是认为，世家优先政策并不符合库珀联盟学院的校情。"那样做会改变学校的特质，"她说，"这所学校秉持择优录取、绝对公平的理想主义。每个学生都知道，无论贫富，你之所以被选中是因为你的特殊才华，为此你就能获得特殊的机会。我们要求学生勤奋学习，靠自身的努力获得奖学金。如果实行世家优先政策的话，或许学校可以再买一块地，再建一座体育馆。但我们的学生现在需要的不是体育馆，而是我们给予他们的教育和培养。"

坎贝尔校长说，他听说"一些校友因子女没有被录取而愤愤不平，并说他们不会再捐助母校了。我们查了一下，这些人大都没有为库珀捐过多少钱，所以我们的损失并不大"。他呼吁所有高校根除招生中对校友和捐赠人子女的优先照顾，"消除了优先照顾，或许库珀的做法就显得不那么特立独行了。但从理想主义的信仰出发，我还是希望能铲除这种优先。如果没有了任何优先，有些人就跨不进名校的大门，那些学校就会多出一些录取名额，便能增加招收少数族裔学生的人数。"

K. C. 丹杜文（K. C. DenDooven）是拉斯维加斯的一位出版商，主营全美公园和旅游胜地地图册的印刷和出版。丹杜文毕业于密歇根州的一所技校，既不是伯里亚学院的校友，也不是该校的学生家长。这位从未涉足伯里亚校园的非校友，却长期为该校提供捐赠。他于2004年首次访问伯里亚，为出版一本纪念伯里亚学院建校150周年的著作来做实地调查。他对伯里亚学院之所以情有独钟，始于一本杂志对这所独特大学的介绍。文章介绍说，这所位于肯塔基州的大学虽然提供免费教育，但要求学生每周必须工作10个小时以上，工作包括制作用以出售的拖把、在学校办公室做文书等。这位每年为伯里亚学院捐款2050美元的出版商说："我觉得很新奇！纨绔子弟可以仰仗老爸的钱财在别处通行无阻，但他们的法拉利豪车却进不了伯里亚学院的停车场！"

和丹杜文的情形一样，玛丽·格比（Mary Gebbie）也与伯里亚学院毫无关联，该校甚至委婉地劝阻过她递交入学申请书，理由是她居住的俄亥俄州德顿市不属于该校阿巴拉契亚山区的招生范围。这位木匠的女儿通过上夜校完成了学业。后来，玛丽在芝加哥地区经营分装袋批发业务，在商场取得成功后她开始向伯里亚学院捐赠。除每年捐赠3000~5000美元外，她还在自己的遗嘱里为伯里亚学院留下了至少20万美元。她说："我乐意为年轻人提供我当年得不到的机会。能帮助值得帮助的年轻人上大学，让他们有机会改善自己的人生，我甚感欣慰。"

由于拥有众多类似丹杜文和格比的慈善家，伯里亚学院不可思议地成为了高校集资的吸铁石。这所不分教派的基督教学院坐落在莱克星顿以南35英里处的山上。学校秉承"目标远大"的办学宗旨，推崇"生活简朴、以劳为荣、潜心求学、严于律己、关爱他人"的价值观和人生理念[10]。学校地处禁止销售酒类的"无酒郡"，校园里没有兄弟会、姐妹会之类的学生社团，禁止学生在校园里泊车（毕业班除外），整个校园环境平静而少受纷扰。

加州理工学院和库珀联盟学院对富家子女不予照顾，伯里亚学院则严禁世家子弟入学。由于坚持学生家庭收入上限的规定，加之其他一些因素，伯里亚学院俨然成为"世家子弟免入"学校。仅家庭（四口之家）年收入超过51000美元的学生不符合录取标准（教职员工的子女除外）这一项规定，就排除了绝大部分校友子女，甚至连肯塔基州的煤矿工人都因收入过高而失去送子女进入伯里亚学院的资格。就像担心这种拒绝还不够彻底、还不足以将富家子女拒之于千里之外一样，伯里亚学院还限制了自己的招生范围。该校80%的学生来自肯塔基州和阿巴拉契亚山南部地区——一个9州交汇的贫困区域。20世纪90年代中期，为了招收更多的黑人学生，该校把俄亥俄州的辛辛那提市列入招生区域[11]。伯里亚学院现在的学生群体里有19%是黑人，他们的毕业率与其他族裔的学生一样高[12]。而在美国的其他高校，黑人学生的辍学率远远高于白人。究其原因，就是因为在其他高校校园里，黑人学

▲ 乔治亚理工学院校园

生常常因不能负担白人学生所拥有的奢侈品（如豪华汽车、高级餐馆、贵族课外活动等）而日渐气馁，但伯里亚学院的黑人学生没有理由觉得自己低人一等，因为白人同学跟他们一样贫穷。

伯里亚学院学生的家庭背景，一定会让任何常青藤大学的筹资人员不寒而栗。该校学生的平均家庭收入为27000美元，且大多数学生家长没有大学文凭。在其他院校，外国留学生被看作是印钞机，而伯里亚学院每年录取的30名外国学生完全符合该校的低收入标准，而且与美国本国学生一样不用缴纳学费。"外国学生贫困的远比富裕的要多。"该校学生注册部副主任约瑟夫·巴格诺利（Joseph Bagnoli）说。巴格诺利本人是伯里亚学院的校友，他向常青藤大学和其他精英高校提出倡议，高等教育不再迎合富裕阶层，"努力打破'精英阶层就该享受特权'的观念……尽全力招收并培养来自社会经济底层的学生。需要做的不仅是向他们提供奖学金，而且要想方设法帮助他们达到较高的学业水准"。

实际上，伯里亚学院已经成功地赢得了这场由于招生对象的特殊性所带来的挑战。对于众多来自贫困家庭的学生来说，伯里亚学院的学业标准高不可攀。伯里亚的录取率是1:4，新生 SAT 的平均分数只有1090分。尽管贫困通常是完成大学学业的障碍，但这里的学生却有 60% 可以在 5 年之内完成学业，获得学士学位。一半的毕业生还将到研究生院继续深造。在南部高校中，伯里亚学院的毕业生获得博士学位的人数仅次于北卡罗来纳州的戴维森学院[13]。在《美国新闻与世界报道》综合学院（定义为颁发文科学位少于50% 的本科教育机构）排名中，伯里亚学院位列南方高校首位。

伯里亚学院最著名的校友是约翰·芬恩（John Fenn）。他是弗吉尼亚州立联邦大学（Virginia Commonwealth University）教授，2002年诺贝尔化学奖获得者之一。芬恩11岁时，身为电子工程师的父亲失去了在新泽西州一家工厂的厂长工作，全家迁居到伯里亚，父母开始在伯里亚学院任教。在芬恩的记忆里，伯里亚学院是个"奇妙的地方"，"去那里的人都渴望学习。让我对化学发生兴趣的是大一的一位老师，他向我讲述了外面的世界，告诉我们工业世界正在发生的事情。他让这门课程变得生动有趣"。

藐视富贵的伯里亚学院如今依然生机勃勃。2005年，学校的捐赠金额达到8.62亿美元，学生的平均经费名列全国私立高校第22名，排在韦尔斯利学院之后，领先达特茅斯学院4个位次。截至2005年9月30日，该校为建校150周年发起的1.5亿元集资活动，已筹集到了1.25亿元经费。

伯里亚学院的成功，部分是由于其运营模式中低调的节流措施：对学生提出的勤工俭学要求为学校提供了廉价劳动力；与此同时，佩尔基金和其他基于需求的联邦扶助金项目，又减少了学校自身的奖学金支出。然而，最让人难以理解的，是伯里亚学院的最大财源居然来自于它对财富和特权阶层所持的敌对立场（这一点在它实行学生家庭收入限制，要求学生勤工俭学，提倡免费教育，以及一直以来不向权贵低头等做法上可见一斑）。

伯里亚的创始人、倡导废奴思想的牧师约翰·格雷格·菲（John Gregg Fee），曾被拥有奴隶的父母赶出家门[14]。美国内战爆发前，拥护奴隶制的伯里亚本地人也曾一度将菲牧师和伯里亚的其他废奴先驱们逐出肯塔基州。1864年，随着北方的节节胜利，牧师一行回到了伯里亚。40年后，肯塔基州通过行政法令禁止种族融合教育，倡导实行种族融合教育的伯里亚学院表示反对，于是将这一州立法令上诉到最高法院，但最终败诉。此后，该校一直赞助附近的一所黑人学校，直至1950年肯塔基州取消上述法令。近年来，伯里亚学院开始倡导"环保校园"，为单亲家庭学生和携带家眷的学生所居住的宿舍提供太阳能热水及采取节水措施，以崭新的创意继续发扬学校"引领时代"的传统。

为了体现伯里亚学院的"亲民形象"，该校极有眼光地直接向全美各地的潜在捐赠人投寄邮件。来自大众的捐助足以抵消人数不多的校友的回馈，以及大笔捐款的不足。伯里亚学院每年都要发展1000~2500个新捐赠人[15]，许多与它毫无关系的人们在遗嘱里为伯里亚留下了财产。2003~2004年间，伯里亚学院共筹集到资金2700万美元，其中竟然有62%来自于私人遗赠。

"（伯里亚学院）建立了一个庞大的捐赠体系，"一位集资顾问说，"他们的工作人员遍布全美各地，尤其是中西部。他们与教堂里的教友们建立关系，于是有的教友便将个人遗产留给了伯里亚。"

该校也吸引了很多富裕的校友子女或者孙辈的捐赠。虽然他们就读于别的大学，却感恩于伯里亚学院为其父辈或祖辈成功所提供的帮助。比尔·罗宾斯（Bill Robbins）的祖父母是印第安纳州南部的佃农，住在简陋的木板房里，甚至连水和电都是负担不起的奢侈品。他的父亲厄尔·罗宾斯（Earl Robbins）8年级时就辍学去农场帮工。厄尔18岁时，他的表哥鼓励他去伯里亚一所专为身无分文的辍学学生开办的中学读书。厄尔向叔叔借了10美元，只身前往伯里亚。在伯里亚，厄尔发现了一个以前全然不知的"新世界"。两年后，他高中毕业，接着进入伯里亚学院并获得学士学位，后来又在肯塔基州立大学获得硕士学位。他教过农业学，开办过一家保险公司，最后成为伯里亚学院理事会成员和捐赠人。厄尔在2004年过世。比尔回忆说，他父亲喜欢自己去伯里亚学院，亲手将支票交给学校发展办公室的工作人员。

当厄尔的3个孩子到了上大学的年龄时，他已经很富有不再适合送他们去伯里亚上学了。但比尔和他的弟妹没有忘记，如果没有伯里亚学院，他们或许还在农场里套骡子呢！他们时常向伯里亚学院捐款，资助系列讲座，目前正在考虑再捐150万美元用于资助一个系主任的席位。

比尔现在经营着一家保险公司，同时还从事纯种马的繁殖。他的孩子们都去了私立大学。他的儿子从哈佛大学毕业并且娶了一位哈佛大学的世家女，后来成为一家互助基金的分析师，继续编织着家族通往特权阶层的历史。尽管由于家庭收入的限制，罗宾斯家族的后代再也没有资格去就读他们父亲的母校，但比尔说："没有伯里亚，就没有我们家族的今天。伯里亚学院应当为那些没有其他办法接受教育的学生保留录取名额。如果当初它考虑的是优先招收富家子女的话，我父亲可能永远迈不进这所学校的大门。"

2005年3月，我到加州理工学院进行采访。经过一个冬季的雨水渗透，校园显得特别的葱郁。橄榄树、梧桐树和桉树都已发出了鲜嫩的细芽，紫色清香的紫藤萝装点着西班牙风格的长廊。

集中在舒曼图书馆二楼和三楼"肃静处"的学生们，却似乎对外面充满小资情调的春色茫然无知。这些学生正在参加期末考试。他们全神贯注地画图和解答问题，身旁的桌子上散放着书包、水瓶和计算器。考场里没有监考官，学生们根据自己的手表或墙上的挂钟掌握考试时间（规定时间为3~4个小时）。自我监考的做法体现了加州理工学院的行为准则，即"所有成员之间都应以诚相待"。

从另一个角度看，该校本科招生部的工作人员对于财富和权势的冷漠，也出于同样的道理。如果被照顾进来的世家子弟、发展项目学生、教职员子女或者特招运动员，在课堂上或者在让该校闻名遐迩的合作研究中不能发挥作用的话，对其他学生和教职人员是非常不公平的。

同样，这对那些享有特权的学生们也不公平。因为要承受加州理工学院超强度课程体系的考验，没有非凡的智力是根本办不到的，不管你是黑人还是白人，是穷人还是富人。加州理工的学生每学期要修6门课[16]，比大多数院校多两门；学院不开设暑期班，也不认可 AP 成绩（高中生参加的大学预科考试——译者）和其他大学的学分；不及格的成绩将永久被记录在册（其他有的院校允许学生重考）。诺贝尔奖获得者、该校校长戴维·巴尔迪莫（David Baltimore）在他的办公室里告诉我说："大家都很清楚进入加州理工后要面临的挑战，只有极少数特殊的学生才能经受得住。假如我们是那种可以容纳更广范围学生的学校，就可能会有人说'只要让我的孩子进来，他就能够完成学业'。"

加州理工教授、2004年诺贝尔物理学奖获奖人之一 H. 戴维·普利策（H. David Politzer）说，他本人一定承受不了这里的本科生生涯，"我的动作太慢了，而这里的节奏却快得惊人"。先后从密西根大学、哈佛大学获得学士和博士学位的普利策教授说，加州理工对学生的学术要求远高于常青藤大学。"在哈佛和耶鲁，没有人在乎成绩，他们的目标是成为财富榜500强公司的总裁或美国总统。而在这里，学问是唯一重要的东西。"

加州理工学院对家境优越的学生要求更高，因为他们在入学前有更多接受教育和参与科研的机会。所以，在加州理工师生的眼里，来自堪萨斯州或路易斯安那州的普通乡村高中、SAT 物理单科成绩为720分的孤独书生，比来自纽约郊外名牌高中、物理考试800分（满分）的高才生更有培养潜力。但对于自身背景处于弱势的学生而言，加州理工的让步也仅限于此。

"在众多申请人中，总有让人不忍心拒绝的学生，他们都是些人见人爱的优秀学生。在他们的申请信中，你能感受到他们的诚意，但他们的成绩单漏洞实在太多了——他们所就读的高中教学质量低下，没有开设过高难度的科学和数学课程。因此我们最终的决定还是只能拒绝。"该校主管学生事务的副校长艾丽卡·奥尼尔（Erica O'Neal）这样告诉我。

既不对财富妥协，也不为"学生群体的多元化"牺牲择优录取的准则，这就是加州理工学院奉行的宗旨。该校曾努力吸引少数族裔的学生，但却成效甚微，部分原因是原本就为数不多的有良好数学基础的黑人或西班牙裔学生，更加偏爱常青藤大学和其他精英大学。在2004年加州理工的207名新生中，只有1名非洲裔学生[17]。黑人学生占在校生人数的比例为1%，西班牙裔学生为7%。在科学界人数较少的女性占该校本科生人数的30%，低于麻省理工学院（43%）[18]。正因如此，维姬·洛威尔（Vicki Loewer）才放弃了麻省理工，选择了加州理工学院。她的 SAT 分数为1560分，数学单科成绩为满分。

"我并不想深究自己能够进入加州理工的原因。"维姬在校园露天咖啡店对我说。这位主修化

▲ 哥伦比亚大学校园

学工程专业的学生平均成绩积点为3.8分，是新生招生委员会的成员。维姬衣着随意，但她告诉我，这还是为接受采访特意修饰过的。期末考试期间，她常常穿着蓝色的睡衣裤到处行走，甚至出席招生委员会的会议。维姬的父亲是浸洗教的牧师，母亲是一位联邦教育官员的办公室主任，而她本人毕业于华盛顿特区的一所市郊公立高中。

"我在加州理工如鱼得水，找到了自己施展身手的场所！我们比其他高校的学生更自由，学校也允许你标新立异、与众不同。将来等我有钱了，一定会捐很多给学校。"

2005年临近毕业时，维姬很想继续留在加州理工攻读硕士学位，但她的系主任鼓励她去别的院校增长自己的阅历。维姬收到众多精英院校研究生院的热情邀请，其中包括普林斯顿、麻省理工学院和得克萨斯大学，她最终选择了在她眼里仅次于加州理工学院的麻省理工学院，同时还获得了国家科学基金会每年3万美元的研究生资助。

维姬告诉我，首次出席加州理工学院招生委员会会议时，她向委员会其他成员询问，在评估学生时是否应将族裔和性别作为考虑因素，她得到的回答是"绝不"！"如果考虑族裔和性别，我会觉得很为难。如果满校园里都是愚不可及的女同胞的话，那对我来说简直是噩梦！科学是不能掺进其他因素的。招收不那么聪明的学生进校，对加州理工来说是不合逻辑的。"我问她，如果有人因为某个家庭可能会向学校捐款而要求录取这名学生，委员会成员会对此做出怎样的反应？她回答说："我们是不会买账的！"

新生招生委员会成员包括招生部工作人员、16名学生和16名教授，每次大约只有一半的学生和教授会出席会议。2005年，学校共收到2300份美国学生的入学申请，于是招生部人员直接淘汰了排在后面的1000名学生，然后把其他申请人的材料转给委员会成员审阅。如果大家对某申请人的看法一致，那个学生的命运——或被录取，或被淘汰，或被列入候补录取名单——便有了最后定局；如果大家看法不一致（2005年，这样的申请人为210人），就需在3月份陆续召开5次会议（3次在上午，两次在下午）做出决定。委员会分组审阅这些申请材料，每组包括招生部人员、教授和学生至少各1名。外国学生的申请则由招生部工作人员审阅，因为他们对海外的成绩和测试规则比较了解。

在过去几十年里，加州理工的教授参与本科招生的程度越来越深入。招生委员会的每位教授都会在冬季前往特定地区，花两到三个星期面试当地的学生。有时他们会去"上中西部"（即美国中西部的北部——译者），或者更令人向往的夏威夷。当他们返回学校后，便会在招生委员会全体会议上为自己看中的学生竭力争取，通常都能如愿以偿。"无论对教授们还是各地中学的教师们来说，这都是一次非常不错的经历。"曾在20世纪80年代担任过招生委员会委员的加州理工学院档案保管员朱迪丝·古德斯坦（Judith Goodstein）回忆道，"中学教师们知道在自己班上是否有在数学和科学方面极具天赋的明星学生。这样的学生无论背景如何，都有被我们录取的机会。"古德斯坦说，不少被教授们面试的学生日后成了加州理工的教师，成为了他们之中的一员。

古德斯坦还记得，加州理工也曾发生过一次学校筹资人对招生委员会施加压力的事件。当时，主管发展项目的副校长给她打来电话，责问她为什么没有面试某位捐赠人的儿子。"我重新审阅了那个学生的材料，条件的确很一般。"她对我说，"尽管后来我们安排了一次礼节性的会面，但我没有参加。我觉得很气愤，主管发展项目的人竟然叫我去见一个学生！那个学生最终也并没能进入我们学校。"

当年担任招生委员会主席的迈克尔·霍夫曼（Michael Hoffmann）教授告诉我，在20世纪80年代开展的教授巡游招生工作后来不得不终止，原因是教授们都不愿从繁忙的研究工作中抽出时间。"随着学术界压力的增加，肯牺牲科研时间去招生的教授就很难找了"。

但有几位著名学者至今仍对本科招生尽心尽力，最突出的便是普利策教授。2004年10月，当诺贝尔奖获奖人名单公布后，普利策教授却避开了加州理工学院为庆贺这一喜讯而召开的新闻发布会。次日一早，他第一个来到本科招生委员会的会议室。他说，教师参与招生能够保证加州理工学生的质量。"一次又一次的经验告诉我，我和招生部人员对学生的看法截然不同。"他告诉我说，"我通过学生的表现来判断他的才情、天分和对知识的渴求程度。招生部的人员缺乏科研工作的背景，无法分辨学生在求知欲和天赋方面的不同程度。而对此，我却一目了然。"

他举例说明了二者在判断申请人时存在的差异。一次，招生部人员准备淘汰一名 SAT 数学成绩不到700分的学生，因为他们认为这位年轻人的科研报告只具有"一般科学水平"，但普利策教授却认为，它实际上已经达到"加州理工毕业论文的水平"，"所不同的是他的论文是自己撰写的，而没有经过导师的指导"。普利策教授说："我很欣赏他，因此推荐了这名学生。"

1926年，帕萨蒂纳（Pasadena）是全美最富裕的市政区，被视为中西部富人退休养老的"圣城麦加"。这一年的3月9日，在铁路巨头亨利·亨廷顿（Henry Huntington）位于帕萨蒂纳的家中，100位当地商人承诺，在未来10年里，每人捐助1000美元给羽翼未丰的加州理工学院[19]——仅仅6年前，这所学校才从"斯鲁普科技学院"改成这个校名[20]。这个被称为"合伙人"（Associates）的商人团体帮助加州理工学院撑过了大萧条时代。该团体中的一些人先后出资为学校建造了50多座大楼，其中包括以他们的名字命名的学生宿舍楼。

今天，"合伙人"仍然是加州理工学院赖以生存的重要资源。拥有1448名会员[21]的"合伙人"团体，入会费为35000美元（一次性付清），或每年3000美元（为期20年）。跟以前的情况一样，会员中只有380人是加州理工学院的校友，绝大部分人没有在加州理工接受过教育，他们的子女亦是如此。他们都是南加州的商人，其善举源于公民的荣誉感——被加州理工的成就而激发的荣誉感。作为对捐赠人的回报，加州理工安排他们与教授们一起去海外旅游，邀请他们出席公开的或内部的讲座，在典雅的教授俱乐部"雅典娜堂"享用佳肴或者出席庆典活动。"雅典娜堂"曾是艾尔伯特·爱因斯坦和来访的其他杰出科学家下榻的地方。

"加州理工学院的规模很小，没有给所在的帕萨蒂纳市造成什么负担。"加州理工学院理事会成员和"合伙人"团体成员斯蒂芬·昂德唐克（Steven Onderdonk）如此形容加州理工和当地商界的关系。他妻子的祖父弗雷德·艾尔伯斯顿（Fred Alberston）曾是"合伙人"团体的元老之一。他说："本地居民中有很多'合伙人'的成员，人们常常在校园俱乐部举办婚礼和进行其他社交活动。学院愿意与本地居民相互融合。"

加州理工的档案管理员朱迪丝·古德斯坦说："对学校来说，将本地一些重要人物列入'合伙人'名单，是一件非常重要的事情。'合伙人'因此成为拥有洛杉矶众多名人的一个成功组织。在这个组织里，有众多的大富豪，有商界和司法界的领袖人物。他们似乎对捐出不多的金钱，却能够拥有与诺贝尔奖获得者促膝交谈的机会而感到物有所值。"

"合伙人"和其他非校友捐赠人是加州理工学院保持勃勃生机的主要因素。与库珀联盟学院以及伯里亚学院一样，加州理工的集资人也需要克服学校自身的先天不足，如数量不大的毕业生群体（累计仅有2万名[22]，是其他精英名校的1/5），没有针对捐赠人子女的录取照顾，学生大都来自公立学校、移民家庭或低收入家庭等。这所学校仅有1/3校友回馈母校，远低于普林斯顿的61%、哈佛的48%、达特茅思的47%和耶鲁的45%。

"从集资的角度来看，我们的毕业生都还处在偿还各种贷款的过程中。"主管发展项目的副校长格里·迪考维茨基（Gary Dicovitsky）说，"他们还要为自己的孩子储蓄。只有等他们老了，才有能力回馈母校。尽管对学校负责集资的人来说，这种情况不太妙，但我却宁愿这样！"

尽管如此，加州理工学院却在2005年以14亿美元的资产额，名列全美私立大学中生均捐赠额的第18名，领先于麻省理工学院；并且在目标为14亿的筹资活动中，已经筹集到10亿美元。除了非校友的支持外，加州理工学院也得益于自身具有的培养成功企业家的能力。不少千万富翁对母校滴水之恩涌泉报，其中包括：已故的阿诺德·贝克曼（Arnold Beckman），他于1928

年在加州理工获得化学博士学位，后来发明了电子 pH 表和其他科学仪器；
1954 届毕业生、康柏电脑公司荣誉主席本杰明·罗森（Benjamin Rosen）；全
美巨富之一、亿万富翁、英特尔联合创建人戈登·摩尔，于 1954 年在加州理
工获得博士学位。

摩尔的父亲是加州一位郡级司法长官，但却连文法学校都没有念完。摩
尔告诉我说，加州理工学院要完成集资 14 亿美元的目标实属"不易"，虽然
他已经捐了 6 亿美元，但"我们没有大型学校那么多的校友，只能求助于外
界，寄希望于跟加州理工没有关系的人们"。

加州理工也求助于联邦政府。在 2004 年财政年度，该校教师为学校争取
到了 2.27 亿美元的政府研究经费[23]，其中 1/3 用以支付学校设备购置和行政
开销。另外，美国宇航局花费 16 亿美元，委托加州理工接管设在帕萨蒂纳的
喷气推进实验室，其中还包含 2100 万元与科研成绩挂钩的奖励费。与学校预
算中科研经费的额度相比，加州理工的学费收入显得微不足道，因此该校曾
一度考虑免除学生的学费。

普利策教授说，学校理事会曾经辩论过是否要以招生名额换取捐赠。"我
想，即使那样做也无可厚非，"他说，"可我也听到另一位理事成员说，'这
是美国，人们相信一分钱一分货。但如果我们那样做，学校的价值便荡然无
存了'。"

在加州理工学院的采访接近尾声时，我无意间了解到，该校也存在被称
为"世家阴影"的延迟录取（招生中对校友和捐赠人子女照顾的一种方式）。
我对此深感忧虑。主管发展项目的副校长迪考维斯基说，他准备在现有学生
家长中拉开集资活动的序幕。这些类似杜克大学的集资项目，将导致这样
一种后果，那就是学校会在录取过程中优先考虑那些父母有能力捐赠的申请
人。于 2004 年受聘担任招生部主任的比斯乔夫（他曾在芝加哥大学担任同样
的职务）承认，他正在考虑改变学校向落选学生的家长寄发相同内容信件的
传统。也许不久之后，送到那些因孩子落选而沮丧的世家家长们手中的，将
会是一封措辞委婉的筹资信件。

我曾问巴尔迪莫校长，假如加州理工优先照顾捐赠人子女，该校14亿美元的集资目标是否更容易达到？巴尔迪莫校长坦承说，集资活动"促使我们不得不寻找新的捐赠人。我们不得不到处宣传我们的业绩：我们的优秀和杰出，我们对知识探索工作的参与，加州理工学院对于经济发展的重要性等等。我们的任务比其他院校困难得多。我们既要集资，又要坚守我们的理想主义信念。"

但他向我保证，加州理工学院永远不会降低自己的标准。"评定一个人不应以其父母的身份和财富作为参照物，而应该依据他个人的能力和对社会的贡献。"他说，"在我工作的这所院校，择优录取的原则不会改变。"

注 释：

[1] 笔者在与《美国新闻与世界报道》数据研究部主任罗伯特·莫斯（Robert Morse）的访谈中获知。

[2] 笔者在与理查德·比斯乔夫的访谈中获知。

[3] 2005年3月17日，笔者在与格里·迪考维茨基（Gary Dicovitsky）的沟通后获知。

[4] Cooperative Institutional Research Program freshman survey, Higher Education Research Institute, University of California at Los Angeles, fall 2004.

[5] "Annual Report 2003-2004," California Institute of Technology, p. 4.

[6] 笔者在与加州理工学院助理副校长埃里克·奥尼尔的访谈中获知。

[7] 笔者在与伯里亚学院负责发展项目的助理副校长乔安尼·辛格（Joanne Singh）的访谈中获知。

[8] Email from Jolene Resnick, April 5, 2005.

[9] Email from Resnick, April 5, 2005.

[10] 该校共有8项目标，第一项便是"重点为来自阿巴拉契亚地区、有着远

大目标但经济状况不佳的黑人或白人学生，提供教育机会"。

［11］Email from Joseph Bagnoli, March 23, 2005.

［12］Presentation to the Berea College Board of by the Office of Institutional Research and Assessment, May 2004.

［13］Email from Joseph Bagnoli, March 23, 2005.

［14］*Berea College History,* video, Berea College public relations.

［15］笔者在与乔安尼·辛格的访谈中获知。

［16］笔者在与埃里克·奥尼尔的访谈中获知。

［17］笔者在与理查德·比斯乔夫的访谈中获知。

［18］Student body profile（2004-5）, Office of the Provost Institutional Research, web. mit.edu.

［19］Alice Stone, *The Associates of the California Institute of Technology*：*Patrons of the Century's Science*（Pasadena：California Institute of Technology, 1991）, p. 5.

［20］Judith R. Goodstein, Millikan's School（New York：W. W. Norton, 1995）, p. 75.

［21］2005年3月17日，笔者在与格里·迪考维茨基的沟通后获知。

［22］笔者在与格里·迪考维茨基的访谈中获知。

［23］笔者在与加州理工学院研究办公室高级主管理查德·塞利格曼（Richard Seligman）的访谈中获知。

波士顿公园

第十章

终结权贵优先
——改革建议

2004年5月23日，艾姆赫斯特学院的校长安东尼·马克斯（Anthony Marx）在就任以来首次毕业典礼的致辞中，呼吁美国名校重新担负起充当推动向上社会流动引擎的使命。

面对聚集在艾姆赫斯特学院方形草坪上的1000多名毕业生，以及他们的家长和学校的教职员工，马克斯校长说："如今的美国（连同我们伟大的高校）已遭遇到阻断人们机会的围墙。在我们的名校中，只有10%的学生来自较贫困的50%人口，3%的学生来自最贫困的25%人口……如果我们坚信学生群体应该多元化，应该包括来自不同阶层、不同种族、不同出身和有着不同兴趣的成员，那么，我们就一定要坦然面对学生经济背景的多元化。"

而6个月后，该校举行的另一次不引人注意的活动，正好说明在艾姆赫斯特学院及其他美国名校里为何来自低收入家庭学生很少，以及想改变这一现象的冲动为何总会在学校履行安抚校友和捐赠人的职责面前土崩瓦解的原因。

在被称为"返校周末"的周六上午，艾姆赫斯特学院与威廉姆斯学院的橄榄球赛开战之前，艾姆赫斯特学院以"招生工作坊"名义专门接待了校友及其子女——这是其他申请人无法享受到的待遇。冒着夏季的首场暴雨，约45名家长和学生聚集在康弗斯会堂（Converse Hall），聆听该学院招生部门负责人凯瑟琳·弗赖特维尔（Katharine Fretwell）所做的报告[1]。弗赖特维尔为听众详细介绍了学校的招生流程，并提供了相关统计数据。她告诉与会者，该校当年的申请人为5500人，录取比例为1/5，预计最终会有400人入学。她还现场回答了学生和家长们提出的问题。一位身穿白色毛衫、头发花白的校友提问说："尽管有点难为情，但我还是想问一个这里每一个人都想提出的问题：那些本人家庭与贵校有某种关系的申请学生是否会更具优势？"

弗赖特维尔意识到，已为学校送出不少捐款的校友们对校长想提高学生经济背景多元化的决心心存疑虑，担心这会使他们的子女受到冷落，所以才会有此一问。自己的回答至关重要，需要小心应对。于是，这位招生部门负责人停了一下，才开始字斟句酌地回答问题。

"这种优势应该会有。"她明确地告诉大家，并提醒众人注意申请表中关于申请人"是否有亲人就读过艾姆赫斯特"一栏。"在招生过程中，我们肯定会与校友办公室保持密切沟通。"

接着，一连串统计数据从她嘴里脱口举出。这些数据明白无误地反映出艾姆赫斯特学院给予校友子嗣的优待。她说，在过去15年里，艾姆赫斯特录取校友子女的比例是50%，而全部申请者的录取比例只有20%。艾姆赫斯特学院把申请学生分为7个等级，1级为"最优秀"，7级为"不合格"。排在第1级的申请人中，有85%会被录取，这个等级没有被录取的学生，一般是学校无法为其提供经济资助的外国贫困生。校友子女申请人一般被纳入第2级，同在这一级别的非校友子女学生都曾在中学修读过挑战性课程，SAT考试成绩在1400以上。第2级学生的总录取率为40%，但校友子女的录取率为100%。

当"招生工作坊"活动接近尾声时，弗赖特维尔向权贵听众们奉上了一道独一无二的"大餐"。稍前，她已告诉大家，面对5500名申请学生，学校没有足够人力到他们的家乡一一访问；而如果在学校进行可供申请学生选择参加的面试，又是对那些来自低收入家庭、无力承担旅行费用的学生的歧视。所以，为了保证公平，艾姆赫斯特学院严禁招生人员与申请人正式面谈。此时，弗赖特维尔告诉即将离去的人们：尽管学校不允许与申请人正式面谈，但她自己以及招生部主任哈里·帕克尔会为校友及子女提供一次非正式"谈话"的机会。而大家需要做的就是，致电招生部约谈，并表明他们的校友身份。

大学校长们通过承诺招收更多来自低收入家庭的申请人而成为头条新闻见报，已经成为一种时尚。近年来，哈佛、耶鲁和弗吉尼亚大学都增加了对这类学生的资助力度[2]，以期提高这类学生的入学率。然而，这类学生的增加会导致谁出局呢？在艾姆赫斯特学院校长马克斯以及其他高校的同仁们对这个重要问题给出答案之前，其动机是值得怀疑的。

大学招生是一场零和游戏。名校普遍不希望扩大招生人数，因为入学的高门槛可以提升自己的声望。因此，为贫困学生预留招收空间的许诺，会与名校为富家子女保留大比例招生名额的现实产生矛盾。比如，在艾姆赫斯特学院，在校生中有10%的校友子女和15%的特招运动员。2005年的一份报告称，一般情况下，这些运动员学生"比其他学生群体更富裕、族

▲ 华盛顿大学喷泉

裔更单一"[3]；而且该校的男女运动队主要定位在像壁球、高尔夫这样的贵族运动项目。显然，马克斯校长的招生政策与他演讲中煽情的措辞并不吻合。2006年1月，这位校长告诉我，艾姆赫斯特学院计划每年额外增加最多25名低收入家庭学生。当我问及他是否会考虑废除世家优先政策，从而为这些学生提供更大招生空间时，他回应道："正是因为有将近200年校友回哺母校的历史，艾姆赫斯特才能够成其为艾姆赫斯特。我们极其珍视这种历史的传承。"

与艾姆赫斯特学院一样，几乎没有高校愿意取消对校友子女的照顾而疏远与校友、捐赠人的关系，同时它们也因为让招生沦为筹资工具而将自己逼到了死角。也就是说，它们既想在招生过程中更好地体现民主原则，同时又害怕这样做会阻挡滚滚而来的支票。因此，它们的灵活性便非常有限了。额外增加哪怕一个针对来自低收入家庭学生的招生名额，占用的却是那些不符合优待条件，但却符合学业录取标准学生的招生名额，最后的结果便是大学更偏爱贫困学生和富裕学生，却将具有出色条件的来自中产阶级家庭的申请人挡在了门外。

这种两难境地似乎已经在哈佛凸显出来。2004年2月，原哈佛大学校长劳伦斯·萨默斯宣布，他正在为家庭年收入4万美元以下的学生免除学费[4]，同时为家庭年收入4~6万美元之间的学生降低学费标准。2006年，哈佛又宣布，家庭年收入6万美元以下的学生无需再交学费。但即使是萨默斯，也同样强调权贵优先，坚持认为世家优先"对于任何一个私立教育机构都是必不可少的"[5]。（萨默斯于2006年辞职，哈佛因此失去了一位强力推动学生社会经济背景多元化的校长。）

在招生名额十分紧张的情况下，哈佛大学在2004年出台的对家庭年收入6万美元以下学生提供经济资助的政策，使得这类学生的入学人数增加了51人[6]（当年招收新生1620人）。这个数字看似惊人，但增长幅度并不算大。那么他们的入学又把哪些人挤了出来呢？——我们可以打赌，他们所占用的多半是那些表现出色却没有关系背景的学生的名额，而不是校友子嗣、特招运动员或通过发展项目入学的学生的名额。

萨曼莎·巴拉斯（Samantha Baras）是马萨诸塞州布鲁克兰高中排名前10%的优等生。她来自中产阶级家庭，没有任何关系背景，未被哈佛大学录取。（在她被哈佛大学录取的高中同学中，有萨默斯校长的继女[7]。）

在没有做任何应试准备的情况下，萨曼莎首次参加了SAT考试，并取得了1480分的成绩，其中SAT Ⅱ写作考试得了满分。另外，她在3门大学预科课程考试中也取得了满分5分的好成绩。这位信奉素食主义、将来打算当一名医生的女孩，在大学申请信中描述了自己在生物课上解剖动物时的复杂心情："第一刀切下去时，我的感觉糟透了；但从中找到自己正在寻找的真相时，又感觉美妙无比。比如，这是不是那只肥蚯蚓的第6个胃？那是不是这只青蛙的一条特殊的静脉血管？……对我来说，怎么才可能做到既是一名坚定的素食主义者又是一位认真的解剖学者呢？"

接连被4所常青藤联盟高校——哈佛大学、布朗大学、宾夕法尼亚大学以及她的第一选择哥伦比亚大学——拒绝后，她最终进入了纽约大学。后者为她

▲ 哥伦比亚大学校园雕塑"思想者"

提供了奖学金。大一时，她就取得了令人瞩目的3.8分的平均成绩积点。她告诉我说："纽约大学是一所了不起的大学，它很好地发掘了我的潜力。毫无疑问，纽约大学有很多非常优秀的学生，他们与我有着相似的经历。他们完全有资格获得与常青藤大学毕业生一样的机会，从而进入到这个社会的上层。"

布鲁克兰高中校长罗伯特·温特劳布（Robert Weintraub）说，萨曼莎的申请材料"让许多学生望尘莫及"，他曾经为萨曼莎申请之事专门致电哥伦比亚大学和其他常青藤高校，却无济于事。"萨曼莎不是校友后代，这对于她进入名校非常不利。我们这个学区有很多家长都是哈佛大学的毕业生。"

要扩大招收低收入家庭的学生，同时又不影响中产阶级家庭学生的录取，高校就必须摒弃权贵优先政策，否则别无选择。假如这些高校不肯自愿这样做的话，公众压力也许可以最终敦促国会通过拒绝提供联邦资助经费或取消其非营利机构待遇等方式，对实行诸多照顾优先政策的大学进行惩罚。

正如我们看到的，肯尼迪参议员提出了要求高校报告录取校友子女数据的建议。这将是非常有勇气的第一步。但是，还需要更全方位的变革，才有可能赢得广大公众的支持。为此，我提出如下改革建议：

1. 废除世家优先政策。

绝大多数美国人希望废除世家优先的政策，正如英国的牛津和剑桥已经做到的那样。要求校友子嗣参与公平竞争，有助于恢复录取工作的公平性，提高名校对没有关系背景的出身中产阶级和工薪阶层家庭的申请人的开放程度。

高校对取消世家优先政策可能会破坏学校传统、影响捐赠收入的担心，不免有些言过其实。由于名校校友往往有钱让孩子上私立中学、接受应试辅导、聘请家教和升学咨询顾问，因此他们的子女仍然比其他申请人具有更多的优势。不仅如此，如果校友子嗣在招生中不被照顾，他们可能会在高中时更努力一些。这样，一些校友子女会因为他们的优秀成绩而被大学录取，使他们能够自信地与其他同学共享大学传统、分享自己家族的传说。凭自己成绩进入大学的学生具有很强的自信心，因为他们知道自己是凭本事而不是依靠家世血统进入大学的。

校友对于大学的捐赠并不会因此呈必然的下降趋势，加州理工学院、伯里亚学院和库珀联盟学院等校的例子证明了这一点。对大多数校友而言，是否为母校捐赠，并不取决于母校是否接收了他们的子女，而是出于其他一些动机，如对母校培养的感谢，或希望促进某个被忽视领域的研究或教学等。因子女被母校冷落而减少或不再给母校捐款的校友，大多是因为世家优先政策没有照顾自己的子女而感到气愤，因为他们寄希望于世家优先政策能够帮助他们的孩子战胜其他竞争对手。然而，假如一开始他们就不能指望这样的照顾，也就不会有太大的失望。并且，他们也可能是因为将钱捐给了子女最后入学的学校，所以才减少对母校捐赠的。

精英大学可以为捐赠人提供其他报答方式，如用他们的名字命名教学楼、宿舍楼、奖学金等，来作为取消世家优先政策的补偿（如加州理工学院以戈登·摩尔的名字为他们发现的一颗小行星命名）。由于名校接受的捐赠数以十亿计，因此捐赠数额略微下降，其实并不是什么大不了的事情。

高等教育界的一些著名说客也说过，如果取消世家优先政策，大学会发展得更好。杰拉德·加什迪（Gerald Cassidy）曾经说，校友捐赠是大学资金募集的重要信条，是"一种很难打破的传统思维"。但是，"假如能长期保持与校友的联系，而且在早期便着手引导他们为母校做少量的贡献，他们就会逐渐习以为常，慢慢接受'母校不再为校友子女提供任何照顾'这一事实，大学也就能够在不采取世家优先录取政策的情况下筹集到足够的经费"。

终结世家优先后，大学的行政人员需要在态度上有一个巨大的转变。得克萨斯农工大学就是因为在这方面没有加以很好的处理，而引发了一场文化动荡。2004年1月，这所州立的工程大学宣布取消对校友子女的照顾政策（在满分100的招生评分表上，校友子女原本可获得最多4分的加分）。得克萨斯农工大学之所以这样做，是迫于该州议员和民权组织的压力[8]。因为早前该校决定不再实施照顾少数族裔申请人的平权措施，为此该州议员和民权组织非常恼火，因此要求学校同样废除照顾校友子女（基本上全部是白人学生）的世家优先政策。

据德州农工大学的行政人员说，这种政策改变根本不会减少校友子女的录取人数，因为校方对校友子女仍然有非正式的照顾办法。负责该校发展项目的副校长罗伯特·沃克尔（Robert Walker）解释说，他与自己的下属都建议校友和捐赠人的子女，在申请书中尽量多写一些"有关他们杰出的祖父母、父母、姑姑、叔叔等人的情况"，"我们不会为他们额外加分，但审阅材料的人自然会注意到申请人的家庭关系"，"这便在不知不觉间起到了帮助作用"。

2. 在筹资与招生之间构筑一道防火墙。

正如我们看到的那样，绝大多数精英大学声称自己是将这两项功能完全分开的，但实际上，它们却对招收那些未来捐赠人的子女、能够带来轰动效应的名人子女，以及能够为学校带来政府经费的政客子女们满怀希望。

要在筹资与招生之间构筑一道真正的防火墙，就意味着大学筹资部门和

▲ 麻州大学校区

校长办公室的工作人员都应尊重招生选拔过程的公正性，不再往其中强加一些"发展项目"；也意味着像戴维·祖科尼和乔尔·弗莱什曼这样的"能人"，不再能够在筹资和招生部门来回周旋、一言九鼎；还意味着大学要有效地规范家长筹资委员会之类的组织，警惕它们变成专为富人聚居区（如伊利诺伊州的莱克福斯特）服务的招生关系网。为避免明目张胆的交易，所有大学都应当采取一项政策，即对子女已申请本校或被列入候补名单的家长，大学采取回避政策，既不接收也不讨论接收其任何捐赠。对子女已经录取且决定正式入学的家长，也不妨设置一个家长最短等候期（比如两年），家长须过了这个等候期方可向学校捐赠。

一旦高校不再利用录取名额作为争取利益的诱饵，它们就会努力提高教学质量，以争取非校友捐赠和政府经费。如加州理工学院、伯里亚学院和库珀联盟学院就是基于优秀的学科专业或运动员项目，以及学校宗旨的号召力，吸引了来自各方面的慷慨资助。为了实现自己的筹资目标，所有高校都会在经济动机的驱动下，不断提高自己的教育质量，并努力找到让自己更有价值、更具特色的校园精神，最终让学校师生获益，也让整个美国社会受益。

3. 制定政策，避免大学招生人员的"利益冲突"。

任何与申请人或申请人家庭之间存在亲戚关系或朋友关系的人，都不允许参加该申请人材料的评估，更不可提名录取或参与对该申请人的投票。显然，招生人员很可能会偏爱他们所认识的申请人。但是，正如哈佛和其他一些名校承认的那样，尽管私人关系可以让招生人员对申请学生有更全面的了解，但也会带来麻烦。问题就在于招生部门负责人和职员更有可能结识校友和捐赠人的子女，而不是来自第一代移民家庭和低收入家庭的学生。防范"利益冲突"的原则，将给予那些没有特权的申请人以公平机会。

4. 废止针对贵族运动项目的特招运动员优待和运动员奖学金。

笔者的想法并不是完全取缔招生过程中对运动员的照顾。与世家优先和发展项目招生不同（这两类招生看重的是家长的成就），特招运动员是对申请人本人的勤奋努力和出色表现的犒赏。但问题是，许多精英大学将原本应该用于招收成绩优秀学生的名额，越来越多地用到了特招运动员项目上，且这种增长已面临失控局面。

认识到这个问题后，有少数几所高校，包括艾姆赫斯特学院以及隶属新英格兰小型学院运动员联盟（New England Small College Athletic Conference）的其他成员高校，已经考虑在某些运动项目上限定对运动员的特别录取[9]。但由于《教育修正案第九章》颁布所产生的后续效应，这样的限定很可能伤害劳动阶级喜欢从事的运动（如摔跤）。而与此同时，富有的校友和大学捐赠人反而可以利用这些限定，将贵族运动项目保护下来。

以笔者的观点，特招运动员和设立运动员奖学金，应当用于绝大多数美国孩子都有机会从事的那些主流运动项目。一般而言，对男孩子来说，最普及的运动项目是橄榄球、篮球、田径、棒球、足球、摔跤、越野、高尔夫、网球、游泳和跳水；对女孩来说，则是篮球、田径、排球、垒球、足球、网球、越野、游泳、跳水、竞赛啦啦操和高尔夫[10]。高校为只有富裕白人才喜欢从事的体育项目预留招生名额（一些非常青藤高校还提供奖学金），便是对少数族裔学生以及来自中低收入家庭学生的歧视。除此以外，仅从人数的角度来说，要想在诸如篮球和棒球这样的大众运动项目中脱颖而出，远比帆船和壁球之类的小众项目难得多。

高校仍可以在一些小众体育项目上组建代表队，但在特招运动员时，应当严格评估他们的申请条件，且不再为他们提供运动员奖学金。对于预科学校中开展的体育项目，如女子划船和马术项目等，高校不再以特招方式招收运动员。这样做有利于高校招收更多来自中低收入家庭和公立学校背景的女性运动员，以满足《教育修止案第九章》有关性别多元化的要求。

5. 为减少招生部门压力，取消招生中对教师子女的照顾以及学费减免政策。

为本校教职工部分或全额支付其子女的大学学费，已经成为许多大学的通行做法。取消这项福利同时普涨工资，对没有子女上大学的那些教授们更公平一些。假如一所高校的确有这样的学费偿付政策，那么学费优惠就应当是"可转移的"，即不管教师子女最终进入哪所大学，他们都将获得相同的学费补助。正如我们所看到的那样，假如高校只对进入本校的教师子女提供学费减免福利，那么招生人员便会深感压力。当顾虑到教授们会因子女在其他高校就读需支付全额学费而迁怒于学校时，他们就只能被迫接收这些孩子了。

所以，为避免利益冲突的出现，各校对于大学校长、副校长和其他高薪行政人员，都不应当鼓励他们将自己的子女和亲戚送入本校读书，尤其在他们还可以享受学费减免政策的情况下。而且，身为教师的家长受教育水平高，家庭学习气氛浓厚，教师子女在学习上的起点相对更高，取消对他们的录取照顾其实并不会减少他们的入学机会。

6. 为亚裔学生和需要经济资助的国际学生提供平等的入学机会。

如果精英大学真想提高本校学生的社会经济背景多元化水平，那么，对表现出色的亚裔学生扩大招生不是它所面临的一个问题，而是它给自己的一个机会。精英大学应采取积极措施，将这些既拥有出色考试分数和学业成绩、又来自中低收入家庭的第一代移民或移民子女的学生推向美国社会的较高阶层（在这些家庭中，父母往往希望通过自我牺牲，让下一代过上更幸福的生活）。亚裔学生还能够为美国大学带来不同的文化、语言和宗教，使大学校园真正成为文化、思想的大熔炉。大学可通过开展感受性培训，以及聘请更多亚裔担任招生部负责人及职员的方式，纠正招生过程中对亚裔学生存有偏见的问题。

1990年，联邦政府民权事务办公室发现，亚裔学生要想被哈佛录取，就必须拥有比白人学生更高的考试分数。但哈佛的辩解却被不少人认同了，即这样的差距是源于世家优先政策和运动员特招的实施，而不是什么种族歧视。那么，如果逐渐减少各种优先照顾，就能迫使精英高校正视种族歧视的问题，不再有借口为亚裔学生设置更高的门槛。

出于同样的原因，号称自己在国内招生中不看贫富的精英大学，应当进一步挖掘它们数十亿美元捐赠基金的潜力，使同样的学生资助政策惠及外国学生。将国外学生录取仅限于来自皇室或商业大亨家庭的贵二代或富二代，

▲ 华盛顿大学校园

是对来自低收入家庭但天资聪慧的申请人的歧视，会招致海外对美国高等教育的冷嘲热讽，并且也会让美国本国学生对世界其他国家和地区的认识更加狭隘。

如果能取消招生中的世家优先、发展项目录取、对教师子女的照顾政策以及贵族体育项目的运动员特招政策，精英大学就能腾出一批数量不小的招生名额（估计是全部招生名额的1/4），择优录取优质学生。评估申请人的标准不应当是其家长的财富，而是他们自身的成绩和潜能。但这也并非意味着只要申请人有最高的考试分数或评定成绩，大学就会自然而然地录取他们。尽管考分和成绩都是非常重要的证明材料，录取决定不可避免、也应当是主观的，那么大学应当依据教职员的最佳判断，对与申请人有关的一切信息进行考虑，包括对申请信、教师推荐信及该生所处经济社会状况的情况说明等等作全面审阅，这样，艾姆赫斯特学院的校长安东尼·马克斯就有可能招收到更多来自低收入家庭的优秀学生，实现其促进学生群体社会经济背景多元化和改观该校形象的目标了。其他高校则可以放弃权贵子女，而招收在音乐和美术方面极有天赋的学生，或者在疾病、虐待、家庭变故、种族歧视、劣质高中的逆境中不屈不挠的有志青年。以上这些措施与勤奋努力、机会均等以及积极进取的美国价值观更加合拍，同时更可能培养催生出一个富有领导才能的阶层。

迄今为止，人们对平权措施仍存有不少争议。取消招生过程中对世家子女和其他受益者主要为白人社群的申请人的照顾，也势必弱化对少数族裔的优先照顾。从理想化的角度看，招生系统不应当为任何特权集团破例开后门，而应是一个基于个人综合素质的、公平开放的、能激励所有种族的学生（以及他们的教师）加倍努力的系统。也许25年后，如同奥康纳大法官在她的"密西根意见书"里所预见的那样，美国社会将不再需要实施平权措施。

但对于现在而言，只有在招生过程中采取一些照顾措施，才能缩小白人和亚裔学生作为一方、黑人和西班牙裔学生作为另一方的二者之间在学业成绩上愈加显著的差距。平权措施通过保障大学校园中的多元化，既促进了大学中的思想交流和社会交往，同时借助于精英高校提供的通

▲　杰斐逊纪念馆

往上层的重要通道，少数族裔在政界、商界和军队高层中所占的比例也得以提高。

除平权措施外，让真正优秀的学生取代那些凭借父母钱包进入名校的富家子女，也将提高大学的学术严谨性和社会凝聚力。常青藤盟校可以不再用从优先录取校友子女以及发展项目录取中获得的资金开设"鸡肋"课程，而是努力使自己开设的人文和社会科学课程能够达到像加州理工学院工程专业那样的高水平，并通过这些课程培养知识更加渊博、质量更高的毕业生。精英主义伦理不再在大学日常生活中处处体现。每一个进入大学的学生都经历相同招生录取过程；来自富人居住区、毕业于预科学校的学生人数逐渐减少，大学里社会阶层隔离的现象有望逐渐消除；校园里的美食俱乐部以及其他排外小团体为了能够继续开办下去，也将更多地向来自不同背景的学生开放……

所有美国学生从小受到的教育是：只要学习努力，就能实现自己的抱负，甚至可以成为美国总统。但那些可以帮助人们打开成功之门的名校，却因为降低标准招收富豪、名人以及强势人物的子女而颠覆了这样的承诺，让人们感到愤怒和失望。终结权贵优先，可以让社会机体重新充满活力，把杰出的新成员充实到各领导阶层，从而佐证托克维尔对美国的真实描述，即美国是一个"基本实现社会平等"的民主社会。

注 释：

［1］"Admission Workshop for High School Students and Their Parents," Converse Hall, November 13, 2004.

［2］Marcella Bombardieri, "Elite Colleges Go After Low-Income Recruits," *Boston Globe,* July 16, 2005, p. 1.

［3］"Faculty/Administration Conference on NESCAC Athletic Admissions,"

January 15, 2005, p. 6.

［4］"Harvard Announces New Initiative Aimed at Economic Barriers to College," *Harvard University Gazette*, February 28, 2004.

［5］Daniel Golden, "Boss Talk：Shaking Up Harvard," *Wall Street Journal,* June 8, 2004, p. B1.

［6］Email from Joseph Wrinn, July 6, 2005.

［7］她的名字叫雅尔·莱文。尽管她母亲、哈佛大学的英语教授埃尔莎·纽和萨默斯在雅尔被录取时已经是广为人知的一对情侣，但他们却是在2005年12月才正式结婚的。

［8］Todd Ackerman, "Legislators Slam A&M over Legacy Admissions," *Houston Chronicle,* January 4, 2004. p. 1.

［9］"Faculty/Administration Conference," p. 6.

［10］"NFHS 2003-04 High School Athletics Participation Survey," National Federation of State High School Associations, 2004.

第十一章

旁　门

——"校队蓝调行动"与独立升学
顾问行业的兴起

2017年4月的一个周一早上，私立高中圣人山高中（Sage Hill School）的学生聚集在校园里一处被叫作"市政广场"的人工草坪上，祝贺10名应届高中毕业生被大学以运动员身份特招录取[1]。在这所位于加州纽波特（Newport）的私立高中里，接受祝贺的毕业生们并排站在一座弓形气球门前，当主持人念到学生姓名、运动项目及录取大学的名字时，他们依次登上高台，校长帕特里夏·梅尔兹（Patricia Merz）将代表不同大学"校色"的花环一一挂到他们的脖子上。

这10名学生中的大部分人即将为实力相对较弱的丙级赛大学效力，只有3名被甲级赛院校特招录取。其中有两名分别是圣人山高中女排和女足的队长，她们将分别前往哥伦比亚大学和凡佛大学继续她们的运动生涯。而另一位则是网球运动员格兰特·贾纳夫斯（Grant Janavs），他身着的T恤衫和他脖子上花环的灰蓝两色，都表明他将就读于华盛顿特区的著名天主教高等学府——乔治敦大学。

"市政广场"的三面被学校体育馆、图书馆和行政大楼围绕，当弓形门对面四排观众席上与其他毕业班同学坐在一起的亚当·朗格温（Adam Langevin）看到这一切时，他惊呆了！四年来，他是该校网球队的一号种子选手，在高中的最后一个赛季只输掉过3场单打比赛[2]。他每天都要接受著名教练长时间的训练，经常与大学球星和职业新星交手，在地区和全美锦标赛上成绩出色。尽管双手反手击球还需加强，但他的发球技术稳定，正手击球也异常凶狠。用他教练——前大学运动员和职业选手罗斯·邓肯（Ross Duncan）的话来说，他"具有职业选手的潜力和巡回赛的水平"。除了打网球和上课，亚当没有时间兼顾其他课外活动与社交活动，他没有时间约会、交女朋友，甚至没有时间跟朋友吃顿简单午餐。高中四年，他只参加过两次学校的舞会。为了实现进入甲级赛院校网球队的目标，他宁愿牺牲一切。

但他最终还是与甲级赛院校失之交臂。4月上旬，加州理工大学圣路易斯奥比斯波分校（California Polytechnic State University in San Luis Obispo）的网球教练给正在上微积分课的亚当打来电话，通知他该校的网球队没有录取他的名额。听到这个消息的亚当强忍住眼泪，为了不让同学看到他难过的样子，他只能翘课回家。那天，当他的父亲里克·朗格温（Rick Langevin）回家时，看到了坐在门前汽车引擎盖上泣不成声的儿子。

如今格兰特居然成为了甲级赛院校的特招运动员！他曾经跟亚当提起过为乔治敦大学打球的事，尽管亚当没当着他的面说什么，但私底下他觉得格兰特简直是痴人说梦。高一时，格兰特确实是学校网球双打主力球员，但随着球队整体水平的提升，格兰特便失去了队里主力的位置。而到了高四，他就不再是校队的一员了。他虽然球打得凶狠，但球的落点不准，往往打三四个回合就会败下阵来。尽管他每场比赛都有私人教练随行，但球技并没有什么长进。亚当有时候都怀疑格兰特是否真喜欢打网球。

"必须承认，我很嫉妒！"2019年6月亚当慵懒地坐在自家客厅的沙发上说。他的家坐落在海边山崖上的一处居民区，可以俯瞰太平洋。身高5.1英尺、体重155磅的亚当，穿着白色的袜子，但没有穿球鞋。他因为脚趾内生——一种网球选手常见的伤病——刚刚动了手术，正在家里休养。

"我奋斗了这么多年，结果圆梦的人却是他！我是公认的网球小子，我努力那么多年，而站在台上的却是格兰特！我觉得好像周围的人都在问'为什么在台上的不是你？'，整个网球队的队友们都懵了——'怎么回事啊？'。这真的让人特别沮丧。"

隆戈里亚（A. G. Longorie）教练自2000年圣人山高中创建网球队到他本人2015年退休，一直担任该校的网球教练。他曾经训练过这两个学生。他在一封邮件里告诉我："两个人当中，亚当更优秀一些[3]，他对网球也更专注，这是他最为热衷的运动项目。他曾在一所精英网球学校受训，教练水平很高，他几乎每周都要去参加美国网球协会（USTA）的锦标赛。""他的进步非常快，完全可以为乔治敦大学打球"。相比之下，"格兰特因为挥拍动作有问题而限制了他球技的进步，他所有的教练都试图纠正他的动作，但要么是因为他能力不及，要么是因为他不愿意做，最终教练们的努力都没有奏效"。

"我猜想亚当一定跟很多人一样，对格兰特居然能为乔治敦大学效力感到惊讶。"

当圣人山高中在为那些即将效力于大学运动队的毕业生表示祝贺时，却并不在意他们在高中阶段的竞赛水平究竟如何。"我们祝贺所有学生，哪怕有的学生没有为圣人山出过力。"该校公关部主任托里·奥林斯（Torrey Olins）在一封电子邮件里写道，"有的效力于俱乐部运动队、业余运动员联盟，有的从事的是圣人山没有设立的运动项目，很多学生不一定是我们学校的体育明星[4]，但他们却通过努力争取到了以运动员身份进入大学的机会。"

当亚当把发生的这一切告诉自己的父母时，他父亲推测，这可能是因为格兰特的亿万富翁外祖父[5]保罗·梅拉格（Paul Merage）给乔治敦大学捐建了一栋大楼。梅拉格兄弟是生产微波炉快餐"热包"（Hot Pocket）的美国厨师公司（Chef American Inc.）的创办人，而格兰特的母亲米歇尔·贾纳夫斯（Michelle Janavs）正是保罗·梅拉格的女儿。

这个推测并不出格。为了答谢捐资人，大学向来会在招生中对他们的子女或第三代网开一面。不过，这一次却并非"发展项目优先录取"（development preference）的另一典型个案，当有史以来大学录取最大丑闻作为新闻头条被曝光时，一切真相才浮出水面。2019年3月，独立升学顾问威廉·（里克）·辛格（William 'Rick' Singer）在波士顿联邦法院被起诉，他对"欺诈、敲诈勒索、洗钱、阻扰司法程序"[6]的指控表示认罪。他向客户索取了总计高达2500万美元的费用，通过学生履历造假帮助这些人的子女进入精英高校；贿赂大学教练和运动部官员，让他们以特招运动员的名义录取不够格的学生；收买 SAT 和 ACT 考场监考人员，偷偷篡改卷面答案以提高考生的成绩。

一位来自中国的亿万富翁就向辛格支付了650万美元，让他的女儿进入了斯坦福大学。[7]辛格把这个女生包装成可以成为该校帆船队成员的有潜力的运动员。目前斯坦福大学已经开除了该女生的学籍，但这个学生及其家长却并未因此受到起诉。在33位被起诉的家长中，包括电视剧演员洛莉·路格林（Lori Loughlin）和菲丽西提·霍夫曼（Felicity Huffman），以及圣人山高中校董会的两名成员：太平洋投资管理公司（Pacific Investment Management Co.）总裁、全球最大的债券经纪人之一道格拉斯·霍奇（Douglas Hodge）；另一位便是格兰特的母亲米歇尔·贾纳夫斯。

2017年5月，乔治敦大学在录取格兰特·贾纳夫斯之后，一个由他外祖父控制的基金会将40万美元电汇到了加州的一家非营利机构——关键全球基金会（The Key Worldwide Foundation）。根据法庭文件显示，这是一家由辛格创办的基金会。该基金会曾向米歇尔·贾纳夫斯提供了该款项没有换取实物或服务回报的证明。她由此可以在报税时把此款项作为对慈善机构的捐赠而获得纳税减免。法庭指控辛格通过该基金会向乔治敦大学的网球队教练戈登·恩斯特（Gordon Ernst）支付了270多万美元的咨询费[8]，为至少12名学生换取网球运动员的特招名额，其中就包括格兰特·贾纳夫斯。恩斯特拒绝通过他的律师对此予以置评，对敲诈勒索罪的指控表示不认罪。

米歇尔·贾纳夫斯被指控的贿赂行为，并没有在格兰特进入乔治敦大学后就此停止。根据法庭文件显示，米歇尔花了20万美元让她的大女儿以沙滩排球运动员的身份进入了南加州大学（她的女儿在圣人山高中的乙级队打过球）；另外还有一笔10万美元的费用，被她用来篡改了两个女儿的标准化考试成绩。米歇尔想方设法把两个女儿都认定为"学习障碍症"患者，以便让她们取得 ACT 考试的加试时间（甚至长达数日），这样她们就可以顺理成章地在西好莱坞的一家考试中心进行考试了。在那里，一个被辛格买通的监考官在姐妹俩均不知情的情况下篡改了她们的答案，以使她们的成绩达到事先设计好的分数段。米歇尔·贾纳夫斯对合谋犯电信欺诈罪和洗钱罪的指控拒不认罪。

大部分有关"校队蓝调行动"的媒体报道，都聚焦在被起诉的名人、大亨和教练身上，而至于那些被录取的学生是否应该承担责任，人们对此却众说纷纭：他们对于贿赂是否知情？是不是被父母蒙在了鼓里？而人们没有认识到的是，事件曝光影响到的不仅仅是被卷入其中的家庭，还有相关的社区和高中。在每一个因辛格搞的猫腻而获益的学生背后，都有不少和他们一样有志于进入精英大学及其运动队的同窗，尽管有时候后者的资质比前者更优异，但他们的希望却成为了泡影。在这些学生的眼里，大学招生就好比是《谁想成为百万富翁》的电视游戏节目，节目组可以为你提供求助电话；但是，在大学招生的这场游戏中，只有那些有钱有势的人才能接通这些电话。

让心烦意乱的亚当略感宽慰的只有一件事。"虽然格兰特这人不错，但他的球技实在烂透了！"他告诉我，"我谅他也上不了场，他绝对不能为乔治敦打哪怕一场球。"

1975年，当里克·辛格还是尼尔斯西部高中（Niles West High School）高一棒球队的一名投球手的时候，他的球技再普通不过了。在26局里，他保送17次、安打35次，丢掉了35分[9]。然而，球队教练马尔夫·克莱巴（Marv Klebba）对这个"只投了几次球的小胖子"的记忆，却要比对其他优秀球员的记忆清晰得多。

辛格给人留下了深刻的印象，其原因却跟他的球技无关。他有一头浓密的卷发，只是在比赛时才戴球帽，打球时还用发夹把球帽夹在头发上。在没有上场的时间里——大部分时候如此——他都会站在板凳上为队友加油。

"他会为队友助威，蹦着喊着给投球手鼓劲。"克莱巴告诉我："他的嗓门大得出奇，我们都觉得挺难堪的，也让对方很恼火。他们会盯着他嘀咕'这小子什么情况？犯傻了吧？！'，我偶尔会提醒他一下，'里克，悠着点儿，这只是高一的比赛，不是世界杯！'"

除了当教练，克莱巴也是一位英语老师。他用莎士比亚笔下的一个口无遮拦的人物来比喻辛格：聪明反被聪明误。他属于那种"喜欢无伤大雅地吹牛"的人，克莱巴说："跟他在一起挺开心的，但你又很清楚，他早晚一天会惹上什么事儿！"

辛格出生在加州的圣塔莫尼卡，在芝加哥市郊犹太人聚居的林肯伍德（Lincolnwood）长大。他的父母在他和妹妹出生后就离婚了，辛格9岁时，他的父亲再婚。不久后，他的母亲也另组家庭。

辛格热衷运动，对他而言，运动也是一种逃避。他享受竞赛、队友间的友情和团队氛围，强烈的赢球欲望弥补了他先天身体条件的不足。除了高一棒球队，辛格还在学校打了四年橄榄球。他没能进入学校的篮球队，却是负责与学校女队打热身赛的临时队的一员。这个女队后来赢得了加州女篮冠军。

获奖体育记者梅丽莎·埃塞克森（Melissa Isaacson）就是那个女篮冠军队的队员之一。她回忆道，（辛格）把他的"整个夏季"都花在这个球队的一位明星球员身上，"他带她跑遍了全城的运动场，到处打球，让她经受磨练。一个林肯伍德的犹太男孩怎么会懂这些？！他的确机灵，无师自通"。

1978年高中毕业时，辛格在学校的毕业纪念册上写道："最想被人记住的是我的杰出人格[10]，以及能够与他人融洽相处的能力。"之后，他搬到了美国西南部。几年后他告诉自己的一位同事："我去了得克萨斯，从此没有回头。"在得州，他先后上了社区大学和天主教大学，然后转学到三一大学（Trinity University）。尽管身高只有5.8英尺还略带点罗圈腿，辛格还是因为担任学校内级篮球队助攻，比赛场均得分8.8分[11]，而获得了1986年三一大学男子篮球"杰出大四球员"的荣誉[12]。

"我当然算不上优秀球员，但是只要在场上我每分每秒都会全力以赴。"[13]辛格在接受校报《三一人》（*Trinitonian*）的采访时说。

一位名叫科里·科菲尔德（Cory Cofield）的辛格三一大学的同学领教过

他为了一次校内篮球赛而表现出的"全力以赴"。"尽管辛格所在的球队实力很强，而且最终也轻松地赢了我们，但他还是会因为防不住我的进攻而恼羞成怒。"[14]科菲尔德说："在比赛快要结束的时候，我在中场投篮，这完全是没有胜算的碰运气，但他居然冲过来拦截。于是我推了他一把，我们俩差点打了起来。他就是这么一个混蛋！狂妄，爱撒谎，极端，争强好胜！"

这些品行当然无法使他赢得队友的好感，"他最善于造成团队的不团结"。连续四年都是球队主力球员的保罗·亨斯利（Paul Hensley）告诉我，"里克打球自始至终都很卖力，但他却爱到处训人，'你没有尽心！你真没用！你在浪费你的天赋！'"

辛格在学业和社交方面也难以融入三一大学的生活。"三一大学更像是一个富家子弟的乡村俱乐部"，亨斯利说，"这让里克有点无所适从"。尽管身边有那么几个朋友，他却没有参加兄弟会。他的"人体运动学"课没有及格，这门课是他所就读体育专业的一门必修课，因此他必须重修。"这个学校有很多聪明的学生，但里克不是其中之一。"现为圣安东尼奥市卡特彼勒（Caterpillar）代理商公司财务总管的亨斯利这样评论他当年的队友。

在三一大学期间，辛格就决定将来要成为一名教练。为了提高自己的就业竞争力，他参加了两项校队运动——棒球和篮球。"任何时候参加校队，尤其是同时参加两个运动项目校队都是绝佳的机会，而对于像我这样将来要做教练工作的人来说更是如此。"[15]他告诉校报《三一人》的记者，"当教练挣不了多少钱，但如果你能从中获得很大的满足感，这份工作也挺好的。我喜欢教学，我觉得我可以帮助孩子们。"

大学毕业后，辛格曾尝试执教高中篮球队，但他的性格却并不适合这项工作。家长和校方人员都认为他脾气过于暴躁。亨斯利说，辛格的第一份教练工作，是在圣安东尼奥市麦克亚瑟高中（MacArthur High）担任助理教练，但他因为训斥球员而被解雇。之后辛格搬到了西部，担任过加州萨克拉门托市印西纳高中（Encina High）[16]的主教练，又因为在比赛中与裁判员发生激烈争执而被解雇。布鲁斯·赫德（Bruce Heard），萨克拉门托乡村走读学校（Country Day）体育部前主任和教练，这样来形容在该校短期担任助理教练的辛格："他挺像鲍勃·奈特（Bobby Knight）的。"（鲍勃·奈特是印第安纳大学前橄榄球教练，在一场比赛过程中，他气急败坏地竟然抓起一把椅子扔到了球场上。）"（辛格）对待裁判员相当粗暴。"赫德说，"要是有哪个球员表现不到位，他也会在场边大声叫嚷，当着众人的面数落他。"

家长们怨声载道。"在这样一所私立学校，家长们缴纳着昂贵的学费，有很多都是'直升机'家长，他们容忍不了辛格这样的人。"赫德说。

辛格更适合去做一名高校的助理教练，他先是在希亚拉社区学院（Sierra Community College），而后（1989~1992年期间）又在加州州立大学萨克拉门托分校（Sacramento State）执教。篮球既是他的工作，也是他的社交生活。在1989年8月结婚以前，辛格跟希亚拉社区学院篮球队的球员们合租在一所房子里。在萨克拉门托州立大学任教时，他有时会不认同主教练的做法。他主张"强攻型篮球"，但主教练却更倾向于"中场组织进攻"——另一位助理教练罗恩·麦肯纳（Ron McKenna）这样回忆道。可辛格却与球员们相处得很好，因为后者并不介意辛格在训练时口不择言地骂脏话，也不介意在自己因比赛表现欠佳而被叫回球员席时被他喋喋不休地训斥。

"其实他是一个精力非常充沛、很有人缘的家伙。"中锋兰迪·巴特鲁斯基（Randy Bartlewski）说，"我个人挺喜欢他的，他争强好胜，跟大多数教练一样有点横。你刚刚坐下，他就会立马冲你嚷嚷：'你给我站起来！你得去拼！'"

在训练时，辛格偶尔会跟球员们较量一下。"他球技不怎么样，个子矮，也不算灵活。不过，投篮还算不错"。兰迪·巴特鲁斯基说。

另一位球员回忆道："他挺会鼓励人的，他会说'你无人能敌！'。他骂脏话不是为了让你泄气，而是为了激励你。他让我们坚信自己有能力去赢！"

在场外，辛格跟球员们一起训练基本功和体能。在开车去客场比赛的途中，他会跟球员们谈如何扬长避短、争取更多的上场时间；他会逼迫球员们去上自习课，通过考试，拿到学位。他还帮助球队办理球员的录取手续，以及申请奖学金的相关文书工作，由此他了解到了大学特招运动员的内幕，而这些内部信息后来证明非常有用。

"具有讽刺意味的是，他非常重视球员们的学业成绩。"巴特鲁斯基说，"他总是告诫大家要走正路。他的口头禅是'管好你自己的事。'"

然而，他最重要的工作却是征招学生运动员，向学生和家长们兜售为加州州立大学萨克拉门托分校打篮球的机会，其方式跟日后他游说家长们让他们聘他当升学顾问是一样的。

"他确实挺会蛊惑人心的，"前锋克拉克·梅奈菲（Clark Menefee）如此评论辛格，"他成功地让我相信了他描绘的球队的未来远景，他把我的队友们吹得天花乱坠。比如说：'这个兰迪·巴特鲁斯基身高6.9英尺，弹跳惊人，恨不得冲破体育馆的顶棚。'我曾经跟兰迪·巴特鲁斯基交过手，我敢肯定他身高不足6.9英尺。"而加州州立大学萨克拉门托分校的参赛球员名单显示，兰迪·巴特鲁斯基的身高实际为6.7英尺。

辛格这种添油加醋的能力也同样用到了渲染自己的人生经历上。1991～1992年，加州州立大学萨克拉门托分校晋级到大学篮球最高级别的比赛——甲级赛。在球队的媒体指南上，校方自豪地刊登了包括辛格在内的教练们的精彩简介。或许，辛格预感到这个赛季最终会在失望中结束，而他又不得不再找下一份工作，因此在有关他的简历部分充满了夸大其词的描写，甚至赤裸裸的谎言。

这份媒体指南称，辛格在三一大学期间，"曾入选篮球、棒球、橄榄球和网球的校队"[17]。作为篮球队的后卫，他在大二到大四期间赢得过全赛区荣誉奖；在最后两个赛季，他是队长和最有价值球员；他曾以英语教育／体育教育双学位专业GPA3.8的高分，两度入选"全美大学篮球第一阵容"。

媒体指南还介绍说："从三一大学毕业后，辛格在圣安东尼奥的"麦克亚瑟高中担任主教练两年，曾带领该校校队取得胜33场负6场的不俗战绩，荣获联赛和赛区冠军，并打入全州季后赛的半决赛。"

这份媒体指南是记者和现场解说员在对有关教练和球员进行报道时主要依赖的信息来源。

但以上这些内容的大部分都是谎言！据三一大学称，辛格在大学时并没有加入过橄榄球和网球的校队。大二时，他从圣安东尼奥的圣母湖大学（Our Lady of the Lake University）转学到三一大学，在大三时才进入该校的篮球队。他在队里是一位褒贬不一的人物，从未担任过球队的队长；学校男篮并没有设"最有价值球员"这一奖项；校队也不属于任何赛区，所以，辛格不可能获得"全赛区"荣誉奖。

据一位知情人士介绍，加州州立大学萨克拉门托分校校队的媒体指南也惊人地夸大了辛格的 GPA 成绩：他的 GPA 成绩远远低于3.8分。所有入选全美大学篮球第一阵容的大学生运动员，其 GPA 成绩都必须在3.3分以上。美国高校运动信息组织（College Sports information Directors of America）的执行主任道格·凡斯（Doug Vance）声称，辛格不仅没有两度获得此项荣誉，甚至连一次也没有[18]。

他在麦克亚瑟高中的精彩业绩同样也是虚构的。公开资料显示，辛格在这所高中只工作过一年，担任的是教师和田径教练工作；他从未担任过篮球主教练这一职务，而只是篮球队的助理教练。在该校历史上，学校的篮球队从未打入过全州半决赛！

辛格年满31岁的时候，他发现自己走到了人生的岔路口。1991～1992赛季，实力欠佳的加州州立大学萨克拉门托分校篮球队在甲级赛的28场比赛中，仅赢得了4场比赛，因此整个教练组被集体解雇了。于是，已经结婚成家的辛格失去了工作，不得不在萨克拉门托市的多所学校担任代课老师以维持生计。

此时的辛格瞄准了一项可能适合他的工作。从事这项工作，他依然需要征招学生、培养学生、指导学生，只不过跟体育无关；但他的大部分客户依旧是运动员，他曾经共过事的高中和大学教练成为了他很好的人脉资源。这项工作多少带点风险，但他不用再听命于人，并且他还是这个新兴的、富有赢利潜力的专门领域的先驱人物。这个新兴的行当便是"独立升学顾问"，其任务就是想方设法助富家子弟进入竞争越来越激烈的精英大学。

作为转换职业的准备，辛格在拉凡尔纳大学（La Verne University）攻读了学校咨询专业的硕士学位[19]。1994年，他成为萨克拉门托市首位独立升学顾问，并把自己的公司命名为："未来之星"（Future Stars）。

很快，富裕的家长们——医生、律师和商人们便纷至沓来，争相为他的咨询意见买单。尽管缺乏专业咨询经验，但他无所顾忌的行事风格却对此起到了弥补作用。"我听到他对一名学生说，'你不介意我在你的申请材料里把你填成关键俱乐部（Key Club）的成员吧？'"一位不愿意公开自己身份的辛格的前同事回忆道。辛格在跟大学索取宣传资料时，声称自己在为500名学生提供咨询服务，而实际人数却是50。

"他的确爱弄虚作假，从一开始就是如此。"那位同事说，"但那时候，他还只是小打小闹而已。"

但是"小打小闹"并不是辛格的风格，他的眼界和野心都很大且不断膨胀，直到最终曝出"校队蓝调行动"这样的重大丑闻而一发不可收拾。辛格现在被视为主谋，而现实情况却要比这错综复杂得多。他精明地利用了那些建立在信任基础上但又容易被滥用的程序，比如大学招生委员会轻易相信某位教练对于运动员实力的评估。但他并没有骗到所有人。据法庭文件记录，早在2011年辛格贿赂教练和监考官的行为开始之前，他就已经因假称申请人是少数族裔、谎报课外活动情况来提升他们被大学录取的机会而在熟人圈子里声名狼藉。辛格有一位客户，明明是白人，却谎报自己是拉美裔，想因此享受平权措施的优待。辛格的一位前商业伙伴回忆道："结果那件事被揭露了，相关大学质疑这个学生所报的种族身份，因为他并未在SAT的报名表格上填写自己的'拉美裔'身份。很多人怀疑辛格造假，这其中包括其他独立升学顾问、学生本人所在学校的升学指导老师及辛格手下的员工。一所私立学校甚至禁止他进入人家的校园。"

但这一切对于像辛格这样的终极冒险家而言并不算什么，他并不需要看那些高中、大学、专业协会组织及任何其他人的脸色。他只按自己的游戏规则行事而完全无视他人的规则。他知道如何吸引那些为子女能否进入精英院校而焦虑的权贵家长们，他的信誓旦旦正是他们所渴望的。对家长们而言，辛格的服务性价比很高，远比他们通过合法捐赠来提升子女入学机会的办法便宜得多。

"我们所做的就是帮助美国最富有的家庭把他们的子女送入高校。"根据法庭文件记录，他对一个合作伙伴解释说，"他们要的是把事情办妥……他们的子女要进入大学，可以走前门，就是说靠他们自己的本事入学；也可以通过向大学捐款入学，这是走后门，但代价高昂。我呢，只是为他们开了一扇旁门而已。"[20]

辛格与他的同行们彻底改变了大学招生程序，扩大了富家子弟的优势。与传统的高中升学指导老师不同，独立升学顾问只需对雇用他们的家庭负责。这个蒸蒸日上的新兴行业缺乏规范，没有门槛，任何人都可以挂牌开业，收入高低则取决于他们的自我推销水平。

辛格2014年编撰的宣传手册《如何踏入你选定的学校》，就体现了独立升学顾问这一行业的商业本质。"申请大学就好比推销一台 iPad 或一罐可口可乐。"他写道，"最重要的是包装……如果你还不知道你个人的品牌是什么，那么你得先命名并加以宣传，因为你需要一个强大的品牌。"

据独立教育顾问协会（Independent Education Consultants Association）首席执行官马克·斯克拉罗（Mark Sklarow）介绍，从2005年至今，独立升学顾问的从业人员已经翻了两番，人数飙升到全职人员8000~10000人和兼职人员12000~15000人。如今，在已经演变为两级的大学升学指导体系里，为权贵的子女们助力的是独立升学顾问，而服务于中产和贫困家庭子女的则是超负荷工作的高中升学指导教师。据加州教育部统计，该州的高中升学指导教师人均要为945名学生[21]提供服务，大约是全国平均数的两倍。而由纽约市布朗克斯区的精英预科学校贺拉斯·曼高中（Horace Mann）校报在2016年所做的一项调查却发现，该校大约20%的毕业班学生延请了独立升学顾问[22]。

私立和公立学校里传统的升学指导教师与独立升学顾问之间的矛盾也在日渐加深。玛希娅·亨特（Marcia Hunter）是佛罗里达州松顶私立学校（Pine Crest School）的一位资深升学指导教师。她说，自己从来不会聘那些做过独立升学顾问的人来做同事，而且告诫猎头公司不要再推荐这类人员。"他们的理念跟我们根本就不一致。"玛希娅·亨特曾任全美大学招生咨询协会（National Association for College Admission Counseling）的主席。

她说，独立升学顾问通常都会利用家长们的焦虑，收取高额的咨询费；在对学生竞争对手毫不知情的情况下，就盲目鼓动学生锁定高标准。有时候，这些独立升学顾问的所谓妙招完全是在误导学生。2019年松顶私立学校报名修读经济学大学先修课程（AP）的人数从往年的60人骤升到120人。玛希娅·亨特从学生那里了解到，独立升学顾问告诉他们，学习两年的经济学AP课程才能让商学院的招生人员对他们另眼相看。

"那简直是最糟糕的建议，"亨特说，"他们需要的是学好数学！学两年的经济学？简直就不对路！"

大约有2500名独立升学顾问归属于一些专业团体，比如独立教育顾问协会。该协会要求其成员具有教育专业背景和咨询经验，有50次大学实地访问经历，并完成网上的职业道德课程。在职业道德的原则中，其中有一条就是：协会成员应当"正确、公平地评估、推荐和代理每一名学生"[23]。他们不应"替学生填写申请表格、撰写申请文书的任何部分"，也不应"担保包办一切及其最终的结果"。另一个专业组织——高等教育顾问协会（Higher Education Consultants Association）也要求其成员必须到大学实地参观，参加专业进修和行业交流会。

不过，据马克·斯科拉罗称，至少有5000名独立升学顾问却不属于任何专业协会，也不受任何协会规章的约束。劳拉·格奥尔基耶娃（Lori Georgieva）是伊利诺伊州的独立升学顾问，但她不是上述两个专业协会的会员。由她策划的一个方案[24]，让富家子弟能够获得大学的助学金，由此减少了对贫困学生的助学资金。芝加哥市郊的十几位家长，把他们即将升入大学的子女的监护权让渡给了自己的亲戚或者朋友，于是，根据美国教育部的规定，这些学生就可以以经济独立申请人的身份去申请大学。2018年，一位高中升学指导教师对伊利诺伊大学（University of Illinois）招生办提出质疑，质问他们为什么会邀请一名家境不错的学生参加该校为低收入家庭新生举办的入学培训班？这样一来，由劳拉策划的这一方案的真相才被揭露出来。

"我不觉得自己钻了空子"，劳拉·格奥尔基耶娃告诉《华尔街日报》，因为在联邦政府有关学生助学金的网站上，"这些都写得明明白白"[25]。

马克·斯科拉罗告诉我，独立教育顾问协会拒绝了要求加入该协会的35%申请人，有的是因为申请人资历不够，有的则是因为后者的所做作为违反了协会的相关规定。比如，他们向家长收取费用的多少，由最后学生被录取的院校名气大小来决定。

"这真让我生气！"马克·斯科拉罗说，"这是道德败坏！这向孩子们传递的是什么信息？你进大学，不是因为你聪明、有能力、勤奋努力，那都是我的功劳！"

2015年，一名16岁的女学生向斯科拉罗投诉了一家名为"常青藤教练"（Ivy Coach）的升学咨询机构。这家机构由贝弗·泰勒（Bev Taylor）创立，她在2011年成为了独立教育顾问协会的会员。这名女学生告诉马克·斯科拉罗，她被列在杜克大学的等候录取名单上，为了能早日获得杜克的青睐，她写了附加文书，并致电"常青藤教练"征求他们的意见。泰勒的儿子布莱恩回复说他可以帮她评估一下，费用是一小时5000美元。这名学生感觉到自己"被欺诈、被施压"[26]了，马克·斯科拉罗在给贝弗·泰勒的信中写道。在他的提议下，独立教育顾问协会开除了"常青藤教练"在该协会的会员资格。

布莱恩·泰勒（Brian Taylor）说自己没有做错，"常青藤教练"收费多少根本与协会无关。他说："那个协会的会员资格还不如一张纸值钱呢！"

协会的处理措施并没有让"常青藤教练"在收费上有所收敛。在申请人承诺支付150万美元后，该公司帮助一名来自越南的年轻女子在2017年12月被一所常青藤盟校提前录取。但因为该女子的母亲最后仅支付了75万美元[27]，"常青藤教练"还把她告上了法庭。法庭文件显示，这桩案子最后以庭外和解方式了结。

在"未来之星"成立之初，辛格仰仗的是他在篮球界的人脉。他的一位客户是高中的篮球明星，她哥哥是加州州立大学萨克拉门托分校的篮球队队员，父亲是篮球教练。"我爸爸采用了辛格提供的服务，请他极力推销我妹妹的篮球技能。"她哥哥回忆道："我爸爸付给辛格500美元，他设计了一个网页，在上面渲染她的运动及学业成绩。[28]"不过，他妹妹拒绝了一所私立大学的全额奖学金，最后选择了一所大专学校。后来她转到了加州州立大学奇科分校（California State University at Chico），为该校打球。

曾与辛格一起在加州州立大学萨克拉门托分校当助理教练的麦肯纳，是萨克拉门托市一所高中的升学指导老师。他曾邀请辛格去他们学校的家长会上发言。"在萨克拉门托，每一位升学指导教师的工作量都非常大。"麦肯纳告诉我："有段时间，全高中2200名学生就我一个升学指导老师。"

于是，辛格填补了这个空白。他很快就有了源源不断的客户群——那些愿意支付1200 ~ 1500美元费用的中产和中上层家庭。"他从那些孩子10年级的时候就开始帮他们写文书，如果需要，他还会为他们补习，帮他们张罗准备申请材料，为他们推荐目标学校。他包办了所有家长该做的事情，他做得很到位，家长们挺感激他的。"麦肯纳说。

玛格丽特·阿莫特（Margaret Amott）是当地一所高中升学指导教师办公室的义工，她出席过一次有关大学申请的家长会，亲耳听过辛格的发言。她说："他挺风趣的，说话很有说服力，令人信服。"可当玛格丽特·阿莫特的朋友们纷纷聘请辛格后，她却开始有点质疑他的专业知识水平了。比如说，他曾鼓励阿莫特一位朋友的女儿申请北卡罗来纳大学（The University of North Carolina），显然他对北卡的高校对外州学生的要求较高这一点毫不知情。结果，阿莫特说，那个孩子没有被录取，她"伤透了心"，因为辛格一直坚信她会被录取。

于是，阿莫特开始创建自己的咨询机构。"我坚持一点，自己要尽可能多地参加交流会，实地参观大学。"她说："我知道辛格做的正好相反。"她加入了专业协会，最终取得了令人艳羡的"注册教育规划师"（Certified Educational Planner）资格。但是，她却很难去跟辛格竞争。"在赢得客户这方面，他总是比我强。因为他敢做出他根本兑现不了的承诺！"

辛格因业绩卓著而名声在外，而他爱为学生的申请材料添油加醋的坏名声也很快在业内传开。"每一位顾问在工作的第一年里就会面临道德危机"，独立教育顾问协会的斯科拉罗告诉我说："比如某个家长会说'就说我们孩子是美洲印第安人吧'，或者'就说他向来关心穷人吧'。大家都知道辛格是个为了成功而不择手段的人，他会为学生的履历表添加有份量的内容，'你去年参加了生态俱乐部，那我们就说你过去三年都是这个俱乐部的负责人'。有人说，他甚至会请专家帮学生修改文书，而修改的篇幅远远超过了适可而止的程度。他的以身试法绝对不是一时兴起，他是十多年的累犯。"

1998年，辛格卖掉了自己的大学升学咨询业务，开始为总部设在西萨克拉门托的借贷公司"钱庄"（The Money Store）经营电话呼叫中心。但是这个借贷公司不久就被出售，其业务也遭到拆分。辛格后来告诉他的商业伙伴，这之后有一段时间，他在印度经营电话呼叫中心。

2002年，辛格重新回归大学升学咨询行业，开办了"高校资源公司"（The College Source）。2007年，该公司被重新注册为"前沿高校与职业网络公司"（Edge College & Career Network）。刚一回归，辛格就把目光瞄准了较为富裕的客户群。他用运动和宗教作为结识预科学校家长们的敲门砖，而这些家长反过来又邀请他参加他们的聚会，并在这种场合把他再引荐给自己的朋友。一位知情人告诉我："在某种意义上讲，里克·辛格成为了萨克拉门托犹太人群体中的伯尼·麦道夫（Bernie Madoff）[1]。"他开始吸引社会名人，比

---

[1] 伯尼·麦道夫（1938~　　），美国金融界著名经纪人，纳斯达克前主席，2008年因涉嫌进行一项规模达500亿美元的"庞氏骗局"而被美国联邦调查局逮捕并被起诉接受调查。——译者注。

如，全美橄榄球联盟名人堂成员乔·蒙塔纳（Joe Montana），高尔夫球著名选手菲尔·米克尔森（Philip Alfred Mickelson），风险资本家约翰·杜尔（John Doerr）（上述三位先生均表示辛格为他们提供的是正常咨询服务，不涉及欺诈行为）。法庭文件显示，当2011年辛格离婚时，他的年收入为36.6万美元[29]。

"重归这个行业后，他从每个客户那里收取的咨询费从1800美元飚升到了1万美元。后来涨到每人每年5000美元，而毕业年为7000美元。"辛格的前商业伙伴说："他知道他得锁定那些有能力承担高额费用的人，他进入到了另一个完全不同的层次。"

飙升的不仅仅是他的费用，还有他对学生、公司及他本人的夸大其词。与以往的纸质申请不同，网上的电子表格不需要手写签名。所以，辛格可以向学生要来密码，在学生申请表上加点不实之词，然后再直接递交申请表。他不需要承担法律风险，因为表格上明确说明学生要对信息的真实性承担责任，如有造假将受处罚。辛格告诉他的商业伙伴，如果哪个家庭因对他的服务不满意而拒绝付费，他可以通过向大学举报学生的申请表有不实之处来进行报复。"这可是个你惹不起的家伙！"这个人说。

阿莫特的一个朋友偷偷告诉她：辛格修改了自己儿子的申请表，宣称他组织过一场高端足球比赛，成功推出过以社会责任为话题的国际博客专栏，为电视台编写过三部10分钟短片的剧本；说他在家讲西班牙语，位列少年网球运动员前50名，参与组织过在海伦·凯勒公园举办的篮球赛。而所有这些都是谎言，萨克拉门托市根本没有这样一个公园。阿莫特说，尽管这位母亲支付了辛格的账单，但她却更改了自己儿子网上申请的登录密码，不再让辛格进入，然后让孩子如实地填写了申请表格。

辛格在各种宣传材料中都宣称自己拥有博士学位，而实际上他本人并没有完成卡佩拉大学（Capella University）管理专业的博士学位，而是中途便退学了[30]。在2009年《萨克拉门托杂志》（*Sacramento Magazine*）的一次采访中，辛格声称自己"为全美一些名校[31]审读大学申请材料，所以非常了解招生办的思维和工作方式"。据《洛杉矶时报》报道，在一份2016年提供的法庭供词中，辛格说他曾经为加州大学戴维斯分校、洛杉矶分校和迈阿密大学审读过大学申请材料[32]，而这三所学校均对比予以否认。

"曾经有人告诉我，辛格说自己是星巴克董事会的成员，"他的一位前商业伙伴说。"谎言越大，可信度反而越高。"

辛格在网站上吹嘘自己的客户众多，遍及世界各地。在2007年和2008年的贴文中，他宣称已经"训练、辅导、指导过"25000名大学申请人，为来自21个不同国家、全美39个州的40000名客户提供了"咨询服务"。根据网站的内容，他的国际项目于2002年在"印度5个最大的城市开始推出……在不到一年的时间里，业务就已经拓展到了新加坡、曼谷、菲律宾、中国、日本和韩国"。

在离辛格家较近的地方，据2001 ~ 2013年期间在萨克拉门托一所名叫里约高中（Rio Americano）的公立学校担任升学指导老师的姬尔·纽曼（Jill Newman）说，辛格通常会在同一时间为这所学校的至少40名学生服务。在纽曼从兼职转为全职指导450名学生的时候，她的同事们就让她防着点辛格。"我记得其他升学指导老师们说，'我们得告诉你，有一个升学顾问，他的人品不怎么样，千万别相信他。[33]'"

身着运动服的辛格开始一月数次造访姬尔·纽曼的办公室，常常恳请她让那些由他提供咨询服务的学生选修一些大学比较关注的高阶课程，哪怕他们还没有达到选修低阶课程的条件。"他面带微笑，点头哈腰地说'你可以帮我这个忙的'。"姬尔·纽曼回忆道，"我回答他说'里克，这个忙我帮不了你。'然后他会说，'那我们自己想办法吧。'"

结果，他绕开姬尔·纽曼，让这些学生注册了相同科目的网上课程。她无奈地说道："我无能为力，这超出了学校的管辖范围。"当问到那些学生是否真的上了网上课程时，她说："课是上了，只是我不知道究竟是谁上的课。"纽曼说得很巧妙，辛格的确意识到并利用了网络课程不易查证上课人身份的漏洞。2010年，阿莫特以前的一个学生打电话告诉她自己已经大学毕业，正在寻找咨询性质的工作，于是有人安排他跟辛格面谈。他们见面的时候，辛格大言不惭地谎称自己曾经在加州伯克利大学和得州农工大学的篮球队担任过教练。辛格愿意支付1000美元请这个学生替自己的一位客户上一门化学网课。2019年，在辛格的丑闻暴露后，这个学生在一份给纽曼的电邮中写到："感谢上帝，幸好我当时没有做那件事！"根据2019年3月的一份起诉书，辛格在萨克拉门托的一位雇员米凯拉·桑福德（Mikaela Sanford）曾替一些学生上过网络课程。这位雇员面对敲诈罪的起诉，声称自己是无辜的。

2004年辛格在他的"高校资源公司"内部组建了一个咨询委员会来提高自己的可信度。这个委员会包括5位高等教育界的重量级人物：普林斯顿大学前校长比尔·鲍文（Bill Bowen），斯坦福大学前校长唐纳德·肯尼迪（Donald Kennedy），西方学院前院长泰德·米切尔（Ted Mitchell），加州大学洛杉矶分校前院长查尔斯·扬（Charles Young）和普林斯顿大学招生部前主任弗雷德·哈格顿（Fred Hargadon）。这样的阵容充分证实了辛格的说服力，他居然有能力蒙蔽这些"大佬"。即使在一位备受尊敬的招生界人士对他们发出善意警告的情况下，这些人依然对辛格忠心耿耿、深信不疑。

2008年1月，曾是斯坦福大学招生部资深招生官、时任旧金山大学高中（San Francisco University High School）大学升学咨询部主任的乔纳森·莱德尔（Jonathan Reider），在从玛格丽特·阿莫特那里了解到辛格的欺诈行为之后，斥责了这个咨询委员会的成员。

莱德尔在发给肯尼迪、哈格顿和米切尔的电邮中写道："你们居然愿意跟这种家伙同流合污？！他正是私人咨询行业的丑恶缩影。"莱德尔曾在斯坦福大学与以上三人共过事，哈格顿在加入普林斯顿大学前曾任斯坦福的招生部主任；米切尔在斯坦福获得了三个学位，曾经是肯尼迪的副手。"他是怎么把你们的名字挂到他网站上的？的确有不错的独立升学顾问存在，可他绝对不是其中之一……我们无法阻止这家伙，但我们不能助纣为虐。"

米切尔在20世纪90年代后期就认识辛格。当时，他和辛格都是加州奥兰治县一个公司的董事会成员，这个公司的"美国自然拼读"（Hooked on Phonics）是一款很受欢迎的儿童英语阅读早教产品。"我不否认，"米切尔答复莱德尔说，"我的确跟辛格共事。但我完全不同意他是这个行业'丑恶缩影'的指控。唐纳德和我参与辛格的工作，是因为他想帮助贫困家庭的孩子了解升学相关的信息，他希望那些孩子有机会享受私人顾问服务……你认识辛格吗？他这个人不错，我倒是愿意找时间让你们相互认识一下。"

但莱德尔仍然坚持自己的立场。"在这个行业，你如果想依循职业道德行事是有很多办法的，你完全没有必要让你的同行以你为耻。知道他底细的大有人在，我只是其中之一。"至于说辛格宣称自己帮助了众多学生，莱德尔接着说："那样的话，他每年就需要一个有20个全职顾问的团队。我觉得这根本不可信……米切尔，这个人行为不端。"

2017年，米切尔出任美国教育评议会（American Council on Education）的主席，这是一个高等教育游说团体。2019年辛格的丑闻曝光后，米切尔尽力淡化自己与辛格的关系。在一份声明中，他声称自己"在15年前曾经短暂担任过辛格开办的一家企业的咨询委员会成员，属于无偿工作"。米切尔说，他"感到震惊、痛心和愤怒，[34]一个我自以为了解的人居然犯下了此等罪行"。

莱德尔是日益增长的反辛格势力的代表之一。里约高中和萨克拉门托乡村走读学校均回绝了辛格想在其大学申请家长会上发言的请求。"他鼓励学生广撒网式地申请学校，其中很多都是我所谓的保险学校。"乡村走读学校的升学指导教师帕特里夏·费尔斯（Patricia Fels）说，"他在宣传册里吹嘘自己帮一名学生申请到了18所大学，其中大部分都是保险学校，是学生们肯定进得去的学校。我就是不相信他，我听到的有关他的消息都很负面。"

2009年，因不满辛格对萨克拉门托乡村走读学校的诋毁，该校时任校长斯蒂芬·雷普谢尔（Stephen Repsher）禁止辛格再踏入他们的校园。雷普谢尔校长事后告诉校报记者说："他在公开批评我们学校的同时，又从我们的学生身上赚取钱财，我认为这样做是不道德的。[35]"但是，禁令却阻止不了辛格去学生的家里。费尔斯说："结果，来自不同学校的升学指导教师和家长们组织过一次晚餐聚会，大家都在发泄对辛格的不满。"

或许是因为这次溃败，或许是因为这时他离婚了，又或许是因为他觉得萨克拉门托已经容不下自己了——也或许是这三种原因都有吧——辛格做好了搬到一个拥有巨大财富和机会的地方开始新人生的准备，这个地方就是南加州。2012年，他斥资在一个叫作"纽波特高地"（Newport Heights）的位于纽波特海滨的豪华住宅区里购置了住宅。这处住宅拥有5个卧室，价值155万美元。与此同时，他创办了一个公益机构——"关键全球基金会"。据称这个基金会后来涉嫌藏匿家长们用来贿赂大学教练和考官的资金。

曾经被辛格聘请为学生辅导标准化考试的杰里·桑德斯（Jerry Sanders）敏感察觉到了辛格雇人代考的诡计。他回忆道："有一次，辛格的一个女学生从中国飞到美国，他告诉我这个女学生只能在美国待一周，你只管每天给她辅导，我们会想办法提高她的考试分数。她原先的分数是700分（满分是1600分）。我给她辅导后，她第二次考试的成绩就达到了1400分。辛格对学校说那是因为她学会了英语！这就是他的解释。很显然，这名学生的第二次考试是由他人代考的。"2019年5月，在我们会谈大约一个月后，杰里·桑德斯不幸离世。

在这段过渡时期，辛格在萨克拉门托公司工作的另一位员工跟他发生了争执。自2011年开始，她为辛格做数据录入工作，这是一份按小时付薪的工作。她需要把装在纸袋里的书面信息录入学生的电子申请表。另外，她还要为每个学生准备两份表格：一份表格上列着学生想申请的大学、户名、密码、电子申请链接、申请材料缺项信息；另一份表格则列着为撰写申请文书需要而要求学生回答的各种问题。她要编辑学生的申请文书，纠正打印错误和拼写错误。大多数学生都来自萨克拉门托地区，但至少有一名学生来自南加州的超级富裕家庭。她回忆道："这些学生人人都有自己的保姆，我们只跟这些保姆联系。"

有一次，辛格让她安排一个名叫凯瑟琳·基梅尔（Katherine Kimmel）[36]的学生在乔治敦大学的校园参观和参加宣讲会。这位雇员拒绝了他的要求，因为另一位员工正在帮助这位学生准备申请表。根据法庭文件记录，辛格鼓动她以网球运动员的特招身份申请乔治敦大学。媒体主管伊丽莎白·基梅尔（Elisabeth Kimmel）被指控为了让辛格帮助其女在2013年获得乔治敦大学的录取资格，向辛格的基金会捐赠了27.5万美元。2017年，凯瑟琳·基梅尔从乔治敦大学毕业，在校期间她从未为自己的学校打过网球。其母对于欺诈与洗钱同谋罪的指控拒不认罪。

辛格的这位女员工渐渐警觉起来，她发现有时候申请文书和申请表上的内容会不知缘由地被人篡改。"我听说、也亲眼看到了一些文字出入，"她在给辛格的电邮中提到，"我对业内毫无职业道德的行为感到担忧。而你也知道我不会参与任何这种行为。"她还打电话给辛格，"我告诉他'我很担心，不应该这样办事，有的申请内容不符合事实。'我还直截了当地问他'你是不是在帮他们写申请文书？你是不是对部分内容进行了修改？'但他却断然否认，一个劲地说'没有，没有，没有，我不会做那种事儿的！'可我并不相信他。"

2013年初，她辞职了。"一旦我感到自己无法没完没了地验证那些要上交的工作，无法从中获得满足感时，我就尽快离开了。"即使辛格愿意付双倍的工资再请她回来工作，她都予以断然拒绝。后来，在她申请其他工作时，她把放弃辛格公司那份工作的原因解释为"道德冲突"。

2012年，当辛格从萨克拉门托搬到纽波特海滨时，亚当·朗格温是这里的一位天才网球少年。当时还是中学生的他，每天去网球学校接受四五个小时的训练。这所网球学校是由登特（Dent）一家——父亲菲尔、儿子泰勒、儿媳珍妮——共同开办的，他们三人的排名都在世界前60名。2010年，泰勒·登特（Taylor Dent）在温布尔登发出了速度最快的球[37]，时速高达148英里。登特学校和圣人山高中的校网球队在同一个俱乐部里训练，所以，亚当有时会跟那些校队球员们一起训练。

亚当第一次上网球课时只有4岁。到了8岁，除了网球场，他哪都不愿去。"我就是喜欢打网球"，他告诉我。当他开始参加巡回赛时，他发现自己也特别喜欢比赛。

亚当的父亲是房地产商、业余网球选手，母亲阿丽莎是一位家庭主妇，他们对亚当对于网球的热爱都非常鼓励。与其他网球选手家长不同的是，他们也同样非常在乎他的学业。"他非常热爱学习，"阿丽莎·朗格温（Alisa Langevin）告诉我，"我觉得这种爱好也要给予鼓励。"

朗格温夫妇都没有念完大学，所以他们希望亚当能够做到。在亚当满13岁以前，夫妇俩没有给他买过手机，他每天看电视的时间被限制在1小时以内，这样他就能够有时间听有声读物上的世界历史和古希腊神话了。在7年级的时候，亚当曾让他父亲的一位客户大吃一惊。这位客户准备购置一所占地面积17000平方英尺、带户外游泳池和家庭影院的豪宅，亚当居然认出豪宅天花板上的装饰画是拉斐尔的"雅典学派"（The School of Athens）的复制品，其后院的雕塑是古希腊神话中的皮格马利翁（Pygmalion）和加勒提亚（Galatea）。

亚当原本梦想成为一名职业网球运动员，但当这个梦想渐渐显得不切实际的时候，他把眼光转向了大学甲级网球赛。通常拥有如此远大目标的网球天才少年都在家学习，这样他们就能有更多的时间进行训练和参加全国比赛，这也正是亚当想要的。他的父母却指出，他同样也热爱科学，将来也可能以此为职业。圣人山高中在2014年启用了一个拥有7个实验室和4个教室的新科学中心，[38]提供比在线课程水平高得多的科学课程。

在进入圣人山高中以后，亚当很犹豫自己要不要加入学校的网球队。他知道大学的教练对高中的比赛并不太重视，他们感兴趣的是选手在全国比赛中的成绩及其在全球网球信息服务系统（Universal Tennis Rating，简称URT）里的评分情况。后者可以让教练们将美国选手与国际选手进行比较。但亚当的父亲告诉他，作为学校最优秀的选手，他应当为自己的学校出力。于是，此后的四年，学业、训练和比赛占据了亚当所有的课外时间。

在圣人山高中2017年的毕业纪念册里，毕业生们留下了他们对于未来自己的寄语。格兰特和亚当的回答完全不同，将两人不同的心态显露无遗。格兰特写道："没什么好说的，因为未来就会是美好的。"

亚当的寄语却是："千万不要忘记，你是在付出了艰苦卓绝的努力之后才拥有了现在的一切。"

格兰特的理所当然和亚当的进取心形成了鲜明的对照，这两种截然不同的心态也反映在了他们对待学习和运动的态度方面。在圣人山高中任教三年的化学老师威廉·杜普斯（William Dupuis）教过亚当和格兰特，其说格兰特"最多算一个中等生"，其高中一年级的化学课只勉强得了 B。亚当学的是化学 AP 课程，成绩好多了。在杜普斯老师的印象中，亚当"非常优秀，非常勤奋"。

圣人山高中前网球教练、曾经是小布什总统[39]网球教练的隆戈里亚，用了一种有点瘆人的说法——他打的是"自杀"网球——来形容亚当为网球所做的牺牲。"他做到了全力以赴"，这位教练说。

尽管亚当已经是队里最优秀的网球选手，但他依然追求不断进步，其球技和进取心都为其他球员树立了良好的榜样。亚当说："我对这项运动的热情，也带动了其他队友去参加比赛。"11 年级的时候，他左手腕韧带受伤，无法正常进行双手反击。本可以因伤不参赛的他，戴上护套参加了双打比赛。他通过发球和截击来保护手腕，并成功切下了几个无法避免的反手球。

对手方学校的教练注意到了他。"他是个顶级选手，更是个了不起的小伙子。"附近尔湾（Irvine）的克雷恩路德高中（Crean Lutheran High School）的教练雷纳兹（T. J. Reynolds）说："他 9 年级时就开始崭露头角。他不屈不挠，从不轻言放弃，打球带着一股猛劲儿。随着年龄的增长，他的进攻球愈发凶狠。"

格兰特打网球可就没有这么一心一意了，他还享受着其他的消遣，比如冲浪。在回答毕业册有关人生必做之事的问题时，他的答案显示出他对冒险的渴望。他想跳伞、骑大象和漂流。

隆戈里亚教练说格兰特的挥拍动作非常不正规，而且他也不愿改进。所以，他的球技"碰了壁"，成了替补球员。一家青少年网球网站把亚当列为三星网球新人[40]（最高为五星），在全美排第 135 位；但该网站并没有给格兰特排名，也没有把他列入新人名单。在跟该网站上榜上有名的其他选手的两场博弈中，格兰特均败下阵来。

不过，隆戈里亚教练还是称赞格兰特是一名"强悍的竞争者"，以及"具有良好的品行"。有一次，圣人山高中与对手战平，战胜对方的希望落到了格兰特的身上。在这场关键性比赛中，赛场上大家就对方的球是否出界出现了争议，格兰特的谦让态度促使裁判做出了有利于对手的裁决，圣人山高中因此最终输掉了比赛。现任圣人山网球项目顾问的隆戈里亚说，"90%的孩子"不会这么做。

格兰特的母亲也很有分寸。"她曾邀请球队去她家的海滨住宅烧烤，"隆戈里亚回忆道："还为球队购置过很多东西，但她从来没有说过'我儿子必须得首发。'"这位教练当然不会想到她有其他办法来美化她儿子的网球履历。

在2000年以前，从南加州的尔湾到圣胡安卡普斯特里亚诺（San Juan Capstriano），整个这一片沿海地区还没有一所非教会的、非营利的私立高中。针对这种情况，奥兰治县的一些家长和社区骨干开办了圣人山高中。这所学校坐落在濒临太平洋的山岭上，在漆成土黄色的水泥质地的低矮校舍旁，耸立着一座钟楼，远远望去，学校更像是一座西班牙式教堂。很快圣人山高中就因其考试成绩高而得到广泛认可，截至2017年6月，该校的净资产已达7630万美元。据该校公关部主任托里·奥林斯说，每年学校收到的捐赠尽管会因市场影响而有所波动，但一直维持在1800万美元到2000万美元之间。

南加州的体育名人和商界大亨跟圣人山高中有着深厚的渊源。美国职业棒球大联盟前主席兼美国奥委会主席彼得·韦伯罗斯（Peter Ueberroth）是该校的创办人之一。学校的体育馆以他的姓氏命名，叫"韦伯馆"，其女是该校校董会主席[41]。他现在的学生家长里，包括洛杉矶湖人队前球星科比·布莱恩特（Kobe Bryant），其女娜塔莉亚（Natalia）是该校排球队的队员。

里克·朗格温说："大多数住在纽波特的亿万富翁，他们的子女或第三代中至少会有1人在圣人山高中就读。"

起初，圣人山高中对接受赠款还是非常严格的——隆戈里亚与我在加州米申维耶霍市（Mission Viejo）附近的一家比萨店共进午餐时告诉我说——捐赠人不能指定赠款的用途。科比·布莱恩特曾经想赞助学校盖一座体育馆，但前提是要允许他晚上去馆内练球，结果学校拒绝了他。隆戈里亚说："学校有自己宏伟的计划，不想受制于人。"

但圣人山高中最终没能承受因坚守原则要付出的代价。现在，该校的大楼、教室、更衣室、体育场馆均以资助人的名字命名，唯一例外的是"隆戈里亚中心球场"。这个球场是为表彰该校前网球教练的成就而以他的名字命名的，是布莱特·康纳·乔丹及家族网球中心（Brett Connor Jordan & Family Tennis Center）的组成部分。这家于2016年正式启用的网球中心，是以企业家和赞助人肯特·乔丹（Kent Jordan）之子的名字命名的。在圣人山高中体育综合楼的外墙上，密密麻麻地悬挂着50个大小不等的铭牌。每块铭牌上都镌刻着赞助人的姓名，其中最大的一块上刻着"梅拉格家族-贾纳夫斯家族"的字样。

圣人山高中的发言人奥林斯拒绝评论有关"谁可以和谁不可以捐建学校设施的谣言……我们一向感念为学校付出金钱、时间和才能的所有人"。

在圣人山高中的学生当中，只有10%的学生[42]接受学校的经济资助，其他学生则需要支付超过4万美元的学费。曾任该校化学老师的威廉·杜普斯的女儿朱莉亚（Julia），是一名享受该校奖学金的优等生，她于2017年毕业。朱莉亚在回忆起当年自己那些浑身名牌的同学时说："很多学生都因自己从不重复穿同一件衣服而引以为豪。他们天天穿的外套都不重样，而我同一件外衣要穿一周。"

2016年1月，11年级的朱莉亚为校报写了一篇有关学校文化的专栏文章[43]，题目叫作"养尊处优的你们！读完文章再反击不迟！"文章的插图是一个身穿印有圣人山高中标志体恤衫的学生，躺在由一堆钞票泛起的气球上面。她写道："当你习惯了特权时，平等于你而言就是迫害！"

校报刊出这篇文章后，"我看到我的文章被撕成了碎片，扔满了楼道"，她说。在接下来的一次集会上，学生会主席对朱莉亚的文章发出了声讨，指责她损害了学校的形象。她在社交网络上也受到了攻击，"整整两周大家都在没完没了地议论这件事，观点呈两极分化"。

在2012~2017年期间曾担任该校校报指导教师的康妮·克里斯洛克（Konnie Krislock）证实，很多学生的确做出了防御性的反应。"但实际情况就是这样，他们自己也不否认。"

家长参与学校事务，任何学校都是欢迎的，但圣人山的家长们参与程度之深，其他学校的家长绝少能及。"在我见过的学校里，还没有一所学校的家长像这里的家长一样对学校的任何事情都积极参与，如此热心。"克里斯洛克说，"愿上帝保佑那些令他们失望的孩子们吧！"

由于有很多学生都报名为校报工作，克里斯洛克只能通过竞聘的方式来选拔学生。当一个想担任校报摄影工作的学生被淘汰之后，她的父母邀请克里斯洛克到校外喝咖啡，并敦促她重新考虑。克里斯洛克没有过多地批评这个女学生的摄影作品，只是把校报没有足够的工作空间录用所有申请人作为借口拒绝了他们的要求。据克里斯洛克讲，这个学生的家长随即找到了学校的负责人，说校报编辑部的设施需要改善，暗示学校如果他们的女儿能够加入校报团队，他们愿意出钱资助。克里斯洛克并没有妥协，她说："这些家长有时会绕过我直接找我的上司，但这吓唬不了我。"

当被问及此事时，学校发言人奥林斯说我的询问有点"莫名其妙"，因为校报的办公室"在过去几年里使用过学校的不同空间，我们用不着靠赞助改善它的条件。"

家长们还极力对学校的体育项目施加影响。当圣人山高中的管理层经过研究决定，学校因无法维持一个标准配置的橄榄球队而要将此项目改为8人制时，2016年3月的一天，家长们蜂拥到学校会议室，高举写着"不要解散圣人山11人制橄榄球队"的标语，要求学校推翻原先的决定（奥林斯承认，部分家长"对于改为8人制球队的决定感情比较复杂"）。当学校的女子篮球队在某个赛季表现不佳时，家长们更是自作主张地开始征招新女篮教练。克里斯洛克说："他们曾经问我，'你打过篮球吗？'"

在学校放松对学校大楼和校舍命名权限制的同时，为了提高本校学生被大学录取的概率而取悦家长，圣人山高中放宽了对学生成绩评定的标准。据校报2018年5月的一篇文章报道，上一个学期70%～75%学生成绩是 A 或 A-，得 C 的很少[44]，没有 D 或者不及格的成绩。老师们告诉校报记者，学校最初评定标准较严，现在学生成绩之所以大幅上升，是迫于家长的压力，以及针对2008—2009年经济危机导致出生率下降，而造成当年该校学生注册人数突然下滑所采取的对策。

"我记得当我第一次拿到 B 时挺惊讶的，我不知道他们还会给 'B' 的分数。"2017年毕业的安德莉亚·弗洛斯（Andrea Flores）告诉我。

威廉·杜普斯对于有关成绩膨胀的报道一点也不感到吃惊。这位在2016年因家长抱怨他给成绩太严苛而被解雇的化学老师说："我在圣人山高中给学生的成绩比以往在其他学校都要高，可是他们还是觉得不够高。"

圣人山高中以其高质量的大学升学咨询服务为荣。该校平均一位升学指导教师仅为36名学生提供咨询服务，他们"提供个性化的、以学生为中心的大学申请流程服务，旨在帮助每名学生找到最适合自己的大学"——学校的网站这样介绍。近年来，其毕业生不少被常青藤盟校，以及斯坦福大学、麻省理工学院、加州大学各分校、阿姆斯特学院等院校录取[45]。

学校发言人奥林斯称，圣人山高中"一贯坚持不跟独立升学顾问直接沟通的原则"，并且不赞成学生使用升学顾问服务。大多数家长，包括亚当的父母朗格温夫妇，都遵循了学校的建议。阿丽莎·朗格温说，她"完全信任"学校的升学指导老师，"雇请独立升学顾问纯属浪费金钱"。

尽管如此，据一位预科学校的升学指导教师估计，20%～25% 的圣人山高中家长还是依靠独立升学顾问帮助他们的子女进入了精英大学。那些家长当中就包括像米歇尔·贾纳夫斯那样负责制定学校政策、监管学校运行的校董会成员。

2014年，格兰特就读圣人山高中后，米歇尔·贾纳夫斯的基金会就为学校捐款8.25万美元，成为该校校董会成员（后来她的两个女儿入学后，她又捐了19万美元）。她罔顾学校的相关政策，为格兰特聘请了一位独立升学顾问——一位受人尊敬、有良知、拥有升学咨询和教育规划双证的专业女性。

这位顾问在接下来的3年里负责指导格兰特，引导他以运动管理专业作为自己的升学目标。这个领域既符合格兰特的兴趣，又符合其家族的人脉状况。其舅母丽萨·梅拉格（Lisa Merage）是"萨克拉门托国王队"（Sacramento Kings）的老板之一[46]，也是该队训练场地"金色1号中心"（Golden 1 Center）的老板之一。这位升学顾问觉得格兰特要靠打网球进入高校不太现实：如果格兰特连高中校队的主力球员都不是，大学凭什么看得上他呢？

格兰特的母亲却不以为然。临近毕业那年，米歇尔·贾纳夫斯恳请隆戈里亚教练向她的母校——拥有全美最佳网球队之一的南加州大学——的网球教练推荐格兰特。"我挺吃惊的"，隆戈里亚说。她的请求让他感到为难，他愿意帮助自己的球员们，从不拒绝为他们写大学推荐信，但与此同时，他也很看重自己的职业声誉，"我们都明白格兰特不可能在南加州大学打球"。

所幸的是，隆戈里亚已经自有一套行之有效的推荐信书写模板，可以让他的推荐信既能取悦家长们，又能向大学教练传达正确的信号。他的推荐信包括四个段落：网球、学业、家庭和其他兴趣爱好。如果被推荐的学生有实力在大学打主力，隆戈里亚在推荐信的第一段就谈网球；如果学生能打替补，他就在第二段谈网球；如果学生水平不够，但责任心强，可以当助理、管理器械、清洗球衣和负责球队其他事务，他就在第三段谈网球；如果学生根本就乏善可陈，他是为了安抚家长才写推荐信的，就在第四段才谈网球。在他为格兰特写的推荐信里，第一、二段谈的是他的学业和家庭，第三段谈到了网球，"他也许可以当一名球队的助理"。这位教练告诉我。

显然南加州大学的教练对隆戈里亚的暗示心知肚明，因为米歇尔·贾纳夫斯不久就锁定了另外一所大学。让人费解的是，她执意要格兰特申请乔治敦大学，该校并没有运动管理本科专业，也不在格兰特已确定的拟申请大学的名单上。之后，她辞退了之前的那位升学顾问。米歇尔在电话里告诉她说："我们不再需要你了。我们已经聘请了另外一位顾问。"后来的这位顾问就是里克·辛格。

辛格在乔治敦大学有他的关系：戈登·恩斯特。恩斯特自2006年开始一直担任乔治敦大学男女网球队的教练，他也曾给前第一夫人米歇尔·奥巴马和她的两个女儿玛丽娅和莎夏上过网球课。大学教练，尤其是贵族运动项目的教练，通常会在业余时间教其他学生挣外快。

2016年11月，辛格在给米歇尔的电邮中写道："我刚跟戈登谈了[47]，告诉他（格兰特已申请乔治敦大学）。"

被米歇尔·贾纳夫斯突然辞退的升学顾问感到非常震惊，于是她查询了辛格的网站。"那完全就是在玩营销的把戏"，她告诉我。尽管辛格家离她只有5个街区，离圣人山高中只有8英里，二人却素未谋面。她从属于专业协会，常常会实地参观大学，以便及时了解信息，但显然辛格对这两件事情都不感兴趣。

"看起来聘请他的人很多，但我从未在任何专业会议，或者参观大学时碰到过他。"这位升学顾问要求匿名（她也不愿透露自己客户的身份，我是通过其他途径才了解到她曾指导过贾纳夫斯的）。"他不属于专业咨询这个圈子，我很纳闷为什么没有人调查他的背景。"

几个月后，当圣人山高中宣布格兰特将为乔治敦大学网球队效力时，她立刻感觉到是辛格做了手脚。她首先考虑的是自己的声誉，毕竟她和辛格都帮助指导过格兰特。她想让她的客户和同事知道是辛格玩的伎俩，与她无关。她告知其他顾问要提防辛格，并且在她与家长签订的标准合同文本上又加了一句话："我不会在申请过程中收买教练、管理人员和其他任何人。"米歇尔·贾纳夫斯事后再次跟她通了一次电话，告诉她"格兰特还被另一所精英大学的运动管理专业录取了，这算是你的功劳"。而这所大学正是在她被辞退前同格兰特一起认定的最佳选择。

当"校队蓝调行动"的新闻引起轩然大波后，这位顾问觉得释然了。"虽然我从未见过辛格，但我那时就怀疑他的所作所为有悖道德规范。"她在写给自己客户的信中表示，"学生们不应该想方设法地利用制度，而应当专注于自身的成长与提升。我相信您的孩子，您也应该如此。"

乔治敦大学招生办长期以来一直严格执行不与独立升学顾问接触的政策。学校只跟高中升学指导教师保持联系，不与独立升学顾问沟通，不接受他们的推荐信及任何来自他们的申请人相关材料。

但是辛格并不需要跟招生办的人打交道，因为他搞定了乔治敦大学的网球教练。据一位熟悉内情的人说，恩斯特弄虚作假以特招运动员身份录取学生，起初并非因为想要钱，而是为了帮朋友的忙。法庭文件也显示，2008年12月乔治敦大学以网球特招录取了道格拉斯·霍奇的大女儿，但文件中并没有提到存在金钱交易。在给道格拉斯·霍奇的邮件中，辛格写道："我跟乔治敦大学的熟人联系了，他会帮助我们的。上周他帮我录取了两名女生。"

辛格告诉道格拉斯·霍奇，他女儿靠学习成绩被乔治敦大学录取的概率"最多"只有50%，不过"或许我们可以换成一种奥林匹克运动的角度"[48]。在霍奇之女的申请材料里，辛格为她捏造了在多个美国网球协会比赛中获得优胜的战绩。她入学之后却并没有为乔治敦大学打过球，她于2013年学成毕业。

恩斯特神不知鬼不觉地帮助10余名并无能力在高中校队打网球的学生进入了乔治敦，之所以会这样，部分是因为知情人都明白录取特招运动员学生并非都是由于他们具有运动天赋。运动员奖学金通常授予前途无量的特招学生，学校指望他们为校队的成功做出重大贡献，而录取非奖学金特招生的因素就复杂多了。学校会录取一个GPA成绩或SAT考分较高但运动水平一般的特招生，用来作为录取另一位运动水平较高但学业成绩较差的特招生的平衡手段。

高校往往会把特招运动员的最后1—2个名额留给捐赠人子女。正如本书前面所述的那样，这也是波士顿凯尔特人篮球队的东家之一斯蒂芬·帕柳卡的儿子乔·帕柳卡能够在杜克大学享有盛誉的校篮球队获得板凳球员一席之地的原因。斯蒂芬·帕柳卡是杜克校友，也是一位七位数捐赠人。从2003~2007年的四个赛季里，乔·帕柳卡没有为球队得过1分。其弟尼克·帕柳卡也是该校篮球队板凳席上的常客，但比他略胜一筹：在2013~2017年间，他为校篮球队得过4分。2013年加州大学洛杉矶分校曾迎来过一名田径特招生。尽管她的个人最佳成绩达不到校队标准，但在其父母承诺事成之后会向学校捐10万美元后，她还是以特招运动员身份入学了（据《洛杉矶时报》报道）[49]。一项大学调查报告表明，加州大学洛杉矶分校网球队那些板凳队员的家长们，"在附加条件的情况下向运动队捐赠了大笔款项，赠款到位时间是在他们的子女最终被大学录取之后"。据《波士顿环球报》报道，耶鲁大学在几位家长出资赞助教练职位后录取了他们的子女；哈佛大学的击剑教练则将自己的房子以几乎双倍的价格[50]卖给了一名特招生的父亲。2019年7月，哈佛大学以违反"利益冲突"规定为由解雇了这名教练[51]。

隆戈里亚当了15年的大学教练。他告诉我，有时候学校的招生办官员会让他为捐赠人子女保留几个特招名额。"招生办主任会打电话过来说'帮个忙吧'，这家人对学校很重要。'"如果这个学生会打球，也不调皮捣蛋，隆戈里亚就会答应。

那些亲眼目睹了圣人山高中本章开头那一幕的网球业内人士猜想格兰特靠的就是这层关系。"他有一个挺尽职的私人教练，"其中一位业内人士说，"他打过很多比赛，也赢过一些……但他本不会被乔治敦大学特招去打网球的，因为他进不了乔治敦的前6名。不过，他当然可以跟球员们相处得很好，球队也可能留他做一年陪练……有很多球技精湛的学生完全够格在大学打网球，但他们得不到机会，一些平庸的选手却加入了校队。"

很多私立学校的升学指导教师要为所有学生申请大学写推荐信[52]，描述学生的学业和运动成就，圣人山高中也不例外。如果一个学生是校队级别的运动员，指导教师们就一定会着重渲染一番。因此，如果圣人山高中在为格兰特·贾纳夫斯写的推荐信中没有强调他的网球业绩，乔治敦大学招生办人员就应该会产生疑问。但是，没有迹象表明招生办对此有任何的疑惑。奥林斯说，圣人山高中的推荐信内容不对外公开。

恩斯特也充分利用了校队教练们在录取运动员特招生方面享受的（或者说他们曾经享受过的）极大空间。在"校队蓝调行动"曝光之后，各高校急急忙忙堵住了这个最为明显的漏洞。每一年，乔治敦大学的运动部主任都会将158个优先录取名额分配到各个运动项目。每位教练要跟招生办协调员一起对候选学生的运动成绩——进行核对，拟定一份学业成绩合格、优先考虑录取的候选人名单，然后提交给招生委员会等待正式批准。这其中的关键点是招生委员会完全信任教练们对候选学生运动天赋的评估，他们只负责审查这些学生的学业情况，并且审查得还非常宽松。各个大学对于运动员特招学生，尤其是那些排在教练优先录取名单榜首或前列位置的学生，都会比其他任何申请人群体更容易降低学术标准。如果他们在高中阶段能够勉强应付学业，就可能被大学录取。

通常而言，运动部也非常信任教练们，从来不调查那些特招学生，也不查看招生档案。一位熟悉内幕的人说，如果有人提出疑问，恩斯特就会提交给招生办和运动部两份不同的特招生档案。比如，他会向招生办推荐3名学生，其中2名就可能是辛格的客户；与此同时，他会告诉运动部他只招收了1名运动员（那名真正合格的特招生），而不动声色地把辛格的两名客户悄悄塞进特招生名单，让他们顶替那些本身是优秀运动员却没有享受运动员优惠政策的申请者，占用本该属于后者的特招名额。"他欺骗了所有人。"一位知情人说："这其实并不难，招生办和运动部之间没有任何沟通协调；而这些运动项目又不太引人注目。"

霍奇和贾纳夫斯都是圣人山高中的校董会成员，据法庭文件称，他们的违法行为非常相似。他们都通过网球把自己的一个孩子送入了乔治敦大学，之后又同样把视线转移到南加州大学。检察官指控他们二人贿赂了南加大的运动部高级副主任唐纳·海涅尔（Donna Heinel）。

在支付了辛格和海涅尔52.5万美元之后，霍奇为小女儿和儿子争取到了南加州大学的入学资格，两人分别假借足球和橄榄球特招运动员的身份被这所大学录取。2015年，辛格通过霍奇得到了进入太平洋投资管理公司纽波特海滨总部的机会[53]，在那里他向该公司的员工推销了自己的业务。霍奇面对洗钱与诈骗罪的指控，声称自己无罪。

据指控，海涅尔接受了130万美元的贿赂。她滥用特招运动员的名义录取了至少24个学生。她对蓄谋敲诈勒索的指控并不认可，发誓自己是无辜的。据《华尔街日报》的报道，是南加州大学的运动部主任、海涅尔的上司帕特·哈登（Pat Haden）把她引荐给辛格的，并要求她配合辛格的工作，因为他可以为运动部带来富有的资助人[54]。哈登在20世纪70年代曾经是南加州大学橄榄球队的主力四分卫。他说他是通过一位朋友认识辛格的，他对辛格的犯罪行为毫不知情。海涅尔的律师妮娜·马里诺（Nina Marino）则形容自己的当事人是"一位正直、有道德操守的女性"。

让恩斯特最终败露的原因不是他自己的不慎，而是源于辛格几十年来的一个习惯——为享受平权措施而谎称自己的白人客户是少数族裔。一位了解乔治敦大学内幕的人告诉我，另一所大学为进一步了解他们想录取的一位学生，联系了该生所在高中的升学指导办公室。在申请材料中，这名学生称自己是黑人，将是家里第一位大学生。由此，她就可以享受到两项录取优先待遇。升学指导教师们得知情况后都非常惊诧，他们回复那所大学：该生是白人，父母都是大学毕业生。

这所高中的升学指导教师随后打电话联系乔治敦大学（那名学生也申请了这所大学），了解这位学生在向该校递交的申请材料中是如何描述自己的。乔治敦的相关记录显示，她是以白人身份申请的，且是一名网球运动员特招生。当她的高中老师告诉乔治敦大学，她并非是这所高中的网球顶尖选手后，学校开始就此事进行调查。他们跟几个所谓的网球特招生面谈后，发现了一条共同的线索，那就是升学顾问辛格。2017年12月，恩斯特被学校停职。2018年，乔治敦大学以违反大学政策为由解雇了恩斯特。同时，该大学还要求运动部必须核实所有运动员特招生的运动资历，并要提交招生办备案。

但乔治敦大学并没有追查金钱交易的情况，并向执法机关反映此事。该校运动部主任还给恩斯特写了一封充满溢美之辞的推荐信，在2018年的一篇新闻稿里赞扬他"经过不懈努力……打造了一支一流的网球队[55]"。

乔治敦大学的一位发言人说，学校并没有试图掩盖处理恩斯特的事实。她在给我的邮件里说，"众所周知[56]"他被停职了。打那以后，学校就不再允许他带学生训练了。

与恩斯特一样，辛格也出人意料地败露了。他栽在了诈骗闹剧的另一位参与者手里。或许是冥冥之中感觉到他的欺骗行为终将暴露，辛格开始疯狂地工作，同时也要求自己的员工这样做。他搭乘红眼航班或开着他的保时捷豪车，马不停蹄地到处跑，寻找新的生意，或者回萨克拉门托跟老友们相聚。"他的工作需要他满世界地飞，"一位助理回忆道，"他开始接受来自全美各地的客户。他以前经常飞到伊利诺伊州的香槟城（Champaign），在那里辅导很多学生。然后，他会飞回家，或者飞往下一个工作目的地。他不需要付住宿费，因为他根本就不睡觉。无法想象一个人哪来这么多的精力？！"

同时他也把自己的助理们累得筋疲力尽，要求他们一天24小时在岗，常常在凌晨3点去电对他们发号施令。"他挺不拘小节的，"一位助理说，"你可能随时接到里克的电话，说'你好……这是你的工作……去做吧……就这样。"他还常常使用所谓的"里氏密码"给助理们发短信，他们需要进行破译方能明白他要他们做什么。比如说，"打电话给迈阿密"可能指的是佛罗里达州的迈阿密大学（University of Miami），也可能是俄亥俄州的迈阿密大学（Miami University）。

除此之外，围绕辛格也有大量的金钱频繁进出。他的基金会有众多投资项目：威尔士的一支足球队[57]、墨西哥的一家连锁餐馆、一个研究生求职网站、加州奥克兰市的一座篮球／健身中心。2014—2016年期间，辛格的儿子布莱德利（Bradley）在芝加哥的德保罗大学（Depaul University）就读，他的基金会先后向这所学校捐款3次，每次金额为5万美元，其中两笔限定资金用途为资助宗教研究[58]——这正是布莱德利的专业。辛格邀请曾在萨克拉门托州立大学跟他一起执教的罗恩·麦肯纳观看萨克拉门托国王队的 NBA 比赛。他们的座位靠近赛场边，票价每张1500美元。麦肯纳说："他盛情相邀，我不便多问。"2018年，辛格的网站宣称他已经为9万学生提供了咨询服务。

而这时，一个证券诈骗案的嫌疑犯向执法机关供出了辛格[59]。这位名叫莫里·托宾（Morrie Tobin）的蒙特利尔人，20世纪80年代初为耶鲁大学打过冰球，之后转学到了佛蒙特大学（University of Vermont）。在洛杉矶一家公司任财务总监的托宾，有3个女儿在耶鲁上大学。当联邦调查局调查员询问他在一项投资诈骗案中所扮演的角色时，为争取宽大处理，他自愿供认了自己贿赂耶鲁大学女足教练为女儿获得运动员特招名额的事情。鲁迪·梅雷迪斯（Rudy Meredith）在耶鲁执教多年。2018年4月，托宾和梅雷迪斯在波士顿一家宾馆的客房内见面。会谈中，梅雷迪斯向他索贿45万美元。联邦调查局秘密录下了会谈的整个过程，梅雷迪斯随后便供出了辛格。为配合联邦调查局的工作，梅雷迪斯让他们监听自己与辛格的往来电话。2018年5月，联邦调查局监听到辛格鼓励梅雷迪斯笼络更多教练的事，辛格告诉梅雷迪斯："你可以告诉他们我今年帮了760个学生，去年是96个。"但很有可能，他这样讲是夸大了自己通过旁门送进精英大学的学生人数。

在落入陷阱后，辛格也成为了联邦调查局的线人。他与家长们的电话被监听，其中就包括他与贾纳夫斯的交谈。在交谈中，他们提到了如何将她女儿以沙滩排球特招运动员的名义送入南加州大学，以及篡改她小女儿的 ACT 考试成绩等。

贾纳夫斯很担心她的女儿会察觉到其中的猫腻，"她不蠢，"[60]她告诉辛格，"怎么才能不让孩子发现真相呢？"

"噢，米歇尔，在大多数情况下，没有哪个孩子会知道这一切！"他回答说。

当检察官将这场阴谋公之于众后，其影响面之广、涉案人之胆大包天，让整个美国都感到震惊。通过它，豪富阶层毫无约束的权利，独立升学顾问和教练们的唯利是图，以及高校在招生过程中对权贵家族的卑躬屈膝都显露无遗。麦肯纳对此感到非常痛心，他在某个周日致电辛格。"我告诉他自己刚从教堂做完礼拜回来，我为他祈祷了。我想让他知道我还是他的朋友。"

辛格却打断了他的话，他警告麦肯纳："别问我任何问题！"说了一辈子谎的辛格，还是没打算告诉他老朋友事情的真相。

面对"校队蓝调行动"揭露出来的真相，高校却普遍把自己描绘成无辜的受害者。事实上，他们是自作自受。他们为辛格实施他的计谋创造了条件，对贵族运动项目运动员的优先录取，对一般申请人近乎苛刻的录取标准，都促使家长们不惜以身试法。几十年来，各精英高校一直都在售卖自己的招生名额，而当教练们开始效仿这种做法时，他们却对此表示很震惊。

而且，他们也不能说没有受到过警告。2006年，在本书的上一版里，本人就详细记述过财富和校友关系对精英大学招生的巨大影响，并且提出了6点建议。其中就包括取消招生中对贵族项目运动员及校友和捐赠人子女的倾斜政策，终止对亚裔美国人的歧视，在筹款与招生之间设立防火墙等。

从那时起，几项研究报告也证实了我当年收集到的证据，即我所说的"特权优先"在大学招生中的作用远远超过了各大学愿意承认的范围。比如，哈佛大学的学校研究办公室2013年的一项调查发现，在考虑是否录取时，校友关系的权重相当于非洲裔美国人身份的权重[61]，而超过了西班牙裔和土著美洲人身份的权重（上述三种少数族裔均受益于平权措施）。在学业成绩最优秀的申请人当中，有校友关系的学生录取率为55%，没有校友关系的录取率为15%；在被先列在等候名单上、后被有条件（如推迟一年入学）录取的学生[62]——本书第一章曾讨论过这种倾向性的录取形式——当中，46.5%为校友子女，58.8%是捐赠人子女或其他招生办主任感兴趣的学生。

这些数据是在2018年波士顿联邦地方法院的诉讼案听证会上被披露的，之后被递交到了美国最高法院。在这一诉讼案中，哈佛大学被诉对亚裔申请人抱有偏见。这件诉讼案呈现的证据与本书当年的发现是相吻合的：由于各种消极的成见，亚裔学生的GPA成绩和标准化考试分数均须高于其他族裔学生，这样方能进入精英大学。最令人不安的是，哈佛招生办人员在"个人"

品质[63]，诸如勇气和受欢迎度等栏目的评分当中，给亚裔学生的分数都低于所有其他族裔。这或许可以解释为什么学业优异的亚裔学生，他们的录取率却不到若完全按照学术标准其应有录取率的一半。在听证会上，长期担任哈佛招生办主任的威廉·菲茨西蒙斯（William Fitzsimmons）振振有词地为校方作证说："我们痛恨有偏见的评论。"但随后又不得不承认，一名被列入等候名单的华裔学生名字旁边"不爱说话"[64]的批注是他本人的笔迹。

层出不穷的丑闻也凸显了高校招生中的不公平。2009年《芝加哥论坛报》（*Chicago Tribune*）报道称，伊利诺伊大学不顾招生办意见，录取了由校董会成员和州议员推荐的资质欠佳的学生。此事曝光后，该校校长不得不引咎辞职[65]。5年后，被黑客截获的索尼影业（Sony Pictures Entertainment）的电子邮件显示，布朗大学一直在延续喜欢招收好莱坞名流子女的做法（本书前文提到过）。他们在得到这家公司的首席执行官迈克·林顿（Michael Lynton）向该校捐赠100万美元作为奖学金的承诺之后，随即录取了他的女儿。

布朗大学校长克里斯蒂娜·帕克森（Christina Paxon）向索尼公司的一位高管保证："我们一定会仔细审阅她的申请材料。[66]"

"世家优先"的招生传统也照样活力不减，这其中就包括美国现任总统。唐纳德·特朗普（Donald Trump）毕业于宾夕法尼亚大学沃顿商学院，还曾经是该学院监督委员会成员。他的长子小唐纳德和长女伊万卡也是该校的毕业生，次女蒂芙妮虽然没有就读于沃顿，但根据学校政策她完全可以享受优先录取待遇。特朗普的前任奥巴马总统及第一夫人米歇尔均毕业于哈佛大学法学院，他们的长女玛丽娅现就读于哈佛本科。但按照哈佛大学校友的定义，玛丽娅不能算是校友子女，因为奥巴马夫妇并不是哈佛的本科毕业生。

特朗普的子女在他们的父亲出任总统前就已就读于宾大，也没有证据显示奥巴马夫妇为女儿或其他人的入学游说过哈佛。但在本书第一版面世后不久，我就获知一个有关一位在任总统试图影响大学录取决定的事例。耶鲁大学法学院是全美最难进的法学院，多年位居全美法学院的榜首。1993年，时任耶鲁法学院院长的圭多·卡拉布雷西（Guido Calabresi）接到了一通来自白宫的电话。据两位知情人说：耶鲁最有权势的校友——比尔·克林顿要求这位校长录取一位名叫亨特·拜登（Hunter Biden）的乔治敦大学毕业生。亨特是时任参议院司法委员会主席乔·拜登（Joe Biden）的小儿子。正是这位拜登主席曾经告诉过他的朋友："权力之河^[67]……发源于常青藤的校园。"好在在这通电话到来之前，卡拉布雷西就已经制定了一项把院长职位与录取程序分开的政策，其目的就是为了避免承受这种压力。他告诉克林顿，他不会干预招生办的工作。结果亨特没有被录取。

不过，事实上卡拉布雷西还是与亨特会过面，他鼓励亨特先去另一所大学的法学院，然后再以转学生身份重新申请耶鲁法学院。亨特听从了他的建议，在乔治敦大学法学院学习了一年之后，再一次申请了耶鲁。1994年夏，被克林顿任命为联邦法官的卡拉布雷西辞去了耶鲁法学院院长的职务；不久，亨特便如愿进入了耶鲁。

据亨特的一位朋友讲，克林顿是主动打电话给卡拉布雷西的，这位人士还说亨特作为转校学生的资质还是挺厚实的。他的LSAT^①成绩是172分，在耶鲁属于中上水平。亨特在耶鲁期间，曾担任两份法学杂志的编辑，1996年取得了法学学位。他朋友说："如果怀疑他能够进入耶鲁是因为其他人帮了忙，而不是靠他自己的本事，那简直就是对他的侮辱。"

大学招生的潜规则无处不在，权贵家庭的子女所享受的种种优待，让学生和大众感到愤愤不平。2016年的一项盖洛普民意调查^[68]显示，52%的受访者认为高校不应考虑申请人父母是否是大学毕业生，只有11%的人认为这应该是一个重要因素。2018年，布朗大学学生在一次投票中取得压倒性优势投票，支持成立了一个专门委员会，负责重新审查该校招生过程中世家优先政策的实施情况。然而，布朗大学非但没有采纳这个建议，反而试图将人们的视线从世家优先转移到扩大弱势申请人的机会上面。布朗大学发言人布莱恩·克拉克（Brian Clark）在电子邮件中告诉我："我们觉得纠正学生的误解^[69]

① LSAT是Law School Admission Test（法学院入学考试）的缩写。该考试是美国法学院申请入学的参考条件之一。——译者注

至关重要，学校并没有在录取校友子女与录取寒门子弟之间搞平衡。"

布朗大学这种对于问题的回避态度非常典型。在本书第一版问世后的12年里，高校非但没有采用本书提出的任何建议，而且也没有对特权优先录取采取过任何制约措施。间或有国会议员提出一些议案，建议对假借捐款名义、实为获取录取名额的捐赠款项，以及高校教职员工因子女在本人工作院校学习而获得学费减免所节省下来的钱征税，但这些议案最后都不了了之。相反，名目繁多的所谓改革却越来越将天平向权贵和熟人一方倾斜。

不可更改的"早期决定"（early decision）录取方式卷土重来，这种录取要求学生在11月提出申请，而且只能申请一所大学，一旦被录取就必须入学。在21世纪的最初10年里，这种录取方式由于让家境贫困的学生无法权衡选择最优的助学金而不再那么受欢迎。所以早期申请者多半是校友子女，他们通常家境良好，对招生的游戏规则了如指掌。宾夕法尼亚州的独立升学顾问弗朗辛·布洛克（Francine Block）说："因为录取竞争越来越激烈，提出早期申请的人也越来越多，不少家长觉得这是他们孩子的唯一申请途径。"杜兰大学（Tulane University）从2016年开始采用"早期决定"；2018年维拉诺瓦大学（Villanova University）紧随其后[70]；波士顿学院（Boston College）在2019年也开始采用这一做法。弗吉尼亚大学为了吸引更多的寒门学子，曾在2006年时停用"早期决定"[71]，但在2019年又给予恢复。

如今，在全美排名前四十的高校中超过一半的学校都采用"早期决定"这一录取方式，其中就包括宾夕法尼亚大学。这所大学在2019年录取的新生当中，有53%的人是通过"早期决定"被录取的。宾大的早期申请录取率是18%，普通申请的录取率却只有5.5%。因为"早期决定"录取的学生必须入学宾大，这样就提高了该校的就读率，即被录取学生的入学比例——这通常被认为是衡量高校地位的一个重要指标。宾大和维拉诺瓦大学的网站都鼓励它们的校友子女尽可能考虑提前申请，以便"得到最为充分的考虑"。

据位于弗吉尼亚州阿灵顿市、一家名叫"通用申请"（Common

Application）^①的非营利机构的主席珍妮·里查德（Jenny Rickard）的说法：四分之三的富家子弟会提前申请（包括有约束条件和无约束条件），而来自低收入家庭或本人为家中第一代大学生的学生当中却只有二分之一会提前申请。每年有100万学生在该机构的网站上填写申请表格，发往800多所大学，包括所有常青藤盟校。里查德说："现在的11月1日就是新的1月1日。"

公立大学也开始偏向富人。由于各州州政府高等教育资金长期不足，公立大学越来越依靠私人捐赠，而这些捐赠人往往都希望大学在录取他们重要关系人的过程中加分来回报他们。据2017年《华盛顿邮报》报道，弗吉尼亚大学的集资办公室会为来自富裕校友和捐赠人家庭的申请人做标记[72]，要求给予特殊照顾。在该校一份观察录取名单（watch list）上有这样一条标注：一个原本被拒绝的学生"必须"列在等候录取的名单，"如有可能务必"录取该生。旁边简单明了地注明了这样做的理由——"50万美元"。

有些大学试图通过给予黑人家庭或无高等教育背景家庭的学生一定的申请优待，以提高其生源种族与经济背景的多元化水平。于是，高校在没有消除权贵优先的前提下，又增设了一项优先待遇。这种做法对于来自中产阶层和工薪阶层的学生而言，无疑增添了新的不利因素，使他们享受不到任何一项优先政策。

从更广泛的社会角度来看，收入差异使这一社会趋势日益加剧，也使得高校招生中的不公平问题进一步恶化。随着美国亿万富翁从2010年的404人飙升至2019年的607人[73]，更多的家族能够提供巨额捐款。本书第一版中讲到：1998年房地产开发商查尔斯·库什纳为把成绩差强人意的儿子贾里德送入哈佛捐赠了250万美元，而这个数目在今天看来简直微不足道。众所周知，贾里德后来娶了伊万卡·特朗普（Ivanka Trump），担任岳父特朗普总统的中东和平谈判代表，而他成为了发展项目录取的招牌性人物。2016年大选结束后，库什纳公司的一位发言人通过电子邮件告诉我：对于查尔斯·库什纳向哈

---

① 非营利机构"通用申请公司"运营一家同名网站，简称Common App，是美国最大的网上申请平台。——译者注

佛捐款与贾里德被哈佛录取有关问题的"指控"，纯属子虚乌有[74]。贾里德"在高中就是个出色的学生，而且以荣誉生身份从哈佛大学毕业的"[75]。据哈佛的校方发言人蕾切尔·丹恩（Rachel Dane）称，与贾里德同届毕业的同学当中，有91%都是荣誉毕业生。2013年，说唱歌手"德瑞博士"（Dr. Dre）[76]与制作人吉米·艾奥文（Jimmy Iovine）一起向南加州大学捐赠7000万美元。2019年，当"德瑞博士"的女儿被南加州大学录取时，他在社交网站上坚称她"完全是靠自己的努力"。

各个精英大学不但没有随着美国人口的不断增长而增加招生人数，反而通过提高招生价码及富豪家长们的焦虑水平，日益使自身变得愈发紧俏。哈佛的新生录取人数在过去的几十年里一直保持不变，而录取率却从本书初版面世时的10%降至现在的5%。斯坦福大学也是如此。在"校队蓝调行动"一案中，被起诉的12名家长为子女锁定的目标是南加州大学。这所学校往年的录取率分别是：1996年71.9%、2000年34.1%、2010年24.3%，而2018年的录取率却骤降至13%[77]。塔夫茨大学（Tufts University）20年来的录取率已降了一半多[78]，从1999年的32.1%降至2019年的15%，而其本科生招生人数从1999年到2018年增长了13%。这样的趋势带来了一个恶性循环，即随着精英大学的门槛越来越高，高中毕业生（至少那些没有申请"早期决定"的学生们）不得不增加申请学校的数量，由此进一步推高了大学的申请量与拒绝量。

面临如此困境，有的家长甚至担心只为一所大学捐资可能还不够保险。一位从事对冲基金行业的亿万富翁，在2011—2017年间分别向哈佛、耶鲁、普林斯顿和斯坦福大学等精英大学押上了他的赌注：每年为上述各校注资100万美元，另外，他还为哥伦比亚大学和布朗大学分别注资50万美元，总金额高达3500万美元。目前，他的两个大孩子都在耶鲁大学上学，最小的孩子还在读高中。

辛格充分利用了家长们的恐慌情绪。2016年他在自己的网站上告诫家长们："如今被大学录取比以往任何时候都更困难，竞争更为激烈，代价也更为高昂。申请过程中的任何微小疏漏或错误都会影响您的子女跨入他们梦寐以求的大学，以及赢得奖学金的机会。只有 10% 的学生能够最终幸运地进入到他们的首选大学。"

忧心忡忡的富人们比以往任何时候都更加重视大学招生过程，并更深地介入这一场游戏当中。据 2019 年 5 月的《华尔街日报》报道：由于辛格的策划，在富裕学区出现了一种新现象，而且这种现象愈演愈烈——这里的学生纷纷因焦虑症[79]、多动症或其他学习障碍等，申请在 SAT 或 ACT 考试中增加考试时间，或者在单人考场里考试。最近，一名专为名人撰写回忆录的匿名作家告诉我的朋友：有人出价 2.5 万美元请他为一位知名度很高的 CEO 之女代写两篇简短的大学申请文书。如此简单的写作居然都有人愿意出高价请他代笔，对此他感到非常惊讶；但他还是很快就把这个女孩写得一团糟的文章，整理成了两篇思路清晰、条理通顺的文书。

亚当·朗温格要面对的不仅是国内网球手的竞争。由于全球化的部分原因，美国高中体育明星们在大学录取竞争中的处境变得比以往更为艰难，他们要跟来自国外的体育天才争夺少之又少的运动员特招名额。比如，在美国进入甲级赛的网球球员里，国际学生[80]占到了三分之一以上。隆戈里亚教练承认："美国的孩子们被挡在外面了。"他在 1978—1980 年间担任得克萨斯大学泛美分校（University of Texas–Pan American）的网球教练，1980~1984 年间又到北得克萨斯州立大学（North Texas State University）执教校网球队，是他率先为这两所大学招收了外国球员。为了挑战当时的强队，他从中美、南美、欧洲、加拿大、南非和澳大利亚征招网球明星。"我有一半的球员说西班牙语，"他告诉我说，"第一学期我让他们同时选修西班牙语的一、二、三级，当然他们全部都拿了 A……我们的球员基本上都是他们各自国家的 1、2号种子选手，这也就是我可以打败美国最强校队的原因。"

亚当完全可以在乙级或丙级赛队成为头号选手。隆戈里亚在为他写推荐信时，在第一段就谈到了网球。几所丙级赛的院校对亚当都非常感兴趣，其中就包括加州的雷德兰兹大学（University of Redlands），这所学校的网球队一直排在全美丙级赛的前20名。虽然这个级别的院校不设运动员奖学金，但雷德兰兹大学提供的学业助学金也可以冲抵部分学费。"我们用了大半年的时间追踪他（亚当），最终完成了录取手续。"雷德兰兹的网球教练杰夫·罗西（Geoff Roche）说，"他之前的比赛记录非常完整，是理想的运动员；他非常专注、非常成熟，极具竞争力。我们认为他的雄心和内驱力完全可以让他更上一层楼，他的最佳水平还远未达到！"

亚当也可以选择去东部的甲级赛院校上学，只是这些院校的网球队要比西部加州的同级别队伍水平稍逊一筹。甲级赛院校之一的美国海军学院（The U.S. Naval Academy）有心录取亚当，但亚当对花生过敏的体质却无法满足这所学院要求学生服役四年的规定。

但不管怎样，亚当不想到弱队去当"鸡头"！"我要比赛，要进一步提高球技，要越打越好！"他告诉我说。或许就像罗西教练说的那样，"他并不只是想成为头号选手"，"他并不想一飞冲天，马上成为单打一号种子选手，而是想置身于一个可以挑战自己的环境"。亚当看中了加州理工大学圣路易斯奥比斯波分校。学校离家不远，拥有强大的化学系，还有一个可以让他在五年时间内获得学士学位和硕士学位的本硕连读项目。该校的网球队常年都是西部大联赛（Big West Conference）的强队，名列全美前50名，亚当在URT的国际排名相当于该校校队排在较后位置选手的水平。如果能够入选这所大学校队，亚当就有了进取奋斗的机会。

加州理工大学圣奥分校的教练尼克·卡莱斯（Nick Carless）告诉我，亚当"是一个甲级赛水平的网球好手。他目前的水平接近我队里第二梯队的水平"。但他说，问题在于时间不凑巧。大多数教练都会在一两年前就签下球员，而当他得知亚当的情况时，自己的球员名单已经满员了。他说："亚当联系上我的时候，时机已经过了。这个小伙子真的很棒，他热爱这项运动，满怀激情，投入了大量的时间，但的确是时机不对。"

卡莱斯说，在加州理工大学圣奥分校网球队10名球员当中有3名是外国学生；他还说，化学这类"动手"专业也会在时间安排上给队员的训练带来麻烦。"作为运动员，你得出去参赛，如果你读的专业要求做很多的实验，你就没法随队去参赛。"他说，"其他专业的学生可以在线上上课，或者在网上进行视频讨论。我们学校的运动员大多数读的都是商科类专业，就是因为这些专业的时间比较灵活。"

尽管没有被校网球队选中，亚当却没有放弃。他在加州理工大学圣奥分校注册上学后，就有了一个新的打算：他要比以往任何时候都更有动力、更刻苦地训练，选修校队教练开设的课程，参加俱乐部比赛，努力提高自己的水平。他期待有一天当学校网球队名额有空缺的时候，能够成为他们的不二人选。

他说："最爽的感觉就是，努力取得成功，证明是别人小看了我！"

圣人山高中的管理层对于"校队蓝调行动"所揭露的丑闻跟他们学校之间的关联非常敏感，他们告诫自己的教职员工不要跟我交谈；如果我跟他们联系的话，需要通报学校的公关部主任。当我试图去该校采访时，还被保安人员护送出了校园。与我同行的该校校友也被一同赶了出来。

圣人山高中的校董会成员、高级领导及教职员工对贾纳夫斯和霍奇所面临的指控"感到震惊，感觉遭到了背叛"。奥林斯告诉我："被指控的行为完全有悖于学校自创建以来一贯坚持的宗旨。"2019年6月一项由第三方完成的独立调查报告称[81]，圣人山高中的管理层和升学指导教师无一人知晓"学生或者家长在大学申请过程中的欺骗行为"，并且"现任校董会成员也无人介入过这些行为"。

"现任"一词意指被起诉的霍奇和贾纳夫斯已经离职，他们已不再是校董会成员。贾纳夫斯的姒娌丽萨·梅拉格目前仍然是圣人山高中的校董会成员。

辛格的律师唐纳德·海勒（Donald Heller）拒绝发表评论。当我直接联系到辛格本人时，他客气地感谢我给他发言的机会，但却婉言谢绝了这个发言机会。他说："在宣判之前，没人会跟你谈的。"正如亚当·朗格温预料的那样，格兰特·贾纳夫斯并没为乔治敦大学打过网球，该校校网球队球员名单上也从没有出现过他的名字。据我所知，格兰特对自己被特招的内幕并不知情，也并没有对此产生过怀疑。尽管乔治敦大学开除了卷入丑闻的另两名学生，但格兰特依然是该校的学生，在该校主修计算机科学。乔治敦大学的发言人说："我们审查的重点是看学生本人在申请过程中是否故意向学校提供过虚假信息[82]。"格兰特没有回复我的电子邮件，他母亲的律师也拒绝对此事发表评论。

加州理工大学的网球教练卡莱斯鼓励亚当·朗格温转学到一个他够格参加校网球队的大学。卡莱斯告诉我说："我没有名额接受他，觉得挺愧疚的。我对亚当说：'你很有前途！我见过你训练，看得出来你对网球充满热爱。你应当跟一些排名稍后一点，或校队里有很多大四球员的学校联系。'"

亚当考虑过转学，但他最终还是留在了加州理工大学，并且他很高兴自己能够留下来。他的大学生活内容丰富了许多，包括有了女朋友，加入了兄弟会，在教授指导下做化学研究。他是理工大学俱乐部队的第一单打，并且还希望有朝一日能够加入校队。2019年6月，就在亚当21岁生日的当天，他父母还聘请卡莱斯教练为他上了一堂90分钟的网球课。

亚当的前任教练，现任尔湾山谷学院（Irvine Valley College）教练的罗斯·邓肯对亚当为甲级赛院校打球的梦想还未实现感到遗憾。"他最与众不同的是，他的球技提高空间还很大，很可惜他还没有得到机会。"邓肯说，"他球风凶狠，是可以在大学校队里发展得很好的。"

离开朗格温家前，我问了亚当一个假设性的问题。如果他被甲级赛院校特招，但事后却发现是因为贿赂了教练才得到这个机会的，他会作何感想？"会觉得很没意思"，他说，"我的目标是靠自己的实力争得一席之地，而不仅仅是为了成为校队的一员。我要向自己证明：我才是最强的选手。只有这样，你才能成为传奇；只有这样，你才能让自己成为'强中强'。"

注释:

［1］"这10名学生运动员来年将参加大学体育比赛"，www.sagehillschool.org/
news-detail?pk=1102710. 在这张照片中，左三为格兰特·贾纳夫斯，最
右是梅尔兹校长。

［2］Matt Szabo, "Langevin Set the Standard for Lightning," www.latimes.com/
socal/daily-pilot/sports/tn-dpt-sp-adam-langevin-sage-tennis-20170601-story.
html, June 1, 2017.

［3］见隆戈里亚2019年6月15日发给作者的电子邮件。

［4］见2019年7月5日圣人山高中公关部主任托里·奥林斯发给作者的电子
邮件。

［5］据《福布斯》报道，2015年梅拉奇家族的财富价值为18亿美元, www.
forbes.com/profile/merage/#5f31373a1d1a.

［6］在支持刑事诉讼的具结书中，辛格被指称为"CW-1"，www.justice.gov/
file/1142876/download.

［7］Kate Taylor and Jennifer Medina, "Chinese Family Reportedly Paid $6.5
Million to Consultant for Spot at Stanford," *New York Times*, May 1, 2019.

［8］见2019年3月5日美国波士顿地区法院对戈登·恩斯特的起诉书，第
13页。

［9］见马尔夫·克莱巴2019年5月3日发给作者的电子邮件。辛格的确有过
37次三振，他的胜负记录是1:1。

［10］Matthew Hendrickson and Nader Issa, "How Rick Singer Went from
Niles West Grad to Face of College Bribery Scandal," chicago.suntimes.
com/2019/3/15/18482523/how-rick-singer-went-from-niles-west-grad-to-
face-of-college-bribery-scandal, March 15, 2019.

［11］"Trinity's Men's Basketball Final Stats 1985–1986," *The Trinitonian*,
February 28, 1986, p. 9.

［12］David Bradley, "Senior Athletes Honored at Banquet," *The Trinitonian*, April 25, 1986, p. 10.

［13］Shannon Cameron, "Multi-Talented Singer Rises to Challenge," *The Trinitonian*, January 18, 1985, pp. 11–12.

［14］科里·科菲尔德2019年7月11日发给作者的电子邮件。

［15］Cameron, "Multi-Talented Singer Rises to Challenge."

［16］Dale Kasler, Michael McGough, and Joe Davidson, "Who Is William Rick Singer, Sacramento Man Accused in College Admissions Scam?" www.sacbee.com/news/local/article227458949.html, March 12, 2019.

［17］2019年3月27日加州州立大学萨克拉门托分校负责媒体关系的体育部助理主管布莱恩·伯格（Brian Berger）给我发来这份媒体指南的PDF文件。

［18］辛格的名字从没有进入过"全美大学篮球第一阵容"的数据库：academicallamerica.com/documents/2017/4/11///AAA_AllTime_Individual_by_school.pdf?id=2217.

［19］见2019年5月1日拉凡尔纳大学战略内容与媒体关系项目负责人吉利恩·塞尔斯比（Gilien Silsby）发给作者的电子邮件。

［20］见联邦调查局探员劳拉·史密斯（Laura Smith）的"支持刑事诉讼的具结书"，www.justice.gov/file/1142876/download, March 11, 2019, p. 13.

［21］California Department of Education, www.cde.ca.gov/ls/cg/rh /counseffective.asp.

［22］Yeeqin New and Betsey Bennet, "Getting an Edge on Getting In? Evaluating Private College Counselors," *The [Horace Mann] Record*, June 1, 2016, p. 7.

［23］Principles of Good Practice, IECA, www.iecaonline.com/wp-content/uploads/2018/07/IECA_Principles_of_Good Practice 2018.pdf.

［24］Jodi S. Cohen and Melissa Sanchez, "Parents Are Giving Up Custody of Their Kids to Get Need-Based College Financial Aid," ProPublica Illinois, www.propublica.org/article/university-of-illinois-financial-aid-fafsa-parentsguardianship-children-students, July 29, 2019.

［25］Douglas Belkin, "The College Financial-Aid Guardianship Loophole and the Woman Who Thought It Up," *Wall Street Journal*, July 31, 2019.

［26］见2015年1月30日马克·斯科拉罗和帕姆·乔宾（Pam Jobin）分别致贝弗·泰勒的信。

［27］Complaint, *The Ivy Coach, Inc. v. Buoi Thi Bui and Vinh Ngoc Dao*, U.S. District Court, Southern District of New York, February 5, 2018.

［28］见小安吉尔·德尔加迪略（Angel Delgadillo Jr.）2019年3月25日发给作者的电子邮件。

［29］"Declaration Regarding Service of Declaration of Disclosure and Income and Expense Declaration," Sacramento County Superior Court, December 18, 2011.

［30］Matthew Ormseth and Joel Rubin, "As He Faked Students' Resumes, College Admissions Scandal Mastermind Appears to Have Fudged His Credentials Too," *Los Angeles Times*, May 25, 2019.

［31］Kelly Brothers, "Adding It Up," *Sacramento Magazine*, June 2009, p. 51.

［32］Ormseth and Rubin, "As He Faked Students' Resumes."

［33］见2008年1月23日乔纳森·莱德尔分别致弗雷德·哈格顿、泰德·米切尔和唐纳德·肯尼迪的电子邮件。

［34］见2009年4月19日美国教育委员会副主席助理乔纳森·瑞辛德（Jonathan Riskind）给作者的电子邮件。

［35］Ming Zhu, "'Something About Him Seemed Off' —Four Seniors Met with Leader of College Admissions Scandal," *The [Sacramento Country Day School] Octagon*, March 21, 2019.

［36］见劳拉·史密斯的"支持刑事诉讼的具结书", www.justice.gov/file/1142876/download, March 11, 2019, pp. 143–145.

［37］www.tennisnow.com/News/2016/June/10-Wimbledon -Statistics-that-youdid-not-Know.aspx.

〔38〕 "Sage Hill Opens New Science Center," *Orange County Register*, September 3, 2014.

〔39〕 见隆戈里亚2019年6月27日发给作者的电子邮件。

〔40〕 www.tennisrecruiting.net/player.asp?id=738024.

〔41〕 韦伯罗斯女儿的名字叫维姬·布斯（Vicki Booth）。 www.sagehillschool.org /news-detail?pk=769086.

〔42〕 www.sagehillschool.org/admission/financial-aid.

〔43〕 Julia Dupuis, "You Are Privileged—But Read On Before Taking Offense," *The [Sage Hill School] Bolt*, January 2016, p. 8.

〔44〕 Niva Razin, "Inflated Grades, Inflated Egos, Inflated Futures," lightningboltonline.com/2018/05/11/grade-inflation/, May 11, 2018.

〔45〕 www.sagehillschool.org/programs/college-counseling.

〔46〕 www.rajcapital.vc/bio-1-1.

〔47〕 Second superseding indictment, *U.S. v. Michelle Janavs et al.*, www.justice.gov/usao-ma/press-release/file/1152901/download, April 9, 2019, p. 26.

〔48〕 www.justice.gov/file/1142876/download, p. 162, Smith, Affidavit in Support of Criminal Complaint, p. 162.

〔49〕 Nathan Fenno, "UCLA Knew of a Cash-for-Admissions Deal, Years Before the Scandal," *Los Angeles Times*, April 12, 2019.

〔50〕 Joshua Miller, "He Bought the Fencing Coach's House. Then His Son Got into Harvard," *Boston Globe*, April 4, 2019.

〔51〕 Michael Levenson, "Harvard Fires Fencing Coach over Needham House Sale," *Boston Globe*, July 10, 2019.

〔52〕 见托里·奥林斯2019年7月5日给作者的电子邮件。他说："我们的升学指导办公室代表我校的每一位毕业生给大学写推荐信。"

〔53〕 Justin Baer, Melissa Korn, and Gregory Zuckerman, "Pimco's Ties to

Architect of College-Admissions Scam Ran Deep," *Wall Street Journal*, May 20, 2019.

［54］Jennifer Levitz and Melissa Korn, "Ex-USC Star's Link to Singer Examined," *Wall Street Journal*, June 6, 2019.

［55］Alex Lewontin and Nick Gavio, "Nationwide Admissions Scandal Implicates Former Georgetown Tennis Coach, Parents," *The Georgetown Voice*, March 12, 2019.

［56］见2019年7月1日乔治敦大学战略传播项目副主任梅根·杜比亚克（Meghan Dubyak）发给作者的电子邮件。

［57］Gregory Korte, "Inside Rick Singer's College Admissions Network: An Ex-Con Half Brother, a Welsh Soccer Team and a Former NFL Owner," www.usatoday.com/story/news/nation/2019/05/02/college-cheating-ring-rick-singer-half-brother-cliff-singer-swansea-city/3631132002/, May 2, 2019.

［58］Dawn Rhodes, "Man at Center of College Bribery Scandal Donated $150K to Chicago's DePaul University While Son Was Enrolled," www.chicagotribune.com/news/breaking/ct-met-college-admissions-scandal-depaul-chicago-donation-20190313-story.html, March 14, 2019.

［59］Joel Rubin, Matthew Ormseth, Suhauna Hussain, and Richard Winton, "Charged with Fraud, He Blew Whistle on the College Scandal," enewspaper.latimes.com/infinity/article_share.aspx?guid=2491fc60-7556-4a20-ad1f-878e31bbbaeb, March 31, 2009.

［60］见史密斯的"支持刑事诉讼具结书"第156页。

［61］Richard D. Kahlenberg, Expert Report, *Students for Fair Admissions v. Harvard*, June 15, 2018, pp. 26–27.

［62］Kahlenberg, Expert Report, p. 35.

［63］Peter S. Arcidiacono, Expert Report, *Students for Fair Admissions v. Harvard*, June 15, 2018, p. 9 et al.

［64］ *Students for Fair Admissions v.* Harvard, U.S. District Court in Boston, Transcript of Bench Trial, Day 4, p. 128.

［65］ Jodi S. Cohen, Stacy St. Clair, and Tara Malone, "University of Illinois President B. Joseph White Resigns," www.chicagotribune.com /news/chi-u-of-i-white-resign-24-sep24-story.html, Sept. 24, 2009.

［66］ 见2014年11月6日克里斯蒂娜·帕克森致汤姆·罗斯曼（Tom Rothman）的电子邮件，wikileaks.org/sony/emails/emailid/117281.

［67］ Richard Ben Cramer, *What It Takes*, New York and Toronto, Vintage Books, 1993, p. 501.

［68］ Frank Newport, "Most in U.S. Oppose Colleges Considering Race in Admissions," news.gallup.com/poll/193508/oppose-colleges-considering-race-admissions.aspx, July 8, 2016.

［69］ 见2019年7月11日布朗大学新闻与编辑发展部主任布莱恩·克拉克发给作者的电子邮件。

［70］ 见2019年6月5日维拉诺瓦大学媒体关系部主任乔纳森·加斯特（Jonathan Gust）发给作者的电子邮件。

［71］ Ruth Serven Smith, "Early Decision Returns to UVa's Admissions Process," www.dailyprogress.com/news/uva/early-decision-returns-to-uva-s-admissions-process/article_3c4f1236-8269-11e9-b878-93ddac4a4477.html, May 29, 2019.

［72］ T. Rees Shapiro, "At U-Va, a 'Watch List' Flags VIP Applicants for Special Handling," www.washingtonpost.com/?utm_term=.6aa89 bcd227f, April 1, 2017.

［73］ "The Growing Ranks of U.S. Billionaires," Forbes, www.forbes.com/billionaires/#77d1f831251c, March 5, 2019.

［74］ 见瑞莎·海勒（Risa Heller）2016年11月17日发给作者的电子邮件。

［75］ 见蕾切尔·丹恩2019年8月12日发给作者的电子邮件。

［76］Farnoush Amiri, "Dr. Dre Deletes Post About Daughter's Acceptance to USC After \$70M Donation Resurfaces," www.nbcnews.com/pop-culture/pop-culture-news/dr-dre-deletes-post-about-daughter-s-acceptance-usc-after-n986906, March 26, 2019.

［77］见2019年6月25日南加州大学媒体关系专家罗恩·麦克科维奇（Ron Mackovich）发给作者的电子邮件。

［78］见2019年7月2日塔夫茨大学媒体关系部执行主任特里克·柯林斯发给作者的电子邮件。

［79］Douglas Belkin, Jennifer Levitz, and Melissa Korn, "Many More Students, Especially the Affluent, Get Extra Time to Take the SAT," *Wall Street Journal*, May 21, 2019.

［80］www.scholarshipstats.com/tennis.htm.

［81］调查由美迈斯律师事务所（O'Melveny&Myers）进行。在2019年6月21日博伦（Bolen）、麦克尼尔（McNeill）和梅尔兹发给圣人山高中社区的电子邮件里，他们对相关审查结论进行了概括。

［82］见梅根·杜比亚克2019年6月3日发给作者的电子邮件。

原版后记

2006年9月，在本书出版后一个星期，哈佛宣布了自称为吸引来自低收入家庭学生而做出的令人振奋的决定：这所美国历史最悠久的大学决定取消提前录取申请项目！该项申请项目原本允许12年级学生在每年的11月1日前递交申请材料，并于当年的12月15日接到与自己命运息息相关的通知：录取、拒绝或者推迟到正常录取程序。自此之后，所有申请2008年入学的申请人都必须按照同一个截止日期递交申请材料，这个截止日期是2008年1月1日。

"我们觉得这样的程序更公平一些，"哈佛大学代理校长德里克·博克告诉《纽约时报》记者说，"因为现行程序显然对本已处于优势地位的学生更有利一些。"该校招生部主任威廉·菲茨西蒙斯补充道："有很多天资聪颖、来自贫困或普通家庭的学生，都受到过这种神秘莫测的提前录取的不利影响。"

事实上，哈佛的解释有点自欺欺人，富家子弟的主要优势不在于申请时间，而在于无论什么时候申请都能享受照顾。申请提前被常青藤高校录取的学生，通常学业成绩都很勉强，大多数人是因为享受校友和教职员子女优先，或通过运动员特招和发展项目获得优先照顾才被录取的。只有几所高校（如宾夕法尼亚大学），仅对校友子女提供提前录取申请优先。而在其他高校，无论上述申请人是在感恩节（11月底）还是复活节（4月1日）提出申请，都一样能享受照顾。

有些院校的提前录取项目的确加重了来自低收入家庭的学生的经济负担。这些名为"先期决定"的项目，规定学生只能申请一所学校，而且一旦被录取就必须注册。这个限制对需要经济资助的学生非常不利，他们因此失去了对不同院校的资助数目进行比较并做出最佳选择的机会。哈佛的提前录取项目比较有弹性，允许学生同时申请其他高校，"货比三家"后再选择最适合的学校。

录取照顾政策会不断加剧社会不公。最有力的证据是，哈佛大学不仅在申请程序开始时对富家子弟降格以求，而且在程序结束时亦是如此。在以"公平的名义"摈弃"提前录取"的同时，哈佛却保留了它的"Z名单"。正是这份名单，在许多更为出色的申请学生被拒数月之后，让背景关系不一般的申请人进入了哈佛校园。正如我们所了解到的那样，列在"Z名单"上的人往往是在高中毕业后先被列入候补录取名单然后再被录取的，只不过他们需要在高中毕业一年之后才能正式进入哈佛学习。

正当哈佛笼罩在新获得的"社会公正"使者的光环之下时，卡特琳娜·韦尔奇正在加勒比海上扬帆航行。卡特琳娜是哈佛校友、哈佛校资会成员小詹姆斯·韦尔奇的孙女（校资会是由哈佛豪捐人组成的核心圈子）。韦尔奇曾为哈佛赞助过一个计算机科学专业的教授席位，其父詹姆斯·韦尔奇三世以及他自己的5个兄弟都毕业于哈佛大学。

在新泽西州的一所预科学校——宾格利中学（Pingry School）里，卡特琳娜很受同学们的爱戴。她的学习不错，但算不上出色，没有登上毕业生荣誉榜（24名学生榜上有名），也不是该校29名大学预科学者之一和42名国家优秀生奖学金得主之一。

就在卡特琳娜完成波士顿大学的入学注册后，哈佛大学的"Z名单"向她伸出了橄榄枝。2006年秋季，在结束费用昂贵、专门培训富家少年领导能力的远海航行后，卡特琳娜又花了整整一个冬天的时间，在科罗拉多的滑雪胜地教一群3岁的小孩子们滑雪。她在"脸谱"（Facebook）网站上写道："春季，我将去西班牙巴塞罗那附近参加网球训练；而秋季，我就要去哈佛报到了！"对于最终进入哈佛一事，卡特琳娜和她的父母均拒绝谈起。

卡特琳娜的高中同学、好朋友詹妮弗·司徒（Jennifer Soo Hoo）却没能进入名校。詹妮弗曾荣登高中毕业生荣誉榜，获得过大学预科学者称号和国家优秀生奖学金，还是学校足球队的后卫。在 ACT 考试中，她得了 34 分（满分 36 分），相当于 SAT 的 1500~1550 分（满分 1600）。然而，詹妮弗却没能进入到她选择的 3 所常青藤大学中的任何一所：布朗大学、达特茅斯学院和宾夕法尼亚大学。如今，获得了一份学业奖学金的她在克利夫兰凯斯西储大学攻读医学院预科。

身为华裔的詹妮弗说，凯斯大学其实一直都是她的首选。但是她补充道，在大学录取中，她没有"任何背景"。"在像宾格利那样的学校上高中，的确会有一点难受，因为看到那么多同学都被名校录取了。大学的录取太政治化了！"

由于众多大学的招生部主任都以"震惊"、"振奋"来表达他们对哈佛大学取消提前录取的看法，因此，《纽约时报》在头版的一篇文章中预测其他大学将争先恐后加入哈佛的行列。然而实际上，在为广大学生扩展升学机会方面，只有少数院校愿意迈出如此微小的一步。

直至 2007 年 3 月，只有普林斯顿和弗吉尼亚大学效仿哈佛。其他院校却反其道而行之，反而在原有程序中加入了第二轮先期决定，或者被称为"瞬时决定"的特快程序。曾在 2002 年呼吁精英高校终止提前录取的耶鲁校长理查德·莱文，如今也没有抓住这一改革良机。

同时，名校对于权贵优先也不愿舍弃。2006 年 6 月，《华尔街日报》的记者询问普林斯顿大学校长雪莉·蒂尔曼，"如果没有录取优先政策，校友们是否还会慷慨捐赠"？她不悦地答道："我们从来没有进行过这样的尝试。"

高校如此不屑一顾的态度，自然不能赢得国会和社会各界的好感，怨言和批评与日俱增。2006 年 12 月，就高校是否背离其免税非营利组织的定位而成为营利机构的问题，我曾在国会参议院财经委员会的听证会上作证。时任委员会主席的爱荷华州参议员、现为资深共和党人的查尔斯·格拉斯利（Charles Grassley）说，他准备要求联邦国税局考虑对为争取录取名额而进行捐赠的款项征税。

格拉斯利参议员愤愤不平地说："在各精英高校，有那么多的名额留给了校友和教职员子女，或将来可能为学校捐赠的亿万富翁的子女。这一切意味着给予来自工薪家庭的学生的名额减少了……我们应该认真考虑这些高校的保留名额是否符合公众利益，是否有资格享受到纳税减免。"

在接下来的一个月里，另一位参议员、财经委员会的共和党成员提出了最触及高校神经的修正案，要求废除被高校教职员视若珍宝的福利，即教职员子女所享受的税收减免。高校减免教职员子女学费的政策为员工节省了大笔的钱，而员工们并不需要为这笔实质上的收入纳税。正是因为这项优惠，迫使招生人员不得不优先录取很多有影响的教职员的子女。多年来，高等院校的说客们有效地抵挡了取消这项纳税优惠的企图。这一次，亚利桑那州参议员乔恩·凯尔（Jon Kyl）提议，取消对教职员子女的纳税照顾，并将因此获得的10年总计30亿美元的税收用于推动小型企业的发展。

他的提议引起了一场激烈的辩论，高校说客四处寻求声援。"对于一所高校和预科学校是否应该为校长或教师子女提供免费教育，我没有兴趣过问。"凯尔参议员说，"但用其他纳税人的钱来补贴这项福利，就显得有点莫名其妙了。"

蒙大拿州民主党参议员、财经委员会主席麦克斯·鲍卡斯（Max Baucus）反驳道："这项修正案要取消的税收减免，会对已在高校工作了8年、10年或15年的教职员造成影响。他们的子女已是大二、大三的学生了，这样做会让他们措手不及，左右为难。"

参议员凯尔的修正案终因42票赞成、50票反对而遭到否决。有关取消税收减免的提议在参议院进行投决这还是第一次，种种迹象表明，这样的提案在不久的将来还会重新被人提起。

同样，对精英高校为亚裔美国学生设置较高录取标准的抗议之声也日益激烈。2006年10月，联邦民权机构官员同意调查一位中国移民对普林斯顿大学的投诉。这位叫李建（音译，Jian Li）的中国移民就读于新泽西州利文斯顿中学12年级，在该校全年级排第一，获得了SAT考试的满分成绩（新计分制2400分），是该年度全美国238名满分学生之一。但普林斯顿和其他4所高校——哈佛、斯坦福、麻省理工和宾夕法尼亚大学却都拒绝了这位优秀学生的申请。李建声称，普林斯顿大学因为他的族裔背景和原国籍而拒绝了他的入学申请，他要求联邦政府暂停对普林斯顿大学的经济资助，直到该校取消对世家子女、运动员和少数族裔的优先录取政策。后来就读于耶鲁大学的李建告诉我，他想"告诫"普林斯顿："要警觉自己可能存在的偏见，以及招生过程中有失公允的做法。"

普林斯顿大学的亚裔学生人数占学生总人数的13%。该校官员回复道，他们并非因为李建的族裔背景而拒绝他，因为他们同时也拒绝了申请该校的SAT满分得主中的一半学生。但是他们拒绝向公众披露一项最重要的信息，这些被拒之门外的SAT满分得主中有多少是亚裔学生。如果联邦政府调查发现被该校拒绝的SAT满分得主中，亚裔学生的比例高于白人和其他少数族裔的话，普林斯顿就将不得不修正自己的录取政策。截至2007年3月，该项调查仍在进行中。

大多数常青藤高校因此对李建都颇为反感。普林斯顿大学的本科生认为李建的指控让所有被录取的人蒙上了不白之冤，因此对他深怀芥蒂；耶鲁学子们则觉得他应当另寻一所更好的学校就读。于是在次年1月，普林斯顿学生报刊登了一篇充满恶意的文章。该文对李建和其他亚裔美国学生冷嘲热讽，将他们描述为一群词不达意、说一口破英语、自以为是的书呆子，言辞中还使用了种族歧视的字眼。这篇专栏文章引发了一场风暴，布朗大学的两位大二学生尼尔·凡加拉和詹森·卡尔因此创办了一个旨在呼吁高校在招生中公平对待亚裔学生的组织，大约有1000人在网上签名敦促普林斯顿公开各族裔学生的考试成绩和录取比例。

"我女儿的SAT和三门SAT 2单科成绩均为满分，但还是被有些名校拒绝了。"签名人之一、南卡罗莱纳州哥伦比亚市的卢勇（音译，Yong Lu）写道，"学校从未说明拒绝她的原因。只有亚裔学生才会受到如此不公的待遇。"

各地选民对其他族裔享受大学录取优惠政策的不断抨击，可能会有益于那些申请名牌州立大学的亚裔学生。在密歇根州，虽然该州旗舰大学所实施的平权措施在2003年侥幸避开了法律的挑战，但选民们于2006年投票终止了大学录取中对非洲裔和西班牙裔学生的照顾。平权措施的反对者们打算将此举推广到其他各州，并列入2008年11月的投票内容。部分人士还说，他们也想废除世家优先。

在密歇根州的反平权措施运动中，一个积极参与的组织披露了一项调查报告，证明的确存在"亚裔学生受到歧视"现象。弗吉尼亚州平等机会中心在这项调查中发现，密西根大学于2005年录取的亚裔学生的SAT平均成绩为1400（满分为1600），比白人学生平均分高50分，比西班牙裔学生高140分，比黑人学生高240分。同一年，SAT平均成绩为1240分、高中平均成绩为3.2分的亚裔学生录取率是10%，白人为14%，西班牙裔为88%，非裔为92%。申请该校医学院的亚裔学生，同样面临着高于其他族裔的录取标准。

但密歇根大学的发言人朱莉·彼得森（Julie Peterson）说，这个调查结果并不符合事实。因为很多学生参加ACT考试而不是SAT，而标准化考试成绩仅仅是衡量申请学生的各种工具之一。她说："我完全不承认该调查得出的所谓歧视亚裔学生的结论。"在该校，亚裔学生占本科生人数的12.6%。

同彼得森女士一样，本书一些读者也认为亚裔学生受歧视只是基于SAT分数的一种假想，因为SAT并不能预测学生将来的学业表现，而且有可能是很片面的考试；而且在接受高校其他录取标准的衡量时，亚裔学生往往差强人意。但是，越来越多的事实证明，在大学录取中的确存在着对亚裔学生的额外高标准。普林斯顿的研究人员托马斯·艾斯本谢德（Thomas Espenshade）曾在报道中披露，亚裔学生需要在SAT考试中比白人学生高出50分，才有可能与之竞逐同一所名校。最近，艾斯本谢德告诉我，通过比较白人和亚裔学生的SAT分数、年级排名、高中平均成绩和大学预科课程的选修数量，他

"多次发现存在这种'惩罚亚裔'的现象"。他还补充说，这种对亚裔学生的惩罚，即便考虑了各校对校友子女和特招运动员采取优先政策的因素之后仍然存在。这与哈佛和其他名校关于"世家子女和特招运动员大都是白人，对他们的照顾才造成了白人学生录取率高于亚裔学生"的辩解正好相反。

以亚裔学生在各种荣誉和奖项中的得奖比例来加以衡量，优秀的亚裔学生在精英高校的比例明显偏低。根据我自己最近所做的调查，在全美最重要的高中毕业生成就奖得主中，亚裔学生占到30%。这是常青藤高校亚裔学生录取率的两倍。如2006年全国获得大学预科学者荣誉（参加至少8项大学预科考试，各课成绩为4分或5分）的学生总人数为8091名，其中2602名（32%）为亚裔学生。又如，联邦政府于同一年根据学业成绩、标准化考试成绩、个人品质、领导才能和社会服务等指标，评选出141名全国最优秀高中毕业生、总统奖学金获得者，其中有38名（27%）为亚裔学生。而在被称为"少年诺贝尔奖"的"英特尔科学天才选拔赛"中，跻身决赛和半决赛的选手有30%~40%为亚裔学生。然而，在常青藤高校的本科生当中，亚裔学生却只占15%。

有少数的亚裔美国学生遇到的障碍要少一些，他们便是那些豪捐客的子女们。在哈佛大学2006年的"Z名单"上，与卡特琳娜·韦尔奇一起榜上有名的是董美兰（音译，May Lan Dong），对冲基金投资人、哈佛校资会成员米奇尔·董的女儿。这位就读于马萨诸塞州剑桥市一所预科学校——布朗白金汉宫＆尼克尔斯学校（Buckingham Browne Nichols）的学生，并没有能登上该校的荣誉榜，但她的父母却为哈佛大学公共卫生学院捐助过一个教授席位。董美兰利用1年的休学时间到海外旅游。她的母亲董萝冰（音译，Robin Dong）说，女儿"一定会是哈佛大学里功课不错的学生"。

当然，金钱不止在高校录取过程中所向披靡，它也能让相关人的事业道路更加顺畅。2006年7月，25岁的贾里德·库什纳——哈佛大学本科毕业生和纽约大学法学院毕业生——出资1000万美元，收购了《纽约观察家》周刊。该刊物因读者群层次较高，以及对媒体、政治、房地产的前卫报道而著称。此时，他的父亲查尔斯·库什纳正因偷税漏税、非法政治捐款、作伪证等罪名在假释所服刑。哈佛当年录取贾里德时，这位新泽西州的房地产开发商向该校捐赠了2500万美元。

贾里德告诉记者，他收购《纽约观察家》的资金来源于在马萨诸塞州房地产业的投资赢利，他的弟弟乔舒亚也拥有《纽约观察家》少量股份。同为哈佛毕业生的乔舒亚后来成为有关哈佛时尚的一家新办杂志的行政主编。

艾尔伯特·戈尔三世也步入了出版界。从哈佛毕业后，他成为《良善》杂志的合伙出版人。这家新杂志旨在促进社会公正，倡导环境保护意识。2007年7月4日，他因在加州高速公路上超速行驶被警察截停，结果因有携带大麻和其他违禁药品的嫌疑而遭到逮捕。

在艾尔伯特的父亲戈尔忙于拍摄纪录片（该片后来赢得奥斯卡最佳纪录片奖）、获得诺贝尔和平奖提名、被传言将再次竞选总统的同时，哈里森·弗里斯特的父亲则淡出了公众视线。前国会多数党领袖比尔·弗里斯特从参议院退休后，拒绝再次参加总统竞选。倒是他的两个小儿子在网上发表的帖子为他招来了不少关注。在帖子里的一张照片上，范德比尔特大学学生乔纳森·弗里斯特腰挂6罐啤酒，身着南部联邦骑士裤；而作为普林斯顿大学新生的布莱恩·弗里斯特，则在帖子里宣称："上帝施恩于我，让我生为美国人！让我们去消灭其他那些人，让他们完蛋吧！"

布什总统的侄子皮尔斯·布什尽管在中学学业欠佳，仍然被乔治顿大学录取。在该校学习了3个学期后，他决定转学到德州大学奥斯汀分校。他解释说，离开乔治顿大学是因为对政治感到厌倦。然而在给德州一家报纸的信中，他却不遗余力地为叔叔的政治观点辩护。

因入学而在布朗大学引起"为讨好好莱坞名人子弟，学校究竟愿意降格到何种程度"辩论的克里斯·奥维茨，在布朗只待了很短的时间，后来他成为一家新创办的互联网公司的企业发展部主任。他的父亲迈克尔·奥维茨因从迪士尼公司得到14亿美元的遣散费而激起股东们的愤慨。他本人再一次成为不太光彩的头条新闻主角则是因为雇用了私家侦探安东尼·佩里加诺，此人在2006年因非法窃听和串谋被起诉并被定罪。

尽管当年SAT考试满分，杰米·李想要"一鸣惊人"的志向却差点毁了他的常青藤之梦。如今他在达特茅斯学院主修数学，同时也是他所属学生社团的学术部主席。曾将韩裔学生描绘为"了无生趣的数学迷"的麻省理工学院招生办主任玛丽莉·琼斯，在该校发现她的履历不实之后，于2007年4月辞职。鲜有机会在父亲出资兴建的弗吉尼亚棒球场上出赛的替补外场球手泰·格里沙姆，如今以校友子女身份在另一所与他父亲有关系的大学里学习，这就是他父亲的母校——密西西比大学，1981年他父亲在该校的法学院获得学位。2007年，这位小说家父亲被提名为弗吉尼亚大学毕业典礼的致辞嘉宾，这或许表明他对该校特招他儿子入学的动机已不再介意。波士顿塞尔迪克斯篮球队的合伙东家斯蒂芬·帕柳卡（他为杜克捐赠达到了7位数）的儿子、杜克大学篮球队替补队员乔·帕柳卡，以从未上场的记录结束了大学的篮球生涯。

杜克大学的法学教授乔尔·弗莱什曼在帮助拉尔夫·劳伦的子女入学之后，加入了后者公司的董事会。他在所写的书中盛赞美国名人雅士的"慷慨与创新精神"，并竭力为大学对名人子女的照顾辩解。在2007年出版的《基金会：一个巨大的美国秘密——私人财富正在如何改变世界》一书中，弗莱什曼指出，"某些批评者"正在想方设法地"取消或减少那些为子女获得常青藤高校入学机会而慷慨捐赠的美国富人享有的纳税优惠"。弗莱什曼辩解说，文化机构唯有取悦于富人才能生存下去，"我认为那些对富人不满的批评者没有看到大局"。捐赠人的慷慨"是否是出于为自己谋利或是为了获取社会名望呢？有时候的确如此。但只要我们的社会总体上获得了益处，又有什么值得非议的呢？！"

在孩提时代，我就已经在懵懂间意识到了常青藤高校的崇高名望。我的父亲、马萨诸塞州立大学的英语教授偶尔会睡午觉，在此之前他总喜欢跟我们开个玩笑："如果哈佛打电话来，记住一定要叫醒我！"

我在哈佛就读时，老师中不乏当代一些最著名的学者，诸如诺贝尔生物奖得主、崇尚和平的社会活动家乔治·沃尔德（George Wald），中国问题专家费正清，美国建国早期史专家伯纳德·贝林（Bernard Bailyn），文学评论家诺斯洛普·弗莱伊（Northrop Frye）和沃尔特·杰克逊·贝特（Walter Jackson Bate）等。几乎每个晚上，我们都有幸在校园里聆听到一位有望成为总统的政治家、一位外国元首或一位著名作家的讲座。享有盛誉的诗人罗伯特·洛厄尔（Robert Lowell）就在我住过的邓斯特楼住了一个学期。为了帮他寻找一部波德莱尔（19世纪法国诗人——译者）的书卷，我曾在邓斯特图书馆踩着摇摇欲坠的梯子爬上爬下，翻遍了图书馆的所有书架。为此，恳请不要将闪耀着大师们智慧之光的课堂听课席拍卖出售给那些叫价最高的人！请把它们留给那些不枉自己天赋、勤奋努力的莘莘学子吧！

这个要求难道过分吗？

中文版后记

　　《大学潜规则——谁能优先进入美国顶尖大学》在中国出版正当其时。随着越来越多的中国学生纷纷申请美国大学，以及美国高校人员每年赴北京、上海、广州招生，大洋两岸的高校和学生间的相互竞逐日趋频繁。同时，在亚洲和欧洲各国，历来依赖政府赞助的高校也开始仿效美国靠校友维持高等教育机构运转的模式。我希望国家间日益频繁的往来能够促进我们之间的交流、合作和相互间的了解；但我所担心的却是，美国高校输出的不仅仅是它们录取制度的可取之处，也将输出它们的糟粕，尤其是对特权阶层优先照顾的政策。

　　近年来，由于签证限制逐渐放宽，美国的标准化考试和课程开始在中国高中出现，赴美就读本科的中国学生在过去4年里增加了4倍，在2010年达到4万人。中国已经超过韩国，成为美国高校本科留学生最大的输出国。以南加州大学洛杉矶分校为例，2005年该校录取的中国学生仅为6人，到2010年达到162人；加州大学伯克利分校和洛杉矶分校在校生中，2005年中国学生人数是252人，2009年达到701人。甚至连一些名不见经传的州立大学也出现了中国学生潮，如堪萨斯州立大学现有中国学生829人，而2007年这个数字仅为65人。位于法戈市的北达科他州立大学2005年的中国留学生人数仅为7人，2011年猛增到131人。没有财力派遣本校员工前往中国招生的美国高校，现在也开始雇用代理人到中国招生，例如美国最大的大学之一纽约州立大学。这些代理人通常能够得到双份报酬——中国学生的固定缴费和美国大学从学生学费中按比例抽取的佣金。

美国高校欣赏中国学生标准化考试的优异成绩、良好的学习习惯和家庭财富。随着中国经济实力的提高，许多父母愿意为独生子女的教育进行投资，中产阶层的家庭有能力支付美国高校的学费，尽管美国高校的学费远远超过中国相应教育的费用。由于经济衰退，美国各校的捐赠筹资数额受到极大影响，也因为留学生极少能得到奖（助）学金，各高校对来自一个人口大国的源源不绝的富裕的潜在生源垂涎欲滴。公立大学更加急切想通过招收留学生来丰富他们的资金来源，因为州立大学对留学生和外州学生的收费为本州学生的2~3倍。但遗憾的是，这种基于金钱的录取政策，必将导致众多优秀却贫困的留学生对于美国提倡机会平等的诚意的失望。

即使在富裕的留学生群体中，特权优先也将学生分成了几类。校友和捐赠人的子女，特权阶层特有体育项目的运动员，依然享受着优先照顾。康涅狄格州三一学院拥有的战绩卓著的壁球队，原来只有一位美国队员，其他队员均来自印度、瑞典、南非、马来西亚、萨尔瓦多和牙买加。

时至今日，除美国以外，只有日本依然采用特权照顾的制度。70%的日本大学生就读于私立学校，东京的亚洲大学在20年前采纳了世家优先政策，其他一些日本大学（如东京大妻女子大学）也都实行校友子女优先的录取政策。

现在更多的欧洲和亚洲大学纷纷开始寻求用私人资金（包括学费和捐款）来补充政府教育资金的不足。英国和德国大学开始纷纷收取学费。2010年，英国学生在伦敦抗议一项将学生学费上涨3倍的计划。2008年，牛津大学启动一项向私人募集10.25亿英镑的筹资活动，开创了欧洲大学筹资规模之最。英国、香港特别行政区和新加坡政府都鼓励私人捐赠，并愿意通过公共资金等额提供配套经费。美国以外的很多大学也都扩大筹资部门，设立专门办公室广开财源，多方筹资。2005年，新加坡南洋科技大学聘请原肯塔基州北肯塔基大学发展项目办公室主任负责该校新设立的筹资项目。两年后，这位负责人将该校的捐赠人数量从原有的143名增加到4000多名。

中国的复旦大学也公布了几项数百万美元的私人捐赠，并在美国成立了非营利基金会，争取该校在美校友的捐赠。清华大学则专门派遣筹资人员前往斯坦福大学取经。香港大学通过"何鸿燊挑战校友"项目筹资几千万美元，这个项目的具体内容是：作为香港大学校友的澳门赌业大王何鸿燊，用自己的资金与校友们进行一比一的配套对捐。

这类私人捐赠拥有诸多优势，美国高校的成功及享誉全球的优势地位便证明了这一点。私人捐赠能够维护高校的学术自由，保护教师免受政府干扰，同时也能使学校的经济来源渠道多样化，保障学校免受政府资金短缺所造成的影响，并且使政府款项能够用于其他重要方面。但是，正如中国和其他一些国家的大学所做的那样，为了迎合校友和其他捐赠人，他们不得不接受他们的家庭成员入学。如果这些高校效仿的并不仅是美国高校的集资模式，而是也为了世家子弟、发展项目、贵族项目运动员而降低各自标准的话，最终的结果就会是学生总体质量的降低，进而影响到各国的经济竞争力。为了避免这种情形出现，我认为中国政府官员和各大学在吸纳美国高等教育精髓的同时，也应当努力保全大学录取程序的尊严和独立性。

注　释

承蒙多方可靠渠道为这本书提供或确认相关信息。凡在正文中已注明资料来源的，在这里恕不赘述，以免重复。

本人在《华尔街日报》发表的所有关于大学招生的文章，在本书中都不再完整重现，从中引述的文字和其他材料散见于书中各处。特别需要提及的是，本书第二章中大量有关杜克大学的材料出自"在许多高校，富家子女攫取了平权措施提供的录取机会"（"At Many Colleges, the Rich Kids Get Affirmative Action," *Wall Street Journal*, February 20, 2003）一文。第四章有关世家优先的部分内容则选自拙文"大学优先录取校友子女招致猛烈批评"（"Preference for Alumni Children in College Draws Fire," *Wall Street Journal*, January15, 2003）。在几个章节使用的有关格罗顿中学1998届毕业生的信息和学习成绩数据，均来自"对格罗顿中学的毕业生来说学习成绩并非他们进入常青藤的唯一钥匙"（"For Groton Grads, Academics Aren't Only Keys to Ivies," *Wall Street Journal*, April 25, 2003）一文。第七章中有关加州大学采用经受住"人生挑战"作为其招生标准一事的议论，多数都曾在我的"额外加分：让想进入加州大学洛杉矶分校的学生面临人生挑战"（"Extra Credit：To Get into UCLA, It Helps to Face 'Life Challenges,'" *Wall Street Journal*, July 12, 2002）一文中出现过。第八章中有关美国最高法院与世家优先的内容，则主要是以拙文"最高法院认为平权措施不应只注重学生的学习成绩"（"For

Supreme Court, Affirmative Action Isn't Just Academic," *Wall Street Journal*, May 14, 2003）为依据的。

除已标注的外，有关各大学的招生数据，如 SAT 平均分数、录取比例、新生中在高中阶段位列年级前10% 的学生比例以及依靠经济资助的学生比例等，均来自美国世界新闻报道网站：www.usnews.com；有关大学获得捐赠的数据来自 NACUBO[①] 捐赠研究报告，并承蒙 NACUBO 公共事务经理达蒙·曼内塔（Damon Manetta）的悉心帮助；有关某些个人财富的数据则来自福布斯发布的美国400富人榜，参见福布斯网站：www.forbes.com。

---

① NACUBO，为"全美高校商务主管协会"（National Asscoiation of College and University Business Officers）的缩写。——译者注

鸣　谢

在我为《华尔街日报》做有关大学招生问题的报道以及写作本书时，最欣慰的事情莫过于接触到了许多思维敏捷、尽职尽责的人，他们与我一样非常关注富家子女在大学招生中受到优待的问题。

遗憾的是，一些冒着丢掉工作的危险帮助过我的人仍需保持匿名；而对于其他的人，我很欣慰能在此公开表示我对他们的谢意！这些人包括：基斯·布洛迪（Keith Brodie）、朱丽叶·钟（Juliet Chung）、迈克尔·丹能伯格（Michael Dannenberg）、艾尔·戈登（Al Gordon）、詹妮弗·哈恩（Jennifer Hahn）、彼得·霍金斯（Peter Hawkins）、亚历克·克莱恩（Alec Klein）、戴维·李布朗（David Leebron）、布鲁斯·博奇（Bruce Poch）、乔纳森·利德尔（Jonathan Reider）、玛丽·安妮·施瓦尔贝（Mary Anne Schwalbe）、田霏宇（Philip Tinari）、瑞切尔·图尔（Rachel Toor）和朱列特·沃勒克（Juliette Wallack）。

我在《华尔街日报》波士顿分社的同事们也为我提供了人力支持。我要感谢分社主任格里·普萨（Gary Putha），是他认为这个选题意义重大，因此鼓励我进行深入的调查；要感谢约翰·赫辛格（John Hechinger）、查尔斯·波拉尔（Charles Poralle）、戴维·阿姆斯特朗（David Armstrong）和芭芭拉·格里克勒（Barbara Glickler），他们仔细地审阅并修改了全部或部分的文稿。我还要感谢《华尔街日报》报社驻全美各地的同事们，他们有：约翰·利普曼

（John Lippman）、布莱恩·格鲁勒（Bryan Gruley）、詹姆斯·班德勒（James Bandler）、伊丽莎白·伯恩斯坦（Elizabeth Bernstein）、戴维·韦塞尔（David Wessel）和杰西卡·维斯舍拉洛（Jessica Vascellaro）。

我对《华尔街日报》的总编辑保罗·斯泰格（Paul Steiger）、高级副总编辑丹·赫茨伯格（Dan Hertzberg）、头版编辑迈克·米勒（Mike Miller）和助理新闻编辑卡丽·多兰（Carrie Dolan）心存感激，是他们为我所有文章进行了悉心加工；还有斯图尔特·卡尔（Stuart Karle）、乔纳森·艾尔班诺（Jonathan Albano）、艾丽森·古丁（Alison Gooding）和米娅·伊斯利（Mia Israeli）为我提供了充满睿智的法律咨询；《华尔街日报》图书部的肯·威尔斯（Ken Wells）和罗恩·埃伦·迪安基洛（Roan Ellen D'Angelo）也为我提供了很大的帮助，远远超出了他们所应尽的职责；原《华尔街日报》编辑史蒂文·艾德勒（Steve Adler）、乔安妮·利普曼（Joanne Lipman）和艾米·史蒂文斯（Amy Stevens）以及国内新闻部的编辑劳雷·赫斯（Laurie Hays）也是我要感谢的人。

我多年的朋友、原《波士顿环球报》的同事查尔斯·斯坦（Charles Stein）阅读了本书文稿，并提出了中肯的建议；其他我在《波士顿环球报》时的朋友，如布莱恩·穆尼（Brian Mooney）、杰拉德·奥尼尔（Gerard O'Neill）和亚历克斯·比姆（Alex Beam）也与我分享了他们在出版方面的有益经验；我还要感谢美国西岸的报界朋友史蒂文·普罗克托（Steve Proctor）、史蒂夫·费纳吕（Steve Fainaru）和马克·费纳吕–瓦达（Mark Faloaru-Wada），感谢他们为我提供的协助；感谢戴维·格洛夫在本书策划中所给予的指导，以及盖伦·哈丘利安（Garen Hartunian）在互联网使用方面所提供的咨询。

部分高校和预科学校的官员在回答作者提出的问题时，相对于他们的同行更加通融随和一些。其中，圣母大学的丹尼尔·萨拉西诺和马修·斯多林（Matthew Storin），弗吉尼亚大学女子划船队的教练凯文·索尔，普林斯顿大学的发言人埃里克·基尼奥内斯，布朗大学的马克·尼克尔（Mark Nickel），原圣奥本斯中学的官员戴维·贝克尔（David Baker）都特别富有耐心，对笔者完成本书帮助甚大。

　　我要感谢我在非营利新闻网站 ProPublica 的同事们。我自2016年起在那里担任高级编辑，感谢他们对本书新版所给予的支持和鼓励，他们的才华和投入一直令我惊叹不已。调查记者多丽丝·伯克（Doris Burke）为我提供了宝贵的帮助，特别是帮助追踪里克·辛格（Rick Singer）的家庭背景，帮我寻找需要采访对象的联络信息，提醒我密切关注媒体对丑闻的报道以及其他信息来源。

　　我要特别感谢我的妻子凯茜、儿子史蒂文，以及继子继女肖恩和卡罗琳，感谢他们的爱、友善与理解。我还要向我的姐姐奥利维娅和我已故的父母莫里斯·金和茜尔达·金表达我的爱与感激。我的父亲是一位俄罗斯犹太移民，他因《退伍军人权利法案》的优待上了城市学院，后来成为一名英语文学教授，是他让我懂得了书面词汇的重要性，以及"美国梦"所蕴含的意义。

关于作者

丹尼尔·金（Daniel Golden）是非营利新闻网站 ProPublica 的高级编辑。他曾任《华尔街日报》波士顿分社的副社长，自 1999 年起他就在这家报社负责教育领域的报道。此前，他还是《波士顿环球报》的记者。在他的记者生涯中，他到过世界各地的偏僻角落：寻访过尼日利亚的麻风病人聚居地；哥伦比亚梅德林由一位亿万富翁毒枭建造的穷人公寓；美国南达科他州松岭（Pine Ridge）的印第安保留地，人们为一名出生时患有酒精综合征、后来死于酒后驾车事故的青少年举行的葬礼上，也有他的身影。他获得了包括普利策奖和乔治·波尔克奖（George Polk Award）在内的众多新闻界荣誉和奖项，拥有哈佛大学学士学位。他同妻子和孩子现居马萨诸塞州的贝尔蒙特（Belmont）。

编后记

　　《大学潜规则——谁能优先进入美国顶尖大学》是美国普利策奖获得者、《华尔街日报》著名记者丹尼尔·金的长篇力作。

　　丹尼尔·金早年毕业于哈佛大学，现与妻儿生活在马萨诸塞州的贝尔蒙特，是《华尔街日报》波士顿分社副社长。自1999年以来，丹尼尔·金一直负责教育方面的新闻报道，是《华尔街日报》著名的资深记者。在加入《华尔街日报》以前，丹尼尔·金任《波士顿环球报》的记者。作为记者，丹尼尔·金足迹遍及世界的各个偏僻角落：他造访过尼日利亚的麻风病隔离区；深入过位于哥伦比亚麦德林大毒枭出资为穷人建造的公寓大楼；前往过南达科他州松树岭印第安人居留地；参加过出生时便罹患胎儿酒精综合征，最终又死于醉酒驾车的印第安少年的葬礼。丹尼尔·金因其出色的采访报道，先后荣获普利策奖、乔治·波尔卡新闻奖等多项奖励。

　　《大学潜规则——谁能优先进入美国顶尖大学》源于作者2002年12月起对美国哈佛、耶鲁、普林斯顿等常青藤精英高校招生中优先录取问题的追踪调查。有关美国常青藤等一流精英大学招生录取中特权优先的报道连续在《华尔街日报》头版发表后，全美震动，《纽约时报》、《华盛顿邮报》和其他美国主流媒体竞相追踪报道，引起美国朝野高度关注，并给所涉高校带来了前所未有的压力，使得包括哈佛在内的诸多名校陆续调整招生政策，作者也因此荣获美国2004年度普利策奖。

对于国内广大希望赴美留学的莘莘学子及家长，本书有助于广大学子及家长全面了解美国的大学制度和特点，了解美国大学的不同定位和潜在的招生规则，了解美国私立大学、公立大学，研究型大学、社区大学、文理学院等不同的大学分类，熟悉各类大学的办学模式和招生特点，把握美国大学的特点定位，使其留学选择更理性，申请计划更符合自身实际和所申请大学的定位要求，提高学校选择的有效性，避免盲目性。对广大教育和政府工作者而言，本书给我们展示了美国大学鲜为人知的另一面，正如作者在中译本后记中所说："为了避免这种情形出现，我认为中国政府官员和各大学在吸纳美国高等教育精髓的同时，也应当努力保全大学录取程序的尊严和独立性。"如书中披露的诸多事实一样，"努力保全大学录取程序的尊严和独立性"是一项需要不断努力奋斗的事。

教育公平既是一个世界性话题，也是一个历史性话题。学校不是生存在真空里，既然总统是靠不住的，自然校长也有为难、靠不住的时候，教授也吃五谷杂粮，也是有私心的。这正是有美国参议员拟在参议院提出一项允许国会干预私立大学（私立大学作为非营利组织，同样享受着政府财税方面的优惠补贴）录取政策议案的原因。对此，哈佛大学萨默斯校长在致肯尼迪参议员的信中借他人之言激烈反对说："我对任何干预高校录取程序的提议都会存有防范之心，联邦政府对高校录取的干预将会影响高等教育的宗旨——高校的独立性和学术自由，它们需要根据各自独特的使命招收学生。"这是大学校长们对参议院此项议案强烈反对的因由。抛开隐含的利益因素，参议员认为事实证明需要对私立大学招生政策进行适度干预，确保大学招生录取的公平性原则不被损害。大学校长们则坚持认为高校的独立性和学术自由需要独立的招生政策保障，不能给予行政权力干预高校招生录取的空间，确保大学的独立性和学术自由不受影响。其焦点核心就在于如何平衡好招生公平与维护大学办学独立性的关系，即在确保高校独立性的同时维护招生录取的公平性，或在维护公平性的同时不影响高等学校的独立性和学术自由。

同样，国内旨在增加高校自主选择权的各种提招录取尝试，如果没有有效的制度设计和监督保障，极易在增加高校自主性的名义下滋生新的录取不公。正如在推行素质教育综合评价、教育预算投入已达国内生产总值4%的今天，如果没有有效的制度设计、政策平衡和监督评价体系确保教育投入和受教育的正当性、公平性，教育质量和公平的机会依然会大打折扣。试想，如果没有教育平权法案的平衡保护，美国少数族裔等社会弱势群体在各高校的"择优录取"中，获得优质高等教育的机会依然很难想象。同样，虽然专家学者对国内高考制度诟病重重，但就目前的现实而言，高考依然是现行条件下维护招生公平可行的无奈选择。因为，如果没有全社会的法治基础为支撑，没有相应的制度平衡保障，简单取消高考的录取方法，很难保证我们的高校招生不是更多地向优势人群倾斜，而广大的农村及低收入家庭的孩子进入一流大学的机会将变得更少。有数据表明，美国54%的公司领导人和42%的政府领导人毕业于哈佛、耶鲁、普林斯顿等全美获得捐赠最多、也最有声望的12所私立大学。在这些精英人物中，只有25%的人曾就读于州立大学。一旦享受优质教育资源成为部分阶层的优先特权，那么教育促进社会阶层流动的核心功能将大大降低。当教育不能有效促进社会阶层流动，那么，全社会不仅将失去创新发展的重要动力，还将导致社会的阶层差距和隔阂越来越大，社会阶层的对立和不安定因素越来越多。这无疑需要每一个教育及政府工作者认真思考。

对广大社会公众而言，本书不仅在于近距离地看到了美国大学鲜为人知的一面，更在于进一步感受了舆论和公众监督对教育及社会公正维护的重要性。可以说，不在于哈佛、耶鲁等世界一流高校是否也有潜规则，是否也有不公正的事情发生；重要的是在于社会有没有维护正义、修正错误的机制，有没有赋予公众改进社会、修正错误不公的权力，并切实保障这种权利能够得到真正实施，使大学和社会及时回到正确的轨道，不致偏离下去。

这是本书出版教育以外的社会学意义。